D1665902

EUL VERLAG

WIRTSCHAFTSINFORMATIK

Herausgegeben von Prof. Dr. Dietrich Seibt, Köln, Prof. Dr. Hans-Georg Kemper, Stuttgart, Prof. Dr. Georg Herzwurm, Stuttgart, Prof. Dr. Dirk Stelzer, Ilmenau, und Prof. Dr. Detlef Schoder, Köln

Band 62
Heiner Lasi
Aufbau eines IT-basierten Integrationskonzepts zur Unterstützung von Produktentwicklungs- und Produktionsprozessen
Lohmar – Köln 2009 ◆ 328 S. ◆ € 62,- (D) ◆ ISBN 978-3-89936-766-9

Band 63
Ulrike Dowie
Testaufwandsschätzung in der Softwareentwicklung – Modell der Einflussfaktoren und Methode zur organisationsspezifischen Aufwandsschätzung
Lohmar – Köln 2009 ◆ 320 S. ◆ € 62,- (D) ◆ ISBN 978-3-89936-789-8

Band 64
Volker Lanninger
Prozessmodell zur Auswahl Betrieblicher Standardanwendungssoftware für KMU
Lohmar – Köln 2009 ◆ 564 S. ◆ € 76,- (D) ◆ ISBN 978-3-89936-870-3

Band 65
Stefan Winkler
Monitoring kritischer Prozess- und Projektaktivitäten mithilfe persönlicher Assistenten
Lohmar – Köln 2010 ◆ 296 S. ◆ € 59,- (D) ◆ ISBN 978-3-89936-881-9

Band 66
Stefan Scholz
Geschäftsmodelle für Grid Computing in der Medizin und der Biomedizin
Lohmar – Köln 2010 ◆ 352 S. ◆ € 64,- (D) ◆ ISBN 978-3-89936-894-9

JOSEF EUL VERLAG

Reihe: Wirtschaftsinformatik · Band 66

Herausgegeben von Prof. Dr. Dietrich Seibt, Köln, Prof. Dr. Hans-Georg Kemper, Stuttgart, Prof. Dr. Georg Herzwurm, Stuttgart, Prof. Dr. Dirk Stelzer, Ilmenau, und Prof. Dr. Detlef Schoder, Köln

Dr. Stefan Scholz

Geschäftsmodelle für Grid Computing in der Medizin und der Biomedizin

Mit einem Geleitwort von Prof. Dr. Michael H. Breitner, Gottfried Wilhelm Leibniz Universität Hannover

EUL VERLAG

Bibliografische Information der Deutschen Nationalbibliothek

Die Deutsche Nationalbibliothek verzeichnet diese Publikation in der Deutschen Nationalbibliografie; detaillierte bibliografische Daten sind im Internet über <http://dnb.d-nb.de> abrufbar.

Dissertation, Gottfried Wilhelm Leibniz Universität Hannover, 2009

ISBN 978-3-89936-894-9
1. Auflage Februar 2010

© JOSEF EUL VERLAG GmbH, Lohmar – Köln, 2010
Alle Rechte vorbehalten

JOSEF EUL VERLAG GmbH
Brandsberg 6
53797 Lohmar
Tel.: 0 22 05 / 90 10 6-6
Fax: 0 22 05 / 90 10 6-88
E-Mail: info@eul-verlag.de
http://www.eul-verlag.de

Bei der Herstellung unserer Bücher möchten wir die Umwelt schonen. Dieses Buch ist daher auf säurefreiem, 100% chlorfrei gebleichtem, alterungsbeständigem Papier nach DIN 6738 gedruckt.

Meinen Eltern
in Erinnerung

Geleitwort

Das vorliegende Fachbuch „Geschäftsmodelle für Grid Computing in der Medizin und der Biomedizin" von Dr. Stefan Scholz (Dipl.-Kfm. der Humboldt-Universität zu Berlin, Dr. rer. pol. meiner Fakultät) stellt wichtige Erkenntnisse, Ergebnisse und Handlungsempfehlungen im Rahmen des Gesamtkoordinationsprojektes MediGRID vor. Das Bundesministerium für Bildung und Forschung (BMBF) hat MediGRID im Kontext der D-GRiD Initiative in den Jahren 2005-2009 gefördert. Die Koordination des Projektes wurde von der Telematikplattform für medizinische Forschungsnetze (TMF e.V.) in Berlin übernommen, die von meinem Institut und mir im Rahmen des Promotionsprojekts von Herrn Dr. Scholz wissenschaftlich beraten wurde.

Aus dem MediGRID-Projekt ergeben sich zahlreiche, für die Praxis und Theorie hochrelevante Forschungsfragen, für deren Beantwortung der Autor neue wissenschaftliche Methoden, Verfahren und Prinzipien erarbeitet hat. Er erarbeitet zunächst einen umfassenden Überblick über Geschäftsmodelle des E(lectronic)-Business und befasst sich daraufhin mit Grid Computing in der Medizin und in den „Life Sciences". Die hier betrachtete Grid-Computing-Technologie ist – in verschiedener Hinsicht – verwandt mit dem Parallelrechnen, mit Thin-Client-Applikationen oder auch dem Cloud Computing. Herr Dr. Scholz hat interdisziplinär die schwierige Aufgabe gemeistert, sowohl relevante Geschäftsmodelle für die neue Technologie als auch das Grid Computing aus der Sicht der Medizin umfassend zu beleuchten.

Im Detail hat sich der Autor also nicht allein der Frage „Was ist mit Grid Computing in der Medizin möglich?" gestellt, sondern auch den Fragen „Welche Grid –Computing-Applikationen sind betriebswirtschaftlich sinnvoll?" und „Wie können Grid-Computing-Applikationen nachhaltig durch Nutzer oder andere Geldgeber finanziert werden?". Er hat auf diese Fragestellungen für die Theorie und Praxis sehr wichtige, überzeugende Antworten gefunden und stellt ein fundiertes Instrumentarium für Wirtschaftlichkeits- und Nachhaltigkeitsanalysen für Grid Computing in der Medizin und der Biomedizin vor. Insbesondere lassen sich durch den hier vorgestellten Ansatz gut nachvollziehbare Erlösmodelle für Wertschöpfungsketten und für anreizbasierte, dynamische Wertschöpfungsnetzwerke generieren.

Das vorliegende Fachbuch von Dr. Stefan Scholz ist sehr gut strukturiert, anregend ge-
schrieben und kann Medizinern, angewandten und praktischen Informatikern sowie
Betriebswirten nur wärmsten zur Lektüre empfohlen werden!

Hannover, 30. Dezember 2009

Prof. Dr. Michael H. Breitner

Dekan der Wirtschaftswissenschaftlichen Fakultät

Geschäftsführender Direktor des Instituts für Wirtschaftsinformatik

Gottfried Wilhelm Leibniz Universität Hannover

Vorwort

Diese Arbeit entstand im Kontext des BMBF-Projektes MediGRID. Die großartige Unterstützung vieler hat zu ihrem erfolgreichen Gelingen beigetragen.

Mein ganz persönlicher Dank gilt Prof. Dr. Michael H. Breitner. Sein reges Interesse am Forschungsthema und die vielen, fruchtenden Gespräche haben dieses Vorhaben stetig vorangebracht. Prof. Dr. Stefan Helber danke ich herzlich für die Bereitschaft als Zweitgutachter zu wirken. Vielen Dank an Prof. Dr. Daniel Rösch, Dr. Günter Wohlers und das Team des Instituts für Wirtschaftsinformatik der Universität Hannover.

Während der Forschungszeit habe ich sehr vom Arbeitsumfeld bei der Telematikplattform für medizinische Forschungsnetze e.V. profitiert. Mathias Freudigmann ermutigte mich dankenswerterweise frühzeitig zu diesem Vorhaben. Mit Mathias Blaurock gewann ich nicht nur einen wichtigen Gesprächspartner, sondern auch einen guten Freund. Und die Überzeugungskraft von Sebastian C. Semler öffnete so manche verschlossene Tür. Mein Dank geht ebenfalls an die vielen Mitgestalter des MediGRID-Projektes unter Führung von Prof. Dr. Otto Rienhoff für die fundierten fachlichen Beiträge und die ausgezeichnete Zusammenarbeit. Für ihre Unterstützung danke ich auch Henner Schmidt und Stephan Witt von JSW Consulting herzlich. Ihre konstruktiven Hinweise waren eine große Bereicherung. Die Förderung der Friedrich-Naumann-Stiftung bildete eine weitere wichtige Säule und ermöglichte die notwendige geistige Unabhängigkeit beim Forschen.

Ein großer Dank geht an an Birgit Freudigmann, die wesentlich zum sprachlichen Feinschliff beigetragen hat wie auch an Ignacio Hermo und Wilson Dunlavey für die Identifizierung des ein oder anderen spanischen oder englischen Interviewwortes in rauschigen Tondateien.

Ein Vorhaben dieses Umfanges ist von Höhen und Tiefen gezeichnet. In den schwierigen Zeiten war die Erinnerung an meine liebevollen Eltern eine wichtige Stützte – ich danke Euch für jeden gemeinsamen Moment, den ich erleben durfte. Die Aufmunterungen meiner Schwester Sybill und vieler guter Freunde, insbesondere von Nacho, Detlef, Sergej, Ivonn und Gordon, haben gerade den Endspurt um einiges erleichtert. Der größte persönliche Dank ergeht jedoch an Tim, der das Vorhaben in seinem ganzen Verlauf miterlebte. Seine großartige Unterstützung und die Geduld, welche die letzten Jahre ihm häufig abverlangten, waren eine große Stütze. Danke.

Übersicht/Abstract

Die Menge digitaler Daten und die Zahl der Projekte, die organisationsübergreifend zusammenarbeiten, steigen zunehmend. Dieser Trend ist auch in der Medizin und Biomedizin erkennbar. Grid Computing bietet Lösungen für diese Veränderungen. Es unterstützt die koordinierte, gemeinsame Nutzung und Virtualisierung geographisch verteilter und heterogener IKT-Ressourcen. In den letzten Jahren entwickelte eine Vielzahl nationaler und internationaler Initiativen Grid Computing technologisch weiter. Mit zunehmender Reife der technischen Lösungen rückt aktuell die Frage nach adäquaten Geschäftsmodellen in den Mittelpunkt der Betrachtung. Dennoch befasst sich die wissenschaftliche Literatur bisher kaum mit der Frage nachhaltiger Geschäftsmodelle für Grid Computing. Untersuchungen für den Bereich der Medizin und der Biomedizin fehlen fast vollständig. Diese Arbeit schließt diese Forschungslücke durch die Entwicklung eines Referenzgeschäftsmodells für Grid Computing, die Klassifizierung von Geschäftsmodelltypen und die Ableitung konkreter Grid-Computing-Geschäftsmodelle im Kontext der Medizin und Biomedizin. Ergänzend werden Kritische Erfolgsfaktoren identifiziert und strategische Handlungsempfehlungen abgeleitet.

The amount of digitalized data and the number of collaborations in scientific and business communities continues to increase. This trend is also evident in the health and life sciences sector. Grid computing tackles the problems the changing environment poses by sharing and coordinating distributed and heterogeneous resources dynamically. Several grid initiatives have passed the first hurdles and are becoming technologically stable. However, the majority of the promising initiatives still lack a strategy of how to remain viable in the long run and little research is being done to generate sustainable business models suitable for grid computing. Almost no investigations are conducted within the health and life sciences sector. This work will close this research gap by developing a business model reference framework and a business model taxonomy for grid computing within the context of the health and life sciences sector. Promising business models for grid computing in this sector are outlined. In addition, critical success factors are identified and strategic recommendations are given.

Management Summary

Der Markt für Informations- und Kommunikationssysteme wächst und ist dynamischen Veränderungen unterworfen. Allein innerhalb der letzten zehn Jahre stieg die Nachfrage nach Rechen- und Netzwerkleistung kontinuierlich. Dieser Trend ist auch in der Gesundheitswirtschaft zu beobachten. Der Digitalisierungsgrad in der Medizin steigt, die Vernetzung entfernter Standorte rückt stärker in den Mittelpunkt. Gleichzeitig nimmt die Zahl an Projekten zu, deren Mitglieder organisationsübergreifend miteinander kooperieren und komplexe Daten und Informationen austauschen. Neue Erkenntnisse wie die Entschlüsselung des menschlichen Genoms erhöhen den Umfang zu dokumentierender und auszutauschender Daten und stellen neue Herausforderungen an die einzusetzenden IuK-Technologien.

Grid Computing ist ein technologischer Ansatz, der Lösungen für die aufgezeigten Herausforderungen bietet. Infrastrukturen auf Basis von Grid-Computing-Technologien unterstützen die koordinierte, gemeinsame Nutzung und Virtualisierung geographisch verteilter und heterogener IKT-Ressourcen in einer dynamischen Umgebung.

In den letzten Jahren entwickelte eine Vielzahl nationaler und internationaler Initiativen Grid Computing technologisch weiter. Dennoch beschränken sich die Aktivitäten der Mehrzahl der zumeist öffentlich finanzierten Vorhaben auf die Förderphase. Eine betriebswirtschaftliche Fundierung und nachhaltige Weiternutzung der Projektergebnisse erfolgt in der Regel nicht. Mit zunehmender Reife der technischen Lösungen rückt jedoch aktuell die Frage nach adäquaten Geschäftsmodellen in den Mittelpunkt der Betrachtung.

Dennoch befassen sich bisher wenige Arbeiten in der wissenschaftlichen Literatur mit der Frage nachhaltiger Geschäftsmodelle für Grid Computing. Untersuchungen für den Bereich der Medizin und der Biomedizin fehlen fast vollständig. Forschungsanstrengungen unter dem Oberbegriff „Grid Economics" konzentrieren sich hauptsächlich auf eine preisbasierte, effiziente Allokation von Ressourcen innerhalb von Grid-Computing-Infrastrukturen. Übergreifende Rahmenmodelle mit Bezügen zum umgebenden Markt fehlen bisher.

Diese Arbeit schließt diese Forschungslücke. Die Untersuchung systematisiert **Geschäftsmodelle für Grid Computing im Kontext der Gesundheitswirtschaft** und arbeitet die wesentlichen Anforderungen für einen nachhaltigen Betrieb heraus.

Hierzu wird die **Forschungsfrage** beantwortet, **wie Geschäftsmodelle für Grid Computing in der Medizin und der Biomedizin auszugestalten sind, um nachhaltig und erfolgreich am Markt agieren zu können.** Drei spezifische Fragestellungen werden besonders behandelt:

(1)   Wie ist ein nachhaltiges Referenzgeschäftsmodell für Grid Computing aufgebaut und wie sind seine einzelnen Komponenten für einen nachhaltigen Betrieb auszugestalten?

(2)   Wie lassen sich Geschäftsmodelle am Markt für Grid Computing klassifizieren?

(3)   Welche Erfolgsfaktoren beeinflussen die erfolgreiche Durchsetzung von Grid-Computing-Geschäftsmodellen?

Methodisch wird ein induktiver Ansatz gewählt. Die Untersuchungsergebnisse werden zunehmend präzisiert und verdichtet. Die reduzierte Literatur- und Datenbasis zu wirtschaftlichen Aspekten der jungen Grid-Computing-Technologie wird durch eine ausführliche Literaturrecherche zu Geschäftsmodellen des „Electronic Business" kompensiert. Die Basisuntersuchungen werden durch eine umfassend Marktstudie, eine Experteninterviewreihe und die beispielhafte Untersuchung zweier Fallstudien vertieft.

Die **wesentlichen Erkenntnisse der Untersuchung** sind in Tabelle M1 zusammengefasst. Nachfolgend werden die einzelnen Ergebnisse erläutert.

Tabelle M1. Zusammenfassung der Untersuchungsergebnisse

Untersuchungsaspekt	Erkenntnisse
Markt für Healthgrids	Öffentliche Förderprojekte dominieren – keine langfristige Ausrichtung, dennoch erfolgversprechende Anwendungsszenarien im Entwicklungsstadium; stark reguliertes Marktumfeld (Gesundheitswirtschaft); verzögerte Marktdurchdringung im Branchenvergleich
Grid-Computing-Referenzgeschäftsmodell	Wertflussorientiert; drei Kernsichten mit untergeordneten Partialmodellen: Nutzensicht (Wertvermittlung), Wertschöpfungssicht (Wertentstehung) und Kapitalsicht (Wertvergütung); rahmenbildende Faktoren als „enabling aspects" und „limiting aspects"
Grid-Computing-Geschäftsmodelltypen	Klassifizierung wertschöpfungsorientiert: Wertintegration und organisatorische Integration; Ableitung von sechs Geschäftsmodelltypen: 1. Inhouse-Gridbox, 2. Grid-ASP, 3. Inhouse-Grid-Infrastructure, 4. Utility-Grid, 5. Statisches SaaS-Grid, 6. Dynamisches SaaS-Grid
Healthgrid-Geschäftsmodelle	Inhouse-Grid-Infrastructure in der Pharmaindustrie; statische SaaS-Grids etablieren sich: Systembiologische Analysen für biomed. Forschung, Bildverarbeitung für med. Versorgung, selektiv: Datenanalyse für Klinische Forschung; Utility-Grids in der biomed. Forschung denkbar
Kritische Erfolgsfaktoren	Nutzensicht: marktgerechter Use-Case, einfache Nutzung, Stabilität, beschränkter Funktionsumfang; Wertschöpfungssicht: Betreibermodell, klare vertragliche Regelungen, Etablierung von Kooperationen, Anmeldung von Schutzrechten; Kapitalsicht: Abrechnungsmodelle, Kapazitätsmanagementsysteme, Lizenzmodelle

Der **Markt für Grid Computing** lässt sich in unternehmensinterne Enterprise Grids und in Partner Grids aufteilen. Enterprise Grids sind bereits in verschiedenen Branchen etabliert. In der Gesundheitswirtschaft betreiben große Pharmaunternehmen eigene Grid-Computing-Systeme zur Medikamentenforschung. Partner Grids hingegen befinden sich in einer frühen Entwicklungsphase und stehen im Zentrum dieser Arbeit. Sie kommen derzeit primär im öffentlich geförderten Forschungsbereich zum Einsatz. Von 21 weltweit untersuchten Grid-Computing-Initiativen im (bio-)medizinischen Umfeld („Healthgrids") werden 20 weitgehend über öffentliche Mittel finanziert. Sie formen in der Regel eine Virtuelle Organisation unter Beteiligung einer großen Zahl voneinander unabhängiger Partner. Eine hohe technologische und organisationsspezifische Komplexität von Partner Grids verzögert jedoch eine nachhaltige Marktetablierung. Aktuelle Initiativen sind Early Adopters, mit einer Nutzung auf breiterer Basis ist frühestens in einigen Jahren zu rechnen.

Funktional lassen sich Grids ihrem Schwerpunkt nach in Computational Grids zur Steigerung der Rechenleistung und Data Grids zur Vernetzung und Virtualisierung von Datenbeständen unterteilen. Perspektivisch werden ergänzend Knowledge Grids zur umfassenden Datenauswertung angestrebt. Aktuelle Healthgrids stellen Benutzerschnittstellen in Form von Software-Anwendungen auf Basis dieser Grundtypen bereit. Sie werden als Application Grids bezeichnet. Das Anwendungsspektrum schließt Lösungen zur Bildverarbeitung und -archivierung, zur Unterstützung und Datenauswertung im Rahmen von klinischen Studien, zur Analyse systembiologischer Daten, zur Entscheidungsunterstützung, zur reinen Vernetzung von Datenbanken und zur Fernkonsultation ein.

Häufig befinden sich diese Anwendungen in einem Proof-of-Concept-Stadium und erfüllen selten vollständig die Bedürfnisse potenzieller Nutzer. Zusätzlich werden unterschiedliche Nutzergruppen – biomedizinische und klinische Forscher und Ärzte – gleichzeitig adressiert, teilweise ist nicht eindeutig bestimmbar, auf welche Nutzergruppen konkret bestimmte Software-Anwendungen zugeschnitten sind.

Die Durchsetzung am Markt wird durch hohe rechtliche Anforderungen in einem stark regulierten und etablierten Umfeld erschwert. Die **Gesundheitswirtschaft** ist insbesondere in Deutschland strukturell fest gefügt und gesetzlich umfassend geregelt. Neben umfangreichen Regelungen zu ethischen und datenschutzrechtlichen Fragen kommen explizite Anforderungen an Medizinprodukte sowie Prozessqualitätsrichtlinien hinzu. Diese Regelungen sind häufig nur schwer in vernetzten IKT-Strukturen umsetzbar und je nach

Einsatzgebiet unterschiedlich relevant. Zusätzlich erschwert eine generelle Skepsis des medizinischen Personals gegenüber neuen Technologien die Akzeptanz von Grid Computing beim Anwender.

In einer **internationalen Befragung** von 33 Grid-Computing-Experten erfolgt ein Abgleich der aktuellen Marktsituation mit der erwarteten Entwicklung. Die Rahmenbedingungen für die Durchsetzung von Grid-Computing-Technologien seien im Grundsatz gut, würden im (bio-)medizinischen Umfeld jedoch durch kulturelle Hürden und ein zunehmendes Auseinanderlaufen von technologischer Entwicklung und rechtlichen Rahmenbedingungen erschwert. Insgesamt sind die Experten von einer Durchsetzung von Grid Computing überzeugt, jedoch mit starker Verzögerung auf dem Gesundheitsmarkt im Vergleich zu anderen Branchen. Kernzielmärkte seien die biomedizinische Forschung mit rechenintensiven Anwendungen in der Systembiologie und die medizinische Versorgung mit bildgetriebenen Anwendungsbereichen. Zusätzlich böten sich datenintensive Anwendungsbereiche in der Klinischen Forschung. Der Nutzen von Grid Computing könne in qualitätsbezogene, zeitbezogene und kostenbezogene Aspekte untergliedert werden. Für Nutzer im (bio-)medizinischen Umfeld seien qualitätsbezogene Aspekte, insbesondere neue, einfach zu bedienende Anwendungen, bedeutsamer als Kostenaspekte. Dies stehe im Kontrast zu anderen Märkten, in denen Kostenaspekte ausschlaggebend seien. Kritische Erfolgsfaktoren werden von den Experten auf verschiedenen Ebenen identifiziert. In wichtigen Kernerfolgsfeldern würden aktuelle Initiativen jedoch gravierende Mängel zeigen.

Aus der Marktsituation und der expertenbezogenen Markteinschätzung lässt sich eine Systematisierung für **Grid-Computing-Geschäftsmodelle** ableiten. Die theoretische Basis liefert die einschlägige Literatur zu Geschäftsmodellen aus dem Umfeld des Electronic Business. Ein Geschäftsmodell ist danach die vereinfachte und strukturierte Beschreibung der geschäftlichen Aktivitäten eines Unternehmens in Form eines übergreifenden Handlungsrahmens im Kontext des Marktumfeldes. Konzeptionell lassen sich Geschäftsmodelle über Referenzmodelle und Typologien abbilden. Referenzmodelle bilden einen theoretischen Bezugsrahmen zur möglichen Ausgestaltung einer Gruppe von Modellen anhand gleicher Merkmale. Typologien sind nach unterschiedlichen Klassifizierungsmerkmalen abgegrenzte Geschäftsmodelle eines Untersuchungskontextes. Auf Basis der Untersuchung von 25 Arbeiten zur konzeptionellen Darstellung von Geschäftsmodellen lässt sich ein wertflussorientiertes **Referenzgeschäftsmodell** für Grid Computing ableiten (siehe Abbildung M1).

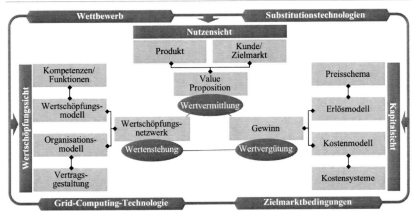

Abbildung M1. Referenzgeschäftsmodell für Grid Computing

Den Kern des **Referenzgeschäftsmodells** bilden drei Dimensionen:

- **Nutzensicht** – Nutzenversprechen (Value Proposition) zur Wertvermittlung

- **Wertschöpfungssicht** – Wertschöpfungsnetzwerk zur Wertentstehung

- **Kapitalsicht** – Gewinngenerierung bzw. Kostendeckung zur Wertvergütung

Die Sichten sind aus mehreren Partialmodellen zusammengesetzt. Die Nutzensicht ist wertorientiert und beschreibt das sich aus den Produkteigenschaften und dem anzusprechenden Zielkundenmarkt abzuleitende Nutzenversprechen. Die Wertschöpfungssicht erläutert das Wertschöpfungsmodell, bestehend aus einem organisations- und einem akteurbasierten Rollenmodell. Die Kapitalsicht erfasst alle relevanten Finanzflüsse in Form von Erlös- und Kostenmodellen. Alle Partialmodelle sind in unterschiedlichem Ausmaß von der betrachteten Branche abhängig, u. a. gilt dies für die Nutzenebene mit Produkt- und Zielkundenelementen stärker als für die technologiebezogene Wertschöpfungskette.

Alle drei Kernsichten werden durch verschiedene Rahmenbedingungen beeinflusst. Dabei handelt es sich um Faktoren, welche die Ausgestaltung des Geschäftsmodells im positiven Sinne sowohl stimulieren (enabling aspects) als auch beschränken (limiting aspects). Hierzu zählen rechtliche, kulturelle und soziale Zielmarktbedingungen, technologische Entwicklungen auf den Gebieten des Grid Computings und der Substitutionstechnologien sowie des Wettbewerbsmarktes.

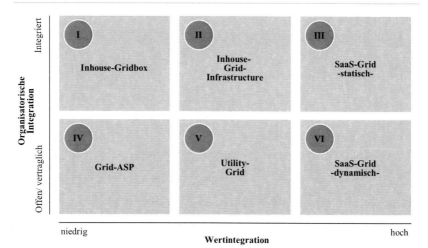

Abbildung M2. Geschäftsmodelltypologie für Grid Computing

Neben der Ausgestaltung von Geschäftsmodellen anhand eines generalisierten Rahmen-modells stellt sich die Frage, wie unterschiedliche Geschäftsmodelle am Markt für Grid Computing klassifiziert werden können. Als Klassifizierungsmerkmale lassen sich einzelne Komponenten des Referenzmodells ableiten. Für branchenübergreifende Betrachtungen eignet sich ein wertschöpfungsorientierter Ansatz mit einer zweidimensionalen Abgren-zung unter Verwendung der Wertschöpfungstiefe (Wertintegration) und der Organisations-struktur (Organisationsintegration). Sechs potenzielle **Geschäftsmodelltypen** lassen sich identifizieren (Abbildung M2). Die Geschäftsmodelltypen sind in Tabelle M2 erläutert.

Tabelle M2. Geschäftsmodelltypologie für Grid Computing

Geschäftsmodelltyp	Kurzbeschreibung
Inhouse-Gridbox (Typ I)	Grundressourcenpaket aus Hard- und Middleware, Plug & Play, standardisierte Schnittstellen, insbes. für KMU
Inhouse-Grid-Infrastructure (Typ II)	Grundressourcenpaket aus Hard- und Middleware, umfangreicher Implementierungsservice, Einbindung eigener Anbieterdienste, insbes. für große Unternehmen/Einrichtungen
Statisches SaaS-Grid (Typ III)	Umfassende Grid-Infrastruktur, Bereitstellung definierter Anwendungen, definierter Kundenkreis
Grid-ASP (Typ VI)	Vertragliche Zusammenarbeit mit Grids, die Anwendungen bereitstellen, umfassendes Anwendungsportfolio
Utility-Grid (Typ V)	Bereitstellung von Rechen- und Speicherressourcen extern, Plug & Play, definierte Schnittstellen, häufig zusätzliche Services
Dynamisches SaaS-Grid (Typ VI)	Umfassende Grid-Infrastruktur, dynamisches Anwendungs-portfolio, dynamisches Kundenportfolio

Die vorgelagerten Überlegungen lassen sich auf **Healthgrid-Geschäftsmodelle** übertragen. Derzeit am Markt etabliert sind allein Inhouse-Grid-Infrastructure-Modelle, die in organisatorischer Hinsicht durch Enterprise Grids verkörpert werden. Diese hochintegrierten, unternehmensbezogenen Grid-Computing-Infrastrukturen sind hauptsächlich für rechenintensive Anwendungsbereiche in der Industrie interessant. Dies beschränkt ihren Anwendungsbereich am Gesundheitsmarkt primär auf die Pharmabranche. Utility-Grids bieten perspektivisch für die biomedizinische Forschung unter Nutzung eigener Softwarealgorithmen Potenziale – insbesondere über flexible Cloud-Computing-Technologien[1]. Eine derzeitige Nutzung erfolgt im Branchenkontext nicht. Aktuelle, organisatorisch als Partner Grids aufgebaute Healthgrid-Initiativen befinden sich kurz vor einer Marktetablierung. Für sie ist es derzeit am nachhaltigsten, Strukturen im Sinne Statischer SaaS-Grids aufzubauen. Für diesen Geschäftsmodelltyp versprechen insbesondere die folgenden Kombinationen aus Produkt und Zielmarkt am ehesten Erfolg:

• Bildverarbeitungslösungen für den klinischen Versorgungsbereich

• Systembiologische Analysen für den biomedizinischen Forschungsbereich

• Datenmanagement/-virtualisierung für die Klinische Forschung (selektiv)

Eine erfolgreiche Umsetzung dieser drei Modelle erfordert neben adäquaten Organisations- und Kapitalmodellen eine genaue Berücksichtigung der spezifischen Rahmenbedingungen. Insbesondere die rechtlichen Regelungen sind für die jeweiligen Nutzungskontexte unterschiedlich stark ausgeprägt und beeinflussen den Erfolg des Geschäftsmodells.

Die in den vorgelagerten Untersuchungen gewonnenen Erkenntnisse werden in zwei **Fallstudien** aus dem klinisch-medizinischen Bereich veranschaulicht. Dabei handelt es sich um eine aktuell in der Projektförderphase befindliche europäische Initiative, die Vernetzungslösungen für die Klinische Forschung entwickelt (ACGT) sowie um ein amerikanisches Universitäts-Spin-Off, das bereits erfolgreich am Markt agiert und Krankenhäuser im Bereich der Bildverarbeitung vernetzt (NDMA). Trotz eines vielversprechenden Ansatzes bei ACGT gefährden spezifische Rahmenbedingungen eine langfristige Weiterführung. Hierzu zählen ein sehr breit aufgestelltes Produktportfolio, ein Grid über mehrere nationale Rechtsräume und organisatorische Defizite. NDMA konzentriert sich dagegen auf wenige Kernanwendungsbereiche und hat die Grid-Infrastruktur

---

[1] Cloud Computing ist ein technologischer Ansatz, der mit dem Grid-Computing-Paradigma verwandt ist.

organisatorisch internalisiert. NDMA zeigt, dass positive rechtliche Rahmenbedingungen und rechtzeitige, umfassende Kooperationen die Erfolgswahrscheinlichkeiten am Markt signifikant erhöhen.

Eine erfolgreiche Umsetzung eines Healthgrid-Geschäftsmodells ist von der Erfüllung **Kritischer Erfolgsfaktoren** abhängig. Diese lassen sich für die einzelnen Sichten des definierten Referenzgeschäftsmodells identifizieren. Ein übergreifender Kritischer Erfolgsfaktor aus Nutzensicht ist in der aktuellen Marktsituation die Bereitstellung eines überzeugenden „Use Cases", also einer voll funktionstüchtigen Software-Applikation in einem relevanten Zielmarkt, der weitere wesentliche nutzenrelevante Erfolgskriterien beinhaltet. Hierzu zählen insgesamt eine hohe Nutzerfreundlichkeit, hohe Nutzungsstabilität, ein beschränkter, fokussierter Funktionsumfang bei Erfüllung aller relevanten rechtlichen Anforderungen (insbesondere Datenschutz) sowie Wartungsarmut. In Hinblick auf die Wertschöpfungssicht ist ein marktgerechtes Betreibermodell mit klaren vertraglichen Leistungsvereinbarungen zwischen beteiligten Partnern wesentlich. Hinzu kommen die Etablierung von Kooperationen mit wesentlichen Stakeholdern und die Sicherung technologischer Wettbewerbsvorteile über Schutzrechte. Hinsichtlich der Kapitalmodelle ist eine transparente Verrechnung der bereitgestellten Leistung entscheidend. Daher sind Abrechnungs- und Verbuchungsmodelle ebenso wesentlich wie leistungsorientierte Kapazitätsmanagement- und Monitoring-Systeme. Zusätzlich sind Lizenzmodelle frühzeitig in der Kalkulation zu berücksichtigen. Hinzu kommen Erfolgsfaktoren, die nur indirekt durch intensive Öffentlichkeitsarbeit verändert werden können, da sie in der Domäne der externen Rahmenbedingungen liegen.

Inwieweit Healthgrids derzeit den identifizierten Kritischen Erfolgsfaktoren gerecht werden, bewertet zusammenfassend eine nachgelagerte **SWOT-Analyse**[2]. Einige Stärken aktueller Grid-Initiativen zeigen sich in der grundsätzlichen Ausrichtung des Leistungsangebots. Insgesamt überwiegen jedoch die Schwächen in wesentlichen Kernbereichen wie der Kundenorientierung, der Organisationsstruktur und der wirtschaftlichen Gesamtausrichtung. Chancen ergeben sich aus der Fähigkeit, sich dem dynamischen Marktumfeld anzupassen. Risiken erwachsen insbesondere aus der stark regulierten Branchenstruktur.

---

[2] SWOT: Analyse der Stärken, Schwächen, Chancen und Risiken eines Marktes oder Unternehmens

Aus dem Abgleich von Kritischen Erfolgsfaktoren und aktueller Situation von Healthgrids lassen sich zusammenfassend **strategische Handlungsempfehlungen** ableiten:

- permanente Beobachtung des Marktumfeldes und seiner Veränderungen
- einfache Produktgestaltung und rechtzeitige Planung des Aftersales
- rechtzeitige Definition und Verstetigung der Organisationsstruktur
- Identifizierung und Einbindung aller relevanten Stakeholder
- Beschreibung und Implementierung nachhaltiger Kosten- und Finanzierungsmodelle, für die Vermarktungsphase auch Erlösmodelle
- zielgruppenspezifische Öffentlichkeitsarbeit zur indirekten Beeinflussung der Rahmenbedingungen

Aus den Ergebnissen der Untersuchungen lassen sich **Schlussfolgerungen** ableiten. Grid Computing ist kein statisches Konzept, sondern trägt über die Jahre in erweiterter Form neuen Marktbedürfnissen Rechnung. Ausgehend von Enterprise Grids, insbesondere in Form des Geschäftsmodells „Inhouse-Grid-Infrastructure", liegt der aktuelle Fokus von Grid-Computing-Infrastrukturen auf „Statischen SaaS-Grids", die in einer geschlossenen Struktur Software-Anwendungen bereitstellen. Aufgrund der besonderen Zielmarkt-konstellation mit hohen kulturellen Hürden sowie einer starren, stark regulierten Markt-struktur mit vielen Stakeholdern ist die Etablierung neuer IuK-Technologien in der Gesundheitswirtschaft nur sehr zögerlich und als kontinuierlicher Prozesses möglich. Viele Initiativen konzentrieren sich in Europa, dennoch sind Healthgrids im US-amerikanischen Raum zum Teil nachhaltiger. Neben einer häufig längerfristig orientierten Förderung ist die wirtschaftliche Orientierung der einzelnen Initiativen ausgeprägter als in Europa. Zusätzlich wirken gesetzliche Rahmenbedingungen weniger regulierend. Die hohen Ein-trittsbarrieren in den europäischen Raum lassen sich jedoch positiv nutzen, da sie das Einstiegsrisiko für einen First Mover durch die Etablierung einer wettbewerblich starken Position in einer frühen Marktphase reduzieren. Hierfür ist jedoch eine stärkere Nach-haltigkeitsorientierung zwingend erforderlich. Grid-Computing-Vorhaben sollten sich anfänglich auf ein konkretes Anwendungsszenario mit einer Zielgruppe konzentrieren, um die Komplexität des Vorhabens zu reduzieren und gezielter auf Kundenbedürfnisse einge-hen zu können.

Inhaltsübersicht

Abbildungsverzeichnis

Tabellenverzeichnis

Abkürzungsverzeichnis

akad. – akademisch

B2B – Business-to-business

biomed. – biomedizinisch

CAGR – Compound annual growth rate (durchschnittliche jährliche Wachstumsrate)

CPU – Central Processing Unit (Rechenprozessor), hier: Rechenleistung

gesetzl. – gesetzlich

GG – Grundgesetz

HBFG – Hochschulbauförderungsgesetz

IKT – Informations- und Kommunikationstechnologie

IuK – Information und Kommunikation

KMU – Kleine und mittlere Unternehmen

med. – medizinisch

niederg. – niedergelassen

SLA – Service Level Agreement

tw. – teilweise

VO – Virtuelle Organisation

1 Einleitung

Grid-Computing-Technologien ermöglichen neue, fortschrittliche Anwendungsbereiche im Umfeld der (Bio-)Medizin. Viele Lösungen stehen technologisch an der Schwelle zur Markteinführung, verfügen jedoch über keine betriebswirtschaftliche Fundierung in Form eines Geschäftsmodells. Die bisher weitgehend fehlende wissenschaftliche Auseinandersetzung mit diesem Themenbereich erfolgt mit dieser Arbeit.

Hintergrund, Forschungsbedarf und Vorgehen der Untersuchung werden in diesem Kapitel erläutert. Der erste Abschnitt des Kapitels beschreibt die grundlegende Motivation für die durchgeführten Forschungsarbeiten, gefolgt von einem zweiten Abschnitt, der die Forschungslücke wiedergibt. In Abschnitt drei wird die relevante Forschungsfrage aus der Forschungslücke abgeleitet und im vierten Abschnitt das methodische Vorgehen der Untersuchung beschrieben. Der letzte Abschnitt erläutert im Überblick den Aufbau der Arbeit.

1.1 Motivation

Der Markt für IuK-Technologien ist seit einigen Jahren **dynamischen Veränderungen** unterworfen. Allein innerhalb der letzten zehn Jahre stieg die Nachfrage nach Rechen- und Netzwerkleistung kontinuierlich, und mit einer Fortsetzung dieser Entwicklung ist zu rechnen (vgl. Buyya und Venugopal 2005, S. 9). Gleichzeitig nimmt die Zahl an Initiativen und Projekten zu, deren Mitglieder organisationsübergreifend miteinander kooperieren und komplexe Daten und Informationen austauschen (vgl. Berman et al. 2003, S. 38; Kratz et al. 2008, S. 208).

Dieser Trend ist **auch im Gesundheitswesen** zu beobachten. Über 20% der erbrachten Gesundheitsleistungen entfallen bereits heute auf Datenerfassungs-, Datenverarbeitungs- und Kommunikationsdienste (vgl. Warda und Noelle 2002, S. 3). Der Digitalisierungsgrad und damit der Bestand an digitalen Datenbeständen in der Medizin steigt zunehmend – ein Trend, der bis in den angrenzenden Bereich der biomedizinischen Forschung hineinreicht. Neue Erkenntnisse, wie die Dekompilierung des menschlichen Genoms, erhöhen die Menge an verfügbaren Rohdaten signifikant und stellen die Medizin- und Bioinformatik hinsichtlich der Speicherung, des Zugriffs und der Weiterverarbeitung dieser Datenmengen zusätzlich vor neue Herausforderungen (vgl. Kesh und Raghupathi 2004, S. 3). Dem Einsatz moderner IKT-Systeme in der Gesundheitswirtschaft, die diesen Entwicklungen Rechnung tragen, kommt daher ein hoher Stellenwert zu (vgl. Schonlau und Morzinck 2004).

Grid Computing ist ein technologischer Ansatz, der Lösungen für die aufgezeigten Veränderungen bieten kann. Infrastrukturen auf Basis von Grid-Computing-Technologien unterstützen die koordinierte und gemeinsame Nutzung geographisch verteilter und heterogener IKT-Ressourcen in einer dynamischen Umgebung (vgl. Berman et al. 2003, S. 38). In der wissenschaftlichen Literatur werden Grid-Computing-Ansätze als eine konsequente Weiterentwicklung des Internet-Konzeptes verstanden (Geiger 2006, S. 20).

Der Gesundheitssektor bietet vielfältige, zum Teil sehr unterschiedliche Bereiche, in denen Grid Computing zu einer maßgeblichen Verbesserung des biomedizinischen und medizinischen Angebots führen kann. Unter Nutzung von rechen- und datenintensiven Software-Anwendungen im Grid eröffnen sich Medizinern und Biomedizinern neue Möglichkeiten der Datenverarbeitung, der statistischen Auswertung und der Verknüpfung (bio-)medizinischer Datenbestände (vgl. Weisbecker 2007, S. 167). Fortschritte im Bereich der Genomik und Proteomik führen zu Einsatzmöglichkeiten bei computergestützten Medikamentenentwicklungen, zusätzlich bieten die steigende Komplexität und Anforderungen an Analysen und Simulationen im Bereich der Systembiologie potenzielle Anwendungsfelder (vgl. Berman et al. 2003, S. 30; Joseph und Fellenstein 2004, S. 13). Neben erheblichen Optimierungspotenzialen im biomedizinischen Einsatz bieten verteilte Strukturen in der medizinischen Versorgung erhebliche Potenziale für die Effektivierung und qualitative Verbesserung der Gesundheitsversorgung (vgl. Haas 2006, S. 17).

Grid Computing ist ein wichtiges Forschungsfeld der letzten Jahre und wird durch eine Vielzahl nationaler und internationaler **Forschungsprojekte** technologisch weiterentwickelt. Die große Zahl der aktuellen, in der Regel öffentlich mit hohen Millionenbeträgen geförderten Grid-Computing-Projekte in der Medizin und der Biomedizin stellen bereits erste technisch stabile Lösungsansätze bereit.

Dennoch beschränken sich die Aktivitäten der meisten unterstützten Initiativen auf die Förderphase, eine nachhaltige Weiternutzung der Projektergebnisse erfolgt in der Regel nicht. Der hohe Investitionsbedarf und die begrenzte Dauer einer öffentlichen Förderung für die ersten technologisch ausgereiften Grid-Computing-Lösungen lassen daher gerade jetzt die **Frage eines nachhaltigen Betriebes in den Mittelpunkt** der Betrachtung rücken.

Diesen Sachverhalt erkennen auch Förderinstitutionen zunehmend. Schlüssige Konzepte zur wirtschaftlichen Nachhaltigkeit sind aktuell ein wesentliches Kriterium für die weitere finanzielle Unterstützung wissenschaftlicher Grid-Computing-Aktivitäten (vgl. Löwe 2007, S. 3).

Eine fehlende betriebswirtschaftliche Fundierung und fehlende Kenntnisse in Bezug auf die Ausgestaltung des zugrunde liegenden Geschäftsmodells sind jedoch die häufigste Ursache für das Scheitern von Geschäftsvorhaben (vgl. Krüger 2002, S. 88f.). Zudem sind nicht alle Anwendungsgebiete für Grid Computing gleich vielversprechend. Es gilt zu selektieren, auf welche Anwendungsbereiche und für welche Zielgruppe die in der Regel knappen Ressourcen zukünftig fokussiert werden sollen.

Für einen Einsatz auf dem Markt für Gesundheitsleistungen kommt erschwerend hinzu, dass eine erfolgversprechende Implementierung hohen regulativen Hürden ausgesetzt wäre. Je stärker patientenbezogene Daten zum Einsatz kommen, desto ausgeprägter sind die rechtlichen Schutz- und Implementierungsvorschriften in Bezug auf Ethik, Datenschutz und Produktqualität.

1.2 Forschungslücke

Im Umfeld der biomedizinischen Grid-Computing-Initiativen wurden auf dieser Basis frühzeitig Forschungsziele formuliert, die für die nachhaltige Durchsetzung von Grid Computing entscheidende Bedeutung haben (vgl. Breton et al. 2004, S. 234ff.):

* Identifizierung potenzieller Geschäftsmodelle für medizinische und biomedizinische Grid-Computing-Anwendungen

* Identifizierung des Nutzenprofils und der Bedürfnisse potenzieller Anwender aus dem medizinischen Umfeld, insbesondere von (bio-)medizinischen Forschern und Ärzten

* Identifizierung potenzieller neuer (bio-)medizinischer Anwendungen, die auf die Bedürfnisse der Endnutzer abgestimmt sind

* Identifizierung rechtlich und ethisch relevanter Aspekte und Erfolgsfaktoren im Rahmen von Grid-Computing-Initiativen

Trotz dieser klaren Zielvorgaben befassen sich bisher wenige Arbeiten in der wissenschaftlichen Literatur mit der Frage nachhaltiger Betriebskonzepte für Grid Computing. Untersuchungen für den Bereich der Medizin und der Biomedizin fehlen fast vollständig.

Forschungsanstrengungen, die unter dem Oberbegriff „Grid Economics" momentan bereits vorgenommen werden, konzentrieren sich hauptsächlich auf eine effiziente preisbasierte Allokation von Ressourcen **innerhalb** von Grid-Computing-Infrastrukturen. Dies ist im Rahmen interner Kostenverrechnung und effizienter Werterstellung von Bedeutung, allerdings beschreiben diese Modelle nicht die übergeordnete Fragestellung, inwieweit Grid-Computing-Aktivitäten selbst marktgerecht und kundenorientiert sind. Geschäftsmodelle leisten hier einen entscheidenden Beitrag und stellen sicher, dass Grid-Computing-Vorhaben ihre begrenzten Ressourcen auf die vielversprechenden Anwendungsfelder und Zielgruppen in einer wettbewerbsfähigen Form konzentrieren.

1.3 Forschungsfrage

Diese Arbeit setzt sich daher zum Ziel, Geschäftsmodelle für Grid Computing mit dem Schwerpunkt der Medizin und der Biomedizin zu untersuchen und die wesentlichen Anforderungen für einen nachhaltigen Betrieb herauszuarbeiten.

Die Untersuchungen dieser Arbeit erfolgen ausgehend von der übergeordneten Forschungsfrage:

Wie sind Geschäftsmodelle für Grid Computing in der Medizin und der Biomedizin auszugestalten, um nachhaltig und erfolgreich am Markt agieren zu können?

Dabei werden drei spezifische Fragestellungen besonders intensiv betrachtet:

(1)   Wie ist ein nachhaltiges Referenzgeschäftsmodell für Grid Computing aufgebaut und wie sind seine einzelnen Komponenten für einen nachhaltigen Betrieb auszugestalten?

(2)   Wie lassen sich Geschäftsmodelle am Markt für Grid Computing klassifizieren?

(3)   Welche Erfolgsfaktoren beeinflussen die erfolgreiche Durchsetzung von Grid-Computing-Geschäftsmodellen?

Die Forschungsfragen untersuchen in ihrer Gesamtheit die sinnvolle Ausgestaltung eines Rahmengerüsts für Grid-Computing-Geschäftsmodelle, einschließlich erfolgversprechender Anwendungsfelder und Zielmärkte, des Aufbaus der Wertschöpfungsstruktur, von Erlös- und Kostenmodellen sowie der umgebenden Rahmenbedingungen des Marktes. Ausgehend von diesen Untersuchungen sollen mögliche Grid-Computing-Geschäftsmodelltypen identifiziert werden. Zur Unterstützung einer zukünftigen erfolgreichen

Implementierung von Grid-Computing-Geschäftsmodellen in der Medizin und Biomedizin werden ergänzend Kritische Erfolgsfaktoren identifiziert und abschließend strategische Handlungsempfehlungen abgeleitet.

1.4 Methodisches Vorgehen

Im Rahmen wissenschaftlicher Forschungsanstrengungen stellt sich die grundlegende Frage des zu wählenden Forschungsdesigns, d. h. der methodischen Ausgestaltung und des zeitlichen und strukturellen Ablaufs des Forschungsvorhabens (vgl. Schnell et al. 2008, S. 211). Je nach Untersuchungsgegenstand, der Komplexität der Fragestellung und der Zugangsvoraussetzungen zum untersuchten Umfeld variieren der Aufbau des Forschungsdesigns und die zum Einsatz kommenden Untersuchungsmethoden (vgl. Atteslander 2008, S. 44).

Die **Wirtschaftsinformatik** folgt aufgrund ihres interdisziplinären Charakters einer methodenpluralistischen Erkenntnisstrategie unter Einsatz eines Methodenkanons der Real-, Formal- und Ingenieurswissenschaften (vgl. Wilde und Hess 2007, S. 280). Empirisch-verhaltenswissenschaftliche Methoden werden durch konstruktivistische Ansätze ergänzt, die ihre wissenschaftliche Erkenntnis aus dem „Schaffen oder Evaluieren verschiedener Artefakte in Form von Modellen, Methoden und Systemen" generieren.

Die **empirisch orientierte Methodenlehre** der Wirtschafts- und Sozialwissenschaften unterscheidet grundsätzlich zwischen quantitativen und qualitativen Forschungsansätzen (vgl. Bortz und Döring 2006, S. 296; Kleining 2007, S. 193). Die quantitative Forschung bildet dabei theoretisch wohldefinierte Modelle heraus, die anhand konkreter, messbarer Variablen auf empirische Zusammenhänge hin überprüft werden. Letztendlich dominiert das Ziel, Ausschnitte realer Zusammenhänge mittels interpretierbarer Zahlenwerte abzubilden (vgl. Mayer 2004, S. 28; Gläser und Laudel 2006, S. 17).

Demgegenüber greifen qualitative Forschungsansätze auf verbale Daten zur Beschreibung der Beobachtungsrealität zurück (vgl. Bortz und Döring 2006, S. 297). Der Untersuchungsgegenstand ist zumindest anfänglich vorläufig definiert, und das Modell gebende Theoriebild formt sich erst im Laufe des Forschungsvorhabens heraus. Im Vordergrund steht die Weiterentwicklung und fortdauernde Anpassung des Untersuchungsmodells (vgl. Mayer 2004, S. 29).

Ein entscheidender Differenzierungsaspekt ist demzufolge nicht allein der herangezogene Datentyp, sondern ebenso das den Ansätzen zugrunde liegende Deutungsverfahren. Während quantitative Forschungsansätze grundsätzlich auf dem Prinzip der Deduktion aufbauen, sind qualitative Ansätze überwiegend induktionsgetrieben (vgl. Bortz und Döring 2006, S. 299). Unter Anwendung der Deduktion wird vom übergeordneten Ganzen auf die Ausprägung von Teilen des Ganzen geschlossen. Bei der Induktion verhält es sich genau anders herum, der Deutungsschluss erfolgt von Einzelbeobachtungen auf das übergeordnete Ganze.

Der Deduktionsschluss ermöglicht aufgrund seiner stringent logischen Ableitungsregeln eine zweifelsfreie Erkenntnissicherheit. Jedoch wird hierbei kein neues Wissen generiert, sondern lediglich bekanntes Wissen vom betrachteten Ganzen im Rahmen der theoretischen Überlegungen auf die abgeleitete Teilmenge übertragen. Somit sind Deduktionsschlüsse „wahrheitsbewahrend", während das Ziel **induktiver Ansätze die Generierung neuer Erkenntnisse** ist (vgl. Bortz und Döring 2006, S. 300). Ein induktives Vorgehen im Forschungsverlauf eignet sich deshalb insbesondere für wenig erforschte Untersuchungsgegenstände.

Die Arbeit folgt methodisch einem induktiven Ansatz im Sinne einer **systematischen Analyse qualitativer Daten** zur Herausbildung eines schlüssigen Theoriebildes. Beim konzeptionellen Design steht ein methodisches Herangehen im Mittelpunkt, das einen tatsächlichen **Erkenntnisgewinn** sicherstellt. Es werden für die Untersuchung unterschiedliche Forschungsmethoden miteinander verknüpft und der Forschungsgegenstand im Rahmen einer induktiven Vorgehensweise im Arbeitsverlauf weiterentwickelt. Während die Methoden-Triangulation Defizite qualitativ erhobener Daten hinsichtlich ihrer Ergebnisgüte kompensiert, dient der induktive Ansatz einer stetigen Verdichtung der gewonnen Erkenntnisse[3].

Abbildung 1 visualisiert das methodische Vorgehen.

---

[3] Unter Triangulation wird ein Forschungsansatz verstanden, bei dem unterschiedliche Sichtweisen und Forschungsmethoden auf den gleichen Untersuchungsgegenstand angewendet werden (vgl. Flick 2007, S. 12).

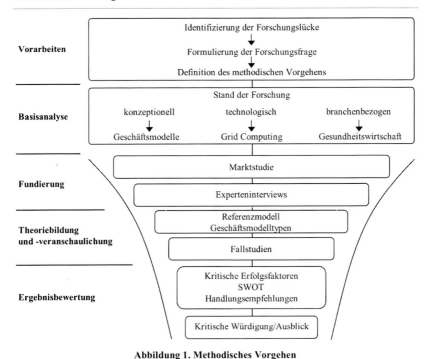

Abbildung 1. Methodisches Vorgehen

Die Untersuchungen dieser Arbeit basieren auf der tiefgehenden **Analyse der vorhandenen Literatur („State-of-the-Art")** in vier unterschiedlichen Bereichen:

- sozialwissenschaftliche Methodenlehre (methodische Fundierung)

- Geschäftsmodelltheorie (theoretisch-konzeptionelle Fundierung)

- Grid Computing (technologische Fundierung)

- Gesundheitswirtschaft/(Bio-)Medizin (branchenbezogene Fundierung)

Dabei wird in den genannten Bereichen und Schnittbereichen Literatur zum jeweiligen Entwicklungsstand und zu identifizierten Trends in unterschiedlichen Tiefegraden herangezogen.

Kern dieser Arbeit ist dabei die Herausarbeitung von Geschäftsmodelltheorien. Innerhalb der wirtschaftswissenschaftlichen Forschung zum Themenbereich des **Electronic Business** bildeten sich verschiedene Geschäftsmodelltheorien heraus, die in ihrer Grundsystematik auf Grid-Computing-Strukturen übertragbar sind. Die wirtschaftswissenschaftliche Forschung untersuchte im Rahmen der Entwicklung des Internets hin zu einer Breitenanwendung konzeptionell aufkommende Geschäftsideen und ihre Erfolgsfaktoren. Darauf aufbauend entwickelte sich eine umfassende Literaturbasis zur **Theorie der Geschäftsmodelle** im Electronic Business. Diese Theorien sollen, erweitert um Erkenntnisse und Besonderheiten aus dem Umfeld der Medizin und der Biomedizin, als Basis für die Herausarbeitung von Geschäftsmodellansätzen für Grid Computing im Allgemeinen und in diesem spezifischen Markt dienen.

Neben der theoretischen Herleitung des Geschäftsmodells als grundsätzlichen Untersuchungsgegenstand wird ergänzend die Literaturbasis zu technologischen und **ökonomischen Aspekten des Grid Computings** berücksichtigt und ausgewertet. Zusätzlich fließen technische Aspekte wie der technologische Reifegrad, Alternativtechnologien und Entwicklungen am Markt für IuK-Technologien in die Untersuchung ein.

Im Rahmen der spezifischen Untersuchung des Umfeldes für **Grid Computing in der (Bio-)Medizin** werden unterschiedliche Forschungsstränge näher betrachtet und in die Untersuchungen eingearbeitet:

- Grundzüge, Struktur, Rahmenbedingungen und Trends der Gesundheitswirtschaft
- Grundzüge, Anwendungsbereiche, Rahmenbedingungen und Trends von IuK-Technologien in der Gesundheitswirtschaft
- Struktur, Anwendungsbereiche, Rahmenbedingungen und Trends von Grid Computing in der Gesundheitswirtschaft/(Bio-)Medizin

Die Untersuchungen des momentanen Forschungsstandes schließen eine umfassende **Analyse des Marktes der existierenden Projekte** und Initiativen im Bereich des Grid Computings für die Medizin und die Biomedizin ein. Für diese Arbeit werden **21 aktuelle und abgeschlossene Healthgrid-Initiativen** analysiert und u. a. auf Anwendungsfelder, Organisationsstruktur und Finanzierungsformen hin untersucht. Zusätzlich werden Rahmenbedingungen und Trends des Marktumfeldes herausgearbeitet.

Ergänzt wird diese Basisanalyse durch eine gesonderte leitfadengestützte **Expertenbefragung**. Die Befragung erfolgt unter Einbindung von **33 Experten des Grid-Computing-Marktes**. Die durchgeführten Interviews ergänzen die formaltheoretische Basis um marktnahe, praxisorientierte Erfahrungswerte und ermöglichen eine Überprüfung und Neubewertung bisheriger theoretischer Erkenntnisse (vgl. Atteslander 2008, S. 132). Die

Experteninterviews werden explorativ als Telefoninterviews unter Verwendung eines teilstrukturierten Interviewleitfadens durchgeführt, der überwiegend auf freie und offene Antworten abzielt. Eine genaue Darstellung der Erhebungsmethodik findet sich im vierten Kapitel dieser Arbeit[4].

Auf dieser Datenbasis wird ein **Referenzgeschäftsmodell** für Grid Computing entwickelt und seine Ausgestaltung am Beispiel des hier gewählten Branchenumfeldes untersucht. In einem weiteren Schritt werden mögliche **Geschäftsmodelltypen** für Grid Computing anhand ausgewählter Dimensionen identifiziert.

Die Untersuchungen werden in methodischer Hinsicht durch zwei Fallstudienbetrachtungen abgeschlossen. Fallstudien konzentrieren sich auf die Beschreibung, Erklärung, Vorhersage oder die Kontrolle eines spezifischen Einzelgegenstandes (vgl. Woodside und Wilson 2003, S. 493). Im Rahmen dieser Arbeit dienen die gewählten Fallstudien der **Unterlegung und Veranschaulichung bereits gewonnener Erkenntnisse**. Die Fallstudien werden aus dem Portfolio betrachteter Grid-Computing-Initiativen anhand mehrerer Kriterien identifiziert. Der Reifegrad des Vorhabens spielt ebenso eine Rolle wie der geographische Schwerpunkt und die zum Einsatz kommenden Anwendungsgebiete. Eine detaillierte Beschreibung der Methodik findet sich im entsprechenden sechsten Kapitel[5].

Aus den aggregierten Erkenntnissen der einzelnen Untersuchungen werden zusammenfassend Kritische Erfolgsfaktoren abgeleitet, der Markt für Grid-Computing-Initiativen im (bio-)medizinischen Umfeld einer Analyse der Stärken, Schwächen, Möglichkeiten und Risiken unterzogen und aus diesen Bewertungsergebnissen strategische Handlungsempfehlungen für Grid-Computing-Initiativen mit Schwerpunkt auf das (bio-)medizinische Umfeld abgeleitet.

1.5 Aufbau der Arbeit

Die Arbeit ist in drei Teile gegliedert. Der erste Teil leitet den Hintergrund der Arbeit und den derzeitigen Stand der Forschung und des aktuellen Marktgeschehens her. Im zweiten Teil wird auf Basis des bisherigen Wissens und neuer, eigenständig erhobener Daten ein Theoriegerüst zu Grid-Computing-Geschäftsmodellen mit dem Schwerpunkt auf das

---

[4] vgl. Abschnitt 4.1, S. 93
[5] vgl. Abschnitt 6.1.2, S. 198

(bio-)medizinische Umfeld entwickelt. Teil drei fasst schließlich die gewonnenen Erkenntnisse zusammen und bewertet diese kritisch.

Der erste Teil ist in drei Kapitel gegliedert. Eine **Einleitung** führt in den Hintergrund der Arbeit, den sich daraus ableitenden Forschungsbedarf und das Vorgehen der Untersuchung ein (1. Kapitel). Hierauf folgt eine **Abgrenzung des grundsätzlichen Untersuchungskontextes** (2. Kapitel). Hierzu zählen Grid Computing als behandelte Basistechnologie und die Grundzüge der Gesundheitswirtschaft als rahmengebende Branche. Es folgt eine sorgfältige **Aufarbeitung des Standes der Forschung** (3. Kapitel). Hierbei wird das Konstrukt des Geschäftsmodells im Allgemeinen hergeleitet, vorhandene betriebswirtschaftliche Erkenntnisse in Bezug auf Grid Computing identifiziert und zur praktischen Fundierung einer umfassenden Analyse des Marktes für Grid Computing im (bio-)medizinischen Umfeld und seiner Rahmenbedingungen vorgenommen.

Auf Basis dieser grundlegenden Annäherung an den Themenkreis folgen im anschließenden zweiten Teil der Arbeit eine **Vertiefung der theoretischen und praktischen Erkenntnisse** und die **Ableitung neuer Theorien**. Mittels einer **Experteninterviewreihe** werden die aufbereiteten Grundlagen auf spezifische ökonomische Aspekte hin fundiert (4. Kapitel). Die Ergebnisse dieser Untersuchung im Zusammenwirken mit den Erkenntnissen des aktuellen Forschungsstandes dienen der Herausarbeitung eines Theoriebildes in Form eines **Referenzgeschäftsmodells für Grid Computing** und der Ableitung von an der Wertschöpfungsarchitektur orientierten **Geschäftsmodelltypen für Grid Computing** (5. Kapitel). Die Ergebnisse dieser theoretischen Aufarbeitung werden in einem weiteren Schritt an zwei **Fallstudien** deskriptiv erläutert (6. Kapitel).

Der abschließende dritte Teil der Arbeit dient der Aufbereitung und Bewertung der gewonnenen Erkenntnisse. Aus den Ergebnissen der Untersuchungen werden **Kritische Erfolgsfaktoren** gefolgert, der Markt für Grid Computing in der (Bio-)Medizin einer abschließenden **SWOT-Analyse** unterzogen und **strategische Handlungsempfehlungen** abgeleitet (7. Kapitel). Alle Ergebnisse werden abschließend zusammengefasst und einer **kritischen Würdigung** unterzogen, um im Folgenden **Schlussfolgerungen** für die weitere Forschung abzuleiten (8. Kapitel).

Eine übergreifende **Management Summary** rundet die Arbeit ab. Abbildung 2 zeichnet den Aufbau der Arbeit schematisch nach.

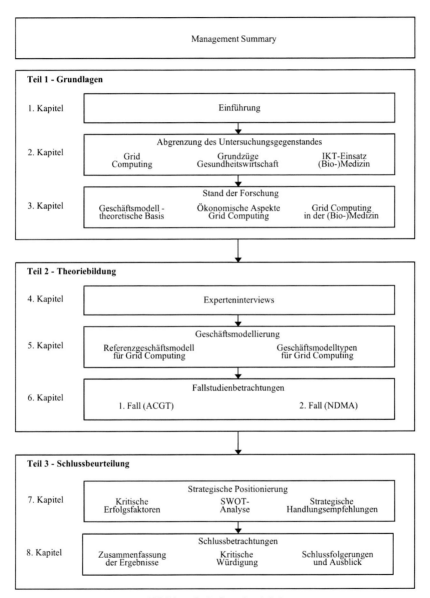

Abbildung 2. Aufbau der Arbeit

2 Einordnung des Untersuchungsgegenstandes

Die vorliegende Arbeit untersucht Geschäftsmodelle am Konzept des Grid Computings und hier wiederum gezielt im Umfeld der Medizin und der Biomedizin als Teile der Gesundheitswirtschaft[6]. In diesem Kapitel wird in diesen **rahmengebenden Kontext** eingeführt (siehe Abbildung 3, eingefasste Elemente). Die Ausarbeitung des theoretischen Gerüsts zu Geschäftsmodellen und der konkreten Betrachtungen zu Grid Computing als Anwendungsfeld in der (Bio-)Medizin entsprechend dem aktuellen Forschungsstand erfolgt im anschließenden dritten Kapitel[7].

Geschäftsmodelle
(Konzeptioneller Rahmen)

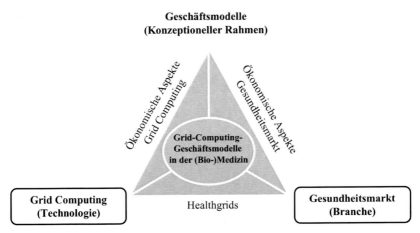

Abbildung 3. Einordnung des Untersuchungskontextes

Das Kapitel ist in drei Abschnitte unterteilt. Der erste Abschnitt geht auf das Paradigma des Grid Computings als technologisches Konzept ein, und beleuchtet Grid Computing im Vergleich zu alternativen Technologien. Im zweiten Abschnitt werden die Grundzüge des Marktes für Gesundheitsleistungen erläutert. Der dritte Abschnitt stellt den Markt und die Anwendungsgebiete von IuK-Technologien in der (Bio-)Medizin als potenzielles Umfeld für Grid-Computing-Lösungen im Überblick dar.

---

[6]   In Zusammenhang mit Grid-Computing-Infrastrukturen werden häufig parallel die Konzepte „Life Sciences" und „Biomedizin" verwendet. „Life Sciences" im engeren Sinn entspricht dem Konzept der „Biomedizin" (vgl. Braun 2000, S. 42). Aufgrund einer fundierteren Abgrenzung des Biomedizinbegriffs in der wissenschaftlichen Literatur kommt in dieser Arbeit der Terminus „Biomedizin" zur Anwendung.

[7]   vgl. Kapitel 3, S. 37

2.1 Grid Computing

Der zunehmende Einsatz digitaler, häufig verteilter Datenbestände und eine verstärkte ortsübergreifende Zusammenarbeit in Wissenschaft und Wirtschaft stellen neue Herausforderungen an die eingesetzte IKT-Infrastruktur. Grid Computing beschreibt ein Konzept und im engeren Sinne eine technologische Infrastruktur zur Lösung dieser Herausforderungen. Es hat die integrative Vernetzung unterschiedlicher, in der Regel verteilter Ressourcen wie Computer, Netzwerke, Anwendungen und Datenbanken zum Ziel (vgl. Buyya und Venugopal 2005, S. 10).

Eine ähnliche Zielstellung verfolgen alternative technologische Konzepte. Hierzu zählen u. a. Peer-to-Peer-Computing, Cluster Computing und seit neuestem Cloud Computing. Hinzu kommen klassifizierende Begriffsgebungen wie das Verteilte Rechnen. Vergleichbare Ziele und ähnliche konzeptionelle Merkmale erschweren eine Abgrenzung untereinander und vom Konzept des Grid Computings (siehe Abbildung 4).

Eine Arbeitsdefinition soll daher im Folgenden aus der Historie des Begriffes und der vergleichenden Beschreibung alternativer Konzepte hergeleitet werden.

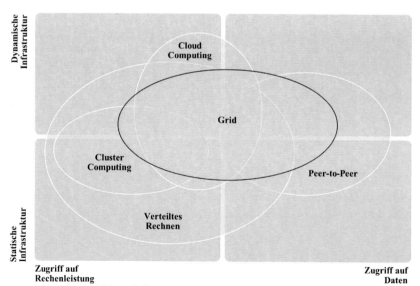

Abbildung 4. Grid Computing und verwandte Paradigmen

2.1.1   Grid Computing als Konzept

In seiner ursprünglichen, 1998 begründeten Fassung beschreibt Grid Computing eine Hardware- und Software-Infrastruktur, die einen zuverlässigen, konsistenten, von überall erreichbaren und preiswerten Zugriff auf IKT-Hochleistungsressourcen ermöglicht (vgl. Foster und Kesselmann 1998, S. 17)[8]. Grid Computing soll als eine Art Stromnetz verstanden werden und insbesondere bei Bedarf Rechenleistung, ähnlich den heutigen Versorgungsdienstleistungen („**Utilities**") zur Verfügung stellen.

Diese Begriffsauffassung entwickelte sich über die Jahre fort, erweiternde Elemente wurden aufgrund der Konstitution unterschiedlicher Grid-Computing-Initiativen in die Definition aufgenommen (vgl. Foster et al. 2001; Foster et al. 2002). Foster und Kesselmann (2004) fassen die verschiedenen Ansätze in der Neuauflage ihres Ursprungswerkes, basierend auf einem Artikel von Foster (2002), zusammen und definieren ein Grid anhand der folgenden generischen Merkmale (vgl. Foster 2002, S. 3; Foster und Kesselmann 2004, S. 46):

(1)   die Koordinierung verteilter Ressourcen

(2)   unter Einsatz standardisierter, offener, allgemeingültiger Protokolle und
       Schnittstellen sowie

(3)   die Bereitstellung einer nicht trivialen Dienstgüte (Quality of Service, QoS).

Weitere Elemente, die oft in Zusammenhang mit der Definition des Grid-Computing-Paradigmas Erwähnung finden, sind die Skalierbarkeit und die Dynamik der eingesetzten Ressourcen. Unter der Dynamik eines Grids wird das flexible Hinzufügen und Herausnehmen von Ressourcen aus der Infrastruktur ohne Beeinträchtigung des Gesamtbetriebes verstanden (vgl. Reinefeld und Schintke 2004, S. 130; Stockinger 2007, S. 13). Ein weiteres Merkmal, welches allen Grid-Computing-Ansätzen gemein ist, kennzeichnet die Virtualisierung der eingesetzten Ressourcen (vgl. Rienhoff 2006, S. 86).

Ergänzend zu diesen Elementen wird in jüngeren Arbeiten eine dynamische, multiinstitutionale Virtuelle Organisation als zusätzliches Merkmal eines Grids hinzugefügt. Eine Virtuelle Organisation beschreibt dabei den Zusammenschluss mehrerer rechtlich unab-

---

[8]   Im Original: „A computational grid is a hardware and software infrastructure that provides dependable, consistent, pervasive, and inexpensive access to high-end computational capabilities" (vgl. Foster und Kesselmann 1998, S. 17).

hängiger Individuen oder Institutionen und basiert auf eindeutigen Vereinbarungen, welche der geteilten Ressourcen für welche Partner unter welchen Bedingungen zur Verfügung gestellt werden (vgl. Foster und Kesselmann 2004, S. 40). Die Mitglieder einer Virtuellen Organisation sind nicht an einen festen geographischen Ort gebunden[9].

Die Öffnung des Ursprungskonzeptes insbesondere durch die Erweiterung um organisatorische Aspekte verstärkte ein uneinheitliches Begriffsverständnis (vgl. Joseph et al. 2004, S. 624; Foster und Tuecke 2005, S. 29; Stockinger 2007, S. 4).

Im Verlauf dieser Arbeit wird aufbauend auf den vorliegenden Veröffentlichungen folgende Begriffsauffassung vertreten, soweit im Einzelfall nicht explizit auf ein abweichendes Verständnis hingewiesen wird:

Grid Computing ist ein technologisches Konzept zur gemeinsamen Nutzung, Koordinierung und Virtualisierung verteilter, skalierbarer, generell heterogener IKT-Ressourcen unterschiedlichen Typs unter Verwendung einheitlicher Schnittstellen in einer dynamischen Umgebung.

Diese Definition trägt als Basisdefinition dem Charakter des Grid Computings als innovatives, sich über die Zeit wandelndes, Konzept Rechnung. Erweiternde Definitionsmerkmale wie die Virtuelle Organisation sind nicht Teil der Grunddefinition, sondern Ausdruck der Fortentwicklung des Ursprungskonzeptes[10].

2.1.2 Technologische Architektur

Die Umsetzung von Grid-Computing-Infrastrukturen erfolgt in technologischer Hinsicht durch das kontrollierte Zusammenwirken im Vorfeld definierter Software-Dienste. Die Architektur, d. h. die genaue Ausgestaltung dieser Dienste und deren Interaktion auf verschiedenen Ebenen, wird durch Software-Schichtenmodelle festgelegt. Konkrete Dienstpakete zur Umsetzung dieser Schichtenmodelle bezeichnet man als Middleware.

Der Abschnitt erläutert die generische Basisschichtenarchitektur, ein konkretes standardisiertes Architekturmodell und drei verbreitete Middleware-Pakete für Grid Computing.

---

[9]   Der Begriff der Virtuellen Organisation wird im Kontext der Untersuchung von Organisationsformen für
     Grid-Comuting-Geschäftsmodelle wieder aufgegriffen (vgl. Abschnitt 5.1.4.2, S. 150).
[10] Für eine vertiefende Darstellung des evolutorischen Charakters vgl. Abschnitt 3.3.1, S. 55.

2.1.2.1 Grundlagen zur Architektur von Grid-Computing-Infrastrukturen

Grid Computing stellt die Interoperabilität aller beteiligten Ressourcen in den Mittelpunkt technologischer Überlegungen. Um dieses Ziel zu erreichen, werden verschiedene Schichtenmodelle für Grid Computing vorgeschlagen (vgl. u. a. Baker et al. 2000; Joseph et al. 2004; Buyya und Venugopal 2005). Viele dieser Modelle basieren auf dem generischen fünfstufigen Modell von Foster et al. (2001) (siehe Abbildung 5). Die einzelnen Schichten des Modells werden ausgehend von der untersten Schicht im Folgenden erläutert (vgl. Foster et al. 2001, S. 206ff.; Baun 2005, S. 21f.):

- **Fabric Layer**: beschreibt die Schnittstelle zu den Ressourcen, die bereitgestellt werden sollen. Hierzu zählen Rechenressourcen, Speicherressourcen, Netzwerkressourcen und Datenbanken. Ressourcen können auch Verbundeinheiten, wie z. B. Cluster-Systeme, sein. Zwei Funktionalitäten muss der Fabric Layer mindestens bereitstellen: Abfragemechanismen, um festzustellen, welche Operationen eine Ressource unterstützt und ein Ressourcenmanagement zur Ressourcenkontrolle.

- **Connectivity Layer**: beschreibt die grundlegenden Kommunikations- und Authentifizierungsprotokolle, die für grid-spezifische Netzwerkaktivitäten notwendig sind. Die Protokolle ermöglichen den sicheren und standardisierten Austausch von Daten zwischen den Ressourcen der Fabric-Schicht. Die Authentifizierungsprotokolle bieten Sicherheitsmechanismen zur Verschlüsselung und zur Nutzeridentifizierung.

- **Ressource Layer**: dient der Überwachung und Steuerung einzelner Ressourcen unter Bereitstellung von Protokollen, Programmierschnittstellen (APIs) und Software Development Kits (SDKs) zur sicheren Kommunikation, zum Monitoring und zum Accounting und Billing. Die Protokolle der Ressourcen-Schicht rufen Funktionen des Fabric-Layers auf und konzentrieren sich auf einzelne Ressourcen und nicht auf den Zustand eines Grids insgesamt. Die Ressourcen-Schicht unterscheidet Informations-Protokolle zum Erhalt von Statusinformationen über Ressourcen und Management-Protokolle zur Zugriffskontrolle auf Ressourcen.

- **Collective Layer**: während der Ressource Layer individuelle Ressourcen verwaltet, ist der Collective Layer für die übergreifende Ressourcenverwaltung zuständig. Er verwendet Protokolle des Ressource und des Connectivity Layers, um alle Ressourcen einer Grid-Architektur zu überwachen und Aktionen auf Gruppen von Ressourcen zu koordinieren.

- **Application Layer**: dient der Bereitstellung von Endanwendungen in einem Grid. Hierfür werden Dienste und Protokolle der darunter liegenden Schichten genutzt. Die Applikations-Schicht kann direkt oder über Schnittstellen des Collective Layers auf die Ressourcen im Grid zugreifen.

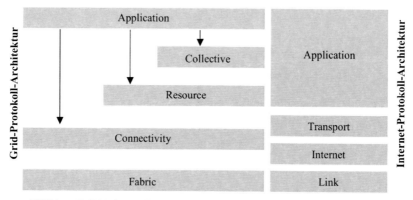

Abbildung 5. Grid-Computing-Architektur im Vergleich (Foster et al. 2001, S. 207)

Das Modell von Foster et al. (2001) dient als Grundlage für die Beschreibung konkreter Dienstarchitekturen. Zusätzlich bietet es einen Abgrenzungs- und Definitionsrahmen für Grid Computing als Konzept. Eine der wichtigsten Konkretisierungen des Basisrahmens ist die Herausbildung der Open Grid Service Architecture (OGSA).

2.1.2.2 OGSA als Standard web- und serviceorientierter Grids

Die zunehmende Verbreitung des Internets und die Herausbildung von Serviceorientierten Architekturen (SOA) Anfang der 2000er Jahre wirkte sich auf den Aufbau von Grid-Computing-Infrastrukturen aus[11]. Ein Ziel war unter anderem eine vollständige Interoperabilität der heterogenen Ressourcen (vgl. Joseph et al. 2004, S. 628).

Foster et al. (2002) schlagen mit der Open Grid Service Architecture (OGSA) ein Schichtenmodell vor, das webbasierte Services und an SOA angelehnte Strukturen in Grid-Computing-Modellen berücksichtigt (Foster et al. 2002). OGSA wird in Folge vom Open

---

[11] SOA: Service-Oriented-Architecture: Ein Nutzungsmodell für Softwaredienste in verteilten Umgebungen, bei dem einzelne Dienste an dem zugrunde liegenden Geschäftsprozess ausgerichtet und neu strukturiert und zusammengefasst werden (vgl. Papazoglou 2006, S. 3).

Grid Forum aufgegriffen und etabliert sich für viele Grid-Computing-Architekturen als Standard (vgl. Gannon et al. 2002, S. 1; OGF 2006) [12].

Bei der vom Open Grid Forum vorgeschlagenen OGSA-Architektur handelt es sich um ein Komponentenmodell, das es Anwendern ermöglicht, auf einfache Weise die im Grid angebotenen Dienste zu nutzen und miteinander zu koppeln. Hierzu sind Methoden und einheitliche Schnittstellen definiert, die jeder angebotene Dienst implementieren muss, um als Grid-Dienst zu gelten. Konkrete Implementierungen dieser Schnittstellen sind austauschbar, was den Aufbau modularer Grid-Systeme ermöglicht (vgl. Reinefeld und Schintke 2004, S. 130). Typische in OGSA definierte Dienste sind in Tabelle 1 zusammengefasst.

Tabelle 1. Grid-Computing-Services in OGSA (OGF 2006, S. 16ff.)

Service	Beschreibung
Infrastructure Services	Basis für alle Services; dient der Kommunikation der Grid-Ressourcen
Execution Management Services (EMS)	Management und Kontrolle von Grid-Services, einschließlich Instanzierung
Data Services	Services, die Zugriff auf Daten steuern, einschließlich Erzeugung, Löschung und Aktualisierung von Daten
Resource Management Services	Services, die Verwaltung und Monitoring der gesamten Ressourcen Infrastruktur wie auch einzelner Ressourcen übernehmen
Security Services	Services, die Authentifizierung, Verschlüsselungen, Identitätszuordnung und weitere sicherheitsrelevante Aspekte regeln
Self-Management Services	Services, die Selbstüberwachung und -regelung der Infrastruktur unterstützen und im Bedarfsfall z. B. Fehler selbständig regulieren
Information Services	Services, die Verfügbarkeit und Status im Grid befindlicher Ressourcen aufnehmen und weitergeben

Für die Standardisierung von Grid-Diensten sind weiterhin die **Open Grid Service Infrastructure (OGSI)** und der **Web Service Resource Framework (WSRF)** von Bedeutung. Ursprünglich übernahm OGSI als Infrastruktur-Layer die Verbindung zwischen der Hardware-Infrastruktur und den höheren Diensten der OGSA-Architektur, wird jedoch zunehmend durch das rein auf Web-Services basierende WSRF abgelöst. Die Schichtenarchitektur von OGSA, einschließlich der Einbindung von OGSI und Web Services nach WSRF, ist in Abbildung 6 dargestellt.

---

[12] OGF (Open Grid Forum): Weltweit größte Standardisierungsorganisation von Grid-Nutzern, -Entwicklern und -Anbietern; hervorgegangen aus einem Zusammenschluss des (akademisch getriebenen) Global Grid Forums und der (kommerziell getriebenen) Enterprise Grid Alliance (OGF 2009).

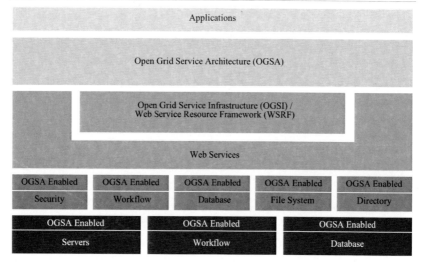

Abbildung 6. OGSA-Schichtenmodell (in Anlehnung an Myer 2003)

2.1.2.3 Middleware

Die konkrete Umsetzung der für eine Grid-Computing-Architektur abstrakt definierten Dienste erfolgt in der Praxis durch die Middleware. Die Middleware umfasst dabei die Gesamtheit der benötigten und an den definierten Standards ausgerichteten Vermittlungs- und Verwaltungssoftware (Bengel et al. 2008, S. 438). Innerhalb der auf offenen Standards basierenden Middleware-Systeme dominieren Globus Toolkit, gLite und Unicore (CERN 2009; Globus 2009b; UNICORE 2009).

Das **Globus Toolkit** der Globus Alliance ist international die am weitesten verbreitete Open-Source-Middleware (vgl. Smith 2004, S. 8). Es basiert auf OGSA und implementiert die dort definierten Dienste und Protokolle. Die aktuelle Version Globus Toolkit 4 setzt verstärkt auf Web Services, die auf WSRF basieren. Durch seine Modularität ist das Globus Toolkit gut erweiterbar, da einzelne Komponenten leicht ausgetauscht werden können. Da Globus Toolkit nicht als vertikal integriertes System, sondern als Baukasten fungiert, ist es sehr flexibel, allerdings in der Inbetriebnahme aufwendiger als alternative Lösungen. Zudem verfügt es über keine eigene Benutzeroberfläche. Bestimmte Services (u. a. Accounting, Datenverwaltung) sind noch nicht implementiert (vgl. Joseph und Fellenstein 2004, S. 329ff.; Bengel et al. 2008, S. 439).

Im europäischen Raum, insbesondere in Projekten des europäischen EGEE-Grids (Enabling Grids for E-SciencE), kommt verstärkt gLite – **Lightweight Middleware for Grid Computing** zum Einsatz (CERN 2009). gLite ist eine Entwicklung des CERN, die innerhalb des Large Hadron Collider (LHC) Projektes entstanden ist, und wird im Rahmen von EGEE weiterentwickelt. Es bietet eine vollständige und umfassende Grid-Computing-Architektur, einschließlich Monitoring- und Accounting-Funktionalitäten. Sein Nachteil besteht in einer eingeschränkten Portabilität des Systems – bisher ist gLite nur auf das Betriebssystem Scientific Linux 3 ausgelegt (vgl. Bengel et al. 2008, S. 440).

Unicore (UNiform Interface to COmputing REsources) ist eine vom Bundesministerium für Bildung und Forschung (BMBF) seit 1997 geförderte Middleware-Lösung und in Deutschland sehr verbreitet. Die Middleware gilt als eine vertikal stark integrierte und leicht zu implementierende Lösung (vgl. Baker et al. 2002, S. 1455). Die Installation ist entsprechend einfach, die Bedienung über eine Benutzeroberfläche (GUI) anwenderfreundlich. Durch den vertikalen, stark integrierten Aufbau ist Unicore wenig flexibel, außerdem fehlen wesentliche Komponenten für große verteilte Systeme. Es unterstützt u. a. keine Ressource-Broker, d. h. einzelne Jobs müssen manuell verteilt werden. Komponenten zum Datenmanagement sind ebenfalls nicht vorhanden (vgl. Bengel et al. 2008, S. 440f.).

Weitere Middleware-Lösungen für Grid Computing sind u. a. die Open-Source-Lösungen GRIA und GridBus sowie die kommerzielle Software „Platform LSF" (GRIA 2009; Gridbus 2009; Platform 2009).

2.1.3 Alternative technologische Konzepte

Die Unschärfe des Terminus Grid Computing ergibt sich u. a. aus der Vielzahl weiterer Ansätze zur dezentralen Bereitstellung von IKT-Services, die in weiten Teilen Überschneidungen mit der Idealdefinition des Grid Computings aufweisen (vgl. Buyya et al. 2008). Zu diesen Konzepten, die im folgenden Abschnitt erläutert werden, zählen

* Cluster Computing
* Peer-to-Peer-Computing
* Cloud Computing

Von diesen alternativen Technologien erlangt seit dem vergangenen Jahr insbesondere Cloud Computing, gemessen an Suchanfragen im Internet, eine große Popularität (Google

Insights 2009) (siehe Abbildung 7). Das Interesse an Grid Computing ging dagegen über die Jahre zurück, stabilisierte sich aber im Verhältnis zu den Alternativtechnologien auf hohem Niveau.

Im Zusammenhang mit Grid Computing und den genannten Alternativansätzen werden häufig weitere technologische Konzepte, insbesondere Software-as-a-Service (SaaS) und Service-Oriented-Architecture (SOA), aufgeführt. Diese Ansätze beschreiben jedoch weniger eigenständige technologische Netzwerkkonzepte, sondern kommen als Konzepte im Rahmen der diskutierten Technologien zum Einsatz[13].

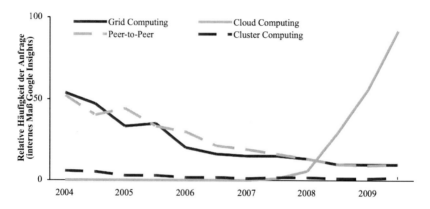

Abbildung 7. Suchbegriffshäufigkeit verschiedener Technologien (Google Insights 2009)

2.1.3.1 Cluster Computing

Die Ursprungsidee des Grid Computings zeigt besonders hohe Überschneidungen mit dem Prinzip des Cluster Computings. Ein Cluster ist ein Verbund miteinander vernetzter eigenständiger Rechner, die sich nach außen wie eine einheitliche Rechenressource verhalten (vgl. Pfister 1998). Cluster werden grundsätzlich zentral gesteuert. Bei den als Knoten bezeichneten Verbundrechnern kann es sich um Standard-PCs, Workstations, Server oder auch Hochleistungsrechner handeln. Die einzelnen Knoten sind über ein Netzwerk miteinander verbunden. Die zum Einsatz kommende Netzwerktechnik reicht vom konventionellen Ethernetkabel bis zum Hochgeschwindigkeitsnetzwerk. Homogene Cluster zeichnen sich durch identische Hard- und Software aus, ansonsten spricht man von einem heteroge-

---

[13] SaaS (Software-as-a-Service): Ein Bereitstellungsmodell für Software über Netze, bei dem das Eigentum
      der Software von der eigentlichen Nutzung getrennt ist (vgl. Turner et al. 2003, S. 38).

nen Cluster (vgl. Baun 2005, S. 2f.). Je nachdem, ob die Rechner eines Clusters in einem abgegrenzten Bereich oder Raum zusammengefasst oder über verschiedene Gebäude oder Räumlichkeiten verteilt aufgestellt sind, spricht man von einem „Glass-House" oder einem „Campus-Wide-Cluster".

Die wesentlichen Ziele, die mit der Errichtung von Clustern erreicht werden sollen, sind (vgl. Baun 2005, S. 3):

* Ausfallsicherheit (Clustering for Availability)
* Rechenleistung (Clustering for Scalability)
* Datendurchsatz (High Throughput Clustering)

Cluster können als der Ursprung des Grid Computings verstanden werden. Sie bieten grundsätzlich jedoch keine offene Architektur, sondern formen feste Verbünde von IKT-Ressourcen, die primär der Erhöhung der Rechenkapazität dienen. Aspekte wie Virtualisierung von Datenbeständen und eine übergreifende Zusammenarbeit von Nutzern wird vom Cluster Computing nicht angestrebt.

2.1.3.2 Peer-to-Peer-Computing

Ein weiterer Ansatz, der sich an das Grid-Computing-Konzept anlehnt, sind Netzwerke auf Peer-to-Peer-Basis (P2P). Ein Peer-to-Peer-Netzwerk ist ein sich selbst organisierendes System gleichberechtigter, voneinander unabhängiger Computer, den **Peers**, das ohne Nutzung zentraler Dienste und unter Rückgriff auf bestehende Netzwerke eine gegenseitige Ressourcennutzung ermöglicht (vgl. Oram 2001). Das P2P-Konzept grenzt sich damit insbesondere vom zentralistisch aufgebauten Client-Server-Konzept ab. Der Kerngedanke des P2P-Konzeptes ist die gleichberechtigte Bereitstellung von IKT-Ressourcen, der **direkte** Zugriff auf diese Ressourcen und die **direkte** Kommunikation untereinander (vgl. Steinmetz und Wehrle 2004, S. 52f.). Peer-to-Peer-Netzwerke weisen zum Teil Ähnlichkeiten zu dynamischen Grids auf, in denen Teilnehmer und eingebundene Ressourcen regelmäßig wechseln (vgl. Baun 2005, S. 5). Allerdings streben Grid-Computing-Infrastrukturen keine explizite direkte Kommunikation zwischen beteiligten Partnern an, sondern setzen auf Virtualisierung aller im Verbund verfügbaren Ressourcen.

2.1.3.3 Cloud Computing

Cloud Computing ist der jüngste Ansatz, IKT-Services und -Ressourcen dezentral zugänglich zu gestalten (vgl. Weiss 2007, S. 18). Dieses wesentlich von der IKT-Industrie getriebene Konzept verspricht unter Nutzung von Virtualisierungskonzepten die Bereitstellung stabiler Services, die weltweit „On Demand" abrufbar sind. Letztendlich bietet Cloud Computing dem Nutzer einen Single-Point-of-Access für die Lösung seiner IT- und Rechenfragestellungen (vgl. Buyya et al. 2008, S. 2). Die Autoren definieren eine **Cloud** als „a type of parallel and distributed system consisting of a collection of interconnected and virtualised computers that are dynamically provisioned and presented as one or more unified computing resources based on service-level agreements established through negotiation between the service provider and consumers." Cloud Computing stimmt damit in vielen Punkten mit dem Konzept des Grid Computings überein, erfüllt jedoch nicht alle Kriterien der hier gegebenen Idealdefinition (vgl. Foster et al. 2008, S. 9). Die angebotenen IKT-Ressourcen und verwendete Standards sind in der Regel proprietär und nicht offen. Das Konzept ist momentan auf die reine Bereitstellung von Speicher- und Rechenressourcen eingeschränkt. Eine komplexe Virtuelle Organisation wird zumindest auf der Ebene der IKT-Ressourcen umgangen, da die Ressourcen fest einer Organisation bzw. Unternehmung zugeordnet werden können. Cloud Computing ist in seiner Konsequenz eine Lösung, die auf den Grundideen des Grid Computing aufsetzt, jedoch komplexitätsreduziert und einfach zu implementieren. Es verfolgt eher das Ziel, Computing-Leistungen als Utility über eine definierte Schnittstelle anzubieten, als ein umfassendes Leistungsportfolio durch die Vernetzung unterschiedlicher Partner bereitzustellen.

Cloud-Computing-Ansätze werden mittlerweile von verschiedenen kommerziellen Anbietern verfolgt. Hierunter fallen beispielsweise Amazon mit Elastic Compute Cloud – EC2 und Google mit Google App Engine (Amazon 2009; Google 2009a). Andere Anbieter vertreiben auf Grid Computing basierende Lösungen nunmehr unter dem Namen Cloud Computing (Sun 2008) oder bauen eine parallele Vermarktungsstruktur auf (IBM 2009b, 2009a). Neben der Erschließung eines neuen Wachstumsmarktes ist die effiziente Ausnutzung der eigenen, bereits existenten Hardware-Infrastruktur ein weiteres Ziel. Allein Google betreibt derzeit weltweit eine halbe Million Server an verschiedenen Standorten (vgl. Weiss 2007, S. 19).

2.2 Gesundheitswirtschaft

Diese Arbeit untersucht Geschäftsmodelle für Grid Computing im ökonomischen Gefüge der Gesundheitswirtschaft. Im weiteren Verlauf wird dabei grundsätzlich vom deutschen Markt für Gesundheitsleistungen ausgegangen, kontextbezogen jedoch die europäische und in ausgewählten Fällen die US-amerikanische Perspektive aufgegriffen.

2.2.1 Bedeutung des Marktes

Unter den Begriff des Gesundheitsmarktes fallen alle Personen, Organisationen, Einrichtungen, Regelungen und Prozesse, deren Aufgabe die Erhaltung und Wiederherstellung von Gesundheit sowie das Erkennen, Heilen oder Lindern von Krankheiten und Leiden ist (vgl. Simon 2005, S. 34).

Der Markt für Gesundheitsleistungen hatte im Jahr 2007 ein Volumen von insgesamt 253 Mrd. Euro. Das sind 7,8 Mrd. Euro mehr als im Vorjahr und entspricht seit 2005 einer durchschnittlichen jährlichen Steigerung von 2,9% (Destatis 2009) (siehe Abbildung 8). Mit über 10% des Bruttoinlandsproduktes ist die Gesundheitswirtschaft einer der bedeutendsten Wirtschaftszweige in Deutschland. Im internationalen Vergleich verzeichnet Deutschland mit Pro-Kopf-Ausgaben um 3.000 Euro die höchsten Gesundheitsausgaben der Industrieländer nach den USA, Japan und Frankreich (OECD 2009).

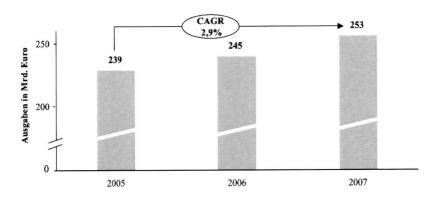

Abbildung 8. Gesundheitsausgaben in Deutschland 2005-2007 (Destatis 2009)

Das Gesamtausgabengefüge lässt sich hinsichtlich der Verursachung in Investitionsausgaben und laufende Gesundheitsausgaben gliedern. Auf die laufenden Ausgaben entfielen

2007 mit 244 Mrd. Euro über 96% der Ausgaben, auf Investitionsleistungen lediglich 3,5% oder 8,8 Mrd. Euro. Im Gegensatz zu den laufenden Kosten ist die Investitionsquote mit durchschnittlich -2,1% p. a. seit 2005 rückläufig (Destatis 2009).

2.2.2 Grundzüge der deutschen Gesundheitswirtschaft

Gesundheitssysteme lassen sich international in drei Basismodelle untergliedern (vgl. Schmeisser et al. 2007, S. 2):

• steuerfinanzierte staatliche Systeme

• Sozialversicherungssysteme

• marktwirtschaftliche Systeme

Deutschland ist in den Grundzügen ein **Sozialversicherungssystem**, verfügt jedoch über marktwirtschaftliche Komponenten.

Hinsichtlich der **strukturellen Gliederung** lässt sich das deutsche Gesundheitswesen in Einrichtungen des öffentlichen Gesundheitsdienstes, Krankenversicherungen und die ambulante und stationäre Versorgung einteilen (vgl. ebd. S. 9). Die ambulante Versorgung wird über niedergelassene Ärzte sichergestellt, die stationäre hauptsächlich über Kliniken. Alternativ lässt sich der Versorgungsbereich in primäre Versorgung (Hausarzt) und sekundäre Versorgung (Facharzt, Klink) unterteilt. Hinzu kommen öffentliche und private Forschungseinrichtungen im biomedizinischen oder klinischen Bereich. Zu den öffentlichen Forschungseinrichtungen zählen eigenständige Forschungslabore und die Forschungsbereiche der (Universitäts-)Kliniken. Private Forschungseinrichtungen finden sich als selbständige, zumeist kleine und mittelständische Einrichtungen sowie in Form von Forschungseinrichtungen größerer Unternehmen. Letztere stammen in der Regel aus der pharmazeutischen Industrie. Die Grundstruktur des deutschen Gesundheitsmarktes ist in Abbildung 9 dargestellt.

Der Markt für Gesundheitsleistungen in Deutschland ist im internationalen Vergleich **relativ stark reguliert**. Die Ausübung und Überwachung der Regulierung kommt im Wesentlichen den jeweiligen öffentlichen Einrichtungen zu. Da der Staat sich in der Verantwortung der Bürger sieht und einen Teil der Kosten trägt, leitet er daraus sein Recht ab, regulierend in das System einzugreifen (vgl. Franke 2008, S. 195). Auf Bundesebene üben das Bundesministerium für Gesundheit (BMG) und eine Reihe ihm nachgeordneter

Institutionen und Ämter die Rechte und Pflichten aus, die sich aus den Regulierungsvorschriften ergeben. Auf Landesebene existieren entsprechende Strukturen. Kommunen haben keine eigenständige Regulierungskompetenz. Vielmehr gewährleisten sie insbesondere über die Gesundheitsämter die Überwachung der Einhaltung der vielfältigen Rechtsvorschriften (vgl. Schmeisser et al. 2007, S. 4). Ein weiterer Teil der Regulierung entfällt im Form der „Selbstverwaltung" auf die Gremien der Krankenkassen und Leistungserbringer zur Diskussion von Aspekten der Leistungserbringung und Vergütung (vgl. Simon 2005, S. 74).

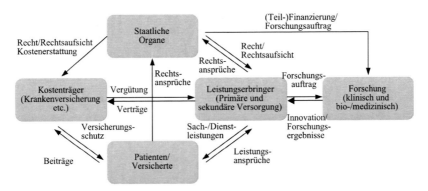

Abbildung 9. Struktur des Gesundheitsmarktes in Deutschland (in Anlehnung an Simon 2005, S. 79)

Die jeweils relevanten Besonderheiten des deutschen Gesundheitsmarktes werden an entsprechender Stelle dieser Arbeit aufgegriffen.

Zusammenfassend ist festzustellen, dass potenzielle Geschäftsmodelle auf Basis von Grid-Computing-Technologien auf einen umsatzstarken, etablierten und stark regulierten Markt mit festbegründeten Strukturen treffen.

2.3 Einsatz von IuK-Technologien in der Gesundheitswirtschaft

Der Markt für Gesundheitsleistungen wird zunehmend durch den Einsatz von IuK-Technologien geprägt. Dabei lassen sich mit der Medizin und der Biomedizin zwei sich nahe stehende Anwendungsbereiche des Gesundheitsmarktes abgrenzen. Unter (Human-) Medizin wird allgemein „die Wissenschaft vom gesunden und kranken Menschen und von den Ursachen, Wirkungen und der Vorbeugung und Heilung der Krankheiten" verstanden, während die Biomedizin den medizinisch relevanten Teil der Humanbiologie beschreibt und Fragestellungen der Humanmedizin mit konkreten Methoden der Molekular- sowie Zellbiologie verbindet (vgl. Müller-Terpitz 2006, S. 4; Pschyrembel 2007, S. 1005; Reuter 2007, S. 218)[14].

Der folgende Abschnitt führt in den Markt für IuK-Technologien in der Gesundheitswirtschaft ein und beleuchtet im Anschluss Anwendungsfelder im medizinischen und biomedizinischen Bereich.

2.3.1 Bedeutung des Marktes

Der Markt für IuK-Technologien in der Gesundheitswirtschaft wird in Deutschland für 2009 auf eine Größe von 1,5 Mrd. Euro geschätzt und liegt hinter Großbritannien mit erwarteten IKT-Ausgaben von 2,4 Mrd. Euro europaweit auf Platz zwei. Insgesamt bedeutet das für den europäischen Markt eine Steigerung um 5% gegenüber dem Vorjahr (vgl. Wiehr 2009)[15].

Der Durchdringungsgrad von IuK-Technologien im medizinischen Versorgungsbereich ist in Deutschland sehr heterogen. Er ist abhängig von der Größe wie auch von der Trägerschaft der Gesundheitseinrichtung. Mit steigender Größe der Einrichtung nimmt der Einsatz medizinischer IKT-Lösungen zu. Beispielhaft sei hier der Krankenhausbereich aufgeführt. Während die zehn wichtigsten IKT-Systeme in lediglich 59% der kleinen Krankenhäuser (100-200 Betten) betrieben werden, werden diese Systeme bereits in 80% der großen Häuser (ca. 750 Betten) eingesetzt. In öffentlichen Einrichtungen ist der Durchdringungsgrad mit 70% am höchsten, in privaten Kliniken mit 45% am geringsten (vgl. VHitG 2009, S. 6).

2.3.2 Anwendungsbereiche in der Medizin

Medizinische Anwendungsbereiche für IuK-Technologien lassen sich in die medizinische Dokumentation – dargestellt über fachbezogene Informationssysteme –, die medizinische Bildverarbeitung, die Biosignalverarbeitung, die Telemedizin und weitere wissensbasierte

---

[14]   Im Verlauf dieser Arbeit wird immer dann der Begriff (bio-)medizinisch/(Bio-)Medizin verwendet, wenn auf beide Bereiche gleichermaßen abgestellt wird.
[15]   Errechnet auf US-Dollar-Basis unter Zugrundelegung eines durchschnittlichen Wechselkurses zwischen Euro und US-Dollar im Jahre 2008 von 0,683 Euro je US-Dollar (U.S. Embassy 2009).

Anwendungsgebiete untergliedern (vgl. Dugas und Schmidt 2003, S. 69; Köhler et al. 2005, S. 9ff.). Die einzelnen Bereiche werden nachfolgend im Überblick dargestellt.

2.3.2.1 Medizinische Dokumentation über Informationssysteme

Die medizinische Dokumentation gilt als eines der am weitesten etablierten Einsatzgebiete der medizinischen Informatik. Sie beinhaltet die Erfassung, Speicherung, Ordnung und die Wiedergewinnung medizinischer Informationen (vgl. Dugas und Schmidt 2003, S. 69). Es lassen sich grundsätzlich drei Verwendungsbereiche der medizinischen Dokumentation unterscheiden (vgl. Haas 2005b, S. 129f.; Zaiß et al. 2005, S. 91):

(1)   die patientenbezogene Dokumentation in Form der Krankenakte
        (**primäre Verwendung**)

(2)   die Gesundheitsberichterstattung, die u. a. epidemiologische, sozialmedizinische und medizinstatistische Daten bereitstellt sowie die Dokumentation von Controlling-, Qualitäts- und Abrechnungsdaten (**sekundäre Verwendung**)

(3)   die Dokumentation medizinischen Wissens in Form von Fachliteratur und Wissensdatenbanken (**tertiäre Verwendung**)

Die Umsetzung der verschiedenen Verwendungsebenen der medizinischen Dokumentation erfolgt über medizinische Informationssysteme. Die grundlegenden IKT-gestützten Informationssysteme sind in der klinischen Versorgung die **Krankenhausinformationssysteme (KIS)** und im ambulanten Bereich der niedergelassenen Ärzte die **Arztpraxisinformationssysteme (APIS)**. Hinzu kommen weitere spezialisierte Abteilungs- und Bereichssysteme.

In konzeptioneller IKT-übergreifender Betrachtung ist ein Krankenhausinformationssystem „das soziotechnische Teilsystem eines Krankenhauses, welches alle informationsverarbeitenden (und -speichernden) Prozesse und die an ihnen beteiligten menschlichen und maschinellen Handlungsträger in ihrer informationsverarbeitenden Rolle umfasst" (Haas 2005c, S. 552). Die verfolgten Hauptziele eines KIS – und der am Markt hierfür verfügbaren IKT-Systeme – sind die Bereitstellung patientenbezogener Informationen im Rahmen der Patientenbehandlung, die Führung der Krankenakte und der weiteren medizinischen Dokumentation, die Arbeitsorganisation und Ressourcenplanung, das Krankenhausmanagement sowie die Informationsbereitstellung für Forschung und Lehre (vgl. Dugas und Schmidt 2003, S. 83ff.; Leiner et al. 2006, S. 116ff.).

Die medizinische Dokumentation ist auf allen organisatorischen Ebenen des Gesundheits-sektors zu wahren, so auch im ambulanten Bereich der niedergelassenen Ärzte. Die seit 2006 verpflichtende elektronische Abrechnung mit den Gesetzlichen Krankenkassen führte zu einem flächendeckenden Einsatz von Informationssystemen im niedergelassenen Gesundheitsbereich (vgl. Haas 2005a, S. 629). Die Schwerpunkt eines APIS liegen auf einer verlaufsorientierten Dokumentation patientenrelevanter Informationen (u. a. Befund-dokumentation sowie Arztbrieferstellung) und der Behandlungs- und Abrechnungs-unterstützung des Arztes (u. a. Diagnosecodierung, Medikamentenauswahl). Orga-nisations- und Statistikmodule ergänzen die Systeme (vgl. Dugas und Schmidt 2003, S. 83ff.; Leiner et al. 2006, S. 80).

2.3.2.2 Medizinische Bildverarbeitung

Die medizinische Bildverarbeitung befasst sich mit der Erzeugung, Darstellung, Speiche-rung und Auswertung digitalen Bildmaterials. Dieses Bildmaterial kann direkt über bildge-bende Verfahren gewonnen oder über die bildliche Darstellung von Messwerten generiert werden (vgl. Lehmann 2007, S. 766). Die typischen bildgebenden Verfahren, die in der Medizin zum Einsatz kommen, sind das Röntgen, die Computertomographie (CT), die Magnetresonanztomographie (MRT), die Sonographie (Ultraschall) und nuklearmedizi-nische Verfahren[16]. Hinzu kommt der Einsatz digitaler Kameras in praktisch allen medizinischen Disziplinen, z. B. bei der Endoskopie oder der digitalen Mikroskopie. Bild-gebende Verfahren kommen damit im Rahmen der Diagnostik, Therapie- und Verlaufs-kontrolle, der Vorsorgeuntersuchung und bei der Überwachung operativer Eingriffe zur Anwendung (vgl. Lehmann et al. 1997, S. 9). Wichtige IKT-Systeme der medizinischen Bildverarbeitung sind die **Radiologieinformationssysteme (RIS)** und **Picture-Archiving-and-Communication-Systeme (PACS)**. Erstere verwalten als besonderer Teil des KIS alphanumerische Daten der Radiologie, insbesondere Patienten- und Befunddaten. Letztere dienen der digitalen Bildarchivierung und Bildbereitstellung auf einem Bildschirm. PAC-Systeme stellen höchste Anforderung an die Netzwerk- und Speicherkapazität. Moderne PACS einer Universitätsklinik handhaben Datenvolumina von mehreren Terabyte (10^{12} Byte) jährlich, die durch die zunehmende Bildauflösung und Verbreitung digitaler Bilddaten kontinuierlich wachsen (vgl. Lehmann 2007, S. 785; Becht et al. 2008, S. 53).

---

[16] Hierzu zählt u. a. die Szintigraphie, bei der eine radioaktive Substanz verabreicht und deren Verteilung über eine Gamma-Kamera verfolgt wird.

Die digitale Bildverarbeitung zählt zu den am stärksten standardisierten Bereichen in der Medizininformatik. Bilder unterliegen unabhängig vom Aufnahmegerät einheitlich dem **DICOM-Standard (Digital Imaging and Communications in Medicine)**, der neben den reinen Bilddaten auch spezifische Meta-Daten, wie ID-Nummern und Patienten- und Gerätedaten vorsieht (vgl. Gevantmakher und Meinel 2004, S. 17f.).

2.3.2.3 Biosignalverarbeitung

Die Biosignalverarbeitung befasst sich mit der computerunterstützten Erfassung und Verarbeitung von biologischen Signalen zur Unterstützung von Diagnose, Therapie und der medizinischen Forschung (vgl. Dickhaus et al. 2005, S. 298). Die zu erfassenden Signale sind in der Regel elektrischer oder magnetischer Natur, können aber auch, seltener, chemischen oder mechanischen Ursprungs sein. Klinische Anwendungsfelder sind u. a. das EKG- und EEG-Monitoring, Muskelaktivitätsmessungen, Atemvolumenmessungen, Langzeitblutdruckmessungen und Lungengeräuschanalysen (ebd. S. 307f.)[17].

Neben der Anwendung im täglichen klinischen Betrieb spielt die Biosignalverarbeitung bei klinischen Studien eine wichtige Rolle. Biosignalbasierte klinische Studien sind häufig durch ein hohes Datenaufkommen gekennzeichnet. Die Auswertung dieser Daten ist komplex und erfordert eine geeignete IKT-Unterstützung, die durch lokal installierte IKT-Systeme nicht immer sichergestellt werden kann.

2.3.2.4 Telemedizin

Die Telemedizin bezeichnet die Diagnostik und die Therapie unter Überbrückung einer räumlichen oder zeitlichen Distanz zwischen Arzt, Apotheker und Patient bzw. zwischen sich konsultierenden Ärzten mittels Telekommunikation (vgl. Häcker et al. 2008, S. 8). Die Anwendungsbereiche der Telemedizin werden in zwei Hauptbereiche untergliedert. Anwendungen, die der Kommunikation des medizinischen Personals dienen (Doc2Doc), werden von solchen Anwendungen abgegrenzt, die sich auf die Kommunikation zwischen Arzt und Patient beziehen. Zum ersten Bereich zählen u. a. die Telechirurgie und Telekonsultation, zum zweiten Telediagnostik und Telemonitoring.

---

[17] EKG: Elektrokardiogramm zur Messung der elektrischen Aktivität des Herzens, EEG: Elektroenzephalogramm zur Messung der Hirnströme

2.3.2.5 Wissensbasierte und sonstige Anwendungsgebiete

Neben den beschriebenen Anwendungsbereichen gewinnt die wissensbasierte Entscheidungsunterstützung an Bedeutung. Weitere Anwendungsfelder der Medizininformatik sind die Unterstützung des medizinischen Qualitätsmanagements, robotikgestützte Behandlungssysteme und medizinische Lehr- und Lernsysteme (vgl. Dugas und Schmidt 2003, S. 130ff.).

2.3.3 Anwendungsbereiche in der Biomedizin

Die Bioinformatik ist ein relativ junger Wissenschaftszweig, der sich biomedizinischen Fragestellungen, vorwiegend bzgl. der Struktur und Funktion von Genen und Proteinen, durch Methoden der Informatik widmet (vgl. Dugas und Schmidt 2003, S. 143)[18]. Insbesondere durch die Entschlüsselung des menschlichen Genoms gewinnt die Bioinformatik an Bedeutung (vgl. Attwood 2000, S. 1).

Es lassen sich mehrere Teilgebiete der Bioinformatik abgrenzen. Zu ihnen zählen die Analyse und Auswertung von biologischen Sequenzen (DNA, Proteine), biologischen Strukturen (insbesondere Proteinstrukturen) und biochemischen Prozessen (insbesondere Genexpressionsanalysen) sowie die Entwicklung und Bereitstellung von Datenverwaltungs- und -visualisierungstools (vgl. Gibas und Jambeck 2002, S. 34ff.; Kesh und Raghupathi 2004, S. 1). Aus medizinischer Sicht ist die Bioinformatik deshalb so bedeutsam, da durch sie gewonnene Erkenntnisse insbesondere zur Diagnose von Krankheiten und Krankheitsrisiken, zur Identifizierung von Arzneistoffen im Rahmen der Medikamentenentwicklung und zur Weiterentwicklung von Gentherapieformen dienen (vgl. Lesk 2003, S. 51ff.).

2.3.3.1 Datenbanken

Datenbanken mit biologisch relevanten Datenbeständen gelten als das Grundarbeitsinstrument in der Biomedizin. Die Implementierung moderner Datenbanktechnologie ist daher einer der wesentlichen Arbeitsschwerpunkte der Bioinformatik (vgl. Hofestädt 2005, S. 264). Die Datenbanken sind zumeist öffentlich zugänglich und über Internetschnitt-

---

[18] Eine umfassendere Definition bezeichnet Bioinformatik als „Research, development, or application of computational tools and approaches for expanding the use of biological, medical, behavioral or health data, including those to acquire, store, organize, archive, analyze, or visualize such data" (Huerta et al. 2000, S. 1).

stellen abzufragen. Typische Datenbanken finden sich zu den unten beschriebenen Arbeitsfeldern der Bioinformatik, d. h. insbesondere zu Gen- und Proteinsequenzen sowie zu Struktur- und Genexpressionsdaten (vgl. Lesk 2003, S. 121ff.).

2.3.3.2 Sequenzanalysen

Sequenzen von DNA als Träger des Erbgutes bzw. Proteine, als Grundbaustein wichtiger biochemischer Prozesse, werden miteinander verglichen, um Übereinstimmungen einzelner Sequenzabschnitte zu identifizieren. Diese als Sequenz-Alignments bezeichneten Abgleichsanalysen sind ein notwendiger erster Schritt für generelle Mustererkennungen und anschließende Untersuchungen in der Biomedizin (vgl. Gibas und Jambeck 2002, S. 35). Basisanalysen dieser Art werden heute bereits von verschiedenen Softwareanwendungen angeboten, die teilweise kostenlos über das Internet verfügbar sind. Zu den bekanntesten zählt BLAST (Basic Local Alignment Search Tool) und dessen verschiedene Weiterentwicklungen wie PSI-BLAST (vgl. Lesk 2003, S. 193f.; NCBI 2008). Sequenzanalysen kommt bei der Diagnose und Behandlung genetisch bedingter Erkrankungen, wie z. B. Morbus Crohn, eine hohe Bedeutung zu (vgl. Dugas und Schmidt 2003, S. 167ff.).

2.3.3.3 Strukturanalysen von Proteinen und deren Visualisierung

Proteine sind an allen wesentlichen biologischen Prozessen beteiligt. Ein genaues Funktionsverständnis von Proteinen, und damit der biologischen Prozesse, ist nur durch Kenntnis ihrer genauen dreidimensionalen Struktur möglich (vgl. Gibas und Jambeck 2002, S. 227). Neben Algorithmen für Struktur- und Dynamikberechnungen liefert die Bioinformatik hochperformante Visualisierungstools zur zwei- und dreidimensionalen Darstellung der Ergebnisse. Des Weiteren werden graphische Simulationen von Dynamiken und thermischen Bewegungen für das bessere Verständnis biochemischer Prozesse genutzt (vgl. Hofestädt 2005, S. 281).

2.3.3.4 Genexpressionsanalysen

Als Genexpression wird der Prozess bezeichnet, der unter Rückgriff auf genetische Information in der DNA zur Herausbildung von Genprodukten in der Zelle, in Form von RNA und von Proteinen, führt[19]. Die Untersuchung von Expressionsmustern gibt u. a. Auf-

---

[19] Zur Proteinbildung wird die „Bauinformation" des Proteins, die in der Desoxyribonukleinsäure (DNA) hinterlegt ist, in Form einer Ribonukleinsäure (RNA) weitergegeben.

schluss über wichtige biochemische Prozesse. Als DNA-Mikroarrays (auch DNA-Chips,
Genchips genannt) bezeichnete Untersuchungseinheiten ermöglichen dabei eine Analyse
mehrerer Tausend DNA-Sequenzen gleichzeitig. Unter Zugabe von Markern werden die
Arrays beispielsweise durch spezielle Bildverarbeitungssoftware analysiert (vgl. Dugas
und Schmidt 2003, S. 171; Lesk 2003, S. 71).

2.3.4 Vernetzung unter Einsatz von IuK-Technologien

Mitte der 90er Jahre wurde der Begriff der **Telematik** als Kunstwort für das Ineinander-
greifen von **Telekommunikation** und **Informatik** geprägt. Telematik im Gesundheitssektor („**health telematics**") bezeichnet demnach „gesundheitsbezogene Aktivitäten,
Dienste und Systeme, die über eine Entfernung hinweg mit Mitteln der Informations- und
Kommunikationstechnologie ausgeführt werden" (Horsch und Handels 2005, S. 675).
Hierzu zählen neben der Telemedizin die Teleausbildung sowie die Telematik für Gesund-
heitsmanagement und die medizinische Forschung. Im Zuge der Entwicklung elektro-
nischer Märkte etablierte sich der Begriff **E-Health**, der neben telematischen
Anwendungsbereichen auch elektronisch bereitgestellte Marktplätze für Gesundheits-
dienstleistungen umfasst (z. B. Online-Apotheken) (vgl. Häcker et al. 2008, S. 7).
Abbildung 10 zeigt den Entwicklungspfad der beschriebenen Begrifflichkeiten.

Weitere Felder der medizinischen Informatik wie die Bildverarbeitung, die Biosignalverarbeitung und die medizinische Information in Form der Patientenakte werden von einer
zunehmenden Vernetzung im medizinischen Bereich profitieren bzw. treiben diesen durch
die eigene zunehmende Digitalisierung voran. Die Bedeutung des Einsatzes vernetzter
IuK-Technologien wird insbesondere von Krankenhäusern wie auch Krankenversicherungen als hoch bzw. sehr hoch eingeschätzt (vgl. Lorenz und Lange 2009, S. 24).

Zusätzlich zeigen die kurative Medizin und die biomedizinische Grundlagenforschung
zunehmend hohe Synergieeffekte und einen verstärkten Bedarf an interthematischer Vernetzung (vgl. Martin-Sanchez et al. 2004, S. 30). Das verstärkte Zusammenwirken macht
eine zunehmende Vernetzung der heterogenen verteilten Systeme beider Bereiche und die
Herausbildung integrierter IKT-Lösungen erforderlich (vgl. Andoulsi et al. 2008, S. 243).

Grid Computing bietet als Vernetzungstechnologie und als Bereitsteller hoher Rechenkapazitäten Lösungen für die steigende Zahl der IKT-getriebenen Anwendungsbereiche
und der heterogenen IKT-Systeme in Medizin und Biomedizin.

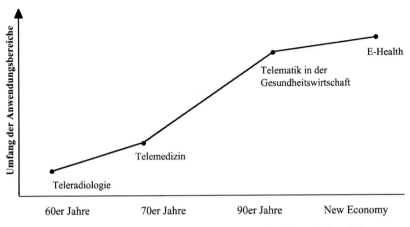

Abbildung 10. Entwicklung der Vernetzung in der Medizin und Biomedizin (Burchert 2003, S. 46)

2.4 Zusammenfassung und Beurteilung

Grid Computing dient der gemeinsamen Nutzung, Koordinierung und Virtualisierung verteilter, skalierbarer und generell heterogener IKT-Ressourcen. Aufgrund der kontnuierlichen Fortentwicklung des Ursprungskonzeptes herrscht jedoch nicht immer ein einheitliches Begriffsverständnis. Alternative, zum Teil verwandte technologische Konzepte erschweren eine genaue Begriffsabgrenzung zusätzlich.

Potenzielle Geschäftsmodelle auf Basis von Grid-Computing-Technologien treffen in der Gesundheitswirtschaft auf einen umsatzstarken Markt, der sich jedoch durch festbegründete Strukturen und eine starke Regulierung auszeichnet.

Dennoch bietet der Markt attraktive Anwendungsbereiche, in denen Grid-Computing-Lösungen aufgrund ihrer verteilten Struktur und Möglichkeit, hohe Datenaufkommen zu bewältigen, zur Verbesserung des Leistungsangebots in der Gesundheitswirtschaft beitragen können.

3 Forschungsstand und Marktbetrachtungen

Das folgende Kapitel ist in fünf Abschnitte gegliedert (siehe Abbildung 11). Der erste Abschnitt liefert die grundlegende Fundierung dieser Arbeit und leitet den Geschäftsmodellbegriff als theoretisches Konstrukt her. Darauf aufbauend untersucht der zweite Abschnitt Geschäftsmodelltheorien des Electronic Business. Im dritten Abschnitt werden die für diese Arbeit ökonomisch relevanten Aspekte für Grid-Computing-Infrastrukturen hergeleitet. Die praxisbezogene Fundierung erfolgt im vierten Abschnitt durch die Analyse und Beschreibung des Marktes und seiner Rahmenbedingungen für Grid Computing im (bio-)medizinischen Umfeld. Das Kapitel schließt mit einer Zusammenfassung.

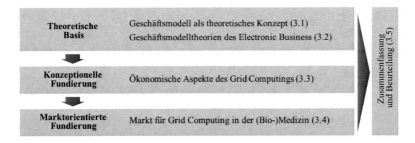

Abbildung 11. Aufbau Kapitel 3: Forschungsstand und Marktbetrachtungen

3.1 Geschäftsmodell als theoretisches Konzept

Die wissenschaftliche Literatur sieht in Grid-Computing-Infrastrukturen eine Fortentwicklung des Internet-Ansatzes (vgl. Geiger 2006, S. 20). Es ist daher sinnvoll, Geschäftsmodelle für Grid Computing in einem ersten Schritt ausgehend von der Entwicklung des Internets und des daraus abgeleiteten **Electronic Business** zu untersuchen. Unter Electronic Business (E-Business) wird die „Anbahnung sowie die teilweise, respektive vollständige, Unterstützung, Abwicklung und Aufrechterhaltung von Leistungsaustauschprozessen mittels elektronischer Netze verstanden" (Wirtz 2001, S. 34). Herder und Zwanziger (2004) sprechen von einer integrierten Ausführung aller automatisierbaren Geschäftsprozesse einer Organisation unter Zuhilfenahme von Informations- und Kommunikationstechnologie (vgl. Herder und Zwanziger 2004, S. 354).

3.1.1 Konzeptioneller Rahmen und Begriffsdefinition

Das Geschäftsmodell zählt zu den vieldiskutierten, aber relativ wenig verstandenen Begrifflichkeiten, die im Zusammenhang mit IKT-basierten Geschäftsideen besprochen werden (vgl. Alt und Zimmermann 2001, S. 3). Der Terminus fand zunehmend im Zusammenhang mit „Web 1.0" Verwendung, um neue Geschäftsmöglichkeiten des Electronic Business zu systematisieren und zu beschreiben (vgl. Magretta 2002, S. 3). In diesem Zeitraum setzten sich auch die Wirtschaftswissenschaften verstärkt mit dem Konstrukt des Geschäftsmodells auseinander (vgl. Rentmeister und Klein 2003, S. 18). Einen Überblick über die steigende Intensität der Verwendung bereits im vorletzten Jahrzehnt gibt Stähler (2002) anhand des Begriffsvorkommens in der Datenbank ABI/INFORM® zwischen 1990 und 2000 (siehe Abbildung 12) (vgl. Stähler, S. 37).

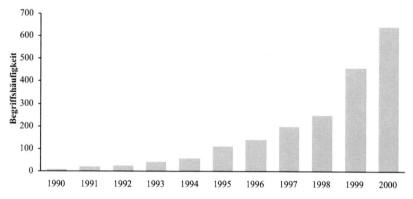

Abbildung 12. Popularität des Geschäftsmodellbegriffs in der Fachdatenbank ABI/INFORM (Stähler 2002, S. 37)

Ein einheitliches Begriffsverständnis ist in der wissenschaftlichen Literatur jedoch nicht zu finden (vgl. Chesbrough und Rosenbloom 2002, S. 532). Porter (2001) konstatiert: „The definition of a business model is murky at best" (Porter 2001, S. 73)[20]. Die jeweilige Bedeutung erstreckt sich von Rahmenmodellen über Geschäftsprozessbeschreibungen bis hin zur Gleichsetzung mit der Unternehmensstrategie (vgl. u. a. Timmers 1998, S. 4; Gordijn und Akkermans 2001, S. 60; Bieger et al. 2002, S. 3). Diese Beschreibungen sind dabei häufig in sich nicht widersprüchlich, konzentrieren sich jedoch auf verschiedene Aspekte eines Geschäftes oder Marktes (vgl. Scholz et al. 2008, S. 3).

---

[20] „Die Definition [des Begriffs] ‚Geschäftsmodell' ist bestenfalls dunkel [erkennbar]".

Eine Möglichkeit den Geschäftsmodellbegriff und seine verschiedenen Ansätze abzugrenzen, ist die Systematisierung mittels eines **übergreifenden ontologischen Rahmens**.
Aufbauend auf Osterwalder et al. (2005) gliedert diese Untersuchung das
Geschäftsmodellparadigma in **fünf hierarchische Ebenen** (siehe Abbildung 13)
(Osterwalder et al. 2005, S. 5). Die oberste Ebene beschreibt die übergreifende Definition
des Geschäftsmodellbegriffs. Aus dieser folgt in der nächst niedrigeren Ebene die Ableitung kontextspezifischer **Referenzmodelle**, die wiederum aus einzelnen Partialmodellen
aufgebaut sind. Darauf basierend werden in einer weiteren Ebene konkrete **Geschäftsmodelltypologien** eines Untersuchungskontextes, z. B. der Branche, anhand spezifischer
Abgrenzungskriterien identifiziert. Während die bereits beschriebenen Ebenen konzeptionellen Charakters sind, spiegeln die verbleibenden die Umsetzung von Geschäftsmodell-
konzepten unter Marktbedingungen wider.

Im Kontext dieses hierarchischen Systems konzentriert sich diese Arbeit auf die Analyse
und Abbildung der konzeptionellen Ebene für Grid Computing im Kontext der Medizin
und Biomedizin.

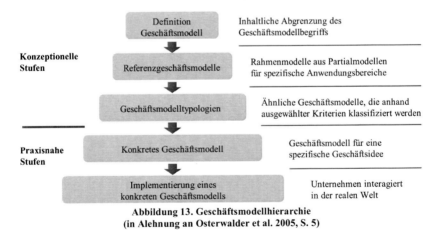

**Abbildung 13. Geschäftsmodellhierarchie
(in Alehnung an Osterwalder et al. 2005, S. 5)**

Die **Definitionsebene** der Pyramide sollte alle darunter befindlichen Ebenen einschließen.
Sie hat insofern einen übergreifenden, abstrahierenden Charakter. In dieser abstrakten
Sicht beschreibt ein Geschäftsmodell, auf welche Art und Weise ein Unternehmen am
Marktgeschehen teilnimmt (vgl. Rappa 2003). Es kann als eine vereinfachte und struktu-
rierte Beschreibung des „Geschäftes" eines Unternehmens verstanden werden, die sich
dazu eignet, die Sinnhaftigkeit des zugrunde liegenden Geschäftes zu prüfen und deutlich

zu machen (vgl. Bieger et al. 2002, S. 3). Letztendlich ist ein Geschäftsmodell somit ein Handlungsrahmen, der eine (neue) Technologie und andere unternehmensinhärente Ressourcen als Inputvariablen versteht und diese über Markterfolge und Kunden in wirtschaftliche Leistung wandelt. Ein Geschäftsmodell dient insofern auch als fokussierendes Medium zwischen technologischer Innovation und der Schaffung neuer Werte (vgl. Chesbrough und Rosenbloom 2002, S. 532).

Aus diesen Aussagen leitet sich die für diese Arbeit verwendete Arbeitsdefinition des Geschäftsmodellbegriffs ab:

Ein Geschäftsmodell ist die vereinfachte und strukturierte Beschreibung der geschäftlichen Aktivitäten eines Unternehmens im Kontext des Marktumfeldes in Form eines übergreifenden Handlungsrahmens.

3.1.2 Alternative Konzepte

3.1.2.1 Abgrenzung von Geschäftsmodellen und Strategie

In der wirtschaftswissenschaftlichen Literatur wird deutlich, dass nicht nur Uneinigkeit über die Begriffsbestimmung des Geschäftsmodells besteht, sondern insbesondere Unklarheit über die Abgrenzung von Geschäftsmodellen und der Strategie eines Unternehmens. Die Zuordnungsmöglichkeiten der beiden Konzepte zueinander sind vielfältig (siehe Abbildung 14) (vgl. Seddon und Lewis 2003, S. 237).

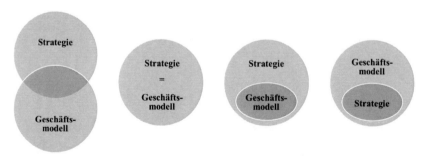

Abbildung 14. Abgrenzung von Strategie und Geschäftsmodell
(in Anlehung an Seddon und Lewis 2003, S. 237)

Folgt man der gewählten Arbeitsdefinition, zeichnen Geschäftsmodelle eine vereinfachte und strukturierte Beschreibung der geschäftlichen Aktivitäten. Linder und Cantrell (2000) sprechen in diesem Zusammenhang auch von der „Kernlogik der Wertschöpfung" (Linder und Cantrell 2000, S. 2)[21]. Die Unternehmensstrategie dagegen beschreibt die übergreifende langfristige Zielsetzung einer Unternehmung mit starkem Bezug zur konkreten Markt- und Wettbewerbssituation (vgl. Chesbrough und Rosenbloom 2002, S. 535; Seddon und Lewis 2003, S. 237). Während demzufolge die Strategie die individuelle Abgrenzung im Wettbewerb definiert, beschreibt das Geschäftsmodell die darunter liegende Architektur zur Umsetzung der strategischen Zielsetzung (vgl. Magretta 2002, S. 6).

Dieser Überlegung folgend ordnen Osterwalder und Pigneur (2002) in einem funktionalen Ansatz Geschäftsmodelle zwischen Unternehmensstrategie und den eigentlichen Geschäftsprozessen ein (vgl. Osterwalder und Pigneur 2002, S. 3). Das Geschäftsmodell bildet damit einen konzeptionellen und architektonischen Handlungsrahmen für die darüber liegende Geschäftsstrategie. Der Handlungsrahmen dient wiederum der Implementierung konkreter Geschäftsprozesse (siehe Abbildung 15).

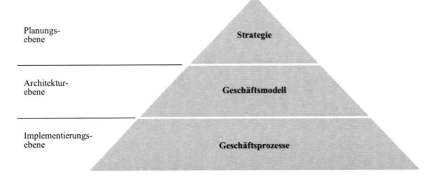

Abbildung 15. Einordnung Geschäftsmodell (Osterwalder und Pigneur 2002, S. 3)

Dennoch konstatiert die Literatur, dass Geschäftsmodelle zumindest implizit eine Aussage zur strategischen Ausrichtung enthalten sollen (vgl. Alt und Zimmermann 2001, S. 5; Chesbrough und Rosenbloom 2002, S. 534). Ein Geschäftsmodell kann somit nicht losgelöst von der übergreifenden strategischen Zielsetzung eines Unternehmens aufgebaut und modelliert sein, sondern richtet sich entsprechend ihrer Vorgaben aus (vgl. Seddon und Lewis 2003, S. 244).

---

[21] Im Original: „[Ein Geschäftsmodell ist] the organization's core logic for creating value" (Linder und Cantrell 2000, S. 2).

3.1.2.2 Abgrenzung von Geschäftsmodellen und Nachhaltigkeit

Insbesondere im Zusammenhang mit öffentlich geförderten Projekten wird der Begriff des Geschäftsmodells häufig mit dem der Nachhaltigkeit verknüpft. Beide Konzepte werden dabei kaum voneinander abgegrenzt. Dies ist jedoch im Hinblick auf eine sinnvolle Betrachtung des hier behandelten Untersuchungsgegenstandes notwendig.

Eine der am häufigsten im Gebrauch befindlichen Definitionen des Nachhaltigkeitsbegriffes ist die des „Brundtland-Berichts" der Weltkommission für Umwelt und Entwicklung: „Nachhaltige Entwicklung ist eine Entwicklung, die den Bedürfnissen der heutigen Generationen entspricht, ohne die Möglichkeiten künftiger Generationen zu gefährden, ihre eigenen Bedürfnisse zu befriedigen" (vgl. WCED 1987, S. 9). Seither findet der Begriff insbesondere in Publikationen zur Umwelt- und Entwicklungsforschung Verwendung. Ein einheitliches Begriffsverständnis wurde dabei jedoch nicht entwickelt. Holmberg und Sandbrook zählten bereits 1992 mehr als 100 Definitionen des Begriffs „Nachhaltige Entwicklung" (vgl. Holmberg und Sandbrook 1992, S. 20).

Im wirtschaftlichen Kontext lässt sich Nachhaltigkeit häufig auf die Frage reduzieren, auf welchem Weg Unternehmen langfristig und dauerhaft einen komparativen Wettbewerbsvorteil erlangen (vgl. Banerjee 2004, S. 37). Im deutschsprachigen Raum wird regelmäßig das „Drei-Säulen-Modell zur Nachhaltigkeit" der Enquete Kommission des Deutschen Bundestages basierend auf ökologischer, sozialer und wirtschaftlicher Nachhaltigkeit herangezogen. Eine Wirtschaftsweise gilt demnach als nachhaltig, wenn sie auf Dauer betrieben werden kann. Im ökonomischen Sinne stehen weniger quantitativ normative Ziele im Vordergrund als vielmehr der Erhalt der wirtschaftlichen Stabilität von Entwicklungsprozessen sowie die Aufrechterhaltung ihrer dynamischen und innovativen Funktionen zur Sicherstellung der wirtschaftlichen Leistungsfähigkeit (vgl. Deutscher Bundestag 1998, S. 19).

Während Geschäftsmodelle demzufolge eine konkrete Architektur zur Umsetzung eines Geschäftszieles bereitstellen, beschreibt der Nachhaltigkeitsbegriff eine übergeordnete Mission eines Unternehmens und seiner Geschäftstätigkeit. Nachhaltigkeit im Sinne der Sicherstellung einer dauerhaften Leistungsfähigkeit sollte insofern implizit in der Ausgestaltung eines Geschäftsmodells als Zielsetzung enthalten sein. Geschäftsmodelle, die sich an diesem Ziel orientieren, verfolgen kein kurzfristiges Gewinnziel, sondern streben eine dauerhafte und stabile Teilnahme am Marktgeschehen an.

3.2 Geschäftsmodelltheorien des Electronic Business

In der Literatur zum Electronic Business wird intensiv die Theorie der Geschäftsmodelle beleuchtet. Die Mehrzahl der Arbeiten identifiziert Komponenten bzw. Partialmodelle als Basis für Referenzmodelle. Parallel dazu setzt sich ein Forschungszweig mit der Typisierung von Geschäftsmodellen anhand spezifischer Merkmale auseinander. Im Folgenden werden beide Forschungsstränge diskutiert.

3.2.1 Geschäftsmodellkomponenten als Referenzmodellbasis

Die Abbildung eines Geschäftsmodells in einem spezifischen Kontext erfolgt über ein Referenzmodell. Es beschreibt Gemeinsamkeiten einer Gruppe von Modellen und bildet gleichzeitig einen theoretischen Bezugsrahmen ihrer möglichen Ausgestaltung (vgl. Fettke und Loss 2004, S. 331)[22].

Referenzgeschäftsmodelle setzen sich regelmäßig aus einzelnen Partialmodellen bzw. Geschäftsmodellkomponenten zusammen. Während wenige Arbeiten die einzelnen Komponenten zueinander in Beziehung setzen (vgl. Gordijn und Akkermans 2001, S. 62; Osterwalder 2004, S. 44; Breitner und Hoppe 2005, S. 182), beschränkt sich der überwiegende Teil der Forschung auf die Benennung einzelner, jeweilig als wesentlich angesehener Komponenten (vgl. beispielhaft die häufig zitierten Arbeiten von Timmers 1998; Magretta 2002; Stähler 2002).

Ein robustes Referenzgeschäftsmodell für elektronische Märkte und darauf aufbauend für Anwendungsszenarien des Grid Computings sollte die wesentlichen von der Wissenschaft unterstützten Geschäftsmodellkomponenten bzw. Partialmodelle beinhalten.

Wenige wissenschaftlich-fundierte Arbeiten versuchen bisher, die unterschiedlichen Ansätze der Geschäftsmodellliteratur zu systematisieren und auf die ihnen inhärenten Komponenten zu analysieren (Übersichtsartikel u. a. bei Scheer et al. 2003; Schwickert 2004; Seddon et al. 2004; Osterwalder et al. 2005). Aufbauend auf diesen ersten Ansätzen werden die Geschäftsmodellkomponenten von 28 Veröffentlichungen einander gegenübergestellt und die Häufigkeit des Vorkommens einzelner Komponenten und Partialmodelle bewertet.

---

[22] Für eine ausführliche Darstellung des Referenzmodellparadigmas vgl. Abschnitt 5.1.1, S. 135.

Die Ergebnisse sind in Tabelle 2 zusammengefasst. Das Vorkommen einer Geschäftsmodellkomponente wird durch ein Häkchen symbolisiert und ist jeweils am Spaltenende als Zahlenwert aggregiert.

Tabelle 2. Geschäftsmodellvergleich –
Vorkommen von Geschäftsmodellkomponenten

Autoren	Nutzen/ Nutzenverspr.	Leistung/ Produkt	Kunden/Markt	Wertkette	Rollen/ Fähigkeiten	Wertschöpfungsbeziehungen	Erlöse/ Umsätze	Kosten	Umfeld-bedingungen	Technologie	Sonstige Komponenten[23]
Alt und Zimmermann 2001	✓			✓	✓		✓		✓	✓	✓
Amit und Zott 2001	✓	✓		✓	✓	✓					
Baatz 1996							✓				
Bartelt und Lamersdorf 2000	✓	✓			✓		✓				✓
Bieger und Rüegg-Stürm 2002											
Breitner und Hoppe 2005		✓	✓	✓	✓		✓	✓	✓		
Chesbrough und Rosenbloom 2002	✓		✓	✓		✓	✓	✓		✓	✓
Gordijn und Akkermans 2001	✓			✓							
Heinrich und Leist 2000				✓					✓		
Klueber 2000			✓	✓	✓	✓				✓	
Knyphausen-Aufseß und Meinhardt 2002	✓	✓	✓	✓			✓				
Linder und Cantrell 2000	✓			✓			✓				✓
Magretta 2002	✓		✓	✓			✓				
Mahadevan 2000				✓			✓				✓
Osterwalder und Pigneur 2002	✓			✓	✓	✓	✓				
Osterwalder 2004	✓				✓		✓	✓	✓		
Rentmeister und Klein 2003	✓	✓			✓						✓
Robert und Racine 2001	✓	✓									
Schögel 2002				✓	✓					✓	
Servatius 2002			✓	✓			✓				
Stähler 2002	✓				✓		✓				
Timmers 1998	✓	✓			✓		✓				
Turowski und Pousttchi 2004	✓				✓		✓				
Weill und Vitale 2001	✓					✓	✓	✓			✓
Willars 1999		✓			✓				✓		
Wirtz 2001; Wirtz und Becker 2002		✓	✓	✓			✓		✓		✓
Zimmermann 2000	✓	✓	✓	✓	✓	✓	✓				
Übereinstimmungen	**16**	**10**	**10**	**17**	**12**	**7**	**19**	**3**	**6**	**3**	**9**

---

[23] Als sonstige Komponenten werden u. a. Logistik, Informationsflüsse und Strategie benannt.

Die Untersuchung zeigt, dass in der wissenschaftlichen Literatur Komponenten und Partialmodelle eine besondere Beachtung finden, die sich auf die Produktbereitstellung und die Werterstellung für den Kunden konzentrieren. Im Einzelnen sind dies:

- Das **Wertversprechen** der angebotenen Leistung in Form eines **Produktes** oder einer Dienstleistung gegenüber dem Kunden

- die Definition des **Zielmarktes**

- die **Wertschöpfungskette** als übergeordneter Prozess und als Struktur für die Leistungserstellung, einschließlich der handelnden **Akteure** und deren **Beziehungen**

- Betrachtung der **Finanzflüsse**, insbesondere der Erlösbetrachtungen

- **Umfeldbedingungen** und der Faktor **Technologie** werden nur von wenigen Arbeiten explizit in das Modell aufgenommen, sind jedoch implizit in der Mehrheit der Geschäftsmodellansätze über den Sachbezug zu elektronischen Märkten gegeben

Die wesentlichen Partialmodelle und ihre Ausgestaltung werden im Folgenden in Bezug zu einzelnen Arbeiten betrachtet. Zusätzlich werden sowohl die Technologie als auch externe Umfeldbedingungen als rahmengebende Faktoren aufgegriffen.

3.2.1.1 Wertversprechen und zu erbringende Leistung

Ein wesentlicher Aspekt der Geschäftsmodellbeschreibung ist die Formulierung des Wertversprechens („**Value Proposition**") gegenüber den Beteiligten der Wertschöpfungskette, insbesondere gegenüber dem Endkunden der erbrachten Leistung in Form eines Produktes oder einer Dienstleistung: „The products and services a firm offers, representing a substantial value to the customer, and for which he is willing to pay" (Osterwalder und Pigneur 2002, S. 3). Das Wertversprechen definiert den Nutzen der erbrachten Leistung und bestimmt, welche Bedürfnisse des Kunden oder anderer Wertschöpfungspartner befriedigt werden (vgl. Stähler 2002, S. 42f.).

Während einige der vorliegenden Arbeiten die zu erbringende Leistung explizit hervorheben oder allein auf diese abstellen (vgl. u. a. Robert und Racine 2001, S. 4), wird in anderen Arbeiten das eigentliche Produkt nur implizit als Basis eines nachhaltigen Wertversprechens betrachtet und damit die Bedeutung des eigentlichen Wertversprechens für das gesamte Geschäftsmodell betont (vgl. u. a. Stähler 2002, S. 43). Stähler (2002) sieht dabei die Produktdefinition als Schnittstelle zwischen dem Wertversprechen und der Architektur der Leistungserstellung.

Chesbrough und Rosenbloom (2002) betonen, dass sich das Wertversprechen für elektro-nische Märkte implizit aus der zugrunde liegenden Technologie ableitet (vgl. Chesbrough und Rosenbloom 2002, S. 534). Kunden bewerten eine Technologie demnach entsprechend der Fähigkeit, die Kosten einer bestehenden Marktlösung zu reduzieren oder komplett neue Problemlösungen bereitzustellen.

3.2.1.2 Zielmärkte

Ein Geschäftsmodell sollte die zentrale Frage beantworten, welcher Zielmarkt, d. h. welche Kundengruppe, mit der erbrachten Leistung angesprochen werden soll (vgl. Hamel 2000, S. 75; Magretta 2002, S. 4). Einzelne Kundengruppen bilden Nachfragemärkte und lassen sich über diese abgrenzen. Diese Kundenperspektive zielt darauf ab, spezifische Problem-lösungen für einzelne Nachfragemärkte anzubieten und in Folge eine intensive Kunden-bindung zu erzielen (vgl. Servatius 2002, S. 439f.). Beeinflusst wird dieser Ansatz durch die Grundüberlegungen der aus der Industrieökonomik stammenden marktbasierten Sicht-weise („**Market-based view**") (vgl. Caspers 2002, S. 261). Grundsätzlich schließt eine marktbasierte Sichtweise all diejenigen theoretischen Ansätze ein, die den Unternehmens-erfolg aus der korrekten Positionierung eines Unternehmens auf bestehenden Märkten ableiten (vgl. Kollmann und Kuckertz 2007, S. 50).

Zielmärkte stehen jedoch nicht losgelöst im Raum, sondern sind insbesondere im Kontext der zu erbringenden Leistung und ihres Wertversprechens zu betrachten. Knyphausen-Aufseß und Meinhardt (2002) betonen die Wechselbeziehung von Zielmarkt und Produkt. Unternehmen müssen demnach individuell bestimmen, auf welchen Märkten sie welche Produkte anbieten. Sie betonen die Möglichkeit innovativer Produkte, Zielmärkte durch ihr Eigenschaftsprofil selbständig abzugrenzen (vgl. Knyphausen-Aufseß und Meinhardt 2002, S. 66). Auf die Verbindung zwischen Märkten, Produkt und Value Proposition weist Magretta (2002) zusammenfassend hin, indem er anmerkt: „A good business model answers Peter Ducker's age-old questions: Who is the customer? And what does the customer value?" (Magretta 2002, S. 4).

3.2.1.3 Wertkette, Kernkompetenzen und Akteure

Der Grundannahme entsprechend, dass ein Geschäftsmodell letztendlich eine Architektur zur Erreichung eines Unternehmensziels beschreibt, betonen Gordijn und Akkermans (2001) den Charakter des Geschäftsmodells als Wertschöpfungsnetzwerk, „a network of actors [that] creates, exchanges and consumes objects of value by performing value adding activities" (vgl. Gordijn und Akkermans 2001, S. 60). Breitner und Hoppe (2005) fassen diese wertschöpfenden Aktivitäten eines Unternehmens in einem „Activity Model" zusammen, das neben der Finanz- („Assets Model") und der Marktperspektive („Market Model") den Kern ihres Geschäftsmodellrahmens bildet. Das Aktivitätsmodell basiert auf dem Konzept der Porter'schen Wertkette und schließt explizit den Wertentstehungsprozess von der Herstellung über das Marketing bis zu Aftersales-Aktivitäten ein (vgl. Porter 1999; Breitner und Hoppe 2005, S. 182).

Entlang der Wertkette innerhalb des Wertschöpfungsnetzwerks einer Branche streben die beteiligten Akteure mit ihren unterschiedlichen Aktivitäten eine kontinuierliche Wertschöpfung durch Produktdifferenzierung an. Diese drückt sich für den jeweiligen Bezieher auf der nächst höheren Wertschöpfungsstufe durch Bezug zu niedrigeren Kosten oder durch höhere Leistung aus (vgl. Amit und Zott 2001, S. 496). Treiber für diese Produktdifferenzierung, und damit für die ihr inhärente Wertschöpfung, sind u. a. die konkrete Art und Durchführung der wertsteigernden Aktivitäten, spezifische Beziehungen innerhalb des Wertschöpfungsnetzwerkes, Zeitpunkt und Zeitabfolge der Aktivitäten, die Orte der Leistungserbringung und institutionelle Faktoren (vgl. Porter 1999, S. 130ff.). Alle diese Aktivitäten basieren letztendlich auf einem aufeinander abgestimmten Fähigkeitenportfolio, das die einzelnen Akteure und Ressourcen der Wertkette bereitstellen (vgl. Amit und Zott 2001, S. 511).

Über die vertikale Tiefe der Wertschöpfungskette innerhalb eines Geschäftsmodells, d. h. über die Frage, welche wertsteigernden Aktivitäten im Modell enthalten sein sollen, besteht Uneinigkeit. Während ein Teil der Wissenschaft Marketing- und Vertriebsaktivitäten explizit in die Beschreibung eines Geschäftsmodells aufnimmt (vgl. u. a. Breitner und Hoppe 2005, S. 182), separiert Timmers (1998) Marketing- und Vertriebsaktivitäten vom eigentlichen Geschäftsmodell und fasst beide in einem Marketing Model zusammen (Timmers 1998, S. 4). Wird ein Geschäftmodell als Architektur einer Geschäftsidee verstanden und ähnlich den Betrachtungen zur Berücksichtigung der Unternehmensstrategie von der eigentlichen Marktinteraktion separiert, erscheint letzterer Ansatz sinnvoll. Dies schließt nicht aus, dass beide Konzepte einander bedingen. Während das zugrunde liegende Geschäftsmodell die Basis für das konkrete Marketing- bzw. Vertriebskonzept bildet, ermöglicht die Erfolgsbewertung einzelner Vertriebskonzepte eine Adjustierung des Geschäftsmodells.

3.2.1.4 Finanzflüsse

„How do we make money in this business?" ist die zentrale Frage in der Literatur, wenn es darum geht, Geschäftsmodelle zu charakterisieren (Magretta 2002, S. 4). Während frühere Arbeiten auf die reine Ausgestaltung des Preis- oder Erlösmodells abstellen (vgl. Baatz 1996; Timmers 1998; Alt und Zimmermann 2001), schließen jüngere Ansätze Kostenbetrachtungen in die Überlegungen ein (vgl. u. a. Chesbrough und Rosenbloom 2002; Osterwalder 2004; Breitner und Hoppe 2005). Die Findung eines spezifischen Erlösmodells steht jedoch im Vordergrund der Überlegungen. Weill und Vitale (2001) fordern explizit die Bestimmung der Erlösquelle („**source of revenue**"), die als Zahlungsfluss der erbrachten Leistung gegenüber steht (vgl. Weill und Vitale 2001, S. 37).

3.2.1.5 Der Einfluss von Umfeldbedingungen auf das Geschäftsmodell

Umfeldbedingungen werden nur in wenigen Arbeiten explizit in das Geschäftsmodell aufgenommen. Heinrich und Leist (2000) sehen das Geschäftsmodell in einem generellen sozioökonomischen Kontext zur Außenwelt und halten es für notwendig, diesen bei der Ausgestaltung des Geschäftsmodells zu berücksichtigen (vgl. Heinrich und Leist 2000, S. 142). Breitner und Hoppe (2005) betonen die Bedeutung des wettbewerblichen Umfelds im Kontext eines „Market Model" (vgl. Breitner und Hoppe 2005, S. 182). Ebenso argumentiert Wirtz (2001) und schlägt ein Wettbewerbsmodell als Teil des von ihm entwickelten Geschäftsmodellrahmens vor (vgl. Wirtz 2001, S. 211). Auf zusätzliche Faktoren im Rahmen der Austauschbeziehung mit der Außenwelt weisen Alt und Zimmermann (2001) hin und stellen die Bedeutung des rechtlichen Gefüges heraus, in dem ein Unternehmen agiert (vgl. Alt und Zimmermann 2001, S. 6).

3.2.1.6 Der Einfluss der Technologie auf das Geschäftsmodell

Der Aspekt der Technologie wird vom überwiegenden Teil der Autoren nicht explizit als modell-inhärenter Faktor aufgenommen. Dennoch stellen die vorliegenden Arbeiten den jeweiligen Geschäftsmodellansatz in den Kontext elektronischer Märkte (beispielhaft Timmers 1998; Mahadevan 2000; Gordijn und Akkermans 2001; Wirtz 2001). Dabei wird die zum Einsatz kommende Technologie als „Enabling Power", d.h. als die eigentlich das Vorhaben erst ermöglichende Komponente des Geschäftsmodells, verstanden (vgl. Bieger und Rüegg-Stürm 2002, S. 15). Alt und Zimmermann (2001), in deren Geschäftsmodellansatz Technologie als beeinflussende Rahmengröße explizit enthalten ist, weisen darauf hin, dass die technologische Komponente nicht nur als „Enabler" dient, sondern das Geschäftsmodell in seiner Ausgestaltung gleichzeitig beschränkt (vgl. Alt und Zimmermann 2001, S. 6). Die Art der zugrunde liegenden Technologie beeinflusst damit die Mehrzahl der diskutierten Geschäftsmodellkomponenten. Sie wirkt direkt auf das Produkt und das diesem innewohnende Wertversprechen, beeinflusst die konkrete Ausgestaltung der zugrunde liegenden Wertschöpfungsarchitektur und liefert die Rahmenbedingungen für die zum Einsatz kommenden Erlösmodelle.

3.2.2 Geschäftsmodelltypologien

Typologien bezeichnen die Systematisierung eines Untersuchungsgegenstandes anhand von Klassifizierungsmerkmalen. Sie ermöglichen die Identifikation ähnlicher Geschäftsmodelle und die Vergleichbarkeit zwischen ihnen (vgl. Wirtz und Becker 2002, 85f.). Folgt man der Einschätzung, dass Grid Computing eine Generalisierung des Internetansatzes darstellt (vgl. Geiger 2006, S. 23), ermöglicht die Analyse der wesentlichen Klassifizierungsansätze für Geschäftsmodelle in elektronischen Märkten die Ableitung von Geschäftsmodelltypologien für Grid Computing. Die wesentlichen Arbeiten, die sich mit einer Klassifizierung von Geschäftsmodellen für elektronische Märkte auseinandersetzen, sind in Tabelle 3 aufgeführt.

Die am häufigsten zitierte Klassifizierung für elektronische Geschäftsmodelle geht auf Timmers (1998) zurück. Der Autor differenziert elf Geschäftsmodelle anhand zweier Abgrenzungsdimensionen, des Innovationsgrades der Geschäftsmodelle und des funktionalen Integrationsgrades (vgl. Timmers 1998, S. 3ff.). Der funktionale Integrationsgrad beschreibt den Produkt- oder Funktionsumfang, den ein bestimmtes Geschäftsmodell bereitstellt. Die zweite Abgrenzungsdimension bildet der Innovationsgrad eines Produktes bzw. Geschäftsmodells. Die Herleitung des Innovationsgrades für die einzelnen Geschäftsmodelle wird vom Autor jedoch nicht näher erläutert. Abbildung 16 fasst die Ergebnisse von Timmers (1998) zusammen.

Tabelle 3. Geschäftsmodelltypologien für elektronische Märkte

Autoren	Abgrenzungskriterium zur Klassifizierung
Timmers 1998	Produktmerkmale: Innovationsgrad, Leistungsumfang
Linder und Cantrell 2000	Kernaktivitäten, Preis-Leistungs-Verhältnis
Tapscott et al. 2000	Wertintegration, Kontrollintensität
Weill und Vitale 2001	Zielsetzung, „Basic building blocks"
Rappa 2003, 2004	Produkt/Nutzenversprechen, Erlösmodell
Wirtz 2001; Wirtz und Becker 2002	Produkteigenschaften/-zielsetzung
Turowski und Pousttchi 2004	Produkteigenschaften

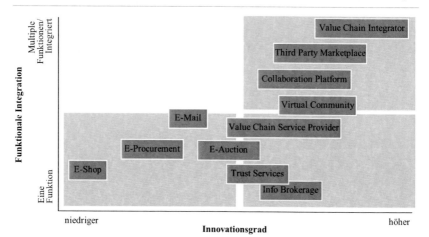

Abbildung 16. Geschäftsmodelltypologie nach Timmers (1998, S. 5)

Linder und Cantrell (2000) grenzen Geschäftsmodelltypen nach den Kernaktivitäten des Geschäftes und der Position auf dem so genannten „Price/value continuum" ab. Sie identifizieren insgesamt acht Geschäftsmodelle. Die erste Abgrenzungsdimension beschreibt die Kernaktivitäten eines Unternehmens. Die Autoren unterscheiden „Providing" (Verkauf von Gütern und Dienstleistungen), die „Channel Role" (Unterstützung bei der Vermarktung der Leistung) und „Intermediary" (Bereitstellung eines Marktplatzes für Anbieter und Käufer) (vgl. Linder und Cantrell 2000, S. 6). Die zweite Dimension beschreibt spezifische Qualitäts-Preis-Kombinationen von „high-value" über „premium-priced" zu „low-priced, standardized". Die unterschiedlichen Modelle sind in Tabelle 4 zusammengefasst.

Tabelle 4. Geschäftsmodelltypologie nach Linder und Cantrell (2000, S. 7f.)

Geschäftsmodelltyp	Beschreibung
Price Models	Buying club, One-stop/low-price shopping, „Under the umbrella pricing", Free for advertising, Razor and Blade
Convenience Models	One-stop, convenient shopping, Comprehensive offering, Instant gratification
Commodity-Plus Models	Low-price reliable commodity, Reliable commodity operations, Branded reliable commodity, Mass-customized commodity, Service-wrapped commodity
Experience Models	Experience selling, Cool brands
Channel Models	Channel maximization, „Cat-Daddy selling", Quality selling, Value-added reseller
Intermediary Models	Market aggregation, Multi-party market aggregation, Open market-making, Exclusive market-making, Transaction service
Trust Models	Trusted operations, Trusted solution, Trusted advisor, Trusted product leadership, De-facto standard, Trusted service leadership
Innovation Models	Incomparable products, Incomparable services, Breakthrough markets

Tapscott et al. (2000) schlagen eine Kategorisierung von fünf als „b-webs" bezeichnete Geschäftsmodelltypen anhand der Dimensionen der organisatorischen Kontrolle (hierarchisch vs. Selbstorganisation) und der Integration der Wertkette vor (siehe Abbildung 17) (Tapscott et al. 2000, S. 30ff.). Im **Aggregations-Modell** werden unterschiedliche Produkte und Leistungen am Markt zentral über einen führenden Anbieter angeboten. Entsprechend dem gleichnamigen Handelsmarkt der griechischen Antike bietet die **Agora** einen gemeinsamen Marktplatz für Käufer und Anbieter. Im **Value-Chain-Modell** strukturiert und leitet ein zentraler Partner ein komplettes Wertschöpfungsnetzwerk. Das **Allianz-Modell** beschreibt Kooperationsformen, die eine starke vertikale Integration aufweisen, jedoch ohne ein hierarchisches System auskommen und stattdessen auf Standards und Regeln aufsetzen. Im Zentrum des Modellrahmens steht das **Distributive Network**, welches dem physischen Leistungsaustausch aller anderen Modelle mit der Umwelt dient.

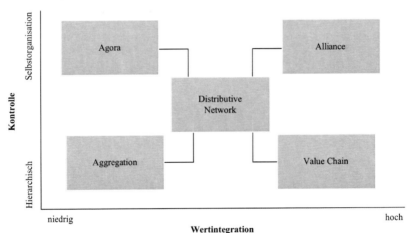

Abbildung 17. Geschäftsmodelltypologie nach Tapscott et al. (2000, S. 28)

Weill und Vitale (2001) kategorisieren acht „Atomic Business Models", die sie als „the building blocks for e-business initiatives" betrachten (Weill und Vitale 2001, S. 84ff.). Die Autoren bescheinigen den Modellen eine unterschiedliche Profitabilität und ein unterschiedlich ausgeprägtes Muster aus dem Zugang zum Kunden und zu den Daten des Kunden (siehe Tabelle 5). Zusätzlich formalisieren die Autoren den Aufbau der Geschäftsmodelle graphisch über die Zusammenführung definierter Symbole. Abbildung 18 gibt ein Beispiel der graphischen Beschreibung für das „Direct to Customer"-Geschäftsmodell.

Tabelle 5. Geschäftsmodelltypologie nach Weill und Vitale (2001, S. 86)

Geschäftsmodelltyp	Beschreibung
Content Provider	Schaffung und Bereitstellung von digitalen Inhalten; kein direkter Endkundenkontakt, Vertrieb über dritte Anbieter
Direct to Customer	Direktkontakt zwischen Käufer und Verkäufer unter Ausschaltung von Intermediären
Full-Service Provider	Komplettanbieter in einem bestimmten Bereich (Finanzen, Gesundheit) mit einem ausschließlich eigenen Zugangskanal zum Kunden
Intermediary	Vereinigung von Käufern und Verkäufern; 6 Kategorien: Electronic mall, Shopping agents, Specialty auctions, Portals, Electronic auctions, Electronic markets
Shared Infrastructure	Schaffung einer gemeinsamen und geteilten IT-Infrastruktur durch ursprüngliche Wettbewerber
Value net Integrator	Koordinierung von Produktionsflüssen zwischen Lieferanten und Kunden entlang der Wertschöpfungskette
Virtual Community	Zentrale, koordinierende Rolle innerhalb einer Community und ihrer Zulieferer
Whole-of-Enterprise/ Government	Konsolidierung aller Firmenleistungen einer großen „Multi-Business-Organization" über einen einzigen „Single-Point-of-Contact"

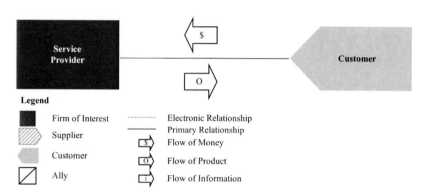

Abbildung 18. Graphische Darstellung am Beispiel des Direct-to-Customer-Geschäftsmodells nach Weill und Vitale (2001, S. 37)

Rappa (2003, 2004) unterscheidet insgesamt neun Geschäftsmodelltypen, die jeweils nochmals in Untermodelle aufgegliedert werden. Alle Modelle können in der Realwelt auch kombiniert auftreten, werden allerdings nicht systematisch nach klaren Kriterien abgegrenzt (Rappa 2003, 2004, S. 34f.). Die Abgrenzung der einzelnen Modelle ist nicht immer konsistent. Während einige Modelle über die erbrachte Leistung und das ihr innenliegende Nutzenversprechen abgegrenzt werden, beschreiben andere das eingesetzte Erlösmodell (siehe Tabelle 6).

Tabelle 6. Geschäftsmodelltypologie nach Rappa (2003)

Geschäftsmodelltyp	Beschreibung
Brokerage Model	Bindeglied zwischen Käufern und Verkäufern; generell transaktionsabhängige Vergütung in Form einer Gebühr
Advertising Model	Bereitstellung von (häufig kostenlosen) Inhalten und Diensten unter gleichzeitiger Einblendung von Werbung
Infomediary Model	Sammlung und Vertrieb von relevanten Kunden- oder Anbieterdaten
Merchant Model	Reguläres Händlermodell (Groß- und Einzelhandel) von Gütern und Dienstleistungen
Manufacturer (Direct) Model	Direktvertrieb eines Herstellers über das Internet
Affiliate Model	Der Affiliate bietet Angebote von Produkt- und Dienstleistungsanbietern über eigene Internetseiten durch Weiterleitung auf die eigentliche Anbieterseite
Community Model	Auf Nutzerloyalität basierendes Modell, das mit einem starken zeitlichen und emotionalen Engagement der Beteiligten einhergeht
Subscription Model	Kunden werden für die Nutzung eines Services regelmäßig (täglich, monatlich, jährlich) mit einer Gebühr belastet
Utility Model (On-Demand Model)	Basiert auf der Messung und Abrechnung der konkreten Nutzungsintensität

Wirtz (2001) und darauf aufbauend Wirtz und Becker (2002) grenzen vier Geschäfts-modelltypen voneinander ab, die hierarchisch weiter in Geschäftsmodellvarianten und Ge-schäftsmodellthemen heruntergebrochen werden (vgl. Wirtz 2001, S. 218; Wirtz und Becker 2002, S. 86). Die Geschäftsmodelle stellen auf einzelne Produkte mit direktem Endkundenkontakt ab (siehe Abbildung 19).

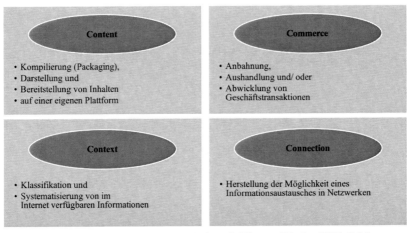

Abbildung 19. Geschäftsmodelltypologie nach Wirtz und Becker (2002, S. 86)

Eine weitere Klassifizierung findet sich bei Turowski und Pousttchi (2004). Die Autoren betrachten Geschäftsmodelltypen für mobile Dienste gegenüber dem Endkunden und schlagen eine hierarchische Extraktion der angebotenen Leistung vor (vgl. Turowski und Pousttchi 2004, S. 130). Diese wird hierarchisch in drei Ebenen gegliedert, die sich baumartig verzweigen. Die einzelnen Komponenten sollen gegeneinander abgrenzbar und insgesamt erschöpfend sein (siehe Abbildung 20).

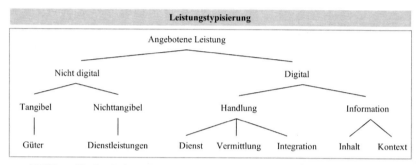

Abbildung 20. Geschäftsmodelltypologie nach Turowski und Pousttchi (2004, S. 130)

Die behandelten Arbeiten zeigen, dass in der wissenschaftlichen Literatur **kein einheitlicher Rahmen zur Klassifizierung** von Geschäftsmodellen auf elektronischen Märkten existiert. Vielmehr lassen die einzelnen Typisierungsansätze erkennen, dass eine Klassifizierung in der Regel auf Basis einzelner Geschäftsmodellkomponenten bzw. Partialmodelle erfolgt. Die am häufigsten zum Einsatz kommenden Abgrenzungskriterien in den untersuchten Arbeiten lassen sich auf die folgenden drei Grundaspekte verdichten:

•   das Produkt und seine Eigenschaften

•   Wertschöpfungs- und Organisationsstruktur

•   Erlösmodelle

Die Ergebnisse der Begriffsbestimmung und Klassifizierung von Geschäftsmodellen für elektronische Märkte werden im Folgenden durch die theoretischen Fundierungen für Grid Computing ergänzt und im fünften Kapitel zur Entwicklung eines eigenständigen Referenzgeschäftsmodells und einer Geschäftsmodellklassifizierung für Grid Computing in der (Bio-)Medizin wieder aufgegriffen[24].

---

[24]   vgl. Kapitel 5, S. 135

3.3 Ökonomische Aspekte des Grid Computings

Während Geschäftsmodelle für elektronische Märkte intensiv von der wissenschaftlichen Literatur behandelt werden, ist eine ähnlich umfangreiche Beschreibung von Geschäftsmodellen für Grid Computing nicht verfügbar (vgl. Veit und Gentzsch 2008, S. 215). In den letzten Jahren wurden daher insbesondere in der Europäischen Union eigenständige Projekte ins Leben gerufen, die gezielt ökonomische Aspekte von Grid-Computing-Infrastrukturen beleuchten sollen, u. a. „GridEcon" und „Business in the Grid (BIG)" (vgl. Schikuta et al. 2005; Altmann et al. 2007a). Die wenigen Arbeiten, die ökonomisch relevante Aspekte untersuchen, entstanden zu einem signifikanten Teil im Rahmen dieser Projekte. Arbeiten, die Referenzgeschäftsmodelle für Grid Computing herleiten bzw. abbilden, finden sich in der Literatur nicht.

Insgesamt lässt sich die verfügbare Literatur in folgende Gruppen systematisieren, die der nachfolgenden Gliederung des Kapitelabschnitts entsprechen:

- **grundlegende Betrachtungen**: Evolution von Grid-Computing-Aktivitäten
- **Wertschöpfungsarchitektur**: Analyse der Wertschöpfungsstruktur und ihrer Akteure
- **Klassifizierung**: Identifizierung von Geschäftsmodelltypen für Grid Computing
- **spezifische Betrachtungen**: Spezifische ökonomische Betrachtungen innerhalb von Grid-Computing-Infrastrukturen, insbesondere bzgl. der Verrechnung von Leistungseinheiten

3.3.1 Evolution von Grid Computing als Produkt

Die Evolution von einfachen Grid-Computing-Lösungen zu Märkten mit eigenständigen Geschäftsmodellen lässt sich anhand des angebotenen Leistungsumfanges und der gewählten Organisationsform am Markt nachzeichnen.

Im Hinblick auf den Leistungsumfang von Grid-Computing-Technologien können vier Phasen abgegrenzt werden (siehe Abbildung 21) (vgl. Weishäuptl 2004, S. 566). Ausgehend vom Angebot grundlegender Grid-Middleware-Produkte zum rein technischen Lösen spezifischer Probleme (Phase 1), über umfassende Grid-Middleware-Lösungen, die erste ökonomische Fragestellungen, wie z. B. Qualities of Services, lösen (Phase 2), führt der Entwicklungspfad zu „Business Enabled Middleware", die umfassende ökonomische

Aspekte, wie Zahlungsvorgänge und Accounting, adressieren (Phase 3), und mündet letztendlich in nachhaltigen Geschäftsmodellen, die auf elektronischen Märkten bestehen (Phase 4)[25].

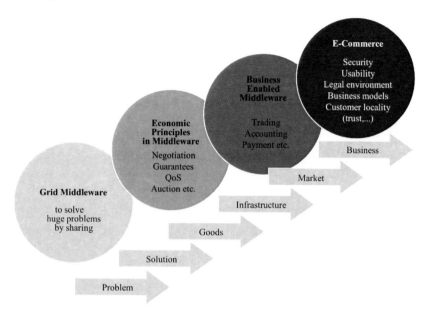

Abbildung 21. Entwicklung des Grid Computing Marktes (Weishäuptl 2004, S. 566)

Parallel zur Entwicklung der technologischen Produktkomponenten ist eine Ausweitung des Einsatzes von Grid Computing über organisatorische Grenzen hinweg zu verzeichnen, die zur Herausbildung neuer **Organisationsformen** von Grid-Computing-Infrastrukturen führen (vgl. Plaszczak und Wellner Jr. 2006, S. 66ff.). Der Zusammenhang zwischen technologischer und organisatorischer Komplexitätszunahme ist in Abbildung 22 darge-stellt.

Die einfachste Form bildet das **Department Grid**, sowohl in technologischer als auch organisatorischer Hinsicht Grids dieses Typs zentralisieren und virtualisieren abteilungs-interne Ressourcen und werden generell zweckgebunden aufgesetzt. Sie stellen ähnliche Funktionen wie Computer Cluster bereit, zeichnen sich jedoch durch eine höhere Hard-

---

[25] zu Middleware-Systemen vgl. auch Abschnitt 2.1.2.3, S. 20

ware-Heterogenität aus. Aufgrund der engen organisatorischen Grenzen spielen Zugangs-Policies, Zugangs-Monitoring und eine umfassende Planung des Zeitmanagements keine besondere Rolle.

Die technologisch leistungsfähigeren **Enterprise Grids** kommen unternehmensweit innerhalb der Grenzen einer Organisation für unterschiedliche Zwecke zum Einsatz. Auch hier spielen grid-bezogene Sicherheitsfragen eine untergeordnete Rolle, da in der Regel keine oder nur eine begrenzte Kommunikation mit der Außenwelt erfolgt. Sie stellen hohe Anforderungen an die Integration mit anderen unternehmensweiten IKT-Systemen.

Partner Grids beschreiben eine weitere Evolutionsstufe, in der Ressourcen über unterschiedliche Organisationen hinweg bereitgestellt und geteilt werden. Innerhalb dieses Grid-Konzeptes kommt es erstmalig zur Bildung einer Virtuellen Organisation zwischen den beteiligten Partnern[26]. Heutige wissenschaftliche Grid-Computing-Initiativen werden häufig in Form eines Partner Grids gebildet. Im Vergleich zu ihren Vorläufern sind sie technologisch komplexer und stellen zusätzliche Anforderungen an die organisatorische und sicherheitsbezogene Ausgestaltung. Partner Grids können diese Anforderungen momentan nicht immer gewährleisten und kommen daher nur zögerlich in einem kommerziellen Kontext zum Einsatz.

Am Ende eines idealtypischen Evolutionsprozesses stehen **Open Grids**. Sie zeichnen sich durch eine einheitliche Plattform aus, die durch verschiedene Organisationen zur Lösung unterschiedlicher Problemstellungen bedarfsweise genutzt wird. Diese Plattform stellt die technische Infrastruktur einschließlich aller notwendigen Middleware- und Anwendungskomponenten bereit. Open Grids dienen unterschiedlichen Organisationen als Bereitsteller von Ressourcen und Software-Anwendungen sowie als Medium zum Datenaustausch und zur Kommunikation. Nutzer sind in diese Struktur nur für die jeweilige Dauer ihres Problemlösungsprozesses eingebunden. Aufgrund ihres „On Demand"-Charakters werden Open Grids auch als Service Grids bezeichnet (vgl. Forge und Blackmann 2006, S. 31).

---

[26] Aufgrund des noch jungen Entwicklungsstadiums von Partner Grids wird der Begriff der Virtuellen Organisation (VO) in der Autorenschaft unterschiedlich weit gefasst. Einige Autoren betrachten das zugrunde liegende Partner Grid als VO, andere den organisatorischen Zusammenschluss mehrerer Partner Grids und wieder andere sehen innerhalb eines Partnergrids die Herausbildung unterschiedlicher VOs.

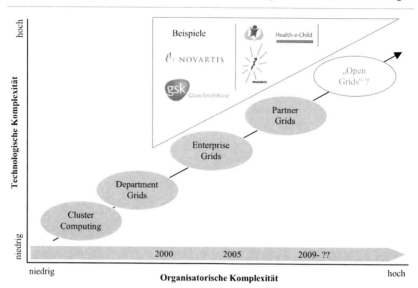

Abbildung 22. Zusammenhang zwischen technologischer und organisatorischer Komplexität (in Anlehnung an Plaszczak und Wellner Jr. 2006, S. 67)

Die Entwicklung der Produktseite spiegelt sich auf der **Nachfrageseite** durch die Akzeptanz der Produkte durch Nutzergruppen. Grid-Lösungen der ersten und zweiten Generation (Department Grids und Enterprise Grids) kommen bereits erfolgreich in größeren Unternehmen zum Einsatz, in der Biomedizin beispielsweise bei Novartis und GlaxoSmithKline (Glaxo 2009; Novartis 2009). Die angebotenen Lösungen sind technologisch gereift, Sicherheitsaspekten wird dadurch Rechnung getragen, dass das Grid ausschließlich innerhalb der Sicherheitsgrenzen des Unternehmens agiert. Komplexe Partner Grids bieten aufgrund ihrer kooperativen Struktur einen hohen Mehrwert für wissenschaftliche Netzwerke und ausgewählte industrielle Kontexte. Aufgrund des derzeit noch ungenügenden Reifegrades beschränkt sich der Einsatz von Partner Grids momentan überwiegend auf wissenschaftliche Communities, in denen Sicherheitsanforderungen generell weniger ausgeprägt sind als im kommerziellen Wettbewerbsumfeld. Perspektivisch ist hier eine Durchdringung hinein in industrielle Kontexte möglich (vgl. Forge und Blackmann 2006, S. 31).

3.3.2 Akteure und Rollen der Grid-Computing-Wertschöpfung

Für eine systematische Herleitung nachhaltiger Grid-Computing-Geschäftsmodelle ist es erforderlich, die übergreifende Wertschöpfungsarchitektur für Grid Computing und die beteiligten Akteure zu verstehen und nachzuzeichnen. Im Folgenden werden die wesent-

lichen Ansätze zur Ableitung von Grid-Computing-Wertschöpfungsarchitekturen im Überblick dargestellt und im späteren Verlauf der Arbeit wieder aufgegriffen, um sie dort zu
aggregieren und in einer konsistenten Wertschöpfungsstruktur zusammenzufassen.

In einer der ersten Analysen wählen Forge und Blackmann (2006) einen an funktionalen
Einheiten orientierten Ansatz zur Darstellung von Wertflüssen in Grid-Infrastrukturen (vgl.
Forge und Blackmann 2006, S. 18). Sie gliedern den Wertschöpfungsprozess in drei
übergreifende Abschnitte (Grid-Produkte, Grid-Produkte unterstützende Services und
integrierte Grid-Services), die jeweils noch einmal untergliedert werden. Eine tiefer
gehende Analyse dieser Wertschöpfungskette und seiner Akteure unterbleibt jedoch.

In einem ähnlichen Ansatz werden einzelne Aktivitäten in drei Schichten differenziert
(Bany Mohammed et al. 2008). Dabei wird eine Basiswertschöpfung, die alle Kernaktivitäten eines Grids widerspiegelt, durch technische und business-orientierte Dienste unterlegt. Die Autoren unterscheiden konkret (Bany Mohammed et al. S. 5f.):

• Primary (Core) Services Layer: Diese Gruppe beinhaltet alle Kerninfrastruktur-Servi-
  ces, die für das Aufsetzen eines Grids notwendig sind. Hierzu zählen sowohl die
  Hardware als auch die Software jeglicher Art (Betriebssystem, Middleware, Anwendungen etc.).

• Grid-oriented Support Services Layer: Diese Gruppe beinhaltet Akteure und Aktivitäten, die dazu dienen, Grid Computing in realen Märkten zu unterstützen. Diese Services können softwareseitig bereits in Middleware-Pakete eingebunden sein. Hierzu
  zählen u. a.: Grid Financial Management Services, Composer Services, externe IKT-
  Betreiber, die nicht-proprietäre Ressourcen verwalten und warten sowie nicht näher
  spezifizierte ergänzende wertsteigernde Dienstleistungen.

• Business-oriented Support Services Layer: In dieser Gruppe werden alle nicht-tech-
  nischen geschäftsorientierten Dienstleistungen zusammengefasst. Dies beinhaltet
  Finanzdienstleistungen (Banken und andere Finanzdienstleister), Broker und Reseller,
  Market-Place-Services und nicht näher spezifizierte weitere geschäftsorientierte wertsteigernde Dienstleistungen.

Ausgehend von grundsätzlichen funktionalen Einheiten definieren Altmann et al. (2007) in
einem **akteurbasierten Model** Rollen, die sie entsprechend der jeweiligen Interaktion
zueinander in Beziehung setzen (vgl. Altmann et al. 2007b, S. 33ff.). Die Wertschöpfungsstruktur ist schichtenbasiert. Die unterste Ebene wird von „Hardware Service Providern"

repräsentiert, welche die Basis-Hardware-Ressourcen bereitstellen. Darauf bauen „Software Provider" auf („Basic Grid Middleware Service Provider", „Software Service Provider"), die neben Dienstsoftware auch Anwendungssoftware anbieten. Die Inhalte werden den Nutzern von „Content Providern" bereitgestellt. „Composite Resources Service Providern" unterstützen die einzelnen Akteure der Wertschöpfung und bieten zusätzliche Dienste wie z. B. Kapazitätsplanungstools. Ergänzend werden „Consultants" und ein rahmengebender „Standardization and Regulation Body" erfasst, die jedoch nicht als Teil der Kernwertschöpfung gelten. Während erstere Beratungsleistungen unterschiedlicher Natur bieten, definieren letztere den rechtlichen Handlungsrahmen der einzelnen Akteure (siehe Abbildung 23).

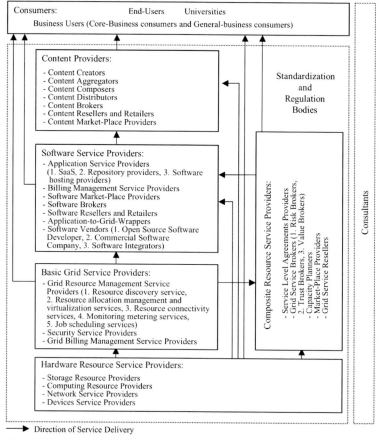

Abbildung 23. Rollen und Beziehungen in Grid-Infrastrukturen (Altmann et al. 2007b, S. 37)

In einem weiteren Ansatz zur Formalisierung der Wertschöpfungsaktivitäten werden 18 unterschiedliche Rollenmodelle in Grid-Computing-Infrastrukturen identifiziert und beschrieben (vgl. Stanoevska-Slabeva et al. 2007, S. 52ff.). Die Ergebnisse dieser Untersuchung sind in Tabelle 7 zusammengefasst. Der Ansatz ist bezüglich der Rollendifferenzierung sehr ausführlich, verzichtet jedoch auf eine explizite hierarchische Zusammenführung einzelner Rollen. Der zuvor von Altmann et al. (2007) beschriebene Ansatz ist im Vergleich zu dieser Arbeit bezüglich der Rollendifferenzierung weniger granular, ermöglicht hierdurch jedoch ein besseres Verständnis der Kern-Wertschöpfungsstufen innerhalb einer Grid-Infrastruktur (vgl. Altmann et al. 2007b, S. 33ff).

Tabelle 7. Rollen einer Grid-Infrastruktur nach Stanoevska-Slabeva et al. (2007, S. 52ff.)

Rolle	Beschreibung
Content (Provision, Aggregation, Distribution)	Daten, Informationen und Erfahrungen, die werttragend weitergegeben werden können; Content im Sinne eines fertigen Endproduktes
Grid Middleware Provider	Bereitstellung von Bibliotheken; Code zur Implementierung von Grid-Funktionalitäten (Standards, „Lower" u. „Upper" Software)
Software Service Provider	Service Software, die ergänzend in Grid-Plattformen zum Einsatz kommt oder spezifische Nischenmärkte bedient
Application Provider	Erster Kunde einer spezifischen Grid-Plattform; Nutzung von „Development-Packages" zur Integrierung der eigenen Anwendungssoftware in die Plattform
Resource/Infrastructure Provider	Bereitstellung von Hardware, auf der die Grid-Implementierung läuft (insbesondere Systemressourcen)
Resource/Infrastructure Operator	Betreiber der Hardware-Ressourcen
Telco Network (equipment) Provider	Bereitsteller der Telekommunikations- und Netzwerkkomponenten
Telco Network Service Provider	Anbieter von Netzleistungen, d. h. Bandbreite („Bandwidth"); Häufig ist der Netzwerk-Service-Anbieter mit dem Netzwerk-Betreiber identisch
Telco Network Operator	Kommunikationsanbieter: Bereitstellung eines Breitband-Netzwerks mit Real-Time-Funktionalität und leichtem Zugang
Business Consulting	Unterstützung bei Prozessoptimierung, Geschäftsmodellierung etc.
IT Consulting	IKT-relevante Beratung, einschließlich Schulungen
Payment Provider	Bereitstellung eines Leistungsspektrums zur Abrechnung zwischen den Grid-Akteuren
Reseller	Unternehmen, die bestehende Leistungspakete weitervertreiben
Broker	Intermediär, unterstützt den Kunden anhand dessen Qualitätsanforderungen bei der Wahl adäquater Grid-Lösungen
Trusted Third Party	Regelung vertraglicher und finanzieller Fragestellungen; Authentifizierung der Nutzer
System Integrator	Integration der einzelnen Module (Hardware, Software), die für eine umfassende Grid-Lösung erforderlich sind; Zusammenführung der einzelnen Akteure auf technischer Ebene, teilweise Implementierungsunterstützung (Beratung)
Solution Provider	Anbieter eines kompletten Lösungspakets aus Netzwerk, Middleware und Endanwendung (z. B. IBM); ergänzend implementierungsunterstützende Beratung
Market	Zielkunden unterschiedlicher Branchen

Die **wenigen vorliegenden Untersuchungen**, die sich mit Wertschöpfungsstrukturen für Grid Computing auseinandersetzen, ermöglichen bereits ein gutes Verständnis der Marktkonfiguration. Einzelne Wertschöpfungsstufen werden rollenbasiert dargestellt und Austauschbeziehungen einzelner Akteure wiedergegeben.

Im Kontext der Herleitung eines Referenzgeschäftsmodells für Grid Computing und dessen Ausgestaltung im fünften Kapitel werden die Ergebnisse der einzelnen Arbeiten wieder aufgegriffen und aggregiert[27].

3.3.3 Grundlegende Geschäftsmodelltypologien

In der noch jungen betriebswissenschaftlichen Literatur zu Grid Computing finden sich wenige erste Ansätze zur Klassifizierung von Geschäftsmodellen für Grid-Computing-Infrastrukturen.

Eine erste Differenzierung unternimmt Altmann (2005) und unterscheidet vier Geschäftsmodelltypen anhand einer zielorientierten Klassifikation: „Aggregation of Computational Resources", „Aggregation of Spare Computational Resources", „Reduce Cost of Managing Resources" und „Reduce Risk of Resource Shortage" (vgl. Altmann 2005, S. 2f.). Tabelle 8 fasst die wesentlichen Merkmale der vier Typen zusammen.

Tabelle 8. Grid-Computing-Geschäftsmodelltypologie nach Altmann (2005, S. 2f.)

Rolle	Beschreibung
Aggregation of Computational Resources	Zusammenführung von Großrechnerressourcen zur Bewältigung komplexer Rechenprobleme und Aufgaben mit hoher Detailtiefe. Die Ressourcen sind einer administrativen Domäne untergeordnet.
Aggregation of Spare Computational Resources	Bereitstellung von Rechenkapazitäten auf dem eigenen Computer zur Ausführung einer speziellen Softwareanwendung eines Fremdanbieters. Die Rechenressourcen werden vom Anbieter in der Regel kostenlos bereitgestellt, daher funktioniert dieses Geschäftsmodell grundsätzlich nur für wesentliche gesellschaftliche Fragestellungen.
Reduce Cost of Managing Resources	Outsourcing der IKT-Infrastruktur einschließlich Pflege und Wartung in kleinen und mittleren Unternehmen. Kostenreduktion aus niedrigeren Risikokosten durch plötzlichen Verlust von IKT-Know-How durch den Weggang eines Spezialisten. Durch die Externalisierung an eine spezialisierte Firma Reduktion der Risikokosten.
Reduce Risk of Resource Shortage	Der Rechenbedarf einer Unternehmung kann fluktuieren und in spezifischen Situationen Spitzenlasten erreichen, die mit den regulären verfügbaren Rechenressourcen nicht zu bewältigen sind. Anbieter von Rechenkapazitäten auf On-Demand-Basis bieten eine Lösung für dieses Problem. Der Nutzer muss für diese Spitzenlasten keine Ressourcen vorhalten und zahlt für die genutzte Rechenkapazität.

---

[27]   vgl. Abschnitt 5.1.4.1, S. 147

Dieser Ansatz beschreibt jedoch keine Geschäftsmodelltypen im herkömmlichen Sinn, sondern grenzt mögliche **Wettbewerbsvorteile und Nutzenversprechen** von Grid-Computing-Infrastrukturen voneinander ab.

Eine erste systematisierende Abgrenzung auf Basis unterschiedlicher **Organisationsformen** unternehmen Forge und Blackmann (2006). Ausgehend von den drei primär Grid-Typen – Enterprise Grids, Partner Grids und Open Grids – werden Produktsegmente abgeleitet, die in fünf Geschäftsmodelltypen münden: „Software Products", „Software Support Services", „System Integration", „Computing Utility", „Service & Support" (vgl. Forge und Blackmann 2006, S. 22). Eine nähere Herleitung und Beschreibung der einzelnen Modelle unterbleibt jedoch.

Altmann et al. (2007) aggregieren die ihrer Auffassung nach am Markt existierenden Geschäftsmodelle **ausgehend von der Anbieterseite** in zwei übergreifende Gruppen (vgl. Altmann et al. 2007b, S. 30f.):

- **Geschäftsmodell Forschung (Research Business Models):** Entwicklung und Bereitstellung **durch** Universitäten und Forschungseinrichtungen, Einsatz einer offenen Grid-Computing-Architektur mit multiplen Providern und Nutzern
- **Geschäftsmodell Industrie (Commercial Business Models):** Entwicklung und Bereitstellung **durch** ein einzelnes Unternehmen mit dem Ziel, die eigenen Produkte zu vermarkten; keine Beteiligung weiterer Provider (u. a. Sun Grid Compute Utility, Amazon EC2[28])

Im weiteren Verlauf der Arbeit leiten die Autoren funktionale Rollenmuster entlang der Wertschöpfungskette ab, die jedoch nicht explizit als eigenständige Geschäftsmodelltypen hervorgehoben werden, sondern in ihrer Gesamtheit als Untersuchungsrahmen für die folgenden zwei weiteren spezifischen Geschäftsmodelltypen dienen (ebd. S. 36):

- **Utility Computing:** In diesem Fall wird dem Kunden eine Grid-Infrastruktur zur Nutzung der eigenen Software-Anwendung bereitgestellt
- **Software-as-a-Service (SaaS):** Hier erfolgt die Bereitstellung von fertigen Softwarelösungen bei Bedarf. Bei diesem Typ kann ein Benutzer verschiedene Services und

---

[28] Beide Dienste werden mittlerweile unter dem Terminus „Cloud Computing" angeboten (vgl. Sun 2008) (vgl. Abschnitt 2.1.3.3, S. 24).

Software-Komponenten von unterschiedlichen Grid-Computing-Anbietern beziehen und sich auf diese Weise einen eigenen Service aufbauen

Letzteres Geschäftsmodell auf Basis des SaaS-Paradigmas unterstreichen auch Stanoevska-Slabeva et al. (2007), identifizieren jedoch noch einen weiteren Geschäftsmodelltyp (vgl. Stanoevska-Slabeva et al. 2007, S. 47):

• **Vertrieb von Grid-Technologie als kombiniertes Software- und Beratungs-produkt:** Dieses Modell bietet Grid-Software und die notwendige Implementierungs-unterstützung als ein vermarktungsfähiges Software-Service-Paket

Den vorliegenden Arbeiten ist gemein, dass eine Typisierung von Geschäftsmodellen grundsätzlich begrenzend in Bezug auf den konkreten Untersuchungsgegenstand der jeweiligen Arbeit erfolgt und nur mit Einschränkungen umfassend für den gesamten Grid-Computing-Markt. Eine übergreifende Klassifizierung wird nicht vorgenommen bzw. wird als solche nicht deutlich hergeleitet. Dennoch geben die einzelnen Arbeiten aufgrund ihrer unterschiedlichen Perspektiven einen ersten Überblick über eine mögliche Kategorisierung von Geschäftsmodellen.

In den unterschiedlichen Darstellungsformen dominieren Abgrenzungen in organisato-rischer Hinsicht (u. a. Enterprise Grid vs. Partner Grid) und in Bezug auf die zu erbrin-gende Leistung (u. a. Utility Computing vs. SaaS).

Während die wenigen Arbeiten zur Wertschöpfungsstruktur bereits ein relativ konsistentes und abstrahiertes Abbild der Marktrealität beschreiben, befindet sich die Forschung zur Abgrenzung von Geschäftsmodelltypen des Grid Computings in einem frühen Stadium. Die Darstellungen beschränken sich auf wenige Anwendungsszenarien, die selten vollstän-dig beschrieben sind und deren Sachzusammenhang häufig nicht ausreichend erläutert wird.

3.3.4 Modelle zur effizienten Ressourcenallokation

Neben der ökonomisch-theoretischen Analyse von Grid-Computing-Geschäftsmodellen verfolgt ein weiterer Forschungszweig parallel dazu die Modellierung und Entwicklung geschäftsunterstützender Services (im Sinne von Software-Lösungen) zur Abbildung und Unterstützung ökonomischer Fragestellungen im Grid.

Übergreifend wird dabei die Frage beantwortet, welche Services im Rahmen einer marktorientierten Grid-Infrastruktur notwendig sind (vgl. Altmann und Routzounis 2006, S. 4). Einen Überblick über mögliche Services gibt Abbildung 24.

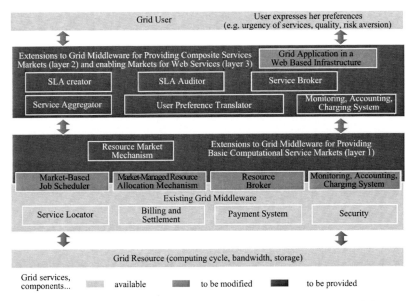

Abbildung 24. Marktorientierte Grid-Services (Altmann und Routzounis 2006, S. 7)

Im Zentrum der Untersuchungen stehen die effiziente Allokation von Ressourcen und der damit zusammenhängenden nutzungsadäquaten Bepreisung und Verrechnung der in einem Grid geteilten Ressourcen (vgl. Stuer et al. 2007, S. 689). Arbeiten dieses Forschungszweiges werden allgemein unter dem Oberbegriff **Grid Economics** zusammengefasst (vgl. Neumann et al. 2006, S. 206).

Wesentlich für eine effiziente Ressourcenzuordnung im Grid sind aus technologischer Sicht Ressourcen-Management-Services und Scheduling-Systeme (vgl. Wolski et al. 2003, S. 747). Die für diese Systeme vorgeschlagenen Modelle greifen dabei auf bekannte, in der mikro- und makroökonomischen Literatur behandelte Allokationsmechanismen zurück (für einen Überblick vgl. Yeo und Buyya 2006). Der jeweils gewählte Ansatz ist dabei jedoch häufig unterschiedlich, z. B. wird auf Marktmodelle für Commodities (Stuer et al. 2007), Verhandlungslösungen („Bargaining") (Buyya et al. 2002), Posted-Price-Modelle (Buyya et al. 2002), vertragsbasierte Modelle (Stratford und Mortier 1999) und Auktionsmodelle

(Gradwell und Padget 2005) zurückgegriffen. Zum Teil werden auch Oligopol- und Mono-pollösungen vorgeschlagen (vgl. Buyya et al. 2005, S. 699). Ein jüngerer Ansatz, der dem dynamischen Charakter idealer Grid-Computing-Umgebungen Rechnung trägt, basiert auf dem Hayekschen[29] System der ökonomischen Selbstorganisation, der **Katallaxie** (vgl. Broberg et al. 2008, S. 257). Dieses System berücksichtigt, dass alle Teilnehmer eines Netzwerks ihren Eigennutzen maximieren und Preise basierend auf diesem Eigeninteresse gebildet werden. Allokationsmodelle, die das katallaktische Prinzip aufgreifen, finden sich bei Eymann et al. (2003) und Eymann et al. (2005).

Für ein Grundverständnis verschiedener Allokationsmodelle soll im Folgenden beispielhaft das marktpreisbasierte Modell von Yu et al. (2005) skizziert werden (siehe Abbildung 25). In diesem Modell sind die Ressourcen des Grids in verschiedene Ressourcen-Domänen entsprechend ihrem zugrunde liegenden Typ gruppiert, die über ihren jeweiligen Software-agenten, den **GR-Agent**, verwaltet werden. Dieser Agent repräsentiert gleichzeitig die Anforderungen und Interessen einer jeden Ressourcen-Domäne. Das Gegenstück auf der Nutzerseite sind die **GU-Agents**, welche die von den Anwendern ausgelösten Jobs über-tragen und gleichzeitig deren Anforderungen und Interessen abbilden. Im Zentrum steht ein Grid-Ressourcen-Broker, der als Mediator zwischen Anbieter und Nachfrager fungiert und spezifische Dienste zur effizienten Ressourcen-Allokation bereitstellt. Hierzu zählen die Prüfung der Verfügbarkeit von Ressourcen, die Verhandlung der Service-Preise und die letztendliche Ressourcen-Zuordnung. Im Einzelnen verfügt das System über vier Kerndienste:

- **Resource Scheduling Agent (RS-Agent)**: dient der Erkennung und Analyse der Anforderungen von Jobs, die von Nutzern initiiert werden

- **Resource Finding Agent (RF-Agent)**: Identifizierung des konkreten Orts einer spezifischen Ressource, welche die angefragten Anforderungen erfüllt

- **Resource Deciding Agent (RD-Agent)**: Speicherung der übertragenen Informationen aller Ressourcen-Agenten

- **Resource Pricing Agent (RP-Agent)**: Durchführung der Preisverhandlungen zwi-schen Nutzer-Agenten und Ressourcen-Agenten

---

[29]   Friedrich August von Hayek (1899-1992), österreichischer Ökonom; neben Ludwig von Mises (1881-1973) der wichtigste Vertreter der Österreichischen Schule der Nationalökonomie

Während die ersten drei Dienste der Identifizierung übereinstimmender Angebots- und Nachfrageoptionen dienen, handelt der letztgenannte Dienst (RP-Agent) anhand der jeweils beim Nutzer (GU-Agent) und Anbieter (GR-Agent) bestehenden Preisvorstellungen einen marktgerechten Preis aus, bevor die Ressourcen bereitgestellt werden.

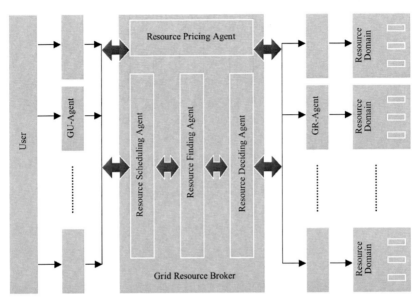

Abbildung 25. Ressourcenallokationsmodell nach Yu und Buyya (2006, S. 508)

Allen Ressourcen-Management-Systemen ist die Erfüllung verschiedener Anforderungen gemein, um Ressourcen-Anbieter und -Nachfrager effizient zu allokieren. Hierzu zählen nach Buyya et al. (2005) drei Kernprinzipien: **Value Expression, Value Translation** und **Value Enforcement** (vgl. Buyya et al. 2005, S. 699). Unter Value Expression ist zu verstehen, dass die zum Einsatz kommenden Systeme in der Lage sind, die Anforderungen sowohl der Anbieter als auch der Nachfrager transparent und nachvollziehbar darzustellen. Das Paradigma der Value Translation fordert „Scheduling Policies", die in Folge eine effiziente Ressourcenallokation im Sinne der definierten Anforderungen nach sich ziehen. Darauf aufbauend sind im Sinne des Value Enforcements Mechanismen notwendig, die eine bevorzugte Auswahl und Allokation verschiedener Services und ihre dynamische Anpassung entsprechend sich ändernder Anforderungen sicherstellen.

Bei der Modellierung der Gesamtwertschöpfungsstruktur in Form von Funktions- und Rollenmodellen, ist es notwendig, unterstützende Ressourcen-Management-Dienste und unterstützende Grid-Computing-Services, wie in diesem Abschnitt beschrieben, zu berücksichtigen.

3.4 Markt für Grid Computing in der (Bio-)Medizin

3.4.1 Übergeordneter Markt

3.4.1.1 Abgrenzung von Grid-Computing-Märkten

Es existieren unterschiedliche Ansätze, Grid-Computing-Infrastrukturen zu klassifizieren. Neben der bereits in diesem Kapitel eingeführten organisatorischen Abgrenzung von Grid-Typen in **Enterprise Grids, Partner Grids** und **Open Grids** ist eine funktionale Unterteilung ausgehend von **Computational Grids** und **Data Grids** allgemein anerkannt[30]. Während Computational Grids überwiegend auf die Bereitstellung von Rechenleistung fokussieren, sichern Data Grids primär Datenverfügbarkeit und -austausch (vgl. u. a. Stockinger 2007, S. 7). Zunehmend finden **Knowledge Grids** als dritte funktionale Gruppe Erwähnung. Allerdings ist aus den Ausführungen häufig nicht klar erkennbar, welche zusätzlichen Eigenschaften ein Knowledge Grid insbesondere im Vergleich zu einem **Data Grid** aufzuweisen hat und ist somit grundsätzlich als eine sophistiziertere Variante eines Data Grids zu verstehen.

Zusätzlich werden **Application Grids** abgegrenzt, die sich insbesondere auf die Bereitstellung von Software-Anwendungen im Sinne des SaaS-Paradigmas konzentrieren, grundsätzlich aber auf den Basisformen Computational Grid, Data Grid und Knowledge Grid aufbauen (Geiger 2006, S. 22)[31]. Prinzipiell stellen alle aktuellen Partner-Grid-Initiativen Software-Anwendungen über die Grid-Infrastruktur bereit und können neben der Unterscheidung entsprechend der jeweiligen Basisform zusätzlich als Application Grids verstanden werden.

Die Entwicklung der einzelnen Grid-Typen zeichnet Abbildung 26 nach.

---

[30]   vgl. Abschnitt 3.3.1, S. 55
[31]   SaaS: Software as a Service

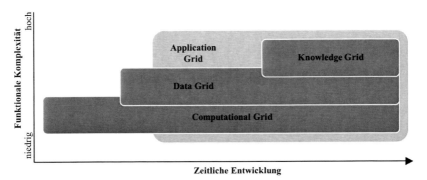

Abbildung 26. Grid-Typen und ihre Evolution

Gliedert man den Markt für Grid Computing branchenübergreifend anhand der wesentlichen Zielkundenmärkte, lassen sich drei Nutzergruppen identifizieren (vgl. Forge und Blackmann 2006, S. 19):

- **Academic und Research**: Grid Computing entspringt zu einem bedeutenden Teil den Anstrengungen der Communities im akademischen Umfeld. Der Fokus liegt in diesem Bereich auf der Zusammenarbeit und Nutzung von IKT-Ressourcen für komplexe Berechnungen.

- **Public Sector**: Der öffentliche Sektor ist ein intensiver Nutzer leistungsstarker Rechenressourcen. Die Autoren nennen unterschiedlichste Bereiche (Wetter, eGovernment), betonen aber das Militär als wesentlichen Treiber zur Nutzung neuer Technologien[32].

- **Commercial Enterprises**: Industrielle Kunden suchen insbesondere Möglichkeiten zur Reduzierung ihrer IKT-Kosten. Die Adaptionsrate für Grid Computing wird in jenen Branchen besonders hoch sein, in denen mit einer hohen Kostenersparnis zu rechnen ist. Dies sind insbesondere die Finanz-, Pharma-, Automobil-, Luftfahrt- und Medienbranche.

In der Literatur finden sich weiterer Typologien, die u. a. auf evolutorische und schichtenbasierte Unterscheidungsmerkmale abstellen (vgl. Abbas 2004, S. 64ff.; Reinefeld und Schintke 2004, S. 130; Geiger 2006, S. 21f.; Stockinger 2007, S. 7f.).

---

[32] Im Medizin- und Biomedizinbereich tritt der öffentliche Sektor eher indirekt als Nutzer auf, indem beispielsweise spezifische Studien bei Forschungsinstitutionen angefragt werden, die als eigentliche Nutzer auftreten.

3.4.1.2 Marktgröße und Marktwachstum

In den letzten Jahren wurden Schätzungen zur Marktgröße und zum Marktpotenzial von Grid Computing unternommen (vgl. u. a. Cohen 2004; Insight Corp. 2005, 2006; Longbottom und Tarzey 2006). Generell besteht bei neuen Technologien die Schwierigkeit einer seriösen Bewertung des Marktvolumens, da allein schon die Abgrenzung des Marktes nicht eindeutig ist (vgl. Forge und Blackmann 2006, S. 24). Allen vorliegenden Studien ist jedoch gemein, grundsätzlich als Grid Computing verstandenen Infrastrukturen ein überdurchschnittliches Wachstum in den kommenden Jahren zu bescheinigen.

Die Insight Research Corp. versteht 2004 als das „Nulljahr" der Grid Computing Entwicklung. Sie beziffert das Marktvolumen im Jahre 2005 auf 715 Mio. US-Dollar und prognostiziert ein Wachstum auf über 19 Mrd. US-Dollar im Jahre 2010 (siehe Abbildung 27) (vgl. Insight Corp. 2006, S. 7). Bereits im Folgejahr wurden die Wachstumserwartungen mit einem prognostizierten Zielvolumen von 24,5 Mrd. US-Dollar im Jahre 2011 nach oben korrigiert (siehTabelle 9) (vgl. Insight Corp. 2006, S. 8). Eine alternative Studie aus dem Jahre 2004 beziffert die ausgabenbezogene Marktgröße bereits für das Jahr 2007 auf 35 Mrd. US-Dollar, allein die Umsätze aus grid-basierter Software werden mit 7,5 Mrd. US-Dollar angegeben (vgl. Cohen 2004, S. 17).

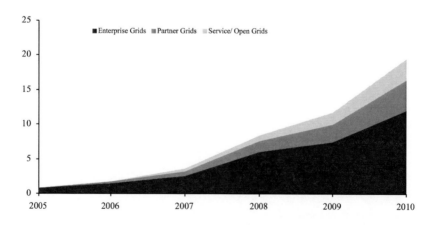

Abbildung 27. Wachstum am Markt für Grid Computing (Insight Corp. 2005, S. 7)

Tabelle 9. Marktgröße für Grid Computing 2006-2011, geschätzt in Mrd. US-Dollar (Insight Corp. 2006, S. 8)

2006	2007	2008	2009	2010	2011	CAGR
1,84	3,89	8,51	12,21	19,28	24,52	67,9%

Das prognostizierte Marktwachstum wird zu einem Großteil von unternehmensweiten Grids (Enterprise Grids) getragen, signifikante Marktanteile für Partner Grids und Open Grids sind erst ab dem Jahre 2007 zu erwarten (vgl. Insight Corp. 2006, S. 7).

Neben der grundsätzlich positiven Gesamtmarktentwicklung sind regionale Unterschiede hervorzuheben. Longbottom und Tarzey bestätigen in einer Industrieumfrage für die Regionen Nordamerika, Europa und Asien-Pazifik die übergreifende Markteinschätzung, identifizieren jedoch regional unterschiedliche Trends (vgl. Longbottom und Tarzey 2006, S. 7f.)[33]:

*   der Einsatz von Grid-Computing-Technologien ist in den USA am stärksten verbreitet, zeigt aber im Vergleich zu anderen Regionen geringere Zuwachsraten

*   Europa ist bei kontinuierlichem Wachstum stabil aufgestellt

*   in der Asien-Pazifik-Region ist Grid Computing am wenigsten verbreitet, verzeichnet jedoch die höchsten Wachstumsraten

Die vorliegenden Studien unterstreichen das zukünftige Potenzial von Grid-Computing-Technologien. Die Zahlen zeigen gleichzeitig, dass sich insbesondere organisationsübergreifende Grid-Strukturen wie Partner Grids in einer frühen Entwicklungsphase befinden.

3.4.2 Grid Computing in der (Bio-)Medizin

Im Zusammenhang mit Grid-Computing-Infrastrukturen in der Medizin und der Biomedizin wurde der Begriff **Healthgrid** geprägt. Unter diesem Oberbegriff werden Grid-Infrastrukturen zusammengefasst, die Softwareanwendungen, Services und Middleware-Komponenten bereitstellen, die speziell auf Problemlösungen im Zusammenhang mit der Verarbeitung (bio-)medizinischer Daten zugeschnitten sind (vgl. Breton et al. 2005b,

---

[33] Asien-Pazifik-Region: Australien, Neuseeland, China, Taiwan, Hongkong, Indien, Japan, Korea, Malaysia, Thailand, Singapur

S. 251). Das Ziel solcher Grid-Umgebungen ist die Speicherung, Verarbeitung und Bereit-stellung (bio-)medizinischer Datensätze für die verschiedenen Beteiligten des Gesundheits-systems, ausgehend von der Forschung über Ärzte und Gesundheitseinrichtungen bis hin zu Patienten und weiteren Gesellschaftsgruppen (vgl. Andoulsi et al. 2008, S. 241). Healthgrids werden mit dem Ziel errichtet, in der Breite den Zugang zu schnellen, kosteneffizienten und qualitativ hochwertigen Gesundheitsdienstleistungen zu ermöglichen (vgl. Blanquer et al. 2004, S. 5).

In den vergangenen Jahren sind eine Vielzahl von Healthgrid-Initiativen ins Leben gerufen worden (vgl. Breton et al. 2005a, S. 206). Während frühere Grid-Projekte den Fokus auf hochrechenintensive Problemstellungen legten, steht gerade in jüngeren Projekten verstärkt die Vernetzung von sensiblen und patientenrelevanten Daten im Vordergrund (vgl. Breton et al. 2005b, S. 10).

In organisatorischer Hinsicht kann der **bestehende Markt für Healthgrids in Enterprise Grids und Partner Grids** aufgeteilt werden[34]. Während Enterprise Grids insbesondere für hochrechenintensive Problemstellungen in der Pharmaindustrie bereits erfolgreich zum Einsatz kommen, befinden sich Partner Grids in einem noch frühen Entwicklungsstadium. Bekannte und etablierte Enterprise Grids in der Gesundheitswirtschaft werden von den Pharmaunternehmen Novartis und GlaxoSmithKline betrieben (vgl. Intel 2003; United Devices 2007; Novartis 2009).

Partner Grids sind sowohl in organisatorischer als auch in technologischer Hinsicht kom-plexer zu implementieren. Die Forschungsanstrengungen dieser Arbeit konzentrieren sich im Folgenden primär auf diese junge Form der Healthgrids, Enterprise Grids werden jedoch in Bezug auf eine übergreifende Betrachtung des Untersuchungsgegenstandes an entsprechenden Stellen dieser Arbeit aufgegriffen.

Um einen besseren Einblick insbesondere in den **aktuellen Markt für Partner Grids in der Medizin und der Biomedizin** zu erhalten, wurden im Rahmen dieser Forschungsarbeit 21 laufende und abgeschlossene Healthgrid-Initiativen untersucht und in Bezug auf unterschiedliche Aspekte beurteilt.

Einen Überblick über die untersuchten Initiativen geben hierzu Tabelle 10 und Tabelle 11.

---

[34] vgl. Abschnitt 3.3.1, S. 55

Tabelle 10. Marktstudie: Grid-Computing-Initiativen in der (Bio-)Medizin

Nr.	Initiative	Herkunft	Vollname, Selbstbeschreibung	Verwendete Quellen
1	ACGT	Europa	Advancing Clinico Genomic Trials on Cancer	Tsiknakis et al. 2006; Tsiknakis et al. 2007; ACGT 2008b; Wegener et al. 2008; ACGT 2009b (vgl. Abschnitt 6.2, S. 201)
2	@neurIST	Europa	Integrated Biomedical Informatics for the Management of Cerebral Aneurysms	Arbona et al. 2006; Arbona et al. 2007; Frangi et al. 2007; Dunlop et al. 2008; Iavindrasana et al. 2008; @NeurIST 2009
3	Biogrid/MEGrid	Japan	Integration of Biological Data Grid and Computing Grid	Date et al. 2005; Date 2006; MEGrid 2007
4	BioinfoGRID	Europa	Bioinformatics Grid Application for Life Science	BioinfoGRID 2006; Milanesi 2007; BioinfoGRID 2009
5	BIRN	USA	Biomedical Information Research Network	Berman et al. 2003; Ellisman und Peltier 2004; BIRN 2009
6	caBIG	USA	Cancer Biomedical Informatics Grid	Buetow 2005; Eschenbach und Buetow 2006; Saltz et al. 2008; caBIG 2009
7	CLEF	UK	Co-operative Clinical E-Science Framework	CLEF 2002, 2005; Rector 2005
8	eDiaMoND	UK	Diagnostic Mammography National Database	Brady et al. 2003; eDiaMoND 2005; Jirotka et al. 2005; NeSC 2009a
9	Embrace	Europa	A European Model for Bioinformatics Research and Community Education	Stockinger 2006; Bloch et al. 2007; Embrace 2009
10	GEMSS	Europa	Grid-enabled Medical Simulation Services	Fenner et al. 2005; GEMSS 2005
11	Health-e-Child	Europa	An integrated platform for European paediatrics based on a Grid-enabled network of leading clinical centres	Freund et al. 2006; Jimenez-Ruiz et al. 2006; Health-e-Child 2009
12	MAGIC-5	Italien	Medical Applications on a Grid Infrastructure	Cerello 2005; de Mitri 2005b, 2005a; Magic-5 2009
13	MammoGrid	Europa	MammoGrid federates multiple databases as its data store(s) and uses open source Grid solutions	Amendolia et al. 2005; Estrella et al. 2005; EC 2006; CORDIS 2007; MammoGrid 2007; Dobrev et al. 2009
14	Medicus	USA	Medical Imaging and Computing for Unified Information Sharing	Globus 2006; Erberich et al. 2007; Silverstein 2007; Globus 2009a
15	MediGRID	Deutschland	GRID-Computing für die Medizin und Lebenswissenschaften	Rienhoff 2007; Scholz 2007; Weisbecker 2007; Dickmann et al. 2009; MediGRID 2009
16	NDMA	USA	National Digital Medical Archive (alt: National Digital Mammography Archive)	Beckerman und Schnall 2002; NDMA 2009d (vgl. Abschnitt 6.3, S. 213)
17	NEOBASE	Schweiz	Databae of Neocortical Microcircuits	Muhammad und Markram 2005
18	NeuroGrid (JP)	Japan, Australien	Economic and On Demand "Brain Activity Analysis"	Gridbus 2002; Buyya et al. 2003
19	NeuroGrid (UK)	UK	Grid Technology for Neuroscience	Geddes et al. 2005; NeuroGrid 2005; NeSC 2009b; Omii-UK 2009
20	ProGenGrid	Italien	Proteomics and Genomics Grid	Aloisio et al. 2004; Aloisio et al. 2005; ProGenGrid 2006
21	WISDOM	Europa	Wide In Silico Docking On Malaria	EGEE 2005; Jacq 2006; WISDOM 2006; Dobrev et al. 2009

Tabelle 11. Marktstudie: Charakteristika untersuchter Healthgrid-Initiativen

Nr.	Initiative	Anwendungsbereiche[a]							Zielkunden[b]				Organisation[c]				Finanzierung[d]			Aktivität[e]		Markt[f]	
		BA	BV	DV	S/K	EU	V/M	BSV	BF	KF	MV	Pat	AP	FE	IP	KL	NM	EU	PM	AI	LI	PC	MU
1	ACGT	✓	✓	✓	✓	✓			✓	✓	✓		✓	✓	✓			✓				✓	
2	@neurIST	✓	✓	✓	✓		✓			✓	✓		✓	✓	✓			✓			✓	✓	
3	Biogrid/MEGrid		✓	✓	✓								✓	✓			✓			✓		✓	
4	BioinfoGRID		✓						✓				✓	✓				✓		✓		✓	
5	BIRN	✓		✓						✓	✓			✓	✓	✓	✓					✓	
6	caBIG	✓		✓						✓	✓		✓		✓	✓	✓				✓	✓	
7	CLEF	✓		✓								✓	✓		✓	✓	✓				✓	✓	
8	eDiaMoND	✓				✓				✓	✓		✓	✓	✓	✓		✓		✓		✓	
9	Embrace		✓		✓				✓				✓	✓		✓		✓	✓		✓	✓	
10	GEMSS	✓				✓				✓	✓		✓	✓	✓	✓	✓			✓		✓	
11	Health-e-Child	✓			✓	✓	✓			✓	✓		✓	✓	✓	✓	✓			✓		✓	
12	MAGIC-5	✓	✓		✓		✓			✓	✓		✓	✓	✓	✓	✓			✓		✓	
13	MammoGrid	✓	✓			✓				✓	✓		✓	✓	✓	✓	✓			✓		✓	
14	Medicus	✓		✓					✓				✓		✓			✓			✓[1]	✓	
15	MediGRID	✓	✓		✓		✓			✓	✓		✓					✓			✓	✓	
16	NDMA	✓	✓			✓	✓	✓	✓	✓		✓	✓[2]	✓	✓	✓	✓[3]				✓		✓
17	NEOBASE									✓			✓				✓			✓		✓	
18	NeuroGrid (JP)	✓	✓	✓						✓	✓		✓				✓			✓		✓	
19	NeuroGrid (UK)	✓	✓	✓						✓	✓		✓				✓			✓		✓	
20	ProGenGrid				✓	✓			✓				✓	✓				✓		✓		✓	
21	WISDOM								✓				✓					✓		✓		✓	
	Häufigkeit	**15**	**11**	**9**	**8**	**6**	**5**	**1**	**7**	**14**	**12**	**2**	**20**	**12**	**11**	**10**	**12**	**9**	**1**	**13**	**7**	**20**	**1**

(a) BA: Bildarchivierung, BV: Bildverarbeitung, S/K: Simulation/Kalkulation, DV: Datenvirtualisierung, EU: Entscheidungsunterstützung, V/M: Visualisierung/Modellierung, BSV: Biosignalverarbeitung; (b) BF: Biomedizinische Forschung, KF: Klinische Forschung, MV: Med. Versorgung, Pat: Patienten; (c) AP: Akademische Partner, FE: Forschungseinrichtung, IP: Industrieller Partner, KL: Kliniken; (d) NM: Nationale Mittel, EU: EU-Mittel, PM: Private Mittel; (e) AI: Abgeschlossene Initiative, LI: Laufende Initiative; (f) PC: Projektcharakter, MU: Marktunternehmen; (1) ausgesetzt, (2,3) in der Gründungsphase

Alle verwendeten Quellen sind, soweit sie projektbezogen sind, der jeweiligen Projektzeile der Tabelle 10 zu entnehmen. Zusätzlich werden übergreifende Arbeiten zum Healthgrid-Markt und etablierten Projekten berücksichtigt (Sun und Ifeachor 2005; empirica 2007)[35]. Die Projekte wurden insbesondere auf die nachstehenden Aspekte hin untersucht, die im Folgenden näher beleuchtet werden:

• Anwendungsfelder

• Zielgruppen

• Organisation

• Laufzeit der Projekte

• Finanzierung

• Technologische Infrastruktur

• Nachhaltigkeit und Wirtschaftlichkeitsaspekte

Die Ergebnisse dieser Marktanalyse sollen in Verbindung mit den weiteren Unter-suchungsbausteinen der Identifizierung marktgerechter Anwendungsszenarien, potenzieller Kundengruppen und möglicher Organisations- und Erlösstrukturen dienen. Gleichzeitig soll die Analyse Anhaltspunkte liefern, welchen Entwicklungspfad Partner Grids durchlaufen bzw. bereits durchlaufen haben.

3.4.2.1 Anwendungsfelder

Grid Computing kommt in Kernbereichen der Medizinischen Informatik und Bioinformatik zum Einsatz. Die untersuchten Partner Grids sind insbesondere in den Gebieten der Bildverarbeitung, der biomedizinischen Simulationen und Kalkulationen, der Visualisierung/Modellierung, der Datenvernetzung und -virtualisierung, der Entscheidungsunterstützung und in der Verarbeitung von Biosignalen aktiv (Abbildung 28).

Die überwiegende Anzahl der Projekte dient als Plattform für verschiedene Anwendungsgebiete (z. B. MediGRID – Biomedizinische Grundlagenforschung, Bildverarbeitung und Biosignalauswertung, Biogrid – Bildverarbeitung, biomedizinische Grundlagenforschung),

---

[35] Ein wesentlicher Teil der Datenbasis stammt für 16 der 21 Partner Grids zusätzlich aus empirica (2007), einer Studie, die vom Autor dieser Dissertation im Rahmen seiner Tätigkeit im deutschen BMBF-Projekt MediGRID koordiniert sowie inhaltlich begleitet wurde. Die Studie unterscheidet sich jedoch in Hinblick auf die Gliederung und Bewertung verschiedener untersuchter Aspekte der einzelnen Partner Grids von der hier vorliegenden Arbeit.

nur wenige sind auf ein einzelnes Anwendungsfeld spezialisiert (z. B. MammoGrid –
Mammographien, Medicus – Vernetzung klinischer Bilddaten). In einigen Fällen dient ein
breit gefächertes Anwendungsspektrum jedoch auch einem breiteren Herangehen an ein
spezifisches Krankheitsbild oder medizinisches Fachgebiet (z. B. @NeurIST – cerebrale
Aneurysmen[36], Health-e-Child – Kinderheilkunde).

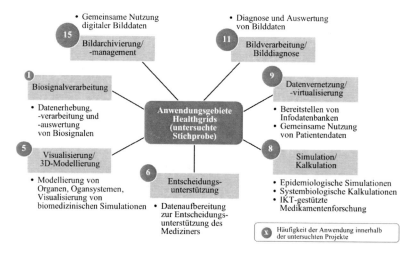

Abbildung 28. Grid-Anwendungen in der Medizin und der Biomedizin

Der am häufigsten zum Einsatz kommende Anwendungstyp sind die **Bildarchivierung**
und die Bildverarbeitung (siehe Abbildung 29). Insgesamt 15 Projekte stellen
Anwendungen für diesen Bereich bereit. Während alle Projekte den dezentralen Zugang zu vernetzten Bilddaten nutzen, bieten elf Projekte ergänzend Diagnose- und
Analysetools zur Bildverarbeitung. Der ausgeprägte Einsatz ist insbesondere auf die
Grid Computing begünstigenden Rahmenbedingungen zurückzuführen. Bildgebende
und -verarbeitende Systeme beanspruchen im klinischen Bereich eine umfangreiche
IKT-Infrastruktur, greifen auf einheitliche, etablierte Standards zurück und sind mit
steigender Tendenz datenintensiv (vgl. Sun und Ifeachor 2005, S. 2). Während eine
einzelne durchschnittliche Mammographie bereits über 30 Megabyte beansprucht, können

---

[36] Aneurysma: Fehlbildung in Form einer Wanderweiterung an einer Arterie oder am Herzen (vgl. Reuter
      2007, S. 78)

Magnetoencephalographen (MEG)[37] in einer Stunde ein Gigabyte an Datenmaterial generieren (vgl. Buyya et al. 2003, S. 2).

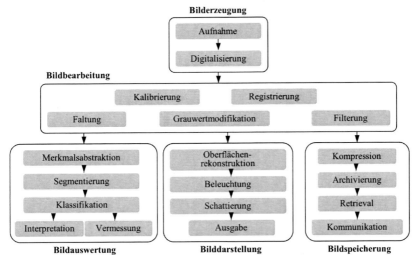

Abbildung 29. Bereiche der Bildverarbeitung (Lehmann 2007, S. 766)

Während das Grundprinzip der Einbindung und Integration verteilter Daten, sowohl von Patientendaten als auch Daten biomedizinischer Forschungsdatenbanken, die keine Bilddaten sind[38], indirekt bei allen Projekten von Bedeutung ist, konzentrieren sich neun Projekte explizit auf die Entwicklung und Bereitstellung von Anwendungen zur **Integration und Vernetzung von Datenbeständen**.

Ein weiteres häufig zum Einsatz kommendes Anwendungsgebiet sind **biomedizinische Simulationen und Kalkulationen**. Dieser Anwendungsbereich wird von acht Projekten adressiert. Unter diesen Oberbegriff fallen sowohl Analysen aus der Genetik als auch der Proteomik sowie daraus abgeleitete Simulationen. Eine Sonderstellung hat in diesem Feld die In-silico-Forschung[39], die explizit von drei der acht Projekte aufgegriffen wird.

Knapp ein Drittel aller Projekte (6 von 21) integriert Anwendungen, die explizit der **Entscheidungsunterstützung** im Rahmen der Patientenbehandlung dienen. Dies sind zum

---

[37] Magnetoencephalographen (MEG) messen Gehirnaktivitäten und basieren auf dem Grundprinzip eines Magnetresonanztomographen (MRT).

[38] Die Vernetzung von Bilddaten ist im Anwendungsbereich Bildverarbeitung eingeschlossen.

[39] In-silico-Forschung: Medikamentenentwicklung auf Basis computerunterstützter Simulationen

Teil interaktive Systeme zum Abruf vorausgewerteter Patienteninformationen, zum Teil Systeme, die ex-post eine Beurteilung durchgeführter medizinischer Maßnahmen erlauben.

Immerhin fünf Projekte stellen Anwendungen bereit, die aufwendige **Modellierungen oder Visualisierungen** biologischer Vorgänge durch CAD[40]-Mechanismen ermöglichen. In diesen Bereich fällt beispielsweise die Darstellung menschlicher Organe und Körpersysteme sowie ihre Funktionsweise.

Die Auswertung von **Biosignalen** spielt indirekt bei verschiedenen Projekten eine Rolle, explizit befasst sich jedoch nur ein Projekt, MediGRID, mit der Erfassung und direkten, gezielten Auswertung von Biosignalen (vgl. MediGRID 2009).

Aus Sicht der **medizinischen Krankheitsbilder** sind die untersuchten Grid-Projekte insbesondere in zwei Bereichen aktiv – der Onkologie und der Neurologie. Ein Drittel aller Projekte (7 von 21) konzentriert sich auf neurologische Fragestellungen, während sich fünf Projekte mit onkologischen Krankheitsbildern befassen. Dies ist gerade in den bildverarbeitenden Anwendungsbereichen sichtbar. Ein Grund hierfür ist die umfangreiche und ressourcenintensive Datenbasis, insbesondere von Mammographien und Gehirnbilddaten (siehe oben). Mammographien und deren Analyse gelten als anerkannte Vorsorgeuntersuchung bei Brustkrebs. Dabei erfolgt die Erstellung zunehmend auf digitaler Basis, was zu einem steigenden Aufkommen an verteilten digitalen Bilddaten führt. Mammographien werden zudem grundsätzlich unabhängig von zwei Medizinern befundet, die sich nicht zwingend an einem Ort befinden müssen. Sowohl für das Management der verteilten Mammographie-Daten als auch für die Diagnoseunterstützung sind Grid-Computing-Lösungen daher sehr geeignet (vgl. Sun und Ifeachor 2005, S. 2; empirica 2007, S. 8). Im Untersuchungsfeld widmen sich konkret die Projekte MammoGrid, eDiamond und NDMA diesem Anwendungsgebiet (Amendolia et al. 2005; eDiaMoND 2005; MammoGrid 2007; NDMA 2009d).

3.4.2.2 Zielgruppen

Grundsätzlich sind alle 21 Projekte auf die biomedizinische oder medizinische/klinische **Forschung** ausgerichtet. Sieben Projekte konzentrieren sich auf die biomedizinische Grundlagenforschung und eine entsprechende Kundengruppe.

---

[40]   CAD: Computer Aided Design

14 Projekte fokussieren sich auf die **medizinische und klinische Forschung**. Davon richten fünf Projekte ihre Plattformen explizit auf die Unterstützung **Klinischer Studien** aus. Unter diesem Oberbegriff werden Studien am Menschen zur systematischen Untersuchungen von Substanzen oder Interventionen wie auch generell die Auswertung patientenbezogener Daten zu Forschungszwecken verstanden (vgl. Fischer und Elsner 2001, S. 63). Im Untersuchungsfeld fallen in diesen Bereich epidemiologische[41] und genetische Studien, aber auch Studien zu spezifischen Krankheitsbildern. Projekte, die sich auf dieses Anwendungsgebiet konzentrieren, setzen primär auf die Vernetzung und Integration von Datenbeständen und kombinieren dies häufig mit komplementären Anwendungen wie z. B. Bildverarbeitung oder biomedizinische Simulationen.

Gut die Hälfte der Projekte (12 von 21) bieten Anwendungen, die **den klinischen Versorgungsbereich** ansprechen. Einige wenige Projekte versuchen zusätzlich, in ihre Produkte Schnittstellen für Patienten zu integrieren. Kunden der öffentlichen Hand oder Unternehmen werden in den Projekten kaum adressiert.

3.4.2.3 Organisation

Die untersuchten 21 Grids sind mit einer Ausnahme in organisatorischer Sicht den **Partner Grids** zuzuordnen und formen für die Projektlaufzeit eine Virtuelle Organisation. Mehr als die Hälfte aller Projekte (12 von 21) sind nationale Projekte mit Partnern aus dem jeweiligen Land. Vier Projekte sind britischen Ursprungs, drei Projekte stammen aus den USA, zwei Projekte aus Italien, jeweils ein Projekt aus Deutschland, der Schweiz und Japan. Acht der verbleibenden neun Projekte sind überwiegend europäischen Ursprungs mit drei bis über zehn Partnerländern, während ein Projekt auf einer Kooperation zwischen Japan und Australien basiert. Das amerikanische Projekt NDMA, ursprünglich ein Partner Grid, hat mittlerweile alle relevanten Grid-Funktionalitäten organisatorisch internalisiert und tritt als eine eigenständige, einzelne Organisation am Markt auf (vgl. NDMA 2009d).

An allen 21 Projekten sind bzw. waren akademische Partner beteiligt. In der Regel handelt es sich hierbei um Universitäten. Unabhängige Forschungseinrichtungen ohne direkten akademischen Ursprung sind in zwölf Projekten beteiligt. Für die Hälfte der Projekte (11

---

[41] Die Epidemiologie befasst sich mit den Ursachen, der Verbreitung und den Folgen von gesundheitsbezogenen Zuständen und Ereignissen in bestimmten Populationen (vgl. Merrill und Timmreck 2006, S. 2).

von 21) existieren Kooperationen mit industriellen Partnern, den Projektkern bilden jedoch die wissenschaftlichen Einrichtungen – häufig Universitäten oder akademische Forschungseinrichtungen. Kliniken sind explizit an zehn Projekten beteiligt. Dies sind weniger als jene, welche die klinische Forschung (14 von 21) und Ärzte (12 von 21) als Zielgruppe ansprechen. Hierdurch wird deutlich, dass sich viele Projekte in einer frühen Entwicklungsphase befinden, in der die Grundlagenentwicklung der Anwendung im Vordergrund steht und überwiegend noch keine marktfähigen Lösungen vorliegen.

3.4.2.4 Finanzierung

Alle betrachteten Partner Grids sind ursprünglich öffentlich initiiert und überwiegend aus öffentlichen Geldern finanziert. Diese stammen wiederum mehrheitlich aus nationalen Fördermitteln (12 von 21 Projekte). Dabei handelt es sich u. a. um Ministerien (z. B. MediGRID: Mittel des Bundesministeriums für Bildung und Forschung) und nationale Einrichtungen (z. B. caBIG: Mittel der US-amerikanischen National Cancer Institute) (vgl. caBIG 2009; MediGRID 2009). Knapp die Hälfte der Projekte (9 von 21) konnte auf Mittel der Europäischen Kommission zurückgreifen[42]. Lediglich ein Projekt nutzt in der Initiierungsphase explizit private Mittel zur Projektfinanzierung (eDiaMoND: Mittel aus IBM SUR[43]) (vgl. NeSC 2009a). In verschiedene weitere Projekte fließen jedoch indirekt privatwirtschaftliche Mittel durch Bereitstellung von Sachmitteln oder Personalkapazitäten der Projektpartner ein (z. B. Siemens in Health-e-Child) (vgl. Health-e-Child 2009).

3.4.2.5 Laufzeit der Projekte

Die Laufzeit der betrachteten Projekte ist mehrheitlich zeitlich begrenzt – in der Regel analog der genehmigten Förderdauer. Der Projektbeginn liegt bei den einzelnen Projekten zwischen 2001 und 2006, die Laufzeit variiert zwischen 24 und 60 Monaten. Lediglich die vier amerikanischen Projekte caBIG (seit 2003), BIRN (seit 2001), NDMA (seit 2002) und MEDICUS (seit 2006) haben kein prädeterminiertes Ende, jedoch ist letztgenanntes derzeit offiziell ausgesetzt (BIRN 2009; caBIG 2009; Globus 2009a; NDMA 2009d). Von den betrachteten Initiativen sind zum Publikationszeitpunkt insgesamt noch sieben Projekte aktiv (ACGT, @NeurIST, BIRN, caBIG, Embrace, Health-e-Child, NDMA) (vgl. @NeurIST 2009; ACGT 2009b; Embrace 2009; Health-e-Child 2009). NDMA ist mittler-

---

[42]   Framework Programme (FP) for Research and Technology (EC 2009b)
[43]   IBM Shared University Research Awards (SUR), (IBM 2009c)

weile verstetigt und betreibt einen wirtschaftlichen Geschäftsbetrieb. Aus dem deutschen MediGRID-Projekt leiten sich Folgeprojekte ab, die auf der existierenden Infrastruktur aufbauen (vgl. Canisius 2009; Dickmann et al. 2009; MedInfoGrid 2009)[44]. Für fünf Projekte sind keine Informationen über die Laufzeit und momentane Aktivität verfügbar.

3.4.2.6 Technologische Infrastruktur

In Hinblick auf die technologische Basis stellt sich die Frage nach der zum Einsatz kommenden Grid-Infrastruktur und den verwendeten Middleware-Komponenten. Mehrheitlich nutzen die untersuchten Projekte proprietäre Grid-Umgebungen unter Verwendung der Ressourcen der beteiligten Partner. Proprietäre Lösungen finden sich u. a. bei den amerikanischen Projekten (BIRN, caBIG und NDMA) wie auch bei europäischen (u. a. ACGT, @NeurIST, MammoGrid) und nationalen Initiativen (u. a. eDiaMoND, MediGRID). Allerdings wird auch bei diesen Projekten grundsätzlich auf vorhandene Netzwerkressourcen zurückgegriffen, z. B. nutzt eDiaMoND das britische Forschungsnetz Ja.net (Ja.net 2009), MediGRID Ressourcen des Deutschen Forschungsnetzes (DFN 2009a).

Seltener greifen die Projekte auf existierende Grid-Infrastrukturen zurück. Mehrere europäische Initiativen nutzen u. a. das aus Mitteln der EU finanzierte EGEE-Grid (vgl. EGEE 2009). Hierzu zählen BioinfoGrid, Embrace, Health-e-Child und WISDOM.

Während die Mehrzahl der Projekte insbesondere auf höheren Software-Schichten auf eigene Middleware-Lösungen zurückgreift (u. a. @NeurIST, BIRN, caBIG, NDMA), nutzen dennoch viele Projekte etablierte Middleware-Produkte für die Basis-Konfiguration der Grid-Computing-Infrastruktur. Hierunter fallen vor allem die Open-Source-Lösungen Globus Toolkit (u. a. eDiaMoND, MediGRID, MEDICUS) und die ursprünglich für das EGEE-Grid entwickelte Middleware gLite (Magic-5 und die EGEE-Projekte BioinfoGrid, Embrace, Health-e-Child, WISDOM) (vgl. CERN 2009; Globus 2009b).

3.4.2.7 Nachhaltigkeit und wirtschaftliche Aspekte

Ökonomische Nachhaltigkeit spielt bei den untersuchten Healthgrid-Projekten in der Regel keine oder nur eine untergeordnete Rolle. Die Projekte sind fast ausschließlich primär auf die akademische Forschung ausgerichtet und dienen häufig der Plausibilisierung eines

---

[44] Unter die MediGRID-Folgeprojekte fallen MedInfoGrid, PneumoGRID und Services@MediGRID (vgl. Canisius 2009; Dickmann et al. 2009; MedInfoGrid 2009).

spezifischen Problems im Rahmen einer Proof-of-Concept-Studie. Alle Projekte bis auf NDMA werden mehrheitlich über öffentliche Mittel finanziert. In der Regel ist eine kontinuierliche und vor allem ökonomische Weiterverwendung der Projektergebnisse nach Auslaufen der öffentlichen Förderung nicht vorgesehen (vgl. hierzu auch empirica 2007, S. 13f.; Dobrev et al. 2009, S. 153).

Neben diesen allgemeinen Trends ist erkennbar, dass sich einige wenige Projekte dem allgemeinen Muster entziehen. Bei den amerikanischen Projekten BIRN und caBIG garantiert eine revolvierende Förderung durch die Trägerforschungseinrichtungen eine Fortsetzung der Aktivitäten. Beide Healthgrids sind primär auf die Forschung ausgerichtet, eine selbstständige Finanzierung durch die Nutzer-Communities steht auch hier nicht im Fokus.

Eine Sonderstellung nimmt das amerikanische Unternehmen **NDMA** (National Digital **Medical** Archive) ein (NDMA 2009d). Das ursprünglich mit Mitteln der National Library of Medicine öffentlich geförderte Projekt wird mittlerweile privatwirtschaftlich geführt und ist an einem eigenen Geschäftsmodell ausgerichtet. NDMA wurde als Kooperationsprojekt verschiedener amerikanischen Universitäten unter Führung der University of Pennsylvania unter dem Namen National Digital **Mammography** Archive aufgesetzt. Das Projekt wird in dieser Arbeit im Rahmen einer Fallstudie ausführlich beleuchtet[45].

Im europäischen Raum wurde u. a. im Rahmen des Projektes **MammoGrid** der Versuch unternommen, die Aktivitäten, d. h. die Vernetzung und Diagnoseunterstützung von Mammographiendatenbeständen, geschäftsmodellbasiert unter Federführung eines kommerziellen Partners fortzusetzen. Ökonomische Analysen stützen die potenzielle Wirtschaftlichkeit dieser Grid-Infrastruktur (vgl. Dobrev et al. 2009, S. 157ff.). Zum aktuellen Zeitpunkt können jedoch keine Folgeaktivitäten des Projektes festgestellt werden[46].

3.4.3 Rahmenbedingungen

Der Markt für Healthgrids wird von spezifischen Rahmenbedingungen und externen Anforderungen beeinflusst, die primär auf die Besonderheiten der Gesundheitswirtschaft zurückgeführt werden können. Thematisch lassen sich drei Gebiete abgrenzen, die im Folgenden dargelegt werden:

---

[45]   vgl. Abschnitt 6.3, S. 213
[46]   Dies wird durch Aussagen in geführten Experteninterviews bestätigt (vgl. Abschnitt 4.3.9, S. 132).

- rechtliche Rahmenbedingungen
- technische Rahmenbedingungen
- soziale und kulturelle Rahmenbedingungen

3.4.3.1 Rechtliche Rahmenbedingungen

Grid-Computing-Infrastrukturen im (bio-)medizinischen Bereich berühren aufgrund ihrer häufig überregional verteilten Struktur und ihres Einsatzes im patientenrelevanten Bereich gesetzliche Regelungen hinsichtlich des Datenschutzes auf der einen Seite und hinsichtlich der Verwendung als Medizinprodukt auf der anderen Seite. Ergänzend kommen Richtlinien zur Durchführung Klinischer Studien und Betrachtungen zu Haftungsfragen und eigentumsrechtlichen Fragestellungen hinzu.

Datenschutzrechtliche Fragestellungen werden auf europäischer Ebene in verschiedenen Richtlinien zum Schutz, zur Sicherheit und zum Transport personenbezogener Daten bzw. von Patientendaten geregelt (vgl. Drepper et al. 2006, S. 30):

- 95/46/EG Schutz natürlicher Personen bei der Verarbeitung personenbezogener Daten und zum freien Datenverkehr
- 99/93/EG Rahmenbedingungen für elektronische Signaturen
- 2002/58/EG Verarbeitung personenbezogener Daten und Schutz der Privatsphäre in der elektronischen Kommunikation

In Deutschland sind die Richtlinien durch eine umfassende Bundes- und Landesgesetzgebung umgesetzt (u. a. Bundesdatenschutzgesetz, BDSG), in den USA beispielsweise über den Health Insurance Portability and Accountability Act (HIPAA) (vgl. Kratz et al. 2008, S. 207). Diese gesetzlichen Regelungen stellen strengen Anforderungen an die Nutzung und Verbreitung patientenbezogener Daten (vgl. Breton et al. 2005a, S. 207). Neben dem unbedingten Schutz der Patientendaten müssen die Verfügungsgewalt über den persönlichen Datenbestand jederzeit beim Patienten verbleiben und Dateneingaben, -veränderungen und -löschungen im Sinne eines **Audit Trails** nachvollziehbar sein.

Die derzeitigen Regelungen tragen jedoch kaum der technologischen Entwicklung Rechnung und behindern einen sinnvollen Breiteneinsatz von Healthgrids (vgl. Andoulsi et al. 2008, S. 253). Auch wenn hinsichtlich der grundsätzlichen Prinzipien zum Datenschutz europaweit weitestgehend Einigkeit herrscht, so bestehen in der Auslegung und Deutung auf nationaler Ebene erhebliche Unterschiede innerhalb der EU (vgl. Drepper et al. 2006, S. 31). Länderübergreifende Grid-Initiativen stehen daher vor der Herausforderung der Harmonisierung bzw. Überbrückung unterschiedlicher nationaler Regelungen. Grundsätzlich ist beim Einsatz neuer Technologien im Vorfeld zusätzlich ein positives Votum der zuständigen organisations-, orts- oder bundeslandansässigen Datenschutzbeauftragten einzuholen.

Der Einsatz medizinischer Geräte als zertifizierte **Medizinprodukte**, zu denen auch grid-basierte IKT-Lösungen zählen können, unterliegt zum Schutze der Patienten und der Anwender zusätzlichen rechtlichen Regelungen. Innerhalb der Europäischen Union sind dies insbesondere (vgl. Kunze 2005, S. 60):

*   93/42/EWG Richtlinie für Medizinprodukte

*   98/79/EG Richtlinie für Invitro-Diagnostika

*   98/385/EWG Richtlinie für aktive implantierbare medizinische Geräte

Die Richtlinien regeln u. a. den Zertifizierungsprozess medizinischer Geräte. In Deutschland werden die europäischen Regelungen über das Medizinproduktegesetz (MPG) in seiner Fassung vom 30. Juni 2007 und ergänzende Verordnungen wie die Medizinproduktevertreiberverordnung (MPBetreibV) umgesetzt (vgl. BMJ 2007). Grid-Computing-Lösungen, die für den Einsatz in der medizinischen Versorgung vorgesehen sind, können unter diese Regelungen fallen[47]. Dies gilt insbesondere für Grid-Computing-Anwendungen, die der Diagnoseunterstützung dienen. Der Zertifizierungsprozess zum Medizinprodukt ist langwierig, jedoch gilt die erteilte Zertifizierung nach Erteilung in jedem EU-Land.

Im Rahmen von **klinischen Studien**, die beispielsweise bei Einführung neuer Medikamente und Behandlungsmethoden vorgeschrieben sind, werden die durchführenden und beteiligten Einrichtungen verpflichtet, diese standardisiert und nach den Grundsätzen der guten klinischen Praxis (**"Good Clinical Practice", GCP**) durchzuführen (vgl. Fischer und Elsner 2001, S. 63). Diese Grundsätze regeln detailliert Phasen und Verlauf einer Studie, die zu involvierenden Gremien und Personen sowie alle sonstigen Rechte und Pflichten,

---

[47] Software-Lösungen sind ein Medizinprodukt, wenn sie "vom Hersteller zur Anwendung für Menschen mittels seiner Funktionen zum Zwecke [...] der Erkennung, Überwachung, Behandlung und Linderung von Krankheiten [...] und Verletzungen [...] zu dienen bestimmt" sind (BMJ 2007).

die sich aus der Untersuchung ergeben. Ein Kerngremium ist bei jeder Klinischen Studie eine unabhängige Ethikkommission, zusammengesetzt aus medizinischen und nichtmedizinischen Mitgliedern. In der Regel ist dies die ortsständige Ethikkommission der medizinischen Fakultät, an der die Studie durchgeführt wird, oder die der regionalen Landesärztekammer. Jede Studie bedarf im Vorfeld der Zustimmung der Ethikkommission.

Eine weitere rechtliche Fragestellung, die im Rahmen des Einsatzes von Grid-Computing-Infrastrukturen Bedeutung erlangt, ist die der **Haftungsfragen**. Bisher ist nur ungenügend geklärt, wer für Schäden aus der missbräuchlichen Nutzung oder aus Funktionsfehlern haftet (vgl. Rienhoff 2006, S. 88). Dies bedeutet, dass die Nutzung von Grid-Infrastrukturen für die Beteiligten mit einem erhöhten Risiko verbunden ist, welches in Form von Risikokosten in die Rentabilitätsrechnung von Grid-Infrastrukturen einfließt.

Nicht zuletzt ist zu beachten, dass durch die Bereitstellung von Ressourcen in einem dynamischen Wertschöpfungsnetzwerk, wie es im Falle von Partner Grids aufgebaut wird, **Eigentumsrechte** verletzt werden können. Derzeitige Lizenzregelungen für Software sind ungeeignet für die Nutzung in verteilten Netzwerken (vgl. Andoulsi et al. 2008, S. 254). Der Einsatz von Open-Source-Software begegnet diesem Problem zum Teil, allerdings ist damit häufig ein kommerzieller und damit nachhaltiger Einsatz von Grid-Infrastrukturen ausgeschlossen.

3.4.3.2 Technologische Rahmenbedingungen

Eines der wesentlichen Merkmale, das die Grid-Computing-Technologie von alternativen technologischen Konzepten unterscheidet, ist die Möglichkeit, unterschiedliche Systemarchitekturen über geographische Grenzen hinweg zu vernetzen. Dies erhöht sowohl die Anforderungen an die Standardisierung von Schnittstellen und Übertragungsprotokollen als auch an die Datensicherheit (vgl. Andoulsi et al. 2008, S. 242).

Die **Standardisierung** von Schnittstellen und Protokollen dient dem reibungslosen Datenaustausch. Im Umfeld der Medizininformatik sind für Grid-Computing-Infrastrukturen neben weiteren insbesondere drei Standards von Bedeutung:

*   DICOM: Digital Imaging and Communications in Medicine: Maßgeblicher Standard zum Austausch von Bilddaten, einschließlich Patienten- und Gerätedaten (vgl. Gevantmakher und Meinel 2004, S. 17f.)

- HL7 (Health Level 7): Maßgeblicher Standard zum Austausch von patientenbezogenen Daten für Medizinische Informationssysteme und für die Elektronische Krankenakte (vgl. Haas 2005c, S. 469)

- CDISC ODM: Quasistandard zum Datenaustausch im Rahmen von klinischen Studien (vgl. CDISC 2009)

Neben diesen weltweit zum Einsatz kommenden Standards existieren weitere. In Deutschland werden beispielsweise unter den Sammelbegriff xDT fallende Standards für den Austausch von Abrechnungs- und Labordaten genutzt (vgl. Haas 2005c, S. 470f.).

Aktuelle Grid-Computing-Infrastrukturen zeigen Defizite in der konkreten Ausgestaltung und Nutzung dieser semantischen Standards (vgl. Kratz et al. 2008, S. 213). Am weitesten ist die Adaption einheitlicher Standards in der Bildverarbeitung entwickelt. In Deutschland wurde im Rahmen des MediGRID-Projektes ein erweiterter DICOM-Standard für Grid-Umgebungen definiert (**Grid DICOM**), der den erhöhten Sicherheitsanforderungen verteilter Netze Rechnung trägt (vgl. Vossberg et al. 2007).

Auf der Seite der ins Grid einzubeziehenden Systeme (z. B. KIS) kommt erschwerend hinzu, dass branchenübliche Standardschnittstellen wie HL7 und DICOM häufig weder vollfunktional implementiert sind, noch zeitnah dem Entwicklungsstand angepasst werden (vgl. Schonlau und Morzinck 2004).

Ein weiterer technischer Aspekt betrifft die **Datensicherheit**. Daten aus dem biomedizinischen Umfeld unterliegen den oben aufgeführten rechtlichen Schutzvorschriften. Eine umfassende rechtliche und ethische Rahmengebung im biomedizinischen Umfeld wirkt sich daher direkt auf die Konfiguration und das Anforderungsprofil der technologischen Plattform aus (vgl. Sax 2006, S. 38). Die zum Einsatz kommende Grid-Infrastruktur muss in der Lage sein, persönliche Daten in vollem Umfang zu verwalten und zu schützen. Insbesondere muss eine Grid-Computing-Plattform folgende Bedingungen sicherstellen (vgl. Mohammed 2006, S. 71):

- Vertraulichkeit auf Ebene der Kommunikation bzw. der Anwendung mittels sicherer Verbindung und rollenbasierter Zugriffsrechte

- Integrität und Authentizität: Unterstützung qualifizierter Signaturen

- Verfügbarkeit der Daten: Datenzugang jederzeit an jedem Ort und Berücksichtigung rechtlicher Dokumentationspflichten

- Verantwortlichkeit: Protokollierung des Zugangs und der Datensatzanpassungen

Aus Sicht des Datenschutzes kommen im (bio-)medizinischen Bereich, insbesondere im Behandlungs- und Versorgungskontext, weitere Aspekte hinzu (vgl. ebd. S. 72):

- Erforderlichkeitsgrundsatz: Offenlegung ausschließlich behandlungsrelevanter Daten
- Behandlungszusammenhang: Offenlegung nur an unmittelbar involvierte Personen
- Einwilligung: Ausdrückliche Vorabeinwilligung des Patienten zur Datenspeicherung
- Gewährleistung von Patientenrechten: Recht auf Berichtigung, Sperrung, Löschung von, Einsicht in und Auskunft über persönliche medizinische Daten
- Erfüllung besonderer Regelungen für automatisierte Abrufverfahren: Sicherstellung und Überprüfbarkeit der Zulässigkeit von automatisierten Verfahren
- Erfüllung besonderer Regelungen für die Datenverarbeitung im Auftrag: Verwendung von patientenbezogenen Daten im Auftrag nur im Rahmen des vereinbarten Umfanges

3.4.3.3 Soziale und kulturelle Rahmenbedingungen

Eine nachhaltige Etablierung überregional verteilter Grid-Computing-Infrastrukturen unter Nutzung patientenrelevanter Datenbestände ist von der Akzeptanz verteilter IKT-Strukturen im biomedizinischen Umfeld abhängig. Spezifische kulturelle Rahmenbedingungen im Gesundheitswesen verhindern jedoch eine schnelle Marktdurchdringung.

Neue Prozesse und Technologien werden im (bio-)medizinischen Umfeld nur sehr zögerlich angenommen. Der Durchdringungsgrad von IuK-Technologien liegt im Gesundheitswesen noch erheblich unter dem anderer Dienstleistungsbereiche und der Industrie (vgl. Schonlau und Morzinck 2004). Ursächlich sind hierfür u. a. Bedenken in Bezug auf die Patientensicherheit, hohe Wechselkosten für die Betreiber von Gesundheitseinrichtungen und die ausgeprägte Zurückhaltung von medizinischem Personal gegenüber neuen komplexen Technologien, die sich nicht einfach in den habitualisierten klinischen Ablauf integrieren lassen (vgl. Parekh et al. 2004, S. 107; Kratz et al. 2008, S. 212). Der Einsatz verteilter Systeme und der Austausch von Patientendaten über Einrichtungsgrenzen hinweg birgt zusätzlich die Gefahr des unberechtigten Datenzugriffs und damit hoher Haftungsrisiken für medizinische Einrichtungen (vgl. PITAC 2004, S. 16). Ein weiterer kritischer Aspekt ist die wahrgenommene Arbeitsplatzbedrohung durch eine stärkere IKT-Nutzung im medizinischen Bereich (vgl. Shortliffe 2005, S. 1226).

3.4.4 Entwicklungspfad

Während Grid Computing in anderen Branchen und Communities wie der Hochenergie-physik oder den Finanzdienstleistungen eine gewisse Verbreitung findet, kann im (bio-)medizinischen Bereich aufgrund der komplexen Rahmenbedingungen von einer verzögerten Adaption und Verbreitung von Grid-Computing-Infrastrukturen ausgegangen werden (vgl. Hernandez und Blanquer 2004, S. 30).

Andoulsi et al. (2008) beschreiben die Entwicklung von Healthgrids als mehrstufigen Prozess im Sinne des Marktdurchdringungsmodells für Innovationen nach Rogers (2005) (vgl. Rogers 2005, S. 252ff.; Andoulsi et al. 2008, S. 265)[48]. Momentane Projekte werden demnach lediglich von **Early Adoptern** genutzt, die überwiegend bereits Teilnehmer der Grid-Computing-Infrastruktur sind. Mit einer Stabilisierung der Nutzung auf breiter Basis ist erst zwischen 2011 und 2017 zu rechnen (**Early Majority**). Eine vollständige Markt-durchdringung wird frühestens ab dem Jahre 2017 erwartet (**Late Majority**). Auf Anbie-terseite spiegelt sich diese Entwicklung durch die sukzessive Einführung technisch und inhaltlich weitergehender Komponenten wider (siehe Abbildung 30).

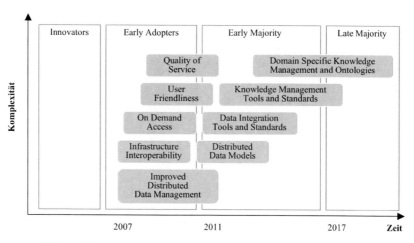

**Abbildung 30. Entwicklungspfad Healthgrids und Healthgrid-Funktionalitäten
(Andoulsi et al. 2008, S. 265)**

---

[48] Das Diffusionsmodell von Rogers (2005) beschreibt mehrere Phasen der Innovationsdiffusion: Innovators, Early Adopters, Early Majority, Late Majority und Laggards und eine sich aus diesen Phasen ergebende Diffusionskurve (vgl. Rogers 2005, S. 252ff.).

Im direkten Vergleich einer Adaptionsprognose verschiedener Branchen ist ersichtlich, dass insbesondere der (bio-)medizinische Bereich mit deutlicher Verzögerung am Markt auftritt (Abbildung 31). Eine Ausnahme bildet hier die Pharmazeutische Industrie, in der von einer relativ konformen Entwicklung zum Grid-Computing-Gesamtmarkt ausgegangen wird (vgl. Cohen 2004, S. 14ff.). Diese konzentriert sich, wie bereits eingangs in diesem Abschnitt erläutert, bisher primär auf Enterprise Grids. Novartis als umsatzstärkstes Pharmaunternehmen greift seit 2003 auf eine firmeneigene Grid-Lösung zurück (vgl. Opitz et al. 2008, S. 393; Novartis 2009). Die Nummer zwei am Weltmarkt, GlaxoSmithKline, nutzt für die in-silico-Forschung gleichfalls bereits seit einigen Jahren eine firmeneigene Grid-Infrastruktur (vgl. United Devices 2007, S. 1; Glaxo 2009). Gleichzeitig prüft GlaxoSmithKline im Rahmen eines öffentlich geförderten Projektes die Möglichkeiten der virtuellen Medikamentenentwicklung innerhalb einer verteilten Partner-Grid-Struktur (HPCwire 2008).

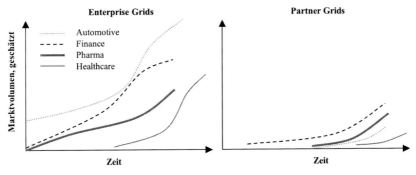

Abbildung 31. Healthgrids im Branchenvergleich
(in Anlehnung an Cohen 2004, S. 14ff.)

Betrachtet man die Entwicklung hinsichtlich **funktionaler Grid-Typen** wird auch im Healthgrid-Bereich eine Durchsetzung ausgehend von Computational Grids, über Data Grids hin zu Knowledge Grids prognostiziert (vgl. Breton et al. 2007, S. 170).

Die Verbreitung von Grid-Computing-Anwendungen in Hinblick auf aktuelle und potenzielle Nutzergruppen folgt der im medizinischen Umfeld üblichen Diffusionsentwicklung (siehe Abbildung 32). Die derzeitigen Anwender von Grid-Computing-Lösungen sind vornehmlich im Forschungsbereich zu finden. Folgt der Markt für Grid Computing der branchentypischen Entwicklung, ist von einer Diffusion aus dem Uni-Klinikbereich heraus in den regulären Klinikbereich und von dort in das fachärztliche Umfeld auszugehen.

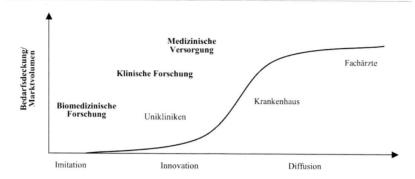

**Abbildung 32. Innovationsadaption in der (Bio-)Medizin
(in Anlehnung an Neubauer 2007, S. 264)**

Die Entwicklungen im Healthgrid-Bereich stehen im Kontext zu grundsätzlichen Entwicklungstrends in angrenzenden Bereichen. Der Einsatz von IuK-Technologien im (bio-)medizinischen Umfeld gewinnt seit der Entschlüsselung des menschlichen Genoms und der damit verbundenen stetig steigenden Datenmengen zunehmend an Bedeutung. Neben der Bereitstellung reiner Rechenleistung werden Algorithmen zur wissensorientierten Aufarbeitung von Rohdatenbeständen immer wichtiger (vgl. Kesh und Raghupathi 2004, S. 5).

Grundsätzliche Trends am Markt für IuK-Technologien im Gesundheitswesen können Grid-Computing-Technologien weiter beflügeln. Entsprechend der Einschätzung der branchenaktiven Anbieter von IuK-Technologien werden sich die Investitionen in den kommenden Jahren auf die folgenden drei Bereiche konzentrieren (vgl. VHitG 2009, S. 10):

• Dokumentenmanagementsysteme

• Systeme zur zentralen Benutzerverwaltung

• Telemedizinische Anwendungen

Potenziale für Healthgrid-Lösungen finden sich demnach unter den telemedizinischen Anwendungen im Sinne einer Vernetzung verteilter IKT-Strukturen[49].

---

[49]   vgl. Abschnitt 2.3.4, S. 34

3.5 Zusammenfassung und Beurteilung

Die Diskussion von Geschäftsmodelltheorien für Grid Computing und ihrer Anwendung im Kontext der Gesundheitswirtschaft erfolgt bisher nur in wenigen wissenschaftlichen Veröffentlichungen. Die umfangreiche Forschungsbasis zu Geschäftsmodellen, die im Zusammenhang mit der Entstehung des Internets und des Electronic Business erarbeitet wurde, ermöglicht eine Übertragung dieser Theorien auf den Untersuchungsgegenstand des Grid Computings.

Geschäftsmodelle sind vereinfachte und strukturierte Beschreibungen der geschäftlichen Aktivitäten eines Unternehmens im Kontext seines Marktumfeldes. Sie lassen sich über Referenzmodelle abbilden, die aus einzelnen Komponenten und Partialmodellen aufgebaut sind. Wichtige Komponenten für Geschäftsmodelle auf elektronischen Märkten sind insbesondere das angebotene Produkt und sein Nutzenversprechen, der Zielkundenmarkt, die Wertschöpfungsstruktur und Erlösmodelle. Jüngere Arbeiten ergänzen die Aufzählung um Kostenmodelle. Die Ausgestaltung des Geschäftsmodells wird von Umfeldbedingungen beeinflusst. Ähnliche Geschäftsmodelle lassen sich zu Geschäftsmodelltypen zusammenfassen. Die Abgrenzung der einzelnen Typen erfolgt anhand spezifischer Merkmale, wie beispielsweise der Produkteigenschaften, der Wertschöpfungs- oder Organisationsform sowie der verwendeten Erlösmechanismen.

Die Betrachtung von Geschäftsmodellen im Branchenkontext der Gesundheitswirtschaft erfordert aufgrund der reduzierten Literaturbasis eine umfangreiche Untersuchung der Marktaktivitäten. Etabliert sind momentan lediglich Enterprise Grids in der pharmazeutischen Industrie. Den verbleibenden Markt bilden zumeist öffentlich geförderte Partner Grids, die über Grid-Computing-Infrastrukturen eine Vielzahl von Software-Anwendungen für die (bio-)medizinische Forschung und Versorgung bereitstellen. Dabei handelt es sich um rechenintensive (Computational Grids) bzw. datengetriebene Anwendungsfelder (Data Grids).

Jedoch sind aktuelle Grid-Computing-Lösungen im (bio-)medizinischen Umfeld bisher kaum auf einen nachhaltigen Betrieb ausgerichtet. Ökonomische Betrachtungen sind in der Regel nicht Bestandteil der Entwicklungsszenarien der untersuchten Initiativen.

In den letzten Jahren wurden innerhalb des biomedizinischen Grid-Umfelds notwendige Maßnahmen für die Verstetigung und Weiterentwicklung von Healthgrid-Initiativen definiert. Hierzu zählen insbesondere (vgl. u. a. Breton et al. 2004):

- die systematische Herausarbeitung der Bedürfnisse von Ärzten und anderen Mitarbeitern des Gesundheitswesens bezüglich der Nutzung von Grid-Anwendungen

- die Identifizierung sinnvoller potenzieller Anwendungsfelder und Anwendungen, die auf die Bedürfnisse der Nutzergruppen zugeschnitten sind

- Dialog mit Klinikärzten, Forschern und Grid-Entwicklern zur Bestimmung sinnvoller Pilotanwendungen und Berücksichtigung des Feedbacks aus den Pilotprojekten

- Zusammenarbeit und Austausch mit allen relevanten Stellen bezüglich der rechtlichen und ethischen Fragestellungen sowie mit anderen Grid-Communities weltweit

- Verbreitung der Ergebnisse der Pilotprojekte in der (bio-)medizinischen Community

- Identifizierung potenzieller Geschäftsmodelle für (bio-)medizinische Grid-Anwendungen

Dennoch greifen in wissenschaftlich-theoretischer Hinsicht nur wenige Arbeiten das Thema Nachhaltigkeit und Geschäftsmodelle für Grid Computing als technologische Innovation auf bzw. entwickeln es weiter. Im (bio-)medizinischen Umfeld beschränken sich die Ergebnisse auf wenige Untersuchungen zu grundsätzlichen Entwicklungstrends und Rahmenbedingungen.

Jedoch kommt gerade der Beschreibung von Geschäftsmodellen bei der zukünftigen Entwicklung von Healthgrids eine besondere Bedeutung zu (vgl. Dobrev et al. 2009, S. 154). Dies schließt neben der Bereitstellung eines übergreifenden Geschäftsmodellgerüsts in Form eines Referenzmodells die Identifizierung sinnvoller, marktgerechter Anwendungsfelder ebenso ein wie die Definition typischer Wertschöpfungsstrukturen und möglicher Erlös- und Kostenmechanismen. Zusätzlich sollten generelle Geschäftsmodelltypen zur Einordnung aktueller und potenzieller Grid-Computing-Geschäftsmodelle definiert, Erfolgsfaktoren aufgezeigt und konkrete strategische Handlungsempfehlungen abgeleitet werden.

Die folgenden Kapitel widmen sich diesen letztgenannten Aspekten.

4 Expertenbefragung

Die in diesem Kapitel wiedergegebenen Ergebnisse einer Experteninterviewreihe bilden eine wichtige Grundlage für die Herausbildung eines ganzheitlichen Erkenntnisrahmens[50]. Sie ermöglichen es, theoretische Untersuchungsergebnisse der durchgeführten Literatur- und Marktstudie durch Stellungnahmen aus der Praxis zu verifizieren und zu ergänzen.

Das Kapitel ist in fünf Abschnitte gegliedert. Im ersten Abschnitt wird die genaue Zielsetzung des Kapitels hergeleitet. Die Grundlagen der Expertenbefragung als Erhebungsmethode werden im darauf folgenden zweiten Abschnitt erläutert. Der dritte Abschnitt widmet sich dem konkreten Forschungsdesign der durchgeführten Interviewreihe, deren Ergebnisse im vierten Abschnitt wiedergegeben werden. Der abschließende fünfte Abschnitt fasst die Untersuchungsergebnisse zusammen.

4.1 Einordnung

4.1.1 Zielsetzung

Der vorliegende theoretische Forschungsstand zu Geschäftsmodellen für Grid Computing in der Medizin und den Biowissenschaften offenbart grundlegende inhaltliche Defizite. Dies wird dadurch deutlich, dass Arbeiten der Grid-Computing-Forschung in der Medizin und der Biomedizin häufig einzelne Healthgrid-Projekte beispielhaft beleuchten und eher technisch relevante Ergebnisse wiedergeben. Ökonomisch ausgerichtete Forschungsarbeiten zu dem behandelten Themenkreis konzentrieren sich zu einem überwiegenden Teil auf die Problematik der Allokation von Grid-Computing-Ressourcen, Arbeiten zu übergreifenden Geschäftsmodellbetrachtungen sind selten und betriebswirtschaftlich relevante Fragestellungen, wie Marktentwicklungen, zielgruppenorientierte Anwendungsbereiche oder Kritische Erfolgsfaktoren, werden kaum beleuchtet[51]. Aufgrund der für Publikationen typischen verzögerten Veröffentlichungspraxis ermöglichen die vorliegenden Arbeiten zudem selten ein akkurates Abbild der aktuellen Situation.

Vor diesem Hintergrund ergänzen **Experteninterviews** die bereits gewonnenen theoretischen Erkenntnisse in mehrfacher Hinsicht komplementär: Sie ermöglichen eine

---

[50] Wesentliche Ergebnisse der Expertenbefragung sind in Scholz et al. (2009) zusammengefasst.
[51] vgl. Abschnitt 3.3, S. 55

Betrachtung inhaltlich vernachlässigter Aspekte, schließen die zeitlich unvermeidlich entstehende Lücke zur aktuellen Situation und erlauben eine **Überprüfung der praktischen Relevanz theoretischer Konzepte.**

Die Durchführung der Experteninterviews führt somit zu einer **ganzheitlichen Betrachtung des Untersuchungsgegenstandes** und dient in Kombination mit der Aufarbeitung der maßgeblichen Literatur und der Marktstudie der Ableitung eines übergreifenden Referenzgeschäftsmodells für Grid-Computing-Infrastrukturen. Zusätzlich ermöglichen die in den Experteninterviews gewonnenen Erkenntnisse die Ermittlung und praktische Verifizierung von **Erfolgsfaktoren.**

Im Rahmen der Durchführung der hier vorgestellten Interviewreihe werden konkret folgende **Untersuchungsobjekte** näher beleuchtet:

- Definition von Grid Computing

- Markttrends und zeitliche Realisierbarkeit

- Anwendungsfelder

- Nutzen von Grid Computing

- Erfolgsfaktoren und Implementierungshürden

Die Erläuterung der einzelnen Untersuchungsobjekte und der korrespondierenden Fragestellungen erfolgt im Rahmen der Erläuterung des Studiendesigns und der Auswertung der Befragungsergebnisse[52].

4.1.2 Methodische Grundüberlegungen

Eine der gebräuchlichsten Methoden zur Datenerhebung im sozialwissenschaftlichen Kontext ist die Befragung. Sie bietet sich als Erhebungsmethode an, wenn weniger die konkrete soziale Interaktion von Individuen im Mittelpunkt der Untersuchung steht, als vielmehr Aussagen zum jeweiligen Untersuchungsgegenstand und seinen Umweltbedingungen erhoben werden sollen (vgl. Atteslander 2008, S. 101). Aussagen zum Untersuchungsgegenstand werden im Rahmen einer Befragung verbal erhoben.

Befragungen können nach unterschiedlichen Kriterien kategorisiert werden. Wesentliches Abgrenzungskriterium ist dabei der Grad der Standardisierung von Frage und Antwort. Es

---

[52]   vgl. Abschnitte 4.2.2, S. 98 (Studiendesign) und 4.3, S. 107 (Ergebnisauswertung)

werden vollstandardisierte Befragungen (Frage und Antwort vorgegeben) von nicht standardisierten Befragungen abgegrenzt. Teilstandardisierte Befragungen bewegen sich
zwischen diesen Extremen und zeichnen sich tendenziell durch strukturierte Fragen und
hohe Freiheitsgrade auf der Antwortseite aus (vgl. Gläser und Laudel 2006, S. 39;
Atteslander 2008, S. 124f.).

Alternativ lassen sich Befragungen in Leitfadeninterviews, offene Interviews und narrative
Interviews gliedern (vgl. Gläser und Laudel 2006, S. 39f.). Leitfadengestützte Interviews
bieten sich immer dann an, wenn weniger die Chronologie oder der Kontext eines spezifischen Sachverhalts, sondern dedizierte Aussagen zum Untersuchungsgegenstand das
Forschungsziel bilden (vgl. Flick 1999, S. 114). Sie sind „das einzige sinnvolle
Forschungsinstrument, wenn Gruppen von Menschen, die auch in großen Stichproben oft
in zu kleiner Zahl angetroffen werden, erforscht werden sollen" (Friedrichs 1973, S. 226).
Eine Ausgestaltungsform des leitfadengestützten Interviews ist die Expertenbefragung, die
häufig auch als Experteninterview bezeichnet wird.

4.1.3 Typologie und Nutzen der Expertenbefragung

Expertenbefragungen sind eine **Sonderform der teilstandardisierten Befragung**. Sie
basieren charakteristischerweise auf einem **Interviewleitfaden** und zeichnen sich durch
eine flexible Interviewführung aus (vgl. Scheuch 1967, S. 165f.; Bogner und Menz 2005b,
S. 17).

Im Detail können Expertenbefragungen sehr unterschiedlich ausgestaltet sein. So unterscheiden sie sich im Grad der Strukturierung und Standardisierung voneinander (vgl. Mey
und Mruck 2007, S. 249f.). Beeinflusst wird die konkrete Gestaltung vor allem von der
Zielsetzung. Diese kann einen rein **explorativen Charakter** haben, der **Systematisierung
des Untersuchungsgegenstandes** dienen oder **theorieerweiternd** wirken (vgl. Bogner
und Menz 2005a, S. 37ff.). Häufig jedoch werden verschiedene dieser Zielsetzungen
parallel verfolgt.

Eine Besonderheit der Expertenbefragung ist dabei, dass die Interviewten als Akteure in
dem von ihnen repräsentierten Funktionskontext angesprochen werden. Die Befragung
profitiert insbesondere von der **offenen Fragestellung** ohne feste Antwortkategorien. Dies
ermöglicht eine umfassende Betrachtung der eigenen Situationsdefinition des Experten,

seiner Strukturierung und Bewertung des Untersuchungsgegenstandes (vgl. Mey und Mruck 2007, S. 268).

Der **Einsatz von Expertenbefragungen** bietet neben dem inhaltlichen Nutzen vor allem forschungsökonomische Vorteile. Bogner und Menz (2005) heben die „konkurrenzlos dichte Datengewinnung" in vergleichsweise kurzer Zeit hervor, die vor allem dann zum Tragen kommt, wenn Experten „als ‚Kristallisationspunkte' praktischen Insiderwissens betrachtet [werden]" (Bogner und Menz 2005b, S. 7). Die Autoren weisen ergänzend auf die zentrale Stellung des Experten innerhalb eines Netzwerks hin, die den Zugang zu weiteren Netzwerkbeteiligten und wichtigen Schlüsselfiguren ermöglicht und damit das Forschungsvorhaben befruchtet.

Müller-Böling und Klandt (1996) betonen den **mittelbaren Charakter** der Expertenbefragung und halten sie insbesondere für die Beleuchtung heuristischer Fragestellungen sowie im Rahmen einer deskriptiv ausgerichteten Studie auch als Verifizierungsmethode für geeignet[53]. Im Zentrum steht die Ermittlung von Ursachen und Hintergründen (vgl. Müller-Böling und Klandt 1996, S. 28).

Expertenbefragungen können sowohl schriftlich als auch mündlich durchgeführt werden. Dennoch bietet die **mündliche Durchführung**, insbesondere über das Telefon, verschiedene Vorteile. Neben der flexiblen Handhabung bei Interviewausfällen und der raschen Aufbereitungsmöglichkeit der erhaltenen Informationen zeichnen sich insbesondere Telefonbefragungen durch eine hohe Erreichbarkeit der Gesprächspartner, auch international, aus. Hinzu kommen die Vorteile der direkten Interaktion mit dem Gesprächspartner, die auch die Möglichkeit einschließt, missverständliche Fragen und Aussagen auf beiden Seiten zu präzisieren. Diesen positiven Aspekten stehen einige Nachteile gegenüber. Durch fehlenden Sichtkontakt hat der Interviewer eine eingeschränkte Kontrolle auf das Gespräch und die Umgebungsvariablen. Zudem erfordert es für den Zuhörer eine erhöhte Konzentration, den Fragen des Interviewers zu folgen (vgl. Atteslander 2008, S. 147f.). Zur Abschwächung dieser Beeinträchtigungen ist es sinnvoll, den Interviewleitfaden im Vorfeld des Gespräches zu versenden. Dies bietet beiden Gesprächspartnern einen Strukturierungsrahmen, zu dem jederzeit zurückgekehrt werden kann.

---

[53] Unter Mittelbarkeit des Befragungsansatzes verstehen die Autoren eine Befragung, in der das Erhebungsobjekt ungleich dem Untersuchungsobjekt ist (vgl. Müller-Böling und Klandt 1996, S. 28).

4.2 Vorgehen

4.2.1 Grundsätzliches Vorgehen

Die für diese Arbeit gewählte Experteninterviewreihe wurde als **leitfadengestütztes Telefoninterview** auf Basis eines teilstrukturierten Interviewleitfadens durchgeführt. Einschließlich aller Vor- und Nachbereitungsschritte erstreckte sich die Interviewreihe von Dezember 2007 bis September 2008. Dieser Zeitraum lässt sich in fünf Phasen untergliedern (siehe Abbildung 33).

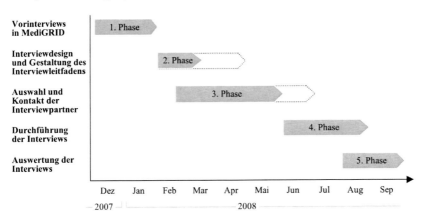

Abbildung 33. Design und Ablauf der Expertenbefragung

In der **1. Phase** wurden erste **Vorarbeiten** für die Interviewreihe unternommen. Das Design der Expertenbefragung und die Ausgestaltung des Interviewleitfadens basieren in Teilen auf Erkenntnissen, die innerhalb des deutschen MediGRID-Projektes gewonnen wurden (vgl. MediGRID 2009). Im Dezember 2007 und Januar 2008 wurden innerhalb des Projektes Entwicklungsanwender in einer projektinternen Interviewreihe telefonisch oder persönlich in einem längeren Interview anhand eines strukturierten Fragebogens befragt. Inhalt der Befragung waren Aspekte zu den projektspezifischen Anwendungen sowie zu funktionalen Abläufen und Erfolgsfaktoren in Grid-Umgebungen. Ergebnisse aus dieser Befragungsreihe wurden sowohl bei der konkreten Ausgestaltung der Interviewfragen als auch beim methodischen Aufbau der hier vorgestellten Experteninterviewreihe berücksichtigt.

Ausgehend von der übergreifenden Forschungsfrage wurde in der **2. Phase** in einem deduktiven Verfahren im Februar 2008 ein **Interviewleitfaden** aufgesetzt und das **Inter-**

viewdesign festgelegt. Bei der Wahl der Fragen wurde neben den Ergebnissen aus der ersten Phase das bereits bekannte Wissen aus der Literatur und aus den Ergebnissen der Marktstudie berücksichtigt.

Parallel zur Leitfadenerstellung wurden in einer **3. Phase** die zu befragenden **Experten identifiziert und kontaktiert** (Februar 2008 bis Mai 2008). Ziel der Expertenauswahl war ein repräsentativer Experten-Mix des Marktes für Grid Computing mit dem Fokus Medizin und Biomedizin anhand vordefinierter Dimensionen. Alle Experten wurden mittels E-Mail kontaktiert. In wenigen Fällen wurden Teilnehmer nachnominiert, die erst im Verlauf der Interviewreihe von Gesprächspartnern explizit empfohlen wurden. Die Auswahl- und Kontaktphase erstreckte sich somit in abgeschwächter Form bis in die Durchführungsphase hinein.

Die **Durchführung der Befragung** erfolgte in einer **4. Phase** zwischen Juni 2008 und August 2008. Die Interviews erfolgten bis auf wenige Ausnahmen telefonisch und hatten eine Dauer von ca. 30-40 Minuten. Alle Gespräche wurden digital aufgezeichnet. Zusätzlich wurde während des Interviews ein Interviewprotokoll angefertigt und wesentliche Aussagen bereits während des Gespräches festgehalten.

In einer abschließenden **5. Phase** erfolgte die **Interviewauswertung**. Die Protokolle wurden anhand der Audiomitschnitte vervollständigt und in der Mehrzahl umfänglich transkribiert. In einem weiteren Schritt wurden die Kernaussagen der einzelnen Interviews herausgestellt und in einem mehrstufigen Prozess kategorisiert.

Die Phasen zwei bis fünf werden im Folgenden im Detail erläutert.

4.2.2 Leitfadendesign

Als Basis des Interviews diente ein **teilstrukturierter Interviewleitfaden**. Ein Interviewleitfaden ermöglicht im Vorfeld einer Interviewreihe vorhandenes Wissen zu organisieren (vgl. Mey und Mruck 2007, S. 268). Im Gesprächsverlauf stellt er sicher, dass auch bei offenen Interviews gleichartige Informationen erhoben werden (vgl. Gläser und Laudel 2006, S. 139). Zusätzlich überbrückt er bei telefonisch geführten Gesprächen den fehlenden Sichtkontakt. Meuser und Nagel (2005) zufolge wird durch den situationsflexiblen Einsatz eines Leitfadens erst „die Offenheit des Interviewverlaufs gewährleistet" (Meuser und Nagel 2005, S. 78).

Die Erstellung des Leitfadens folgte einem **deduktiven Verfahren** (vgl. hierzu u. a. Mayer 2004, S. 42f.; Gläser und Laudel 2006, S. 140ff.). Aus der übergreifenden Forschungsfrage wurden Themenkomplexe abgeleitet, die in einem weiteren Schritt in einzelne Interviewfragen aufgegliedert wurden. Bei der Wahl der Fragen wurde das bereits bekannte Wissen aus der Literatur und aus den Ergebnissen der Marktstudie berücksichtigt. Entsprechend der für Telefonsituationen üblichen Konzentrationsproblematik wurde darauf geachtet, alle Fragen klar und einfach zu formulieren (vgl. Atteslander 2008, S. 130). Zusätzlich wurden die Fragen nach didaktischen Merkmalen geordnet (vgl. Gläser und Laudel 2006, S. 143):

- motivationsgebender Rahmen: Einleitung und Abschluss bilden jeweils einfach zu beantwortende und positiv wirkende Fragen

- chronologischer, vertiefender Verlauf im Kern: die thematischen Kernfragen entwickeln sich vom Allgemeinen zum Besonderen

Für jede Frage wurde der Freiheitsgrad der Antwort festgelegt, d. h. geschlossen bzw. offen. Entsprechend der Grundcharakteristik eines Experteninterviews waren die Fragen überwiegend offen zu beantworten. Je nach Charakter der Frage wurden ergänzend Antwortkategorien definiert und zusätzlich der vorgesehene zeitliche Rahmen je Frage festgelegt. Die ausführliche Version des Leitfadens mit ausformulierten Fragen wurde in einem letzten Schritt, thematisch geordnet, in einzelne Stichpunkte umgewandelt und den Experten in dieser verkürzten Form zur Interviewvorbereitung zur Verfügung gestellt. Aufgrund der internationalen Herkunft der Interviewteilnehmer wurde der Leitfaden sowohl auf Deutsch als auch in einer englischen Version erstellt.

Der Leitfaden setzt sich aus zwei Abschnitten zusammen. Im ersten Abschnitt werden die **Rahmendaten** des Interviews erfasst (Interviewnummer, Datum, Name, Organisation), gefolgt von einer einleitenden **Beschreibung des behandelten Themas und der Zielsetzung** des Interviews. Der **eigentliche Fragenblock** schließt sich als zweiter Abschnitt an und besteht aus **fünf Themenkomplexen**, wobei die Komplexe zwei bis vier den Kern des Interviewleitfadens bilden (siehe Abbildung 34 und Interviewleitfäden im Anhang):

(1)   Erfahrungshintergrund

(2)   Grid-Computing-Markt

(3)   Produktspektrum/-nutzen

(4)   Erfolgsfaktoren

(5)   Ergänzende Informationen

Statistischer Teil (Interviewnummer, Datum, Interviewpartner, Organisation, Interviewdauer)	
Frageteil	
1. Erfahrungshintergrund	Branche, Funktion, Grid-Computing-Erfahrung
2. Grid-Computing-Markt	Definition Grid Computing Trends / Entwicklungen auf dem Grid-Computing-Markt Etablierungszeitraum / Zeitliche Perspektive
3. Produktspektrum/-nutzen	Anwendungsfelder und Kundengruppen Nutzen von Grid-Computing-Anwendungen
4. Kritische Erfolgsfaktoren	Kritische Erfolgsfaktoren Etablierungshürden
5. Ergänzende Informationen	Weitere Bemerkungen, Ansprechpartner, Material

(Die Zeilen 2–4 sind links mit "Kernthemenblöcke" bzw. "Kernthemenkomplexe" beschriftet)

Abbildung 34. Leitfadengestaltung der Expertenbefragung

Der **einleitende Themenkomplex** dient neben der **fachlichen** Einordnung des Gesprächspartners der Herstellung einer positiven Grundstimmung. Er besteht aus einer einzelnen
Frage, die den Erfahrungsschatz des Experten thematisiert. Der **zweite Themenkomplex**
ist in drei Fragen untergliedert und zielt auf **übergreifende Aspekte des Marktes** für Grid
Computing ab. Dem Experten soll mit diesem Frageblock die Möglichkeit gegeben werden, möglichst frei grundsätzliche Einschätzungen zum Markt für Grid Computing in dem
von ihm bevorzugten Schwerpunktbereich abgeben zu können. Im **dritten Themenkomplex** wird ein **wesentlicher Aspekt von Geschäftsmodellen** aufgegriffen – das eigentliche
Produkt am Ende einer Wertschöpfungskette und der aus ihm erwachsende Nutzen. Der
Themenkomplex setzt sich aus zwei Fragen zusammen. Der **vierte Themenkomplex**, aus
zwei Fragen bestehend, behandelt **erfolgsbeeinflussende Faktoren**; solche, die ein Geschäftsmodell positiv stimulieren (Kritische Erfolgsfaktoren), und solche, die ein Geschäftsmodell dem Risiko des Scheiterns aussetzen (Etablierungshürden). Der **abschlie-
ßende Themenkomplex** setzt sich aus zwei Fragen zusammen und verfolgt wiederum das
Ziel, eine **positive Stimmung** zum Interview-Ende zu erzeugen. Gleichzeitig dient der
Themenkomplex dazu, **nicht angesprochene Aspekte** offenzulegen. Die Fragen der
Themenkomplexe werden im Rahmen der Ergebnisauswertung ausführlich beleuchtet[54].

Innerhalb der Kernthemenkomplexe (zwei bis vier) wurden die Fragen mit einer Ausnahme jeweils auf zwei Dimensionen bezogen gestellt: zum einen für **Grid Computing im
Allgemeinen** („generell"), zum anderen für **Grid Computing in der Medizin und der**

---

[54]   vgl. Abschnitt 4.3, S. 107

Biomedizin[55]. Dies ermöglicht im Rahmen der Auswertung nicht nur eine Beurteilung der absoluten Größen, sondern auch eine relative Analyse des Teilmarktes Medizin und Biomedizin zum Gesamtmarkt. In vielen Fällen verdeutlichen die identifizierten Unterschiede die Besonderheiten des (Bio-)Medizin-Marktes.

4.2.3 Auswahl und Kontakt der Interviewexperten

Die Ergebnisgüte einer Interviewreihe ist entscheidend von der Wahl der Interviewpartner abhängig (vgl. Gläser und Laudel 2006, S. 113). Es ist daher notwendig, sich im Rahmen der Vorbereitung zu vergegenwärtigen, wer über die notwendigen Informationen zur Zielerreichung verfügt. Als Experte in diesem Sinne gilt derjenige, der sich im definierten Untersuchungsgebiet durch ein klares und fundiertes Wissen auszeichnet (vgl. Mayer 2004, S. 40). Hierzu zählt diejenige Person, die „in irgendeiner Weise Verantwortung trägt für den Entwurf, die Implementierung oder die Kontrolle einer Problemlösung" und „über einen privilegierten Zugang zu Informationen über Personengruppen oder Entscheidungsprozesse verfügt" (Meuser und Nagel 2005, S. 73). Diese Kriterien werden bei der Auswahl der Stichprobe für die vorgestellte Interviewreihe angelegt.

Grundsätzlich lassen sich zwei Methoden der Stichprobenbildung unterscheiden, die eines theoretischen Samplings und die der Vorab-Festlegung (vgl. u. a. Merkens 2000, S. 290ff.; Mayer 2004, S. 38). Beim theoretischen Sampling wird die Stichprobe entsprechend dem jeweils erreichten Kenntnisstand während der Untersuchung schrittweise erweitert, bei einer Vorab-Festlegung vor Beginn der Untersuchung anhand definierter Kriterien festgelegt. Ersteres ist sinnvoll, wenn sich die genaue Fragestellung erst im Verlauf der Untersuchung herausbildet und Merkmale der Grundgesamtheit weitgehend unbekannt sind (vgl. Flick 1999, S. 83). Mayer (2004) folgend, basiert die Stichprobenauswahl dieser Interviewreihe grundsätzlich auf einer Vorab-Festlegung, d. h. die Stichprobe wurde absichtsvoll und begründet gebildet (vgl. Mayer 2004, S. 38). Zur Vervollständigung im Sinne der gewünschten und ex-ante definierten Soll-Struktur wurden jedoch in der Durchführungsphase Expertenvorschläge von Interviewpartnern berücksichtigt.

Der **Markt für Grid Computing in der (Bio-)Medizin** weist mehrere **Besonderheiten** auf, die sich direkt auf die Kriterienauswahl und Zusammensetzung der Stichprobe auswir-

---

[55] Aufgrund des internationalen Charakters der Expertenbefragung wurde für den Bereich der Biomedizin in englisch geführten Interviews der Begriff „Life Sciences" aufgegriffen.

ken. Zum einen befindet sich der Markt in der Entstehungsphase, d. h. es existieren wenige aktive Wertschöpfungsbeteiligte, dafür viele beratende Experten. Des Weiteren ist der Markt, wie bei jungen, innovativen Technologiemärkten vorherrschend, stark angebotsdominiert, d. h. wenige Nutzer stehen einer größeren Zahl von Anbietern gegenüber. Gleichfalls typisch für Hochtechnologiemärkte in der Entstehungsphase ist der hohe Anteil akademischer und öffentlicher Akteure. Eine letzte Besonderheit ergibt sich im (bio-)medizinischen Umfeld aus sehr unterschiedlichen regionalen Rahmenbedingungen, insbesondere in Gestalt abweichender rechtlicher Regelungen. Die Soll-Struktur einer Expertenstichprobe hat diesen Besonderheiten Rechnung zu tragen.

Unter Berücksichtigung der dargelegten Besonderheiten erfolgt die Zusammenstellung der Stichprobe anhand folgender übergreifenden Abgrenzungskriterien:

- Die Experten sollten unterschiedliche **Wertschöpfungsebenen** repräsentieren

- aus unterschiedlichen **geographischen Regionen** stammen

- verschiedene **Zielkundenmärkte** abdecken

- und sowohl den **öffentlichen** als auch den **kommerziellen** Sektor repräsentieren

Zur Verifizierung der Abgrenzungskriterien erfolgte ein Abgleich mit üblichen Segmentierungskriterien für Märkte im Allgemeinen (vgl. Pepels 2004, S. 56ff.).

Aus Wertschöpfungssicht sollten Experten aus drei **Wertschöpfungsebenen** in die Stichprobe eingeschlossen werden: Akteure der Kernwertschöpfungskette, unterstützende und beratende Akteure sowie Endkunden. Die erste Gruppe, die sich vor allem aus Hardware-, Middleware- und Anwendungssoftware-Anbietern zusammensetzt, widmet sich der tatsächlichen Leistungserstellung, während die zweite Gruppe unterstützende konzeptionelle und beratende Leistungen erbringt. Unter Berücksichtigung der besonderen Marktzusammensetzung erschien nur ein Sample realistisch, das den Fokus auf die ersten beiden Gruppen legte und, soweit möglich, fachkundige Endkunden einbezog. Aufgrund der zum Teil erheblichen **regionalen Unterschiede** im (bio-)medizinischen Sektor wurde zur Sicherstellung der Vergleichbarkeit der Ergebnisse mit Deutschland eine Kernregion festgelegt, jedoch um europäische und internationale Experten – mit abnehmender Gewichtung – verstärkt. Wenn auch der Fokus dieser Arbeit auf dem Grid-Computing-Markt für die Medizin und die Biomedizin liegt, so sollten **branchenfremde Experten** ergänzend eine externe Sicht zum Meinungsbild beisteuern. Trotz der Dominanz akademischer und anderer öffentlicher Institutionen in aktuellen Grid-Initiativen sollte das Sample einen sichtbaren Anteil **kommerzieller Teilnehmer** aufweisen.

Anhand vorliegender Projektberichte, Fachkonferenzbeiträge, den Ergebnissen der durchgeführten Marktstudie und aus Netzwerkkontakten im Rahmen des MediGRID-Projektes wurde ein entsprechender Experten-Mix vorausgewählt.

Bei allen Experten erfolgte die **Kontaktaufnahme** mittels E-Mail. In einigen Fällen wurde 2-3 Wochen nach Ausbleiben einer Reaktion eine weitere E-Mail versandt. Die E-Mail enthielt folgende Informationen:

- Kontaktdaten des Interviewers (Name, Organisationen)

- Zielsetzung des Interviews (Thema, Hintergrund)

- Begründung für die Expertenwahl

- Angaben zur Interviewdurchführung (Dauer, Medium, Anonymitätshinweis)

- Bitte um Terminvorschläge unter Angabe von Präferenzen

- Interviewleitfaden im PDF-Format als Anhang

Es wurden explizit die Zugehörigkeit zum deutschen MediGRID-Projekt und der wissenschaftliche Hintergrund der Interviewreihe herausgestellt. Alle Teilnehmer wurden persönlich angeschrieben. Insgesamt sagten bei 41 angeschriebenen Personen 33 Experten zu. Das entspricht einer **Rücklaufquote von 80%**. In dieser Zahl sind wenige Teilnehmer berücksichtigt, die erst im Verlauf der Interviewreihe von Gesprächspartnern explizit empfohlen wurden. Die Auswahl- und Kontaktphase erstreckte sich somit in abgeschwächter Form bis in die Durchführungsphase hinein. Zusätzlich von den Teilnehmern vorgeschlagene Experten waren größtenteils bereits in der Vorauswahl des Samples erfasst. Dies lässt vermuten, dass die Grundauswahl den Kriterien einer repräsentativen Stichprobe genügt. Gleichzeitig deutet dieses Ergebnis an, dass die Anzahl der tonangebenden Akteure auf dem Markt für Grid Computing begrenzt ist.

Tabelle 12 gibt einen Überblick über die Profile der finalen Teilnehmer der Expertinterviewreihe, deren Identität, wie insbesondere für Expertenbefragungen mit Führungskräften üblich, anonym bleibt (vgl. Bogner et al. 2005, S. 209).

Tabelle 12. Zusammensetzung der Expertenstichprobe

Nr.	Interview-datum	Funktion inhaltlich	Her-kunft	Funktion hierarchisch	Organisation
1	02.06.08	Öffentlicher Entscheider	NL	Institutsleiter	Universität
2	16.06.08	Strategie/ Konzept	F	Vorsitzender	Verein/Organisation
3	16.06.08	Strategie/ Konzept	D	Institutsleiter	Universität
4	18.06.08	Middleware	D	Abteilungsleiter	Forschungsinstitution
5	20.06.08	Service-Software	D	Geschäftsführer	Software- und Systemprovider, kommerziell
6	24.06.08	Hardware	D	Bereichsleiter	Systemprovider, kommerziell
7	24.06.08	Anwendungen	F	Projektkoordinator	Verein/Organisation
8	25.06.08	Service-Software	D	Bereichsleiter	Softwareprovider, kommerziell
9	26.06.08	Strategie/ Konzept	D	Geschäftsführer	Organisation
10	26.06.08	Berater	D	Abteilungsleiter	Organisation
11	27.06.08	Service-Software	D	Geschäftsführer	Softwareprovider, kommerziell
12	27.06.08	Anwender	D	Geschäftsführer	Pharmaunternehmen, kommerziell
13	30.06.08	Strategie/ Konzept	D	Abteilungsleiter	Forschungsinstitution
14	01.07.08	Anwender	D	Institutsleiter	Universität, Bioinformatik
15	04.07.08	Berater	D	Projektleiter	Beratungsunternehmen, kommerziell
16	08.07.08	Anwendungen	D	Projektmodulleiter	Universitätsklinik
17	10.07.08	Anwendungen	D	Gruppenleiter	Wissenschaftliche Einrichtung, Universität
18	15.07.08	Service-Software	D	Gruppenleiter	Forschungsinstitution
19	16.07.08	Berater	D	Projektleiter	Unternehmensberatung, kommerziell
20	18.07.08	Service-Software	F	Geschäftsführer	System- und Softwareprovider, kommerziell
21	21.07.08	Strategie/ Konzept	UK	Institutsleiter	Forschungsinstitution
22	24.07.08	Öffentlicher Entscheider	ES	Bereichsleiter	Staatliche Forschungsinstitution
23	24.07.08	Middleware	USA	Institutsleiter	Universitätsrechenzentrum
24	30.07.08	Anwendungen	ES	Bereichsleiter	Forschungseinrichtung
25	30.07.08	Öffentlicher Entscheider	CH	Bereichsleiter	Internationale Organisation
26	07.08.08	Berater	D	Geschäftsführer	Beratungsunternehmen, kommerziell
27	07.08.08	Strategie/ Konzept	USA	Institutsleiter	Konzeptentwickler, Universität
28	07.08.08	Strategie/ Konzept	USA	Institutsleiter, Arzt	Rechenzentrum, Universitätsklinik
29	08.08.08	Anwendungen	D	Institutsleiter, Projektleiter, Arzt	Universität, Bioinformatik
30	11.08.08	Anwendungen	D	Bereichsleiter	Industriell, Systemprovider
31	11.08.08	Strategie/ Konzept	UK	Institutsleiter	Forschungsinstitution, Universität
32	14.08.08	Anwender	D	Abteilungsleiter	Rechenzentrum Uniklinik, IKT-Einkauf
33	21.08.08	Anwendungen	USA	Projektbereichsleiter	Klinik

Aufgrund der hohen Rücklaufquote von 80% entspricht die Struktur der Stichprobe in weiten Teilen der ursprünglich geplanten Zusammensetzung. Knapp zwei Drittel der Experten kommen aus Deutschland (61%), während 27% europäischer und 12% amerikanischer Herkunft sind. 61% der Experten haben einen (bio-)medizinischen Hintergrund, während 39% in anderen Bereichen tätig sind. Knapp ein Drittel (30%) der Teilnehmer kommt aus der dem kommerziellen Sektor (siehe Abbildung 35).

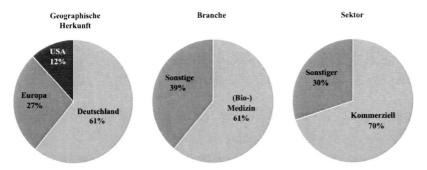

Abbildung 35. Expertenstruktur nach Herkunft, Branche und Sektor

Die Experten decken die unterschiedlichen Ebenen der Wertschöpfung entsprechend des im Vorfeld definierten Musters ab. Mit 45% bzw. 46% sind Akteure der Kernwertschöpfungskette genauso häufig vertreten wie beratende Experten. 9% repräsentierten Endkunden (siehe Abbildung 36).

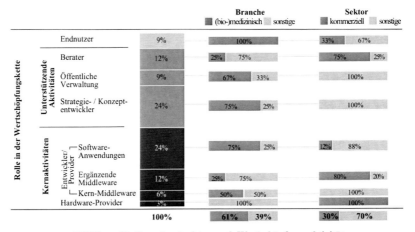

Abbildung 36. Expertenstruktur nach Wertschöpfungsaktivität

4.2.4　Durchführung der Expertenbefragung

Experteninterviews können sowohl persönlich als auch telefonisch erfolgen. Telefonische Befragungen sind aufgrund der Ortsunabhängigkeit in der Regel effizienter und kostensparender als persönliche Treffen (vgl. Atteslander 2008, S. 148). Allerdings sind die Eingriffsmöglichkeiten in die Interviewsituation aufgrund der räumlichen Distanz eingeschränkt. Dies macht es umso notwendiger, die eigentliche Gesprächssituation optimal zu gestalten. Der Interviewer soll vom Teilnehmer in seiner Rolle als Forscher wahrgenommen und anerkannt werden (vgl. Gläser und Laudel 2006, S. 167).

Zu Beginn des Interviews sollten einleitend die Rahmenbedingungen erläutert werden. Neben der persönlichen Vorstellung, der Themenstellung und der Dauer des Interviews können weitere Aspekte von Bedeutung sein. So sollten Experteninterviews grundsätzlich anonymisiert, und dieser Hinweis an den Anfang des Interviews gestellt werden. Gleichzeitig ist es sinnvoll, die Gesprächsinhalte für eine spätere Detailanalyse aufzuzeichnen (Mayer S. 45f.). Hierfür ist die Zustimmung des Gesprächspartners einzuholen.

Wenn auch der Leitfaden als Grundstruktur für den Gesprächsablauf dient, so liegt die Stärke des Experteninterviews in der variablen Diskussionsführung (vgl. Meuser und Nagel 2005, S. 78). Die genaue Verlaufssteuerung obliegt dem Interviewer. Er entscheidet, in welcher Situation eine Nachfrage sinnvoll ist, und welche Themenkomplexe übersprungen oder in anderer Reihenfolge abgehandelt werden. Der Interviewleitfaden dient dabei als übergreifendes Gesprächsgerüst (vgl. Mayer 2004, S. 36).

Den einzelnen Interviews lag ein vereinheitlichtes dreistufiges Verfahren zugrunde:

(1)　wiederholte Kontaktaufnahme mittels E-Mail einen Tag vor der Interviewdurchführung

(2)　Durchführung des Interviews mittels Telefon oder persönlich

(3)　erneute Kontaktaufnahme mittels E-Mail einen Tag nach Interviewdurchführung

Einen Tag vor der Befragung wurde eine weitere E-Mail versandt, in der auf das stattfindende Interview noch einmal hingewiesen und für die zugesagte Teilnahme gedankt wurde. Zusätzlich enthielt die E-Mail eine Definition für Grid Computing, deren Diskussion Teil des Interviewleitfadens war. Um eine intensive Vorbereitung anhand einschlägiger Literatur durch den Interviewteilnehmer zu umgehen, war die Definition nicht

Bestandteil des Interviewleitfadens, der den Teilnehmern beim Erstkontakt zugesandt wurde.

Das **eigentliche Gespräch** erfolgte telefonisch, zwei Interviews wurden persönlich in den Büroräumlichkeiten des Interviewers in Berlin abgehalten. Zu Beginn des Gesprächs wurden die Teilnehmer noch einmal über den Hintergrund des Interviews, über dessen Dauer und den Erfahrungshintergrund des Interviewers informiert. Gleichzeitig wurde darauf hingewiesen, dass das Gespräch anonym erfolgt. Ergänzend wurden die Teilnehmer gefragt, ob ein Mitschnitt des Gespräches möglich sei und ob Verständnisfragen bestünden. Bereits während des Interviews wurde ein Interviewprotokoll angefertigt und die wesentlichen Aussagen während des Gespräches festgehalten. Die Interviews dauerten jeweils ca. 30-40 Minuten. In diesem Zeitrahmen konnte der aufgesetzte Fragenkatalog in der Regel vollumfassend diskutiert werden. Eine geringe Anzahl der Gespräche erstreckte sich über mehr als 60 Minuten bzw. weniger als 20 Minuten. Während es bei den erstgenannten Gesprächen häufig schwierig war, den Gesprächspartner auf den konkreten Inhalt des Leitfadens zurückzuführen, wirkten die Gesprächspartner der letzten Gruppe zumeist abgelenkt und uninteressiert. Ein Gespräch musste aufgrund eines plötzlichen Terminkonfliktes nach dem dritten Themenkomplex abgebrochen werden. Es wurde darauf Wert gelegt, dass der Interviewleitfaden flexibel und „nicht als zwingendes Ablaufmodell des Diskurses gehandhabt wird" (Meuser und Nagel 2005, S. 78). Je nach Gesprächssituation wurden Aussagen spontan hinterfragt und Themenblöcke bei Bedarf vorgezogen.

Im **Anschluss an das Interview** wurde am Folgetag eine weitere E-Mail versandt, die eine Danksagung und den Hinweis auf die spätere Bereitstellung der Ergebnisdaten enthielt. Zusätzlich wurde der Teilnehmer gebeten, bei Bedarf weitere Materialien, die mit dem Themenkomplex in Zusammenhang stehen, zur Verfügung zu stellen.

4.3 Ergebnisse und Auswertung

Auswertungsmethoden für qualitativ geführte Befragungen entziehen sich aufgrund ihrer Vielfältigkeit einer einfachen Klassifizierung. Gläser und Laudel (2006) schlagen als Auswertungsmethode für Experteninterviews eine **qualitative Inhaltsanalyse** vor (vgl. Gläser und Laudel 2006, S. 191f.). Die qualitative Inhaltsanalyse wertet Gesprächsinhalte aus, indem sie anhand eines systematischen Verfahrens relevante Textblöcke extrahiert. Die Textblöcke werden einem in der Regel ex-ante definierten Kategorisierungsraster zugeordnet und relativ unabhängig vom Ursprungstext weiterverarbeitet. Eine qualitative Inhaltsanalyse ermöglicht eine frühzeitige Reduzierung der Ursprungsdaten.

Meuser und Nagel (2005) empfehlen, Kategorisierungen nicht zu frühzeitig vorzunehmen und unterbreiten ein **induktiv hermeneutisches Verfahren** zur systematischen Analyse (vgl. Meuser und Nagel 2005, S. 81ff.). Die Vorteile liegen in einer „Entdeckungsstrategie" – wichtige Gesprächsinhalte gehen nicht verloren bzw. werden nicht frühzeitig fehlerhaft in das vorhandene Kategoriesystem eingefügt. Der Nachteil dieses hermeneutischen Verfahrens sind der sehr hohe Aufwand, da auch vermeintlich weniger relevante Textpassagen zu erfassen sind, und eine Entfernung vom ursprünglichen Untersuchungsgegenstand.

Für die hier vorgestellte Befragungsreihe wurde eine **Auswertungsmethode** gewählt, die sowohl **Elemente der qualitativen Inhaltsanalyse** (nachfolgend Schritte 2-3) aufgreift als auch ein **induktives Vorgehen** (nachfolgend Schritte 4-5) zulässt. Ziel war es, ein pragmatisches Vorgehen mit den Vorteilen einer umfassenden Inhaltsanalyse zu verknüpfen. Im Einzelnen wurden die Interviews nach folgendem Vorgehen analysiert:

(1)   Vervollständigung der Gesprächsprotokolle/Transkription

(2)   Markierung von Kernaussagen der Interviews

(3)   Einordnung in Kategorienschema (entsprechend dem Interviewleitfaden)

(4)   Thematisches Ordnen der Aussagen innerhalb einer Kategorie

(5)   Sukzessive Verdichtung der Aussagen

(6)   Interpretation der Aussagen

In einem ersten Schritt wurden die **Gesprächsprotokolle** anhand der Tonbandaufzeichnungen vervollständigt und, soweit sinnvoll, vollumfassend transkribiert. Die Transkriptionssoftware „Express Scribe" unterstützte die Protokollierung (NCH Software 2009). In einem weiteren Schritt wurden die einzelnen Interviews nach **Kernaussagen** durchsucht. Diese wurden in einem dritten Schritt den **Ursprungskategorien des Interviewleitfadens** zugeordnet. Die Aussagen wurden daraufhin thematisch geordnet und erste **Antwort-Cluster** definiert und Detailaussagen soweit wie möglich einzelnen Kategorien und Subkategorien zugeordnet. Darauf aufbauend wurden die **Aussagen systematisch weiter verdichtet**. Abschließend wurde die **Antworthäufigkeit** einzelner Antwort-Cluster bestimmt, um auf die Relevanz einzelner Aussagen und Aussagenblöcke zu schließen.

Eine erste Systematisierung ergibt sich aus der Struktur des Interviewleitfadens. Die Fragenblöcke und die subsumierten Einzelfragen dienen aufgrund ihrer inhaltlichen und thematischen Abgrenzung als Oberkategorien und werden im Nachfolgenden in der im Interviewleitfaden vorgegebenen Reihenfolge behandelt.

Im Folgenden werden die Ergebnisse zu den einzelnen Fragen im Detail wiedergegeben. Die Darstellung folgt dabei dem Schema:

- Nennung der Fragestellung
- Zielsetzung der Fragestellung
- Vorgehen bei der Fragestellung
- Wiedergabe der aggregierten Antworten
- Fazit

4.3.1 Erfahrungen mit Grid Computing

In einem ersten Schritt wurden die Probanden nach ihrer Grid-Computing-Erfahrung und der Zugehörigkeit zu einer der relevanten Rollen innerhalb der Wertschöpfungskette des Grid Computings befragt:

A1. Welche Erfahrung haben Sie bereits mit Grid Computing als Konzept oder in der Praxis gesammelt? In welcher Funktion?

Die Frage diente der Erfüllung sowohl einer **methodischen** als auch **inhaltlichen Zielsetzung**. Gläser und Laudel (2006) betonen die Bedeutung der ersten einführenden Frage bei der methodischen Gestaltung des Interviewleitfadens. Durch ihre Initialfunktion bestimmt sie den weiteren Verlauf des Interviews maßgeblich. Es ist daher empfehlenswert, mit einer positiv wirkenden und einfach zu beantwortenden Frage einzuleiten, um eine **positive Grundstimmung** herzustellen. Dem Teilnehmer wird so das Gefühl vermittelt, das Interview auf jeden Fall meistern zu können (vgl. Gläser und Laudel 2006, S. 143). Gleichzeitig ist es sinnvoll, den **Gesprächsverlauf chronologisch** aufzubauen, d. h. sich zeitlich aus der Vergangenheit der Zukunftsperspektive zu nähern.

Die Frage nach der Erfahrung erfüllt diese beiden Anforderungen. Sie ermöglicht dem Teilnehmer, über ein ihm vertrautes Thema zu sprechen und dieses ausgehend von den eigenen Vergangenheitserfahrungen bis hin zur Gegenwartssituation zu beschreiben.

In inhaltlicher Hinsicht diente die Frage der **Überprüfung der Einordnung der Experten** in die für die Stichprobe vorgesehenen Dimensionen. Die Experten wurden entsprechend ihren Angaben und den bereits im Vorfeld recherchierten Informationen in folgende Kategorien eingeordnet (die vollständige Einordnung findet sich in Abschnitt 4.2.3):

- Wertschöpfungsebene des Grid Computing
- geographische Region
- Tätigkeit in der (Bio-)Medizin oder einer anderen Branche
- kommerzielle oder (teil-)öffentliche Einrichtungen

Die Kodifizierung der Experten anhand der vordefinierten Kriterien ermöglichte für bestimmte Auswertungen der Folgefragen eine vertiefende Analyse, z. B. in Bezug auf die Branchenherkunft der antwortenden Experten.

4.3.2 Verständnis des Grid-Computing-Begriffs

Der zweite Themenkomplex wurde mit einer Frage zum Begriffsverständnis der einzelnen Experten in Bezug auf die begriffliche Dimension des Grid Computings eingeleitet:

B1. Stimmen Sie mit der nachfolgenden Definition von Grid Computing überein?

„Grid Computing ist eine Technologie zur gemeinsamen und koordinierten Nutzung verteilter Ressourcen unterschiedlichen Typs unter Verwendung offener, einheitlicher Standards und Schnittstellen. Die beteiligten, rechtlich-unabhängigen Partner kooperieren dabei in einer ‚Virtuellen Organisation‘, die auf Absprachen und Verträgen basiert.“

Wenn nein, was ist Ihr Verständnis von Grid Computing?

In der Fachliteratur herrscht nicht immer ein einheitliches Verständnis des Terminus „Grid Computing“. Zudem entwickelte sich das Begriffsverständnis über die Jahre kontinuierlich weiter[56]. Die Fragestellung verfolgte daher **zwei Zielsetzungen**. Zum einen sollte sichergestellt sein, dass alle Probanden ein **einheitliches Begriffsverständnis** aufweisen bzw. dass – bei einem von der vorgeschlagenen Definition abweichenden Begriffsverständnis – die differierenden Aspekte im Verlauf des Interviews nachvollziehbar bleiben. Zum anderen sollten die Antworten in wissenschaftlicher Hinsicht zur **Begriffsfindung** beitragen und einen aktuellen Blick auf das Begriffsverständnis ermöglichen.

---

[56] vgl. Abschnitt 2.1.1, S. 16

Den Experten wurde **bei der Fragestellung eine Definition vorgeschlagen**. Sie sollten beantworten, ob sie sich dieser Definition anschließen. Wenn sie ein anderes Verständnis vom Grid-Computing-Begriff hatten, sollten sie die abweichenden Elemente benennen. Die vorgeschlagene Definition war nicht Bestandteil des versandten Interviewleitfadens, sondern wurde den Experten kurz vor dem Interviewtermin, in der Regel am Vortag, per E-Mail separat zugesandt. Die Befragten hatten so die Möglichkeit, die Definition während des Interviews mitzulesen, aufgrund der geringen Zeitspanne jedoch kaum Möglichkeiten, den Begriff umfassend in der Literatur zu recherchieren. So sollte sichergestellt werden, dass wirklich das persönliche Begriffsverständnis des Teilnehmers Inhalt der Antwort war.

Die Frage nach der Definition wurde von 32 Experten beantwortet, ein Experte äußerte sich nicht zu dieser Frage.

Die **Experten stimmten mehrheitlich nicht vollständig mit der Definition überein** (63%; 20 von 32), während gut ein Drittel der Teilnehmer die vorgeschlagene Definition vollständig unterstützte (36%, 12 von 32).

Alle Befragten unterstützten zumindest Teile der Definition. Generell unterstrichen die Experten, dass es sich bei Grid Computing um eine **Technologie zur gemeinsamen und koordinierten Nutzung verteilter Ressourcen unterschiedlichen Typs** handelt. Bei diesem Punkt gab es die größten Gemeinsamkeiten. Ein Experte wies darauf hin, dass Grid Computing seiner Meinung nach keine Technologie, sondern ein Konzept darstellt. Ressourcen müssen auch nicht immer unterschiedlich sein, wie einige Experten andeuteten. Ein weiterer Experte unterstrich, dass auch nicht zwingend eine Koordination der Ressourcen notwendig sei. Selbst Experten, welche die Definition im Prinzip unterstützten, wiesen darauf hin, dass es sich hierbei um eine **Idealdefinition** handele, die teilweise **in der aktuellen Situation noch nicht realisiert** sei.

Kritisch sahen mehrere Experten insbesondere die **Existenz einer verteilten Virtuellen Organisation mit rechtlich unabhängigen Partnern**. Es wurde darauf hingewiesen, dass Grid-Computing-Infrastrukturen auch von einer einzelnen Organisation betrieben werden können.

Einige Experten wiesen darauf hin, dass Standards proprietär sein können, wie dies häufig bei der Implementierung von Enterprise Grids der Fall sei.

Insgesamt zeigt die Diskussion zum Begriffsverständnis, dass Grid Computing keineswegs einheitlich verstanden wird, jedoch Grundelemente entsprechend der in dieser Arbeit vertretenen Arbeitsdefinition akzeptiert sind. Die abweichenden Sichtweisen liegen weniger in vollständig komplementären Einstellungen der Experten begründet, sondern sind vielmehr der Entwicklung von Grid-Computing-Infrastrukturen über die Zeit geschuldet.

4.3.3 Marktentwicklungen

Der Themenblock wurde mit einer übergreifenden Frage zu generellen **Marktentwicklungen** bei Grid Computing weitergeführt:

> **B2. Welches sind die drei wesentlichen Entwicklungen/Trends auf dem Markt für Grid Computing? a) generell b) in der Medizin/der Biomedizin**

Mit dieser Frage wurden drei Ziele verfolgt, ein inhaltliches und zwei methodische. Im Sinne einer **inhaltlichen Zielsetzung** sollten die Experten grundlegende Kernentwicklungen und Transformationen im Grid-Computing-Umfeld identifizieren. Märkte sind durch Ungewissheit aufgrund einer systematischen Ausweitung und ständigen Erneuerung geprägt (vgl. Deutschmann 2008, S. 80). Diese Ungewissheit hat ihre Ursache in der Dynamik von Innovationen sowie der substanziellen und geographischen Ausweitung von Märkten. Zusätzlich bedrohen substituierende Produkte in Wettbewerbsökonomien die wirtschaftliche Verwertbarkeit von Innovationen über die Zeit (vgl. Beckert 2007, S. 19). Neue Regulierungen oder exogen verursachte Krisen sind zusätzliche Quellen, die Märkte verändern können (vgl. Fligstein 2001, S. 32). Die Frage des Interviews zielte darauf ab, die wesentlichen Veränderungen in Grid-Computing-Märkten zu beleuchten und zu systematisieren.

Im Sinne einer **methodischen Zielsetzung** sollte der Befragte zum einen selbständig in Form eines einleitenden **Brainstormings** einen für ihn geeigneten Zugang zum Thema entwickeln. Zum anderen ermöglichte der übergreifende Charakter der Frage dem Interviewer die Identifizierung wichtiger Hinweise auf die **individuelle Denk- und Herangehensweise** des Befragten zum behandelten Thema.

Die Teilnehmer wurden gebeten, sich auf die **drei wesentlichen Entwicklungen und Trends** zu beschränken. Die Reduzierung auf drei Kernantworten sollte den Befragten zusätzlich anregen, sich auf die aus seiner Sicht immanenten Markttransformationen zu konzentrieren. Wie auch bei Folgefragen des Interviewleitfadens sollte der Befragte von der Möglichkeit Gebrauch machen, seine Antworten separat für Grid Computing im Allgemeinen („**generell**") und Grid Computing im Bereich der Medizin und der Biomedizin („**Medizin/Biomedizin**") zu differenzieren. Je nach persönlichem Erfahrungshintergrund beantworteten die Experten eine der beiden Kategorien oder beide.

Die Frage wurde ohne vorgegebene Antwortkategorien gestellt. Auf Nachfrage wurden fünf mögliche Veränderungsdimensionen für Markttrends zur Eingrenzung genannt:

* produktbezogene Veränderungen

* nutzerbezogene Veränderungen

* technologische Veränderungen, einschließlich Alternativtechnologien

* Veränderungen der rechtlichen Rahmenbedingungen

* Veränderungen im Anbieterumfeld

Alle 33 Teilnehmer beantworteten die Frage, entweder für eine oder beide Antwortkategorien. 88% der Teilnehmer (29 von 33) antworteten für den Markt „generell", 79% der Teilnehmer (26 von 33) für den Bereich „Medizin und Biomedizin".

Die gegebenen Antworten gliedern sich insgesamt in vier Untergruppen:

* allgemeine Perspektiven von Grid Computing als Technologie und Konzept

* strukturelle Marktentwicklungen

* technologische Marktentwicklungen

* rechtliche und soziale Marktentwicklungen

Mehr als ein Drittel, genau 38%, beschrieb ein **generelles Marktumfeld** für Grid Computing, in dem Grid-Computing-Lösungen bereits implementiert werden bzw. das **zur Implementierung von Grid-Computing-Lösungen bereit** ist. Demgegenüber stehen 21% der Experten, welche die allgemeine Perspektiven für Grid Computing skeptisch sehen und keine Veränderung in Richtung real nutzbarer Grid-Computing-Implementierungen erkennen.

Die signifikanteste **strukturelle Veränderung am Markt**, die von den Experten identifiziert wurde, wäre eine anhaltende **Zunahme der Zusammenarbeit** über geographische Grenzen hinweg, insbesondere im akademisch-wissenschaftlichen Umfeld. 21% der Experten vertraten diese Ansicht. 17% sahen eine **zunehmende Spezialisierung und die Herausbildung neuer Organisationsformen** als einen wesentlichen Trend. Für immerhin noch 14% zeige sich eine **Zunahme von verteilten und gemeinsam genutzten Datenbeständen** als deutlich erkennbare Entwicklung.

Die Experten identifizierten verschiedene **Marktveränderungen des technologischen Umfelds**. Zum einen wiesen 34% der Befragten darauf hin, dass die Nachfrage nach Konzepten zur **Virtualisierung und zum verteilten Rechnen** ansteigen wird. Die Mehrheit der Befragten (64%) gab an, dass **Cloud Computing** in den kommenden Jahren weiter an Bedeutung gewinnen wird. Fast alle befragten Experten sahen in Cloud Computing allerdings eine **besondere Form des Grid Computings**.

Die Entwicklung von **Grid Computing im medizinischen und biomedizinischen Umfeld** sahen die **Experten sehr zuversichtlich**. 73% der antwortgebenden Teilnehmer betonten einen zumindest perspektivischen Einsatz von Grid Computing in diesem Sektor, nur 23% glaubten an keine weitere Entwicklung bzw. keinen Einsatz von Grid-Technologie in der (Bio-)Medizin.

Strukturell dominieren zwei Trends im biomedizinischen Umfeld. Erkennbar sei ein **signifikanter Anstieg verteilter und gemeinsam genutzter Datenbestände** (35%) und, damit zusammenhängend, eine **zunehmende Vernetzung zwischen Einrichtungen innerhalb der Gesundheitswirtschaft**, insbesondere zwischen Forschungseinrichtungen und Krankenhäusern (15%). Insbesondere der letzte Aspekt unterstreicht die verstärkte Zusammenarbeit zwischen biomedizinischer Grundlagenforschung und kurativer Medizin und die Ausnutzung von Synergieeffekten beider Bereiche durch die Nutzung von IuK-Technologien zur Vernetzung (vgl. Martin-Sanchez et al. 2004, S. 30).

21% der Befragten äußerten sich zu technologischen Entwicklungen, die sich konkret auf den Markt für Grid Computing in der (Bio-)Medizin beziehen. Allerdings waren die Antworten hier kaum konsistent, sondern in der Regel Einzelmeinungen zu einer spezifischen Entwicklung (z. B. Zunahme des Web-Service-Gedankens).

Neben der generell positiven Sichtweise sahen die Experten insbesondere die Entwicklung der Rahmengesetzgebung kritisch. 12% verbanden mit der Nutzung von Grid Computing einen **Anstieg rechtlicher Probleme**, insbesondere in Bezug auf den Datenschutz. Die Teilnehmer nannten zusätzlich vereinzelt weitere Entwicklungen, die sie kritisch sehen. Dies wären zum einen eine **mangelnde und abnehmende Risikobereitschaft** – häufig getrieben durch die strikte Gesetzgebung zum Datenschutz – und zum anderen eine mögliche reduzierte Datensicherheit von Partner Grids. Insbesondere Pharmafirmen setzten nach Aussagen der Experten daher eher auf Enterprise Grids.

Die Ergebnisse sind in Abbildung 37 graphisch zusammengefasst.

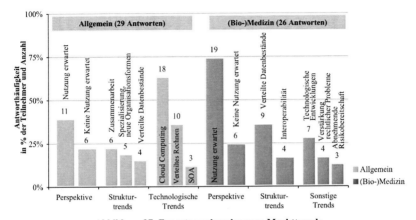

Abbildung 37. Expertenwahrnehmung: Markttrends

Retrospektiv kann die inhaltliche und methodische Gestaltung der Fragestellung grundsätzlich positiv beurteilt werden. Inhaltlich konnten wichtige von den Experten wahrgenommene Veränderungen des Grid-Computing-Umfelds identifiziert und im weiteren Verlauf des Interviews berücksichtigt werden. Zusätzlich boten die Antworten aufgrund ihres übergreifenden Charakters die Möglichkeit einer Plausibilisierung und Vervollständigung der Antworten anderer Fragen des Interviewleitfadens, insbesondere in Bezug auf die Fragen nach potenziellen Anwendungsfeldern, Erfolgsfaktoren und Implementierungshürden.

Durch die Möglichkeit einleitend das vertraute fachliche Umfeld des jeweiligen Befragten zu diskutieren, konnten bereits in einer frühen Phase des Gesprächs Kommunikationsschranken abgebaut werden. Zusätzlich ließ die Antwortgestaltung Rückschlüsse auf den konkreten Wissensstand und Fokus des jeweiligen Experten erkennen, was sich im weiteren Verlauf des Gespräches als besonders hilfreich erwies.

Ein Nachteil des hier gewählten offenen Ansatzes lag in den zum Teil ausführlichen Antworten, was in der Konsequenz in einigen Fällen zu einer Verlängerung des Interviews über die avisierte Zeitspanne hinaus führte.

4.3.4   Zeitlicher Entwicklungshorizont

Der zweite Themenkomplex, der ein übergreifendes Bild des Grid-Computing-Marktes vermitteln soll, schloss mit der Frage:

B3. Wie viele Jahre werden bis zu einem regulären und stabilen Einsatz von Grid Computing vergehen? a) generell b) in der Medizin/der Biomedizin

Die Frage hatte die Abschätzung der Zeitspanne zum Ziel, die bis zur eigentlichen Marktreife („**Time-to-Market**") von Grid-Computing-Lösungen durchlaufen wird. Time-to-Market, d. h. der Zeitraum, der von der Produktentwicklung bis zur eigentlichen Vermarktung vergeht, ist ein Kernwettbewerbfaktor auf kompetitiven Märkten (vgl. Datar et al. 1997, S. 452). Dies gilt insbesondere auf Hochtechnologie-Märkten. Gerade bei der Einbindung kommerzieller Partner in komplexe Partner Grids muss klar kalkulierbar sein, wann für die Beteiligten mit einem Markteintritt und in Folge mit einem positiven Return on Investment (ROI) zu rechnen ist (vgl. Joseph et al. 2004, S. 639).

Die Experten waren angehalten, die Frage getrennt für **Grid Computing im Allgemeinen** und für **Grid Computing in der Medizin und der Biomedizin getrennt** zu beantworten. Die Frage wurde ursprünglich geschlossen gestellt und als **Antwortkategorien** definierte Zeitfenster vorgegeben:

- bereits erreicht

- 1-3 Jahre

- 4-6 Jahre

- 7-9 Jahre

- $\geq$ 10 Jahre

- wird nie erreicht

- keine Angabe

Viele der Befragten beschrieben entweder zusätzlich oder alternativ den Entwicklungsprozess in eigenen Worten, so dass im Verlauf der Interviewreihe die Fragestellung offen statt geschlossen beantwortet werden konnte, jedoch immer mit dem Ziel, ein konkretes Zeitfenster zu erfragen. Durch diese methodische Anpassung konnten weitere wertvolle Informationen zur Struktur und zum Entwicklungsprozess von Grid-Computing-Märkten gewonnen werden. Bereits zu Beginn der Interviewreihe wiesen die Experten darauf hin, dass

**in der Adaption von Grid Computing zwischen der kurativen Medizin und der Bio-
medizin Unterschiede** bestünden. Die Fragestellung wurde daher zusätzlich um diesen
Aspekt erweitert.

Insgesamt verblieb die Antwortbereitschaft für die Frage mit 39% für Grid Computing im
Allgemeinen (13 von 33) und 58% für den Medizin- und Biomedizin-Sektor (19 von 33)
auf einem niedrigen Niveau. Die Experten wiesen darauf hin, dass eine klare Aussage zur
zeitlichen Perspektive von Grid Computing insbesondere durch zwei Faktoren erschwert
werde:

*   Grid-Computing-Infrastrukturen befänden sich in einer frühen Proof-of-Concept-
    Phase

*   die Definition des Grid-Computing-Konzeptes innerhalb der Fach-Community sei
    nicht einheitlich

Die weit überwiegende Zahl der antwortgebenden **Experten beurteilten den Etablierungszeitraum von Grid-Computing-Lösungen „generell" optimistisch.** 69% glaubten
an einen branchenübergreifenden nachhaltigen und marktfähigen Einsatz von Grid-Technologien **innerhalb der kommenden drei Jahre.** Diese Aussage wurde sowohl von
Teilnehmern gestützt, die innerhalb des (bio-)medizinischen Umfeldes arbeiten (71%), als
auch etwas verhaltener von Experten anderer Fachgebiete (50%). Knapp ein Viertel (23%)
schätzte die erste Marktdurchdringung auf vier bis neun Jahren, 8% sahen diese frühestens
in zehn Jahren.

Die Frage, ob Grid-Computing-Technologien auch **im medizinischen und biomedizinischen Umfeld** eine nachhaltige Positionierung erreichen wird, wurde von den Experten
weniger positiv beurteilt. Eine Mehrheit von 68% aller Teilnehmer sah einen nachhaltigen
Einsatz frühestens in einem mittelfristigen Zeitraum, der zwischen **vier und neun Jahren**
liegt. Diese Perspektive wurde stark von branchenfremden Vertretern gestützt (86%),
während dieses mittelfristige Zeitfenster bei Experten mit (bio-)medizinischem Hintergrund nur eine Zustimmung von 58% fand. Nur 5% der Experten glaubten an einen früheren Breiteneinsatz, immerhin 26% an einen Breiteneinsatz in frühestens zehn Jahren.

Die Antworten zeigen ein aufschlussreiches Muster: Grundsätzlich wird ein positiveres
Bild der Entwicklung in jeweils dem Bereich gezeichnet, in dem der Experte nicht direkt
aktiv ist. Eine mögliche Erklärung liefert die Verhaltensforschung, konkret die Support-

Theorie (vgl. Tversky und Koehler 2004, S. 331ff.). Aus der Support-Theorie lässt sich die Vorhersage ableiten, dass das wahrgenommene Risiko mit der Detailliertheit der Darstellung eines Untersuchungsgegenstandes steigt. Experten kennen gerade den eigenen Tätigkeitsbereich und seine typischen Hürden sehr genau. Dies kann zu einer höheren Risikobewertung des eigenen Sektors führen.

Eine geringe Zahl an Experten beurteilte die zeitliche Entwicklung jeweils separat für die kurative Medizin (12%) und die biomedizinische Forschung (18%). Wenn diese geringe Antwortquote auch kein verlässliches Bild zeichnen lässt, gestattet sie doch eine Tendenzaussage. Fasst man alle Antworten des jeweiligen Subsektors zusammen, kann tendenziell von einer **früheren Durchsetzung im biomedizinischen Forschungsbereich** (alle Antworten zwischen 1-9 Jahren) **als im medizinischen Umfeld** (alle Antworten zwischen 4 und ≥10 Jahren) ausgegangen werden.

Die Experten unterlegten ihre zeitlichen Angaben zum Teil mit zusätzlichen Kommentaren. Insbesondere wiesen sie darauf hin, dass der **Etablierungszeitraum von der Entwicklung spezifischer Randbedingungen und deren Erfüllung beeinflusst** sei. Diese könnten positiv auf die Implementierung wirken (z. B. das Vorantreiben von einfachen Benutzerschnittstellen oder einer steigenden Wahrnehmung des Produktnutzens von Grid Computing), aber auch die Entwicklung hemmen (weitere Verschlechterung der negativen Wahrnehmung neuer Technologien im Gesundheitssektor und das Scheitern bei der Beseitigung technologischer Defizite der Grid-Technologie).

Abbildung 38 fasst die Ergebnisse zusammen.

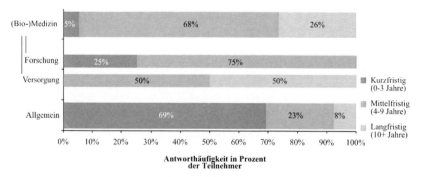

Abbildung 38. Expertenwahrnehmung: zeitliche Entwicklung

Insgesamt lassen die Reaktionen auf die Frage nach der zeitlichen Entwicklung eine ausgeprägte Unsicherheit der Experten in Bezug auf die Abschätzung einer künftigen Marktfähigkeit von Grid-Computing-Lösungen erkennen. Die Fragestellung verzeichnete die niedrigste Antwortquote innerhalb des Fragebogens bezogen auf das Gesamtsample. Gleichzeitig äußerten viele Experten ergänzende Kommentare zur Perspektive von Grid Computing, stimulierenden und hemmenden Randbedingungen und zur unterschiedlichen Entwicklung des (bio-)medizinischen Sektors.

In ihrer Aussage unterstreichen die Antworten der Experten auf die Frage die schon in der Marktstudie gewonnenen Erkenntnisse:

- Grid-Computing-Initiativen (Partner Grids) befinden sich in einem frühen Stadium, das häufig nicht über einen Proof-of-Concept-Status hinausgeht

- Grid-Computing-Initiativen in der Medizin und der Biomedizin zeigen gegenüber dem Gesamtmarkt ein verzögertes Adaptionsverhalten

- Grid-Computing-Initiativen werden sich im biomedizinischen schneller als im medizinischen Bereich durchsetzen

4.3.5 Software-Anwendungen und Nutzergruppen

In einem dritten Komplex wurden die Probanden zu möglichen Anwendungsfeldern des Grid Computings, den zugehörigen Nutzergruppen und dem zusätzlichen Nutzen befragt, den ein Nutzer aus dem Einsatz von Grid Computing zieht. Die erste der beiden Fragen bezog sich auf potenzielle Anwendungen und korrespondierende Kundengruppen:

C1. Welche drei Anwendungen (im Sinne von Software-Applikationen) des Grid Computings halten Sie für besonders erfolgversprechend? Welches ist die jeweilige Hauptkundengruppe? a) generell b) in der Medizin/der Biomedizin

Alle Geschäftsmodelle entlang einer Wertschöpfungskette sind vom Erfolg der **gegenüber dem letztlichen Endkunden angebotenen Leistung** (Produkt oder Dienstleistung) abhängig (vgl. Scholz et al. 2008, S. 5). Dies gilt insbesondere für Grid Computing, dessen Nutzen sich in der Regel nicht aus der reinen Bereitstellung bloßer Rechenleistung speist, sondern aus den, durch die Infrastruktur ermöglichten, Software-Anwendungen für eine spezifische Zielgruppe (vgl. Weisbecker 2007, S. 166).

Ziel der Fragestellung ist die Identifizierung der wesentlichen Grid-Computing-Anwendungsfelder, welche die Experten für sinnvoll, durchsetzbar und langfristig nachhaltig erachten. Dies sind in ihrer Konsequenz die **Anwendungsbereiche**, die geeignet erscheinen, **im Rahmen eines nachhaltigen Geschäftsmodells eingesetzt** zu werden.

Die Frage wurde wiederholt für **Grid Computing im Allgemeinen** und für **Grid Computing in der Medizin und der Biomedizin** gestellt. Wiederum sollten die Experten nur die **drei erfolgversprechendsten Anwendungen** nennen.

Alle befragten Experten bis auf einen beantworteten die Frage mindestens für einen der beiden Bereiche. 52% (17 von 33) nannten Anwendungen oder Anwendungsgebiete für Grid Computing im Allgemeinen und 85% (28 von 33) gaben Antworten für den Bereich der Medizin und der Biomedizin.

Trotz der relativ hohen Antwortbereitschaft auf die Frage für den medizinischen und biomedizinischen Anwendungsbereich beschränkten sich die Experten häufig auf die bloße Identifizierung des Anwendungsgebiets, ohne explizit die jeweilige Zielkundengruppe zu ergänzen. Wenn eine **Spezifizierung der Kundengruppe** erfolgte, wurde in der Regel zwischen **(bio-)medizinischer Forschung** auf der einen und der **medizinischen Versorgung** auf der anderen Seite unterschieden. Diese Differenzierung soll auch im Folgenden berücksichtigt werden, auch wenn bestimmte Anwendungsbereiche genauso für andere Kundengruppen, wie z. B. öffentliche Gesundheitsämter oder kleine und mittelständische Unternehmen, von Interesse sein können.

4.3.5.1 Anwendungsgebiete für Grid Computing im Allgemeinen

65% der 17 Teilnehmer, die diese Frage beantworteten, nannten reine rechenleistungsgetriebene Anwendungsfelder, 35% sahen daten- und wissensgetriebene Anwendungsfelder als Bereiche mit hohem Potenzial. Innerhalb der **rechenleistungsgetriebenen Anwendungen** wurden genannt:

- Parameterstudien und Simulationen (24%)
- Andere rechenintensive Bereiche, z. B. Visualisierung (12%)

Auf die Frage nach den Bereichen, in denen diese Anwendungen zum Einsatz kommen, nannten die Experten insbesondere drei Sektoren: die (Partikel- und Hochenergie-)Physik, die Meteorologie und die Astronomie.

4.3.5.2 Anwendungsgebiete in der Medizin und der Biomedizin

82% der 28 Teilnehmer, die für diesen Bereich antworteten, stellten Anwendungen für den Forschungsbereich heraus, 53% für den medizinischen Versorgungsbereich. 46% nannten Anwendungen, die für beide Nutzergruppen gleichermaßen geeignet seien.

82% der Experten waren der Ansicht, dass Grid Computing Anwendungen, die von **biomedizinischen Forschern** erfolgreich genutzt würden, **vor allem Anwendungen** seien, **die eine hohe Rechenleistung erfordern.** Keiner der befragten Experten führte explizit datengetriebene Anwendungsfelder ausschließlich für biomedizinische Forscher auf. Jedoch nannten 46% daten- und wissensgetriebene Anwendungsfelder für gemischte Nutzergruppen[57]. Erfolgversprechende **Anwendungsfelder im rechenintensiven Bereich** sahen die Experten vor allem bei:

• Simulationen und Analysen innerhalb der Systembiologie (61%)

• Modellierung und Visualisierung (32%)

• Analyse klinischer und öffentlicher Daten für Forschungszwecke (39%)

Innerhalb der systembiologischen Anwendungen wurden insbesondere die **in-silico Medikamentenforschung** (36%) sowie **die Genomik und Proteomik** (32%) angeführt.

Innerhalb der **medizinischen Versorgung** dominierten mit 32% ebenfalls Anwendungen, die primär nach **hoher Rechenleistung** verlangen, jedoch **dicht gefolgt von daten- und wissensgetriebenen Anwendungsbereichen** (29%). Wenige Experten verwiesen auf Anwendungen, die sowohl gleichzeitig datengetrieben sind als auch eine hohe Rechenleistung erfordern, z. B. telemedizinische Anwendungen.

Die rechenintensiven Anwendungen würden stark von den **Bildverarbeitungs-Tools** (25%) dominiert. Die Experten führten weitere Anwendungen ins Feld, u. a. Modellierungs-Tools im Allgemeinen und solche mit Bezug zum Konzept des **Virtual Physiological Human (VPH)**. Hierbei handelt es sich um mehrstufige Modellierungen und Simulationen der menschlichen Anatomie und Physiologie unter Zuhilfenahme von IuK-Technologien (vgl. Ayache et al. 2005, S. 5)[58].

---

[57] vgl. diesen Abschnitt, S. 122
[58] Forschungsvorhaben zum Virtual Physiological Human sind u. a. Kernbestandteil des 7. Rahmenprogramms der Europäischen Kommission (7th FP) (VPH 2009).

Das Antwortspektrum für primär datengetriebene Anwendungen war sehr vielfältig. Allein der **Zugang zu und der Austausch von Bilddaten** wurde mit drei Antworten (11%) mehrfach genannt. Andere Anwendungen, die Erwähnung fanden, waren die digitale Pathologie und solche, die sich auf die Elektronische Patientenakte beziehen.

46% der Befragten gaben **daten- und wissensgetriebene Anwendungen** an, die für **unterschiedliche Nutzergruppen** gleichermaßen geeignet sind. Hierzu zählen primär **klinische Forscher und medizinisches Personal**, aber auch KMU können hier als potenzielle Anwender zum Tragen kommen. Neben reinen daten- und wissensgetriebenen Anwendungen nannten einige Experten (18%) für gemischte Nutzergruppen zusätzlich Anwendungsfelder, die sowohl datengetrieben als auch rechenintensiv sind. Diese Anwendungen würden die Steuerung von Monitoring-Instrumenten und das Management von epidemiologischen Daten beinhalten.

Die Antworten zu potenziellen Anwendungsfeldern sind in Abbildung 39 zusammenfassend dargestellt.

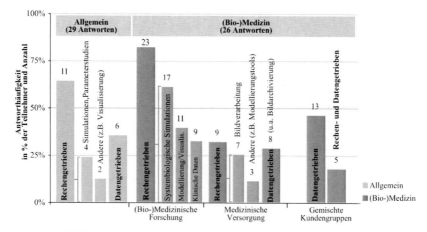

Abbildung 39. Expertenwahrnehmung: potenzielle Anwendungsfelder

Zusammenfassend lässt sich feststellen, dass die Experten in der Regel sehr gezielt auf die Fragestellung antworteten – allerdings nicht immer im gewünschten Detailgrad. In mehreren Fällen mussten die Experten gebeten werden, ihre Aussage zu präzisieren. Gerade bei einer Frage, die es ermöglicht, konkrete Produktvisionen aufzuzeigen, waren die Antworten überraschend allgemein gehalten, z. B. wurde allein das Stichwort „rechenintensive

Anwendungen" genannt. Dies mag darauf hindeuten, dass der befragte Expertenkreis in Teilen nicht ausreichend über die Bedürfnisse des Endkunden informiert ist und häufig den Fokus auf die Gestaltung der unter den Software-Anwendungen liegende Infrastruktur legt und weniger auf das letztendlich gegenüber dem Endkunden wertschöpfende Produkt.

Aus den Antworten ist erkennbar, dass rechenintensive Anwendungen nicht allein im biomedizinischen Forschungsbereich eine wichtige Rolle spielen, sondern auch im Versorgungsbereich. Im Versorgungsbereich sind zusätzlich datenintensive Anwendungsbereiche von Bedeutung.

Eine weitere Erkenntnis ist die hohe Antwortquote für Anwendungen im (bio-)medizinischen Forschungsbereich im Vergleich zur geringeren Quote für die medizinische Versorgung. Dies kann darauf hindeuten, dass Experten

- grundsätzlich eher Anwendungsfelder im Forschungsumfeld sehen oder

- dem Einsatz in der medizinischen Versorgung zumindest zum Befragungszeitpunkt eine geringere Bedeutung beimessen.

Der letzte Aspekt spiegelt wiederum das frühe Entwicklungsstadium von Partner Grids wider, die in dieser Phase vor allem im öffentlich geförderten Forschungsbereich zum Einsatz kommen und in der medizinischen Versorgung bisher kaum anzutreffen sind.

4.3.6 Produktnutzen

Im Folgenden waren die Befragten gehalten, den zusätzlichen Nutzen bezogen auf die zuvor genannten Anwendungen und die respektiven Kundengruppen zu bennenen:

C2. Welchen zusätzlichen Nutzen bietet der Einsatz von Grid Computing den Anwendern der unter C1. genannten Anwendungen im Vergleich zu anderen Technologien? a) generell b) in der Medizin/der Biomedizin

Eines der Kernpartialmodelle in vielen Referenzgeschäftsmodellen ist das des Nutzenversprechens gegenüber dem Kunden, die Value Proposition. Das Nutzenversprechen basiert auf dem vom Kunden **wahrgenommenen Nutzen einzelner Merkmale eines Produktes** und der sich daraus ergebenden Gesamtwertschätzung des Produktes (vgl. Keeney 1999, S. 539). Ein Kunde wählt in einem Produktvergleich das Produkt, welches den höchsten Wert, d. h. die beste Kombination aus zusätzlichem Nutzen und Preis, bietet. Zur Identifizierung nachhaltiger Geschäftsmodelle für Grid Computing ist die Identifizierung des zusätzlichen Nutzens insbesondere für den Endkunden von Grid-Lösungen erforderlich[59].

Bei der Beantwortung der Frage wurden die Experten gebeten, sich konkret auf die zuvor genannten Anwendungen bzw. Anwendungsgebiete zu beziehen und wiederum entsprechend der Antworten auf die vorangehende Frage für Grid Computing im Allgemeinen und separat für die (Bio-)Medizin im Besonderen zu geben.

85% der Experten beantworteten die Frage für mindestens einen der beiden Antwortbereiche, davon 48% (16 von 33) für Grid Computing im Allgemeinen und 52% (17 von 33) für den Bereich der (Bio-)Medizin. Gliedert man dieses Antwortverhalten nach dem Fachschwerpunkt des jeweiligen Experten, so gab die überwiegende Anzahl der Teilnehmer lediglich Antwort in dem Bereich mit dem größeren persönlichen Bezug.

Die gegebenen Antworten lassen sich zu einem **Nutzendreieck** mit den folgenden Kategorien zusammenfassen (siehe Abbildung 40):

- Nutzengewinn an Produktqualität (neue oder verbesserte Merkmale)

- Nutzengewinn in Kosten (Reduzierung der eigenen Kostenposition, d. h. bei gleicher Qualität niedrigere Kosten)

- Nutzengewinn in Bezug auf Realisierungszeiten (Frühere Ergebniserstellung zur früheren Vermarktung bzw. früheren Erlöserzielung; Ausnutzung eines komparativen Wettbewerbsvorteils)

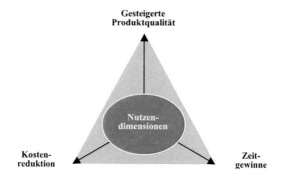

Abbildung 40. Nutzenkategorien im Rahmen der Expertenbefragung

---

[59] Für eine ausführliche Darlegung zum Konzept des Nutzenversprechens vgl. Abschnitt 5.1.3.3, S. 145.

Die gleichzeitige Verwendung der Dimensionen Qualität, Kosten und Zeit entstammt ursprünglich der Erfolgsbewertung von IKT-Projekten im Rahmen des Qualitätsmanagements (vgl. Atkinson 1999, S. 337). Die Dimensionen sind voneinander unabhängig, gleichzeitig lassen sich alle gegebenen Antworten in diese Kategorien einordnen.

In Bezug auf **Grid Computing im Allgemeinen** sahen eine Mehrheit der 16 Befragten **vor allem Qualitätsgewinne** durch den Einsatz von Grid Computing (75%). **Kostenvorteile** wurden immerhin noch von 63% der Teilnehmer zugestanden. Nur ein Drittel der Experten (31%) identifizierten Nutzengewinne in zeitlicher Hinsicht (Time-to-Market).

Auf die Frage, wie die Experten den Nutzen von Grid Computing in der **Medizin und der Biomedizin** einschätzen, hoben alle 17 Teilnehmer die **Bedeutung von Qualitätszuwächsen** hervor (100%). Kostenvorteile spielten mit 29% eine wesentlich geringere Rolle. Eine ebenso geringe Bedeutung messen die Experten Time-to-Market-Gewinnen zu (24%).

Innerhalb der **Nutzenkategorie „Qualität"** führten die Experten insbesondere folgende Merkmale an, die einen höheren Nutzen versprechen:

- **neue Merkmale**, wie Zugang zu neuen Daten und Anwendungen, die es in der Form vorher nicht gab (76%)

- **höhere Qualität der bisher erzielten Ergebnisse**, z. B. bessere Ergebnisse bei der Vorhersage von Szenarien oder systembiologischen Analysen (53%)

- **höhere Nutzerfreundlichkeit/Erleichterung der Arbeit**, durch z. B. Single-Sign-On oder einen arbeitsplatzunabhängigen Zugang zu Daten und Anwendungen (24%)

Kostengewinne sahen die Experten vor allem in der geringeren Abhängigkeit von lokalen IKT-Ressourcen und dem **Wegfall hoher Finanzierungsvolumina** bei der Installation eigener Hochleistungsrechenkapazitäten. Teure IKT-Systeme müssten künftig nicht mehr vorgehalten, sondern könnten bedarfsgerecht abgerechnet werden. Je nach Nutzungsmodell entstünden Kosten zudem nur in Abhängigkeit von der Nutzung.

Ein **zeitlicher Nutzenzuwachs** ergäbe sich laut den befragten Experten durch die Möglichkeit der **Skalierbarkeit** der Rechenoperationen, der Verfügbarkeit von **Ausweichkapazitäten** zum Ausgleichen von Spitzenlasten und von **Rechenleistung bei Bedarf** ohne vorherige Planung und Reservierung von IKT-Ressourcen.

Die Ergebnisse sind in Abbildung 41 zusammengefasst.

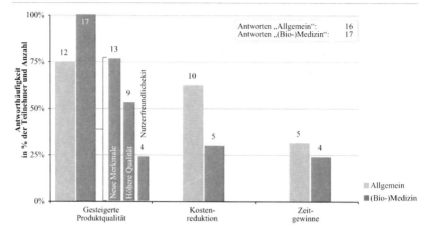

Abbildung 41. Expertenwahrnehmung: Grid-Computing-Nutzen

Ein wesentliches Ergebnis der Untersuchung ist die hohe Bedeutung, die der konkreten Produktausgestaltung für Grid-Computing-Lösungen in der (Bio-)Medizin beigemessen wird. Für die weiteren Betrachtungen von Bedeutung ist ebenfalls die Tatsache, dass zwar eine verbesserte Ergebnisqualität als Zusatznutzen wahrgenommen wird, potenzielle Anwender jedoch noch stärker durch die Bereitstellung völlig neuer Leistungsmerkmale durch Grid-Technologien überzeugt werden können. Zusätzlich ist erkennbar, dass reine Geschwindigkeitsgewinne zwar eine Rolle spielen, insbesondere im kommerziellen Bereich, jedoch dieses Nutzenargument gegenüber anderen potenziellen Argumenten eher ins Hintertreffen gerät. Dies mag u. a. an der generellen Verfügbarkeit von umfangreichen Rechenressourcen gerade im wissenschaftlichen Umfeld liegen, so dass ein Bedarf an noch schnelleren Lösungen eher unterbewertet wird.

4.3.7 Erfolgsfaktoren

Der folgende Themenkomplex gliederte sich in zwei Unterfragen. Während die erste Frage Kritische Erfolgsfaktoren beleuchtete, sollten durch die zweite Frage Etablierungshürden identifiziert werden. Die erste Frage lautete:

D1. Welche drei wesentlichen Bedingungen (Erfolgsfaktoren) sind für einen regulären und wirtschaftlich nachhaltigen Betrieb von Grid Computing entscheidend?

a) generell b) in der Medizin/Biomedizin

Die Frage diente der Identifizierung **Kritischer Erfolgsfaktoren** (engl. „Critical Success Factors"). Kritische Erfolgsfaktoren sind spezifische Eigenschaften eines Produktes oder Ausprägungen von Rahmenbedingungen, **ohne deren explizite Beachtung der Erfolg eines Unternehmens gefährdet ist** (vgl. Lehner und Heinrich 2005, S. 570)[60].

Dieser Fragenblock ist den anderen nachgestellt, da **Erfolgsfaktoren in einem direkten Kontext zum eigentlichen Produkt und den Marktbedingungen** stehen. Durch die vorangehende Diskussion genereller Marktentwicklungen sowie konkreter Anwendungsszenarien (Produkte) wurden mit dem Teilnehmer die konkreten Bezugsobjekte von Erfolgsfaktoren bereits diskutiert. Dies erleichterte die Erläuterung und das Verständnis dieser Fragestellung. Zusätzlich wurden zum Teil bereits grundlegende Erfolgsfaktoren und Produktanforderungen angedeutet. Diese konnten nunmehr durch die Befragten leichter kondensiert und spezifiziert werden.

Alle Experten bis auf einen beantworteten diese Fragestellung für mindestens einen Bezugsbereich. 28 der 33 Teilnehmer (85%) beantworteten die Frage für Grid Computing im Allgemeinen, ebenfalls 28 der 33 Experten (85%) gaben Antworten für den Bereich der Medizin und Biomedizin.

Die Ergebnisse der Befragung lassen sich in **drei Kategorien** zusammenfassen:

- Qualität und Leistung (Produkteigenschaften und -nutzen)
- wirtschaftliche Faktoren (primär Wertschöpfungs- und Kapitalaspekte)
- Marktrandbedingungen (umgebende Faktoren)

Während die Produktdomäne und die wirtschaftlichen Faktoren durch die Akteure in der Regel direkt beeinflussbar sind, können Marktrandbedingungen häufig nur indirekt oder gar nicht beeinflusst werden.

Für **Grid Computing im Allgemeinen** wurde von den 28 Experten der Produktqualität und den wirtschaftlichen Faktoren eine hohe Bedeutung beigemessen, Marktrandbedingungen spielten im direkten Vergleich eine eher untergeordnete Rolle:

- Qualität und Leistung – 71%
- wirtschaftliche Faktoren – 71%
- Marktrandbedingungen – 29%

---

[60] Eine ausführliche Betrachtung der Theorie von Erfolgsfaktoren findet sich in Abschnitt 7.1, S. 228.

Für **Grid-Computing-Anwendungen in der Medizin und der Biomedizin** wiesen die Experten im Gegensatz dazu allen drei Kategorien eine weitaus ähnlichere Bedeutung zu:

- Qualität und Leistung – 54%
- wirtschaftliche Faktoren – 43%
- Marktrandbedingungen – 36%

Insbesondere Marktrandbedingungen gewinnen **im (bio-)medizinischen Bereich** im relativen Vergleich zum Grid-Computing-Gesamtmarkt an Bedeutung. Dieses Ergebnis wird noch deutlicher, werden die Expertenantworten entsprechend dem jeweiligen Fachschwerpunkt untergliedert. Experten aus dem (bio-)medizinischen Umfeld bewerteten Qualitäts- und Leistungsaspekte als Erfolgsfaktoren viel geringer als Teilnehmer aus anderen Bereichen (44% vs. 70%). Im Gegensatz dazu sahen die Spezialisten aus der (Bio-)Medizin in der **Erfüllung und Umsetzung spezifischer Marktrandbedingungen eine wesentlich höhere Erfolgsabhängigkeit** als fachfremde Teilnehmer (50% vs. 10%). Dieses Ergebnis unterstreicht die Bedeutung, die facherfahrene Experten z. B. einer Rahmengesetzgebung zum Datenschutz beimessen[61].

Für den Bereich der Medizin und Biomedizin wurden die Ergebnisse in Untergruppen heruntergebrochen, um ein präziseres Bild zu ermöglichen. Innerhalb **der Domäne der Qualitäts- und Leistungserfolgsfaktoren** standen überzeugende **Lösungen zum Datenschutz und zur Datensicherheit** an oberster Stelle (43%), gefolgt von der Notwendigkeit an **benutzerfreundliche Schnittstellen** (32%) und einer dauerhaften und regelmäßigen **Stabilität und Verfügbarkeit der technologischen Infrastruktur** im Sinne einer garantierten Quality of Services (QoS) (14%).

Die Experten untergliederten zusätzlich die **wirtschaftlichen Faktoren**. An herausragender erster Stelle stand das Erfordernis einer überzeugenden **marktfähigen und marktreifen Produktlösung** („Killer Application", „Use Case"). 29% der Teilnehmer stellten diesen Erfolgsfaktor heraus. Immerhin noch 14% wiesen auf das Vorhandensein von **stichhaltigen Erlös-, Kosten- und Finanzierungsmodellen** für den Unternehmenserfolg hin.

Untergliedert man die **Marktrandbedingungen**, die von den Experten als Kritische Erfolgsfaktoren betrachtet wurden, ergibt sich folgendes Bild: 18% der Teilnehmer hielten

---

[61] vgl. Abschnitt 3.4.3.1, S. 83

einen **Gesetzgebungsrahmen**, der die **Besonderheiten des (bio-)medizinischen Sektors** berücksichtigt, z. B. Datenschutzfragen, für eine erfolgreiche Etablierung von Grid Computing für unbedingt erforderlich. Dieselbe Anzahl an Teilnehmern (18%) wies auf die Erfolgsbedingungen hin, die sich aus **sektor-spezifischen sozialen (und kulturellen) Faktoren** ergeben. Dieser letzte Aspekt wurde von der Notwendigkeit einer intensiven Zusammenarbeit zwischen Medizinern und Experten anderer Bereiche angeführt, z. B. IKT-Personal oder Biologen, die jeweils unterschiedliche Arten der sozialen Kommunikation auszeichnen.

Zusätzlich wurden die Experten befragt, in welchem Maße die Erfolgsfaktoren bereits erfüllt werden. Die Mehrheit der Teilnehmer betonte, dass fast alle genannten **Erfolgsfaktoren nicht oder nur teilweise erfüllt** werden. Entsprechend der Antworten der Experten adressieren die derzeit auf dem Markt befindlichen Lösungen Qualitäts- und Leistungsparameter zumindest in einer akzeptablen Weise, allerdings wird den Grid-Computing-Lösungen noch nicht der Status „ready-to-use" verliehen. Wesentlich größer ist der Abstand zwischen Anforderungsprofil und momentaner Umsetzung allerdings in Bezug auf die Marktrandbedingungen und maßgebende wirtschaftliche Faktoren.

Abbildung 42 fasst die wesentlichen Kritischen Erfolgsfaktoren zusammen.

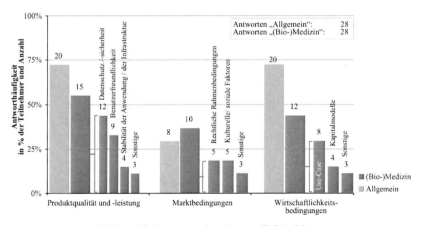

Abbildung 42. Expertenwahrnehmung: Erfolgsfaktoren

Aus den Auswertungen der gegebenen Antworten zu Kritischen Erfolgsfaktoren lässt sich zusammenfassend feststellen, dass die Qualität der Leistung, wirtschaftliche Faktoren und Marktrandbedingungen im (bio-)medizinischen Umfeld eine jeweils ähnlich starke Rolle spielen. In allen drei Bereichen ist jedoch momentan kein befriedigender Erfüllungsgrad des aufgezeigten Anforderungsprofils erkennbar. Die Experten nahmen Defizite in allen drei Bereichen wahr. Besonders kritisch wurden folgende Faktoren betrachtet:

• Datenschutz und Datensicherheit als Produktmerkmal

• Datenschutz und Datensicherheit im Sinne rechtlicher Rahmenbedingungen

• vorzeigbarer und zielgruppenorientierter Use Case als Vermarktungselement

Allen drei Faktoren wurde eine hohe Bedeutung beigemessen, und in allen drei Bereichen entspricht der derzeitige Erfüllungsstand nicht dem Anforderungsprofil.

4.3.8 Limitierende Rahmenbedingungen

Während die Kritischen Erfolgsfaktoren im positiven Sinne auf die Umsetzung eines Geschäftsmodells wirken, können bestimmte Etablierungshürden die erfolgreiche Etablierung eines Geschäftsmodells behindern. Zur Vervollständigung des Gesamtbildes wurde daher gefragt:

D2. Welches sind die drei wesentlichen Hürden, die zum Scheitern von Grid Computing führen können? a) generell b) in der Medizin/der Biomedizin

Das Konzept der Erfolgsfaktoren ist eng mit der Fragestellung verbunden, welche **Hürden eine Aktivität oder ein Projekt zum Scheitern** bringen können. Häufig ist die Frage nach den Etablierungshürden spiegelbildlich zu einem entsprechenden Erfolgsfaktor zu beantworten. Insofern dient die Frage insbesondere der **Verifizierung** der vorangestellten Frage zu den Erfolgsfaktoren. Gleichzeitig kann das Eintreten bestimmter Ereignisse eine ansonsten erfolgreich geplante Etablierung eines Geschäftsmodells zum Scheitern bringen.

28 Experten, d. h. 85%, beantworteten die Frage für Grid Computing im Allgemeinen, während nur 14 Experten explizit Hürden im (bio-)medizinischen Bereich angaben.

Aufgrund der Nähe der beiden letzten Fragestellungen wurden die Antworten entsprechend dem Kategorisierungsschema der Erfolgsfaktoren eingeordnet: **Qualität und Leistung, wirtschaftliche Faktoren und Marktrandbedingungen**.

Für **Grid Computing im Allgemeinen** sahen die Experten insbesondere Etablierungshürden im Bereich der **Qualität und der Leistung** (68%). Ein ähnlich hohes Hindernisniveau ergibt sich laut den Befragten durch **wirtschaftliche Faktoren** (75%). Kritische Marktrandbedingungen identifizierten nur 39% der Teilnehmer.

Entsprechend dem für Erfolgsfaktoren gezeichneten Bild wich das Antwortverhalten der Experten in Bezug auf den **(bio-)medizinischen Sektor** vom branchenübergreifenden Trend ab. An erster Stelle standen hier **problematische Marktrandbedingungen** (71%). Diese wurden gefolgt von wirtschaftlichen Etablierungshürden (50%). Hürden durch Qualitäts- und Leistungsmängel sahen immerhin noch 43%.

Insbesondere **die Ausgestaltung der Marktrandbedingungen** erschien den Experten sowohl als positiver Stimulus im Sinne eines Erfolgsfaktors von Bedeutung als auch bei unvorteilhafter Ausgestaltung als **größtes Hemmnis bei der Etablierung** von Grid-Computing-Lösungen in der Medizin und der Biomedizin.

Grid-Computing-Lösungen im Allgemeinen würden in Bezug auf Qualitäts- und Leistungsmängel vor allem aus den folgenden Gründen scheitern:

- keine adäquaten Lösungen zum Datenschutz und zur Datensicherheit (39%)
- vernachlässigte Standardisierung (21%)
- unzureichende Systemstabilität (18%)

Im Bereich der Marktrandbedingungen benannten die Experten die folgenden potenziellen Etablierungshemmnisse:

- inadäquate Rahmengesetzgebung (18%)
- hohe Eintrittsbarrieren für Entwickler aufgrund einer schlechten Bildungsinfrastruktur bzgl. Grid-Technologien und komplexer Software (18%)
- das Vernachlässigen sozialer Aspekte (14%) – hierzu zählen die Experten u. a. eine ausgeprägte Zurückhaltung beim Teilen von Wissen und Daten sowie bei der organisationsübergreifenden Zusammenarbeit
- Akzeptanzhürden in der Gesellschaft als Ganzes (11%)

Werden die Antworten für wirtschaftliche Faktoren aufgegliedert, ergibt sich folgendes Bild: Grid Computing kann vor allem durch den Wettbewerb mit anderen Technologien, insbesondere immer leistungsstärkeren lokalen Systemen, scheitern (39%). Fehlende marktfähige Vertragslösungen (SLA etc.) und Lizenzierungsmodelle bewerteten 36% der Teilnehmer als ernstzunehmende Hürde. Unausgereifte und fehlende Betreibermodelle waren immerhin noch für 29% der Experten ein Grund zum Scheitern. 21% glaubten, dass Grid-Computing-Lösungen sich nicht durchsetzen werden, wenn der wahrgenommene Nutzen durch den Endanwender zu gering ausfällt.

Innerhalb der kleinen Stichprobe, die sich zum **(bio-)medizinischen Sektor** äußerte, spielten vor allem fehlende Standardisierungen (28%) im Kontext der **Qualität und Leistung** als wesentliche Hürde eine Rolle und für 21% ein fehlerhaftes Produktdesign generell (instabil, zu kompliziert für Mediziner). Bei den **branchenspezifischen Marktrandbedingungen** äußerten die Experten sehr unterschiedliche Aspekte. Häufiger wurden soziale Faktoren (29%), wie mangelnder Wille zur Zusammenarbeit und zum Teilen von Wissen, genannt. Für einige Experten wäre auch eine inadäquate Gesetzgebung ein großes Implementierungshemmnis. In Bezug auf Hemmnisse, die **wirtschaftliche Faktoren** betreffen, wurden vor allem eine fehlende „Killer Application" und fehlende Vertragswerke (Service Level Agreements etc.) genannt.

Die abgegebene Expertise unterstreicht, dass Marktrandbedingungen in der (Bio-)Medizin eine wesentlich stärkere Bedeutung haben als im Vergleich zum Gesamtmarkt. Trotz der unterschiedlichen Gewichtung der einzelnen Bereiche sind Detailantworten zum Teil ähnlich. Fragen des Datenschutzes spielen ebenso eine Rolle wie die Rahmengesetzgebung und die Notwendigkeit des Rückgriffs auf Schnittstellen.

4.3.9 Ergänzende Informationen

Der abschließende Themenkomplex beinhaltete drei Teilfragen zur Erhebung ergänzender Informationen. Die erste Frage diente dem Abschluss des eigentlichen Interviews:

E1. Welche sonstigen Anmerkungen zur Grid-Technologie und dem Markt für Grid-Anwendungen in der Medizin und Biomedizin halten Sie für wichtig?

Die Frage verfolgte zwei Zielstellungen. In inhaltlicher Hinsicht sollte dem Experten die Möglichkeit gegeben werden, bisher nicht erfragte und aus seiner Perspektive entscheidende Aspekte zum Interviewinhalt zu äußern. Diese Frage ermöglichte dem Befragten u. a. auf persönliche Fallbeispiele und konkrete Geschäftsmodelle im Detail einzugehen. Der offene Charakter des Interviews konnte so noch einmal erhöht werden (vgl. Gläser und Laudel 2006, S. 145).

In methodischer Hinsicht diente die Frage einem „angenehm[en]" Abschluss des Interviews, indem sie es dem Teilnehmer überließ, frei über den Inhalt seiner Antwort zu entscheiden (ebd. S. 144).

Neben ergänzenden Informationen, die den oberen Fragekomplexen zugeordnet wurden, äußerten einige Experten zusätzliche Aspekte. So wurden Hinweise zu spezifischen Grid-Computing-Projekten gegeben, u. a. zum europäischen MammoGrid-Projekt und amerikanischen Medicus-Projekt. Ein Teilnehmer beschrieb im Detail den Prozess der IKT-Beschaffung und -Finanzierung eines Universitätsklinikums in Deutschland. Ein weiterer Teilnehmer äußerte sich zu Entwicklungsständen der IKT-Strukturen im Gesundheitsbereich in verschiedenen europäischen Ländern.

Der Themenkomplex wurde mit der folgenden Frage abgeschlossen:

E2. Welche weiteren Experten können Sie mir empfehlen,
die an einer Beantwortung dieser Interviewfragen interessiert sein könnten?

Mit dieser Fragestellung sollte zum einen überprüft werden, inwieweit das ursprünglich definierte Sample repräsentativ für den Markt ist, zum anderen sollten Lücken durch ausbleibende oder negative Rückmeldungen mit weiteren Experten geschlossen werden.

Viele der auf diese Frage genannten Experten waren bereits in der Stichprobe enthalten. Gleichzeitig wurden wenige zusätzliche Experten genannt, die zur Verbreiterung der Stichprobe beitrugen.

4.4 Zusammenfassung und Beurteilung

Die 33 befragten Experten sind grundsätzlich von einer erfolgreichen Implementierung von Grid-Computing-Lösungen überzeugt. Dies gilt nicht nur für den Gesamtmarkt, sondern auch für die Medizin und die Biomedizin, hier allerdings mit einigen Jahren Verzögerung.

Die Experten identifizieren unterschiedliche Anwendungsgebiete für spezifische Kundengruppen, die auch im biomedizinischen und medizinischen Bereich erfolgreich sein können. Diese erstrecken sich von Anwendungen für die biomedizinische Forschung zur Systemanalyse im Rahmen der Genetik und Simulationstools für die Erforschung neuer Medikamente bis hin zu klinischen Anwendungsbereichen, hier insbesondere bildverarbeitende und bildverwaltende Systeme. Basierend auf diesen Anwendungen benennen die Experten Nutzenkategorien, die in einem konkreten Nutzenversprechen für Grid Computing enthalten sein sollten. Qualitätszuwächse durch ein neues oder verbessertes Leistungs-angebot dominieren die Nutzenwahrnehmung.

Um eine nachhaltige Etablierung von Grid-Computing-Initiativen zu garantieren, nennen die Teilnehmer deutlich die kritischen Erfolgsfaktoren, die zwingend umzusetzen sind. Hierunter fallen vor allem vollständig sichere und nutzerfreundliche „Killer"-Anwen-dungen, die direkt ohne größere Vorkenntnisse eingesetzt werden können. Ein weiterer gewichtiger Erfolgsfaktor ist die Erfüllung datenschutzrechtlicher Anforderungen durch den Grid-Betreiber, jedoch gleichzeitig die Etablierung einer Rahmengesetzgebung, die der technologischen Entwicklung entspricht. Unter technologischer Entwicklung wird hier insbesondere die zunehmende Vernetzung und Nutzung sensibler Daten über nationale Grenzen hinweg verstanden.

Trotz des positiven Zukunftsausblicks sehen die Experten großen Handlungsbedarf. Die aktuelle Situation steht im Widerspruch zum Anforderungsprofil der Zukunft. Aktuelle Grid-Computing-Lösungen erfüllen häufig nicht die Produktanforderungen, die für die Schaffung eines sichtbaren zusätzlichen Nutzens notwendig sind und berücksichtigen selten alle Kritischen Erfolgsfaktoren. Die Experten beanstanden, dass die aktuell angebo-tenen Anwendungen und Dienste für die avisierte Kundengruppe oft zu kompliziert aus-gestaltet sind und nicht deren spezifisches Anforderungsprofil treffen. Die Experten weisen außerdem darauf hin, dass die Anwendungen häufig zu instabil laufen, um sie einem regulären Betrieb zuzuführen.

Für die Ausformulierung von Geschäftsmodellen für Grid Computing in der Medizin und der Biomedizin sind die Ergebnisse von hohem Nutzwert. Sie ermöglichen zum einen eine Detaillierung hinsichtlich des möglichen Leistungsspektrums und dessen Ausgestaltung im Sinne eines zielkundenadäquaten Nutzenversprechens. Zum anderen geben Sie Auskunft über die aktuelle und zukünftige Marktsituation. Nicht zuletzt dient die Expertise der weiteren Ausformulierung konkreter Kritischer Erfolgsfaktoren, die eine nachhaltige Durchsetzung von Grid-Computing-Infrastrukturen beeinflussen

5 Geschäftsmodellgestaltung für (bio-)medizinische Grid-Computing-Infrastrukturen

Das folgende Kapitel aggregiert die Erkenntnisse, die sich aus dem bisherigen Forschungsstand, der Marktsituation und der Experteneinschätzung ergeben.

Übergreifendes Ziel des Kapitels ist in einem ersten Abschnitt die Ableitung eines konzeptionellen Rahmens für Grid-Computing-Geschäftsmodelle in Form eines Referenzgeschäftsmodells und dessen inhaltliche Ausgestaltung. Neben Überlegungen zum übergreifenden Markt für Grid Computing konzentriert sich die Darlegung auf den Markt für Grid Computing in der Medizin und der Biomedizin. Im zweiten Abschnitt werden auf Basis des Referenzgeschäftsmodells ein branchenübergreifendes Klassifikationsschema für Grid-Computing-Geschäftsmodelle abgeleitet und identifizierte Geschäftsmodelltypen im Überblick erläutert. In einem dritten Abschnitt werden die Erkenntnisse zusammengefasst und konkrete Grid-Computing-Geschäftsmodelle für die Medizin und die Biomedizin abgegrenzt und bewertet. Das Kapitel schließt mit einer Zusammenfassung.

5.1 Referenzgeschäftsmodellierung für Grid Computing

5.1.1 Konzeptioneller Rahmen der Referenzmodellierung

Referenzmodelle kommen in unterschiedlichen Zusammenhängen zum Einsatz. Dabei geht das Begriffsverständnis innerhalb der Forschung zur Referenzmodellierung auseinander (vgl. zur Diskussion u. a. Brocke 2003, S. 9ff.; Fettke und Loss 2004). In der jüngeren Vergangenheit lässt sich jedoch eine Annäherung unterschiedlicher Begriffsauffassungen in Richtung eines verwendungsorientierten Referenzmodellbegriffs feststellen. Demnach gilt ein Modell als Referenzmodell, wenn es mindestens eine der nachgenannten Bedingungen erfüllt (vgl. Fettke und Brocke 2008):

- es kann bei der Konstruktion weiterer Modelle wieder verwendet werden
- das Modell wird faktisch zur Konstruktion weiterer Modelle wieder verwendet

Die Wiederverwendbarkeit stellt damit das zentrale Definitionsmerkmal eines Referenzmodells dar.

Referenzmodelle dienen einer deskriptiven und präskriptiven Zielsetzung. In deskriptiver Hinsicht beschreiben sie Gemeinsamkeiten einer Gruppe von Modellen. In präskriptiver Hinsicht bilden sie einen theoretischen Bezugsrahmen zur möglichen Ausgestaltung einer Gruppe von Modellen. In einem Referenzmodell werden häufig beide Aspekte adressiert, wobei der deskriptive oder der präskriptive Aspekt dominieren kann.

Referenzmodelle weden in unterschiedlichen Kontexten eingesetz und erfüllen entsprechend des zugrunde liegenden Sachzusammenhangs unterschiedliche Zielsetzungen. Tabelle 13 gibt einen Überblick über unterschiedliche Referenzmodelltypen (vgl. Fettke und Brocke 2008).

Tabelle 13. Referenzmodelltypen (in Anlehung an Fettke und Brocke 2008)

Referenzmodelltyp	Beispiel
Technisches Referenzmodell	Workflow Management Coalition (WfMC 1995), ISO Standards (ISO 1994)
Betriebswirtschaftliches Referenzmodell	Y-CIM-Modell (Scheer 1997), MIT Process Handbook (Malone et al. 2003), SCOR-Modell (SCC 2006)
Software-Referenzmodell	SAP-Referenzmodell (Keller et al. 1999)
Referenzvorgehensmodell	Referenzvorgehensmodell Handel (Vering 2002)
Theoretisch-konzeptioneller Bezugsrahmen	Hochschulkostenrechung (Dobrindt 2005), E-Business Ontologien (Osterwalder 2004)
Analyse- und Entwurfsmuster	Design-Patterns (Gamma et al. 1995), Analysis-Patterns (Fowler 1997)
Frameworks	Softwareentwicklung mit Frameworks (Pree 1997)

5.1.2   Referenzgeschäftsmodell für Grid Computing

Ein Hauptziel dieser Arbeit ist die Entwicklung eines Referenzgeschäftsmodells für Grid Computing im Sinne eines theoretisch-konzeptionellen Bezugsrahmens (vgl. Fettke und Brocke 2008). In Ableitung der im dritten Kapitel identifizierten Kernpartialmodelle wird ein wertflussorientiertes Referenzgeschäftsmodell vorgeschlagen (siehe Abbildung 43)[62]. Der dargestellte Bezugsrahmen dient als Überbau für die im Folgenden durchgeführten Detailbetrachtungen der einzelnen Partialmodelle.

---

[62]   vgl. Abschnitt 3.2.1, S. 45

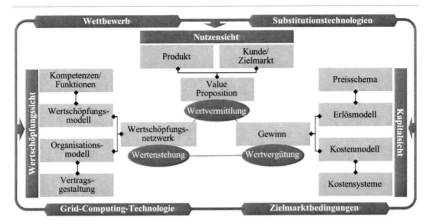

Abbildung 43. Grid-Computing-Referenzgeschäftsmodell

Den Kern des Referenzgeschäftsmodells bilden drei Sichten (basierend auf Scholz et al. 2008, S. 4):

- **Nutzensicht** – Nutzenversprechen zur Wertvermittlung,

- **Wertschöpfungssicht** – Wertschöpfungsnetzwerk zur Wertentstehung,

- **Kapitalsicht** – Gewinngerierung bzw. Kostendeckung zur Wertvergütung.

Die Sichten setzen sich wiederum aus mehreren Partialmodellen zusammen. Die Nutzensicht ist wertorientiert und beschreibt das sich aus den Produkteigenschaften und dem anzusprechenden Zielkundenmarkt ableitende Nutzenversprechen. Die Wertschöpfungssicht beschreibt das Wertschöpfungsnetzwerk, bestehend aus einem Organisations- und einem rollenbasierten Wertschöpfungsmodell. Die Kapitalsicht erfasst alle relevanten Finanzflüsse in Form von Erlös- und Kostenmodellen. Gemeinsam formen die drei Sichten das eigentliche Referenzgeschäftsmodell. Sie sind durch die handelnden Akteure innerhalb der Grenzen, die rahmenbildende Faktoren auferlegen, beeinflussbar.

Rahmenbildende Faktoren können die Ausgestaltung eines Geschäftsmodells sowohl im positiven Sinne stimulieren (**enabling aspects**) wie auch im negativen beschränken (**limiting aspects**). Die jeweiligen stimulierenden und beschränkenden Eigenschaften sind je nach Faktor unterschiedlich ausgeprägt und lassen sich im Gegensatz zu den Kernsichten des Modells nicht oder nur indirekt beeinflussen[63]. Diese Eigenschaften erfüllen die folgenden Faktoren:

- **Wettbewerb**: Wettbewerb zwischen Grid-Computing-Anbietern
- **Grid-Technologie**: Technologiespezifische Rahmenbedingungen, welche die Ausgestaltung des Geschäftsmodells bestimmen und nachhaltig beeinflussen
- **Zielmarktbedingungen**: Gesetzliche, soziale und kulturelle Rahmenbedingungen des penetrierten Marktumfeldes
- **Substitutionstechnologien**: Substituierende Technologien, über die ein ähnliches Nutzenmodell darstellbar ist

Nicht Teil des hier gewählten Referenzgeschäftsmodells sind direkte Vertriebskomponenten. Dieser Ansatz folgt damit dem im dritten Kapitel hergeleiteten Gesamtbild der Geschäftsmodellforschung und ordnet Vertriebskomponenten den operativen Geschäftsaktivitäten zu, die nicht Bestandteil der Grundarchitektur des Geschäftes sind[64]. Damit soll der Charakter des Geschäftsmodells als **übergreifender Handlungsrahmen und strukturierte Beschreibung der Geschäftsidee** betont werden. Indirekt sind Vertriebskanäle über die Wertschöpfungssicht abgebildet.

Finanzierungsaspekte sind im Rahmen des hier vertretenen Referenzgeschäftsmodells indirekter Bestandteil des Erlösmodells. Innerhalb des Erlösmodells treten Finanzierungen in der Gründungsphase und in besonderen Fällen in der Marktphase über Fördermittel als Erlössubstitut zur Deckung der Kosten in Erscheinung. Diese geschäftsmodellinhärenten Finanzierungsaspekte sind abzugrenzen von Finanzierungsfragen des ordentlichen Geschäftsbetriebs. Im operativen Geschäft dient die Investitions- und Finanzplanung der Gegenüberstellung geplanter Anlagegüter und deren Gegenfinanzierung. Dieser operative Aspekt ist nicht Bestandteil des übergreifenden Geschäftsmodellrahmens.

Bei der Analyse von Unternehmungen und ihren Geschäftsmodellen ist eine fortschreitende **Wertorientierung** zu verzeichnen (vgl. Töpfer und Seeringer 2008, S. 229). Das hier vorgestellte Referenzmodell trägt dieser Entwicklung Rechnung und bildet über die unterschiedlichen Sichten gleichzeitig den Wertfluss der Leistungserbringung ab (siehe Abbildung 44).

---

[63]   Unterstellt wird ein Wettbewerbsmarkt ohne signifikante Marktmacht einzelner Akteure.
[64]   vgl. Abschnitt 3.2.1.3, S. 46

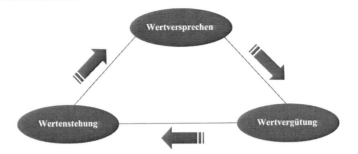

Abbildung 44. Wertfluss der Leistungserbringung im Rahmen eines Geschäftsmodells

Ausgehend von der Wertentstehung im Rahmen des Wertschöpfungsnetzwerks wird die zu erbringende Leistung in Form eines Produktes dem Kunden angeboten. Das Produkt ist direkt mit einem Wertversprechen verbunden, das ein Unternehmen gegenüber einer spezifischen Kundengruppe abgibt. Die Bruttowertvergütung entspricht dabei dem Leistungspreis, die Nettowertvergütung dem Leistungspreis abzüglich der hierfür im Rahmen der Wertentstehung aufgewendeten Kosten[65]. Im Idealfall fließt die als Gewinn deklarierte Nettowertvergütung wertsteigernd wieder der Wertschöpfungsinfrastruktur zu.

Die Kernsichten des Referenzgeschäftsmodells werden in den folgenden Abschnitten in Hinblick auf Grid Computing im Allgemeinen und im (bio-)medizinischen Kontext näher erläutert.

5.1.3 Nutzensicht

Im Kern der Betrachtungen der Nutzensicht steht der Kundennutzen in Form des Nutzenversprechens. Der Kundennutzen, häufig auch als Kundenwert oder „Customer Value" bezeichnet, wurde bereits frühzeitig als eines der zentralen Untersuchungsobjekte der Marketingforschung aufgegriffen (vgl. u. a. Holbrook 1994, S. 21ff.; Woodruff 1997, S. 140). Er beschreibt den Wert einer erbrachten Leistung in Form eines Produktes oder einer Dienstleistung für den Kunden (vgl. Woodall 2003, S. 1)[66]. Die Nutzensicht des Referenzgeschäftsmodells greift diesen Nutzengedanken auf und beschreibt die Ausrich-

---

[65] Potenziell anfallende Steuern sollen hier unberücksichtigt bleiben
[66] Die einschlägige Literatur zum Kundennutzen gliedert sich in die Forschungsstränge „Value **of** the Customer", im Sinne einer „Customer-Lifetime-Value-Betrachtung" (vgl. Wächter 2006, S. 1) auf der einen und „Value **for** the Customer" auf der anderen Seite (vgl. Woodruff und Gardial 1996, S. 4ff.). Diese Arbeit betrachtet für die Geschäftsmodellgestaltung den letztgenannten Aspekt.

tung einer Unternehmung in Bezug auf die angebotene Leistung, die Zielkundengruppe und das sich daraus ableitende Nutzenversprechen.

Im Einzelnen beantwortet die Nutzensicht folgende Fragen:

* Welche Produkte, d. h. Anwendungen oder Dienstleistungen, werden dem Kunden angeboten?

* Wer ist der anzusprechende Kunde, d. h. welcher Zielkundenmarkt soll bedient werden?

* Welches Nutzenversprechen bietet die angebotene Leistung dem Kunden?

5.1.3.1 Produkte

Grid-Computing-Infrastrukturen bieten grundsätzliche grid-typische Funktionalitäten, die sie von anderen IKT-Infrastrukturen unterscheiden. Hierzu zählt insbesondere die Virtualisierung heterogener Ressourcen in einer dynamischen Umgebung[67]. Dadurch wird bereits auf dieser unteren technologischen Basisebene ein Produkt mit spezifischen Eigenschaften und Alleinstellungsmerkmalen bereitgestellt. Auf dieser Produktebene sind Grid-Computing-Lösungen industrieübergreifend in ihrer Grundarchitektur weitgehend identisch. Diese Basisebene kommt bereits eigenständig im Rahmen von unternehmensgebundenen Enterprise Grids zum Einsatz.

Um Grid-Computing-Infrastrukturen jedoch im weiteren Branchenkontext der Gesundheitswirtschaft untersuchen zu können, ist eine Betrachtung auf Ebene der Softwareanwendungen für den Endkunden notwendig. Die technologische Infrastruktur ist in diesem Fall für den Anwender eine „Black-Box", die darin integrierte Technologie für die Nutzenbewertung der eigentlichen Anwendung unerheblich (siehe Abbildung 45).

Abbildung 45. Nutzenwahrnehmung durch den Endkunden – Grid als Black-Box

Es wurde bereits gezeigt, dass Grid Computing funktional in Computing Grids, Data Grids und Knowledge Grids eingeteilt werden kann. In zwei vorgelagerten Untersuchungen

---

[67]   vgl. Abschnitt 2.1.1, S. 16

dieser Arbeit wurden konkrete Anwendungsbereiche für Grid Computing in der Medizin und der Biomedizin präzisiert. Zum einen wurden in der Marktstudie derzeitige Anwendungsfelder aktueller Healthgrid-Projekte identifiziert, zum anderen im Rahmen der Expertenbefragung die Anwendungsfelder erfragt, die in Zukunft potenziell am ehesten Erfolg versprechen. Die Ergebnisse der bisherigen Untersuchungen werden im Folgenden aggregiert und mögliche Anwendungsfelder in der (Bio-)Medizin hinsichtlich der Dimensionen Produktattraktivität und Implementierungsaufwand untersucht. Die Kriterien, die zur Bewertung der beiden Dimensionen herangezogen werden, sind in Tabelle 14 aufgeführt. Alle Kriterien sind gleichgewichtet.

Tabelle 14. Bewertungsmerkmale zur Produktattraktivität von Healthgrids

Produktattraktivität	Implementierungsaufwand
- Aktuelles Vorkommen, Erfahrungswerte (Marktstudie)	- Technologische Komplexität der Infrastruktur (Marktstudie, Expertenbefragung)
- Potenzialbewertung (Expertenbefragung)	- Standardisierungsaufwand (Marktstudie, Expertenbefragung)

(in Klammern: Quelle der Bewertung)

Die Produktattraktivität der Anwendungen wird zum einen über das Vorkommen in derzeitigen Healthgrid-Initiativen, zum anderen über die Einschätzung der zukünftigen Attraktivität durch die Experten im Rahmen der Expertenbefragung bewertet. Das erste Kriterium zeigt die Grundattraktivität eines Anwendungsbereiches und bereits gesammelte Erfahrungswerte, das zweite Kriterium berücksichtigt zukünftige Trends. Der Implementierungsaufwand wird sowohl über die technische Komplexität als auch über den Standardisierungsaufwand beim Aufsetzen der technischen Infrastruktur abgebildet. In Anwendungsbereichen, in denen bereits ein hoher Standardisierungsgrad erreicht ist, wie beispielsweise in der Bildverarbeitung mit DICOM, ist der zusätzliche Aufwand zur Standardisierung der zu vernetzenden Datenbestände geringer als in anderen Anwendungsbereichen.

Die Einzelbewertungen der jeweiligen Kategorien und die **Visualisierung der Bewertungsergebnisse in einer Entscheidungsmatrix** sind in Abbildung 46 zusammengefasst. Aufgrund des heuristischen Charakters der Bewertung präsentieren die Ergebnisse Näherungswerte mit dem Ziel einer grundsätzlichen Abschätzung der Produktattraktivität und des Implementierungsaufwandes von Healthgrids.

Aus der Matrix lässt sich ablesen, dass insbesondere mit Bildverarbeitung und -archivierung sowie biomedizinischen Simulationen und Kalkulationen zwei Bereiche als besonders interessant für eine Investition einzuschätzen sind. Ein weiterer Anwendungsbereich, Datenintegration und -virtualisierung, ist selektiv von der konkreten Implementierungssituation abhängig. Die verbleibenden Anwendungsbereiche, Modellierung und Visualisierung, Biosignalverarbeitung sowie Entscheidungsunterstützung, sollten unter den gesetzten Prämissen nicht weiter verfolgt werden.

Die hohe Produktattraktivität für Grid-Computing-Anwendungen in der Bildverarbeitung wird durch ein positives Marktumfeld gestützt. Digitale Bildverarbeitungssysteme ersetzen zunehmend analoge und zählen zu den am stärksten nachgefragten IKT-Systemen in der Gesundheitswirtschaft (vgl. Lorenz und Lange 2009, S. 24).

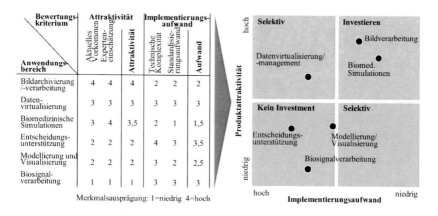

Abbildung 46. Bewertung von Attraktivität und Implementierungsaufwand von Healthgrid-Anwendungsbereichen

5.1.3.2 Zielkundenmarkt

Anwendungen existieren nicht losgelöst von Zielkunden. Im (bio-)medizinischen Umfeld lassen sich grundsätzlich die folgenden potenziellen Kundengruppen identifizieren:

- biomedizinische Forschung (öffentliche und kommerzielle Einrichtungen)

- klinische Forschung (Universitätskliniken, Forschungseinrichtungen)

- Sekundärversorgung (Kliniken, Fachärzte)

- Primärversorgung (Hausarzt)

- Patienten/Gesellschaft

- indirekt: Public Health (öffentliche Gesundheitseinrichtungen)

Grid-Computing-Technologien sind in der aktuellen Lebenszyklusphase des ersten Markteintritts nicht für alle Zielgruppen gleichermaßen relevant. Werden die Ergebnisse der Marktstudie und der typische Diffusionsverlauf medizinischer Innovationen aus Kapitel 3 sowie die Expertenmeinungen aus Kapitel 4 berücksichtigt, verbleiben **drei relevante Zielgruppen: die biomedizinische Forschung, die klinische Forschung und die klinische Sekundärversorgung.**

Im aktuellen Entwicklungsstadium ist Grid Computing je nach Anwendungsgebiet mit hohen Investitionen verbunden und auf **Frühanwender (Early Adopters)** beschränkt[68]. Hierzu zählen die genannten Kundensegmente der biomedizinischen und klinischen Forschung sowie in ersten Ansätzen der klinischen Versorgung.

Das Segment der **biomedizinischen Forschung** wird durch öffentliche Einrichtungen dominiert. Von Bedeutung sind auf kommerzieller Seite zusätzlich die Entwicklungseinrichtungen großer Industrieunternehmen, die sich in der Gesundheitswirtschaft primär auf die stark konsolidierte pharmazeutische Industrie konzentrieren. Pharmaunternehmen greifen teilweise bereits auf Grid-Computing-Strukturen zurück, jedoch weniger auf der Anwendungsebene, sondern mehr auf der Ebene der reinen Infrastruktur zur effizienteren Auslastung eigener Rechenressourcen[69]. Kleinere und mittlere Unternehmen, die sich vor allem im biotechnologischen Umfeld befinden, werden bei der Implementierung von Grid-Computing-Technologien derzeit kaum adressiert.

Die **klinische Forschung** erfolgt überwiegend in den Universitätskliniken, die gleichzeitig die ersten Adaptoren neuer Technologien für den **klinischen Versorgungsbereich** sind. Der Übergang zwischen Forschung und Versorgung ist hier häufig fließend. Kliniken ohne Wissenschaftsbetrieb treten in der Regel erst später als Nachfrager am Markt auf.

Niedergelassene Spezialisten, aber vor allem Ärzte der Primärversorgung, greifen auf neue Technologien üblicherweise erst zurück, wenn sie bereits in anderen Bereichen langfristig erfolgreich etabliert wurden. Ein Einsatz von Grid-Computing-Technologien in diesem

---

[68] vgl. zur Innovationsdiffusion in der (Bio-)Medizin Abschnitt 3.4.4, S. 88
[69] vgl. Abschnitte 3.4.2, S. 71 und 3.4.4, S. 89

Kundensegment ist in den kommenden Jahren eher unwahrscheinlich. Ebenso deutet derzeit nur wenig auf eine umfassende Nutzung von Grid-Computing-Technologien durch Patienten hin. Wahrscheinlicher ist die Bereitstellung von einzelnen Patientenschnittstellen im Rahmen der Nutzung durch Kunden der klinischen Versorgung.

Öffentliche Gesundheitseinrichtungen werden in der Regel lediglich indirekt als Kunden für Grid-Computing-Infrastrukturen durch die Ausschreibung und Vergabe von (Forschungs-)Aufträgen auftreten.

Die identifizierten Anwendungsgebiete für Healthgrids sind nicht für alle Zielgruppen gleichermaßen geeignet[70]. Werden die Anwendungsbereiche, geordnet nach ihrer übergreifenden Produktattraktivität, ins Verhältnis zu den relevanten verbleibenden Zielgruppen gesetzt, ergibt sich das in Tabelle 15 dargestellte Bild.

Tabelle 15. Einsatzhäufigkeit von Healthgrid-Anwendungsbereichen nach Zielgruppen

Gesamt-attraktivität	Anwendungsbereich	Biomedizinische Forschung	Klinische Forschung	Klinische Versorgung
Investieren	Bildarchivierung/ -verarbeitung	+	+	+++
	Biomedizinische Simulationen/Kalkulationen	+++	+	
Selektiv	Datenvirtualisierung/ -management	+	+++	+++
Kein Investment	Entscheidungs-unterstützung			+++
	Modellierung und Visualisierung	+++	+	+
	Biosignal-verarbeitung		+++	+

+ seltener Einsatz
+++ häufiger Einsatz

Für eine nachhaltige Etablierung von Healthgrids sind in einer frühen Marktphase insbesondere die Anwendungsgebiete von Bedeutung, die gleichzeitig eine hohe Attraktivität und hohe Einsatzhäufigkeit verzeichnen. Dies trifft auf die folgenden Kombinationen zu[71]:

---

[70] Im Folgenden wird der Begriff Healthgrid analog zu (bio-)medizinischen Grid-Computing-Infrastrukturen verwendet (vgl. zur Begriffsherleitung Abschnitt 3.4.2, S. 71)

[71] Die Kombinationen werden zur weiteren Ausformulierung von Geschäftsmodellen in Abschnitt 5.3.2, S. 188 wieder aufgegriffen.

- biomedizinische Simulationen und Kalkulationen – biomedizinische Forschung

- Bildverarbeitung/-archivierung – Klinische Versorgung

- Datenvirtualisierung/-management – Klinische Forschung (selektiv)

Datenvirtualisierung und Datenmanagement sind ebenfalls für die klinische Versorgung relevant, allerdings in Bezug auf die konkrete Zielgruppe in dieser frühen Marktphase weniger als Bildverarbeitung.

5.1.3.3 Nutzenversprechen

Aus Unternehmenssicht wird der Kundennutzen der angebotenen Leistungen in Form eines Nutzenversprechens formuliert. Ein Nutzenversprechen, auch „Value Proposition", beschreibt somit das Versprechen eines Unternehmens gegenüber seinen Kunden zur Erfüllung einer bestimmten Wertkombination durch das zugrunde liegende Produkt (vgl. Bititci et al. 2004, S. 252).

Dem Nutzenversprechen steht die Kundenwahrnehmung gegenüber, d. h. „the consumer's overall assessment of the utility of a product based on perceptions of what is received and what is given" (Zeithaml 1988, S. 14). Ein Geschäftsmodell wird nur dann erfolgreich implementiert werden können, wenn das Nutzenversprechen auf den wahrgenommenen Nutzen abgestimmt ist.

Im Rahmen eines Geschäftsmodells ist **direkt** nur das Nutzenversprechen selbst, nicht aber die Nutzenwahrnehmung durch den Kunden steuerbar[72]. Da einzelne Kundengruppen Produkteigenschaften unterschiedlich bewerten und damit dem zugrunde liegenden Produkt unterschiedliche Nutzwerte zuweisen, ist das Nutzenversprechen individuell für eine spezifische Kundengruppe.

Wertkombinationen, die einen spezifischen Produktnutzen bilden, entstehen durch die Kopplung expliziter und impliziter Produkteigenschaften. Zur Formalisierung des Produktnutzens wird für die folgenden Ausführungen der Begriff der Nutzenkategorie eingeführt (vgl. Seiter et al. 2008, S. 8). Nutzenkategorien sind Gruppen ähnlich gearteter expliziter und impliziter Eigenschaften einer Produktgruppe. Grid-Produkte, d. h. Grid-

---

[72] Indirekt ist gerade bei neuen Technologien, deren Vermarktung angebotsseitig über einen „Technology Push" forciert wird, die Veränderung der Nutzenwahrnehmung durch Marketingaktivitäten ein wichtiges Steuerungsinstrument.

Anwendungen und Grid-Dienstleistungen, stellen eine solche Produktgruppe dar. Eine Produktgruppe gliedert sich in einzelne Untergruppen bzw. Individualprodukte. Im Falle der Produktgruppe „Grid Computing" sind dies beispielsweise Anwendungen zur Bildverarbeitungsunterstützung oder biomedizinische Kalkulationen.

Zur Dimensionierung und Kategorisierung von Kundennutzen finden sich in der wissenschaftlichen Literatur unterschiedliche Ansätze (vgl. u. a. Lapierre 2000; Woodall 2003; Seiter et al. 2008). Häufig wird dabei auf den Nettokundennutzen abgestellt, um zwischen positiven Nutzwerten („Benefits") und negativen Nutzwerten (Kosten) zu differenzieren (vgl. Christopher 1996, S. 58). Kern der Nutzenbetrachtung bleiben jedoch die positiven Nutzwerte, die sich aus den Produkteigenschaften ergeben.

Für **Grid Computing** konnten im Rahmen der für diese Arbeit durchgeführten Expertenbefragung übergreifende Nutzenkategorien identifiziert werden. Die Ergebnisse sind in Tabelle 16 noch einmal zusammengefasst.

Abhängig von der konkreten Endanwendung lassen sich Nutzenkategorien präzisieren. Für Grid-Computing-Anbieter ist es daher von großer Bedeutung, konkrete Nutzenkategorien und deren Ausprägung für das jeweils relevante Anwendungsszenario in enger Kooperation mit dem potenziellen Endkunden zu bestimmen. Die bereitgestellte Anwendung ist in ihren Eigenschaften auf dieses Nutzenprofil abzustimmen. Dies erfolgt in der Regel über mehrere Feedback-Schleifen.

Tabelle 16. Nutzenkategorien für Grid Computing

Nutzenkategorie	Ausprägung
Produktqualität	Neue Merkmale
	Höhere Qualität der bisher erzielten Ergebnisse
	Höhere Nutzerfreundlichkeit/Erleichterung der Arbeit
Kostengewinne	Wegfall hoher Finanzierungsvolumina
	Geringere Risikokosten durch reduzierte Abhängigkeit von (begrenzten) lokalen IKT-Ressourcen
	Nutzungsabhängige Kosten (modellabhängig)
Zeitlicher Nutzen	Skalierbarkeit der Rechenoperationen/-ressourcen
	Verfügbarkeit von Ausweichkapazitäten
	Rechenleistung bei Bedarf

5.1.4 Wertschöpfungssicht

Das hier vorgestellte Referenzgeschäftsmodell systematisiert die Betrachtung der Wertschöpfung in Grid-Computing-Infrastrukturen über eine Wertschöpfungssicht, die sich aus einem Aktivitätsmodell und einem Organisationsmodell zusammensetzt. Im Einzelnen beantwortet die Wertschöpfungssicht die Fragen:

- Welche Akteure mit welchen Fähigkeiten formen eine Wertschöpfungskette für Grid Computing?

- Welche Organisations- und Beziehungsformen sind zur Sicherstellung der Wertschöpfungskette zu implementieren?

Die Wertschöpfungssicht bildet letztendlich die zur Wertentstehung benötigten Strukturen und Prozesse auf der einen und die Art der Austauschbeziehungen der beteiligten Akteure auf der anderen Seite ab.

5.1.4.1 Wertschöpfungsmodell

Ein Geschäftsmodell basiert regelmäßig auf einer Architektur zur Erstellung des Zielproduktes und damit letztendlich zur Erfüllung des definierten Nutzenversprechens. Die zur Werterstellung benötigten Fähigkeiten werden durch die Akteure und die mit ihnen verknüpften Rollenmuster gewährleistet und über verschiedene Wertschöpfungsstufen miteinander verknüpft (siehe Abbildung 47).

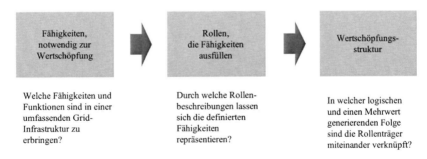

Abbildung 47. Wertschöpfungsherleitung

Für die Abbildung einer vollumfänglichen Leistungserstellung in Grid-Computing-Infrastrukturen lassen sich sechs Rollenmuster identifizieren, in denen unterschiedliche Einzelrollen aggregiert sind (siehe Tabelle 17).

Tabelle 17. Rollenmuster im Rahmen der Grid-Wertschöpfungsaktivitäten

Rolle	Leistungsumfang
Hardware-Provider	Bereitsteller der physischen IKT-Infrastruktur, einschließlich Rechner, Netze, Instrumente
Kern-Software-Provider	Funktionsrelevante Softwarekomponenten (Middleware, Allokations- und Lastmanagementsysteme, Billing und Accounting)
Inhalte-Provider	Zur Nutzung bereitgestellte Inhalte (u. a. Anwendungssoftware, Datenbanken, Ontologien)
Inhalte-Service-Provider	Vermittlungsleistungen, Bereitstellungsleistungen
Grid-Service-Dienstleister	Unterstützende Dienstleistungen: technologische Dienstleistungen (u. a. Integration von Inhalten in die Grid-Architektur) und nicht-technologische Dienstleistungen (u. a. Coaching, rechtliche Beratung, Unternehmensberater)
Endnutzer	Produktnutzer (für Healthgrids: biomed. Forschung, klinische Forschung, Versorgung [Kliniken, niedergelassene Ärzte], Patienten)

Die endgültige **Konfiguration der Wertschöpfungsstruktur** ergibt sich aus den Austauschbeziehungen der einzelnen Partner. Grid-Computing-Produkte werden virtuell über eine IKT-Infrastruktur erbracht. Die Wertschöpfungsarchitektur zeigt insofern Ähnlichkeiten mit einer Schichtenarchitektur ausgehend von der Hardwarebasis bis zur endgültigen Nutzerschnittstelle (siehe Abbildung 48).

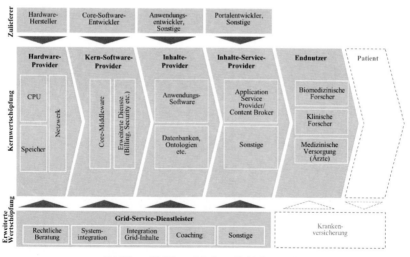

Abbildung 48. Wertschöpfung Grid Computing

Die unterste Wertschöpfungsstufe wird demnach durch die Bereitsteller der zugrunde liegenden **Hardware** repräsentiert. Im Falle von Grid-Computing-Architekturen kann es sich dabei um unterschiedliche, häufig heterogene IKT-Systeme, das Basisnetzwerk, Netzwerkkomponenten und weitere netzwerkfähige Systeme wie Diagnosetechnologien (z. B. MRT) und Messtechnologien (z. B. Sensoren), handeln. Die Wertschöpfungsebene schließt ebenfalls die diesen Systemen inhärenten Betriebssysteme ein.

Die darauf aufbauende Wertschöpfungsebene ermöglicht den **Betrieb der Grid-Basis-Infrastruktur.** Sie lässt sich in die Bereitstellung der Kernsoftwarekomponenten und die Bereitstellung erweiternder Dienstkomponenten untergliedern. Die Kernsoftware wird durch eine grid-spezifische Middleware-Lösung repräsentiert. Grid-Middleware-Lösungen tragen aufgrund der Integrationsmöglichkeit heterogener IKT-Systeme auf der Infrastrukturebene maßgeblich zur Mehrwertbildung bei. Die Anforderungen komplexer Grid-Infrastrukturen erfüllen ergänzende Softwaredienste. Hierzu zählen u. a. Datenfusionsdienste, Systeme zum Workflow-Management, aber auch Abrechnungs- und Accounting-Systeme.

Die für den Endkunden sichtbaren und bewertbaren Produkte konzentrieren sich auf der Ebene der **Bereitsteller von nutzbaren Inhalten (Inhalte-Provider).** Auf dieser Ebene findet sich insbesondere Anwendungssoftware, aber auch die wiederum häufig über eine Schnittstelle einer Anwendungssoftware genutzten Inhalte von Datenbanken oder Ontologien.

Die hier als **Inhalte-Service-Provider** definierte Ebene stellt die eigentliche Schnittstelle zum **Endnutzer** dar, über welche die relevanten Produkte angeboten werden. Dabei kann es sich in technologischer Hinsicht um eine direkte Benutzerschnittstelle der Anwendungssoftware handeln, aber auch um ein Portal, welches eine oder mehrere Anwendungen aggregiert zur Nutzung anbietet.

Grid-Service-Dienstleister unterstützen die vertikal orientierte Kernwertschöpfungskette durch technologische und nichttechnologische Dienstleistungen. Zu den technologisch orientierten Services zählt insbesondere die Integration von Grid-Produkten in die Grid-Infrastruktur („Gridifizierung"). Hierunter fallen die Schnittstellendefinition und -programmierung für Anwendungssoftware, die Workflow-Planung und -entwicklung, Controlling- und Monitoring-Dienste sowie Lastmanagementdienste. Unter den nichttechnologischen Dienstleistungen finden sich rechtliche Beratungsdienste zur Ausarbeitung von Konsortialverträgen für Virtuelle Organisationen und SLAs, strategische Beratungen,

Entwickler- und Anwender-Coaching-Dienste und sonstige Dienstleister. Zusätzlich fällt in diesen Bereich der Systemintegrator, der in der Regel in Partner Grids zu finden ist. Dieser führt die einzelnen Wertschöpfungsstufen zusammen, stellt die technische Integration sicher und koordiniert die einzelnen Partner.

Im Kontext des **(bio-)medizinischen Umfeldes** erweitert sich die Wertschöpfungsstruktur für Grid Computing im Falle von patientenrelevanten Grid-Computing-Dienstleistungen in der medizinischen Versorgung um Krankenversicherungen als zusätzliche Wertschöpfungsteilnehmer zur Abwicklung von Teilen der Leistungsentlohnung. Der Zusammenhang ist in Abschnitt 5.1.5.1 näher erläutert.

In Beziehung zur eigentlichen Wertschöpfung für Grid Computing stehen relevante Zulieferer, insbesondere im Hard- und Softwarebereich. Diese können auf der Ebene einer jeweiligen Wertschöpfungsstufe mit dem Bereitsteller identisch sein. Dieser Parallelstrang soll hier noch einmal betont werden, da letztendlich Innovation auf Ebene der Grid-Wertschöpfung nur durch die Bereitstellung entsprechend leistungsfähiger Systeme auf der Zuliefererebene ermöglicht wird.

Bei der Analyse der Wertschöpfungsarchitektur ist zu berücksichtigen, welches Bezugsobjekt der Untersuchung zugrunde liegt – ein einzelnes Unternehmen oder ein Wertsystem unter der Beteiligung verschiedener Wertschöpfungsteilnehmer (vgl. Porter 1999, S. 63; Bach et al. 2003, S. 13). Letztendlich soll damit die Frage beantwortet werden, welcher Grad der vertikalen Integration für ein Geschäftsmodell gewählt wird, d. h. welche Wertschöpfungsaktivitäten der Untersuchungseinheit selbst zugeordnet werden und welche außerhalb dieser zu erbringen sind. Gleichzeitig wirft dies die Frage auf, wie die Beziehungen zwischen den Akteuren des Wertsystems auf der einen und den Akteuren mit externen Partnern auf der anderen Seite definiert sind. Dies regelt ein Organisationsmodell.

5.1.4.2 Organisationsmodell

Neben der strukturellen Frage der Wertschöpfungsarchitektur muss ein Geschäftsmodell abgrenzen, wie die Austauschbeziehungen der beteiligten Partner konkret geregelt sind.

Grid-Computing-Anbieter können auf der reinen Infrastrukturebene als Hard- und Softwareprovider für einzelne Unternehmen auftreten und bieten dann unternehmensspezifische Lösungen an (Enterprise Grids).

In den hier im Fokus stehenden Partner Grids bilden Grid-Computing-Infrastrukturen jedoch ein umfassendes Wertsystem, in dem unterschiedliche Wertschöpfungspartner miteinander kooperieren. Welche konkrete Organisationsform mit den Begriffen Wertsystem, alternativ Netzwerk, Netzwerkorganisation, Unternehmensnetzwerk oder Wertschöpfungsnetzwerk genau verbunden ist, konnte in der wissenschaftlichen Literatur noch nicht eindeutig geklärt werden (vgl. Sydow 2006a, S. 374). Ansätze finden sich beispielhaft in Miles und Snow (1992, S. 56ff.), Fleisch (2001, S. 75), Hagenhoff (2004, S. 13ff.) und Sydow (2006b, S. 394). Der Mehrzahl der Ansätze ist eine Abgrenzung anhand der Dimensionen Steuerungsform und zeitliche Stabilität gemein. Eine Systematisierung anhand dieser beiden Dimensionen schlägt Sydow (2006) vor (vgl. Sydow 2006b, S. 396) (siehe Abbildung 49).

Strategische Netzwerke werden von einem oder mehreren Unternehmen, fokales Unternehmen oder „Hub Firm" genannt, geführt und sind in der Regel international ausgerichtet[73]. **Regionale Netzwerke** bestehen grundsätzlich aus kleinen und mittleren Unternehmen und zeichnen sich durch eine räumliche Agglomeration in „Clustern" zur Erzielung von Größenvorteilen und zur Innovationsdistribution aus. Eine organisatorische Verknüpfung untereinander ist selten[74].

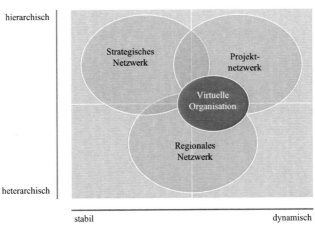

Abbildung 49. Typisierung von Wertsystemen (Sydow 2006b, S. 396)

---

[73] Beispiele für Strategische Wertschöpfungsnetzwerke finden sich in der Automobilindustrie.
[74] Regionale Netzwerke verfügen häufig über eine eigene Standortentwicklungsgesellschaft, die jedoch i.d.R. rechtlich selbständig agiert. Beispiele für regionale Netzwerke sind Biotech-Cluster oder auch Chemieparks.

Beide Formen sind nach dem gängigen Verständnis in der Regel für Grid-Computing-Infrastrukturen nicht relevant. Zum einen sind Netzwerkteilnehmer in existenten Grid-Infrastrukturen regelmäßig mehr oder minder gleichberechtigt, was einer rein hierarchischen Lösung entgegensteht, zum anderen betont die Zielausrichtung von Grid-Infrastrukturen gerade nicht räumliche Nähe und Agglomeration. **Projektnetzwerke** unterscheiden sich von den anderen Organisationsformen insbesondere durch die zeitliche Befristung und die damit verbundene hohe Fluktuation der Teilnehmer.

Die im Zusammenhang mit Grid-Computing-Wertsystemen häufig assoziierte Kooperationsform bildet die Virtuelle Organisation. Bei einer **Virtuellen Organisation (VO)** handelt es sich um eine Kooperation von rechtlich selbständigen Wertschöpfungsteilnehmern, die sich zum Zwecke der Erstellung einer bestimmten Leistung zusammenschließen und dabei auf IuK-Technologie zur gegenseitigen Vernetzung zurückgreifen (vgl. Scherm und Süß 2000, S. 311)[75]. Auf eine Institutionalisierung der Kooperation wird dabei jedoch weitgehend verzichtet. Die Teilnehmer sind generell gleichberechtigt und stellen dem Netzwerk ihre jeweilige Kernkompetenz zur Verfügung. Nach außen treten sie als ein Unternehmen auf. Häufig sind VOs temporär als Projektnetzwerke angelegt (vgl. Sydow 2006b, S. 399)[76].

Virtuelle Organisationen bauen in der Regel auf einer bereits existierenden Vertrauensbeziehung auf und reduzieren so die Transaktionskosten in der Gründungsphase. Je länger geschäftliche Beziehungen unter den einzelnen Wertschöpfungsteilnehmern bestehen und je intensiver die Kooperation auf Vertrauensbasis unter den Partnern ist, desto eher bilden sich im Zeitverlauf soziale Beziehungsnetzwerke potenzieller Kooperationspartner heraus, die bei künftigen Kooperationen im Rahmen Virtueller Organisationen die Transaktionskosten noch einmal senken (vgl. Borchardt 2006, S. 18f.).

Neben den Vorteilen Virtueller Organisationen, die sich aus der Flexibilität und Konzentration der einzelnen Teilnehmer auf die jeweiligen Kernkompetenzen ergeben, werden zunehmend Koordinations- und Integrationsprobleme der VO herausgestellt. Es stellt sich somit die Frage, inwieweit tatsächlich auf eine Institutionalisierung der Partnerschaft verzichtet werden kann (vgl. Weibler und Deeg 1998, S. 107). Im Rahmen einer zeitlich

---

[75]   Die Popularität und Verbreitung des Konzeptes der Virtuellen Organisation in der wissenschaftlichen Literatur geht ursprünglich auf Davidow und Melone (1992) zurück.

[76]   vgl. die Ergebnisse der Marktstudie in Abschnitt 3.4.2.3, S. 79

begrenzten Zusammenarbeit im Sinne einer Projektorganisation können diese Probleme überbrückbar sein, nicht jedoch für eine auf wirtschaftliche Nachhaltigkeit ausgelegte Kooperation.

Für Grid-Computing-Wertsysteme, die auf eine nachhaltige Leistungsbereitstellung ausgerichtet sind, bedeutet dies, dass die letztendlich zu wählende Organisationsform im Entwicklungsverlauf zum marktfähigen Produkt unterschiedliche Stadien durchlaufen muss.

Frühe Entwicklungsphasen zeichnen sich durch einen hohen Innovationsgrad und sich verändernde Anforderungen an die Kernkompetenzen aus. Virtuelle Organisationen bieten hier aufgrund ihrer Flexibilität und Kosteneffizienz entscheidende Vorteile.

Mit zunehmender Produktreife steigt das Bedürfnis nach Kontinuität und Produktionssicherheit insbesondere als Garantiesignal an den Kunden. Die Bereitstellung marktreifer Produkte gegenüber dem Kunden erhöht zusätzlich das Haftungsrisiko der Organisation, und Leistungsentgelte des Kunden erfordern interne Verteilungs- und Verrechnungsschemata. Teichmann et al. (2004) schlagen zur Überbrückung dieser Konflikte die Gründung eines Kernunternehmens unter Beteiligung aller Partnerunternehmen vor, das als oberstes Organ der Virtuellen Organisation agiert (vgl. Teichmann et al. 2004, S. 92). Die gesellschaftsrechtliche Verbindung zu einem Kernunternehmen steigert die Verpflichtung innerhalb des Netzwerks und die Durchsetzungskraft in Beschaffungsprozessen gegenüber Externen.

Aufgrund der flexiblen Kooperation spielen zusätzlich technokratische Koordinierungsinstrumente eine wesentliche Rolle. Hierzu zählen klare, vom Einzelfall abstrahierende Regelungen, Pläne und Vertragswerke. Diese regeln Liefer- und Leistungsbedingungen innerhalb des Netzwerkes. Für den Einsatz insbesondere vernetzter IuK-Technologien wie dem Grid Computing sind „Service Level Agreements" (SLA) vorherrschend, die eine spezifische Dienstgüte („Quality-of-Service", QoS) sicherstellen. Die Regel- und Vertragswerke sollten auch Sanktionsmechanismen bei Regelverstößen klar definieren (vgl. ebd.)[77].

---

[77] Service Level Agreements (SLA) bezeichnen Vertragswerke zwischen Auftraggeber und Dienstleister für wiederkehrende Dienstleistungen, die im Rahmen einer geregelten Dienstgüte (Servicelevel) bereitgestellt werden.

5.1.5   Kapitalsicht

Die Konfiguration eines Geschäftsmodells ist neben der Entscheidung für eine spezifische Produkt-Markt-Kombination, des daraus resultierenden Nutzenversprechens und der zugrunde liegenden Wertschöpfungsstruktur vor allem auch eine Frage der Erlöse und Kosten und des aus ihnen resultierenden Gewinns. Das Referenzmodell greift diese Komponenten im Rahmen des Kapitalmodells auf und beantwortet die folgenden Fragen:

- Welches Erlösmodell als Kombination aus Erlösquelle, Erlöspartner und Preisschema führt zu einer nachhaltigen Ertragssituation?
- Welche sind typische Kostenkomponenten und Kostenstrukturen für Grid-Computing-Infrastrukturen?

5.1.5.1 Erlösmodelle

In der wissenschaftlichen Literatur existiert kein einheitliches Verständnis zu Erlösmodellen. Häufig werden die Begriffe Erlösmodell, Erlösquelle und Preisschema synonym verwendet. Die jeweiligen Begriffe stehen zwar in einem Sachzusammenhang, beantworten jedoch unterschiedliche Fragestellungen.

Während **Erlösquellen** sich auf die Herkunft und das Bezugsobjekt von Erlösen beziehen, beschreiben **Preismodelle,** mit welcher Methode Erlösquellen letztendlich bepreist werden (vgl. Skiera und Lambrecht 2002, S. 856). Ein weiterer Faktor, der bei der Erlösgenerierung zu berücksichtigen ist, ist der **Erlöspartner,** d. h. die natürliche oder juristische Person, welche die eigentliche Zahlung zum zugrunde liegenden Transaktionsprozess leistet (vgl. Skiera et al. 2005, S. 287).

Ein weiterer Aspekt, der im Zusammenhang mit der Generierung von Erlösen diskutiert wird, ist die Frage der letztendlichen Preisbildung. Während sich die klassische Preisgestaltung in der Praxis überwiegend an den Kosten orientiert, fordert die wissenschaftliche Literatur seit längerem eine am Kundennutzen ausgerichtete Preisbildung (vgl. Büschken et al. 2001, S. 2)[78].

Diese Arbeit betrachtet die diskutierten Komponenten im Kontext zueinander. Demnach lässt sich ein **Erlösmodell** definieren als ein **Modell zur Erzielung von Erlösen, das aus**

---

[78] Dies schließt eine Berücksichtigung der Kosten in der Preisgestaltung nicht aus. Die Preisuntergrenze eines Produktes sollte mittel- und langfristig durch die anfallenden Kosten determiniert werden.

den Komponenten **Erlösquelle, Erlöspartner und Preisschema zusammengesetzt ist und durch den Kundennutzen des Produktes beeinflusst wird** (siehe Abbildung 50).

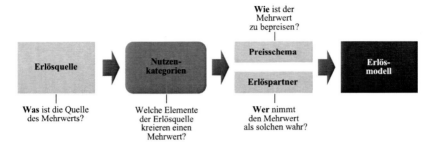

Abbildung 50. Erlös-Referenzmodell für Grid Computing

Erlösquellen als Objekte der Bepreisung lassen sich in direkte und indirekte (adjunkte) Erlösquellen aufteilen (siehe Tabelle 18). Die direkte Erlösquelle ist das eigentliche Produkt. Dies wird im Falle von Healthgrid-Infrastrukturen durch die einzelnen Anwendungsgebiete präsentiert. Zu den adjunkten Erlösquellen zählen Informationen wie z. B. Nutzungsprofile von Kunden, Kontakte (beispielsweise in Form von Kontaktflächen), Adressdatenbanken, aber auch Opportunitätswerte, wie z. B. gesündere Menschen mit der Konsequenz einer Kostenreduzierung im Gesundheitswesen.

Tabelle 18. Erlösquellen

	Erlösquelle	Erläuterung	Beispiel
Direkt	**Produkt**	Direkte Erlösgenerierung durch Bepreisung der bereitgestellten Leistung	Produkteinsatz
	Information	Adjunkte Bepreisung durch aus der Produktnutzung gewonnene Informationen über den Kunden	Nutzungsprofile von Kunden
Indirekt/ adjunkt	**Kontakt**	Adjunkte Bepreisung durch aus der Produktnutzung gewonnenen Kundendaten	Kontaktflächen, Kontaktdaten
	Opportunitätswerte	Adjunkte Bepreisung durch (gesellschaftliche) Opportunitätserlöse	Geringere Kosten im Gesundheitswesen

Für Grid-Computing-Infrastrukturen sind insbesondere die direkte Produktbepreisung, jedoch auch Opportunitätswerte von Bedeutung. Gerade in der Biomedizin leisten Healthgrids einen wesentlichen Beitrag zur Grundlagenforschung. Dieser ist häufig nicht direkt bepreisbar, beinhaltet aber einen gesellschaftlichen Mehrwert. Dobrev et al. (2009) demonstrieren im Rahmen einer Untersuchung der europäischen Healthgrid-Projekte

MammoGrid und WISDOM den gesellschaftlichen Nutzen von Grid-Projekten in der Medizin und der Biomedizin (vgl. WISDOM 2006; MammoGrid 2007; Dobrev et al. 2009, S. 157ff.). Abbildung 51 zeigt beispielhaft den Nutzwert für das MammoGrid-Projekt im Verhältnis zu den prognostizierten Kosten.

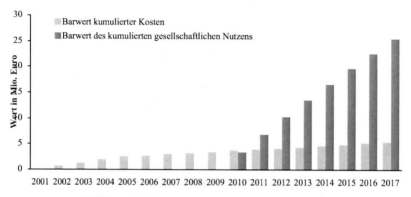

Abbildung 51. MammoGrid – gesellschaftlicher Nutzen und gesellschaftliche Kosten (Dobrev et al. 2009, S. 7)

Der **Erlöspartner** entspricht der Person, welche die Erlösquelle bewertet und den angesetzten Preis entsprechend der eigenen Zahlungsbereitschaft entrichtet. Dies muss nicht zwingend der Kunde des Produktes sein. Gerade im Falle von adjunkten Erlösquellen treten zusätzlich oder ausschließlich andere Erlöspartner in Erscheinung (z. B. bei Opportunitätswerten die öffentliche Hand).

In Healthgrid-Infrastrukturen entsprechen die Erlöspartner vereinfacht den Kundengruppen, d. h. es handelt sich um medizinische und biomedizinische Forschungseinrichtungen, Klinikärzte, niedergelassene Ärzte und, perspektivisch, Patienten. Letztere stehen jedoch als direkte Nutzer von Grid-Computing-Anwendungen nicht im aktuellen Fokus der Produktbereitsteller. Durch die Finanzierung öffentlicher Projekte kommen insbesondere im Forschungsbereich Zahlungsflüsse der öffentlichen Hand als weiterer Erlöspartner hinzu.

Preisschemata bestimmen, nach welcher Methode die zugrunde liegende Erlösquelle bepreist wird. Für die Systematisierung von Bepreisungsmethoden gibt es unterschiedliche Ansätze. Beispiele finden sich in Breitner und Hoppe (2005, S. 185) und Wirtz (2001, S. 215). Die vorliegende Arbeit systematisiert Preisschemata für Grid Computing entsprechend der Aufstellung in Tabelle 19. Während transaktionsabhängige Preisschemata das tatsächlich in Anspruch genommene Leistungsvolumen bewerten, bieten transaktionsunabhängige Preismechanismen einen einmaligen oder wiederkehrenden Pauschalpreis für die Inaspruchnahme der zugrunde liegenden Leistung.

Tabelle 19. Preissystematik für Grid Computing

	Preisschema	Beschreibung
Transaktionsabhängig	Volumentarif (Pay per Use)	Bepreisung abhängig von den Nutzungseinheiten (Proportionaltarif)
	Stufentarif (Level Pricing)	Bepreisung abhängig von den Nutzungseinheiten in Bandbreiten
	Festpreis pro Nutzung	Einmalpreis pro Nutzung
Transaktionsunabhängig	Mitgliedschaft	Regelmäßiger Festpreis
	Einmalzahlung	Einmalzahlung für Dauernutzung

Das letztendliche Erlösmodell, also die Kombination aus Erlöspartner, Erlösquelle und Preisschema, wird vom **Nutzen** der Erlösquelle beeinflusst. Stellt man auf das Produkt als Erlösquelle ab, lässt sich der Produktnutzen über Nutzenkategorien abbilden. Nutzenkategorien können vereinfacht über Produkteigenschaften abgebildet werden, wie nachfolgend am Beispiel der (Bio-)Medizin dargelegt wird.

Erlösmodelle für Healthgrids

Im Rahmen dieser Arbeit werden dominierende **Erlösmodelle für Healthgrids** über ein mehrstufiges Verfahren hergeleitet (vgl. Scholz et al. 2007; Scholz et al. 2008) (siehe Abbildung 52). Dieses wird im Folgenden im Detail erläutert.

Abbildung 52. Vorgehen bei der Analyse von Erlösmodellen

Während die zuvor dargelegten Betrachtungen zum Nutzenversprechen in Grid-Infrastrukturen übergreifende Nutzenkategorien im Sinne eines Nutzendreiecks herausstellen, werden für die Erlösmodellanalyse vereinfachend grundsätzliche Produkteigenschaften von Grid-Computing-Lösungen als Nutzenkategorien herangezogen, die sich mehrheitlich auf die Nutzendimension „Qualität" beziehen:

- **Computing**: Rechenleistung zum schnelleren und akkurateren Lösen von Problemen
- **Information**: Zugang zu hochqualitativen Daten und Informationen
- **Algorithmus**: Bereitstellung einer spezifischen Software-Anwendung
- **Verbindung**: Schnelle und stabile Netzwerkverbindung

Sie sind – abhängig vom zugrunde liegenden Anwendungsgebiet – unterschiedlich stark ausgeprägt. In einem **ersten Schritt** wird daher die jeweilige Ausprägung der Nutzenkategorien für die einzelnen Anwendungsgebiete bewertet (siehe Tabelle 20). Zur Erhöhung der Präzision wird das Anwendungsgebiet der Bildverarbeitung und -archivierung für die Untersuchung in die Schwerpunktbereiche Bildverarbeitung/-analyse und Bildarchivierung/-management untergliedert.

Tabelle 20. Nutzen von Healthgrid-Anwendungsgebieten

Anwendungsgebiet	Nutzenkategorie			
	Computing	Information	Algorithmus	Verbindung
Bildverarbeitung/ -analyse	+	+	+++	+
Bildarchivierung/ -management		+++	+	+
Simulationen/ Kalkulationen	+++		+	
Datenvirtualisierung/ -management		+++	+	
Visualisierungen/ Modellierungen	+		+++	
Entscheidungs- unterstützung	+	+++	+++	
Biosignal- verarbeitung	+++	+		+++

+ geringer Nutzen
+++ hoher Nutzen

Den einzelnen Nutzenkategorien werden in einem **zweiten Schritt** Preisschemata zugeordnet (siehe Tabelle 21). In Abhängigkeit von der jeweiligen Einsatzhäufigkeit der zugrunde liegenden Anwendung wird jeweils das entsprechende Preisschema für eine geringe und eine hohe Einsatzhäufigkeit bestimmt.

Nutzungsintensität	Tabelle 21. Preisschemata für Nutzenkategorien			
	Nutzenkategorie			
	Computing	Information	Algorithmus	Verbindung
Gering	Stufentarif	Festpreis pro Nutzung	Festpreis pro Nutzung	Stufentarif
Hoch	Volumentarif	Mitgliedschaft	Mitgliedschaft	Volumentarif

Hochleistungsrechnen (**Computing**) ist ressourcenintensiv, die Nutzung dynamisch und Rechenressourcen in gut genutzten Grids häufig knapp (vgl. Cheliotis et al. 2005, S. 244f.). Preise sollten diese Knappheit über dynamische nutzungsabhängige Preismechanismen wie **Stufen- und Volumentarife** abbilden. Im Gegensatz dazu haben **Informationen** und Daten grundsätzlich einen stabilen Wert, da die Nutzung keine Knappheit der Ressource Information zur Folge hat. Dies spricht gegen eine fluktuierende, dynamische Bepreisung. In Abhängigkeit von der Nutzungsintensität bietet sich daher ein **Festpreis pro Nutzung** bzw. ein **regelmäßiger Mitgliedsbeitrag** an. Gleiches gilt für **Anwendungsalgorithmen** als häufig proprietäres Unternehmenswissen mit hohem impliziten Wert. Die Bereitstellung von **Verbindungsleistungen** kann ebenfalls zur starken Ressourcennutzung und Verknappung führen. Auch hier ist ein **volumenabhängiger Tarif** sinnvoll[79]. Einmalzahlungen können lediglich als unterstützendes Preiselement sinnvoll sein. Gerade bei jungen Technologien ist der tatsächliche zukünftige Nutzungsumfang nur schwer abzuschätzen. Einmalerlöse bergen daher ein erhöhtes Risiko, zu gering angesetzt zu sein und Leistungen langfristig nicht kostendeckend anbieten zu können.

Werden die Analysen der beiden ersten Schritte zusammengeführt, ergibt sich das in Tabelle 22 dargestellte Bild. Für jedes Anwendungsgebiet lassen sich, abhängig von der Einsatzhäufigkeit, individuelle Preisschemata identifizieren. In dieser Analyse wird vereinfachend nur die dominierende Nutzenkategorie berücksichtigt. Nutzenkategorien, die für das Anwendungsgebiet zwar relevant sind, aber eine geringere Bedeutung haben („geringer Nutzen" in Tabelle 20, S. 158), werden nicht adressiert. Dies ist für die hier verfolgte schematische Darstellung dominierender Erlösmodelle ausreichend, bei der Bepreisung einer konkreten Anwendung in einem realen Geschäftsmodell wären jedoch auch diese zu berücksichtigen.

---

[79] Beispielsweise nutzt das Deutsche Forschungsnetz (DFN) eine Variante eines Stufentarifs. Bei Überschreitung eines vereinbarten Datendurchsatzes zahlt der Nutzer einen volumenabhängigen Preis pro genutzter Einheit (siehe Tabelle 26, S. 170).

Tabelle 22. Preisschemata für einzelne Healthgrid-Anwendungsgebiete

Anwendungsgebiet	Dominierende Nutzenkategorie	Preisschema	
		Geringe Einsatzhäufigkeit	Hohe Einsatzhäufigkeit
Bildverarbeitung/ -analyse	Algorithmus	Festpreis pro Nutzung	Mitgliedschaft
Bildarchivierung/ management	Information	Festpreis pro Nutzung	Mitgliedschaft
Simulationen/ Kalkulationen	Computing	Stufentarif	Volumentarif
Datenvirtualisierung/ -management	Information	Festpreis pro Nutzung	Mitgliedschaft
Visualisierungen/ Modellierungen	Algorithmus	Festpreis pro Nutzung	Mitgliedschaft
Entscheidungs- unterstützung	Information/ Algorithmus	Festpreis pro Nutzung	Mitgliedschaft
Biosignal- verarbeitung	Computing/ Verbindung	Stufentarif	Volumentarif

Im **dritten Schritt** wird bewertet, welchen Nutzen die einzelnen Anwendungsgebiete für die Kundengruppen in Healthgrids besitzen. Hierfür wird die bereits in Tabelle 15 dargestellte Einsatzhäufigkeit von Anwendungsgebieten herangezogen und um die perspektivisch mögliche Kundengruppe der niedergelassenen Fachärzte der Sekundärversorgung ergänzt (siehe Tabelle 23). Es wird vereinfachend angenommen, dass die Kundengruppen mit den Erlöspartnern identisch sind, was in der Realität nicht immer zutrifft[80].

Tabelle 23. Nutzen von Healthgrid-Anwendungen für einzelne Zielgruppen

Anwendungsgebiet	Kundengruppen (Erlöspartner)			
	Biomedizinische Forschung	Klinische Forschung	Klinische Versorgung	Niederg. Facharzt (Sekundärversorgung)
Bildverarbeitung/ -analyse	+	+	+++	+
Bildarchivierung/ -management	+	+	+++	+++
Simulationen/ Kalkulationen	+++	+		
Datenvirtualisierung/ -management	+	+++	+++	+
Visualisierungen/ Modellierungen	+++	+	+	+
Entscheidungs- unterstützung			+++	+
Biosignal- verarbeitung	+++	+		

+ geringe Einsatzhäufigkeit (geringer Nutzen)
+++ hohe Einsatzhäufigkeit (hoher Nutzen)

---

[80]   vgl. diesen Abschnitt, S. 162f.

Bei Zusammenführung der einzelnen drei Analysen

- Anwendungsgebiet und Nutzenkategorie ergibt spezifischen Produktnutzen

- Nutzenkategorie und Einsatzhäufigkeit ergibt Preisschemata

- Anwendungsgebiet und Kundengruppe ergibt Kundennutzen (Einsatzhäufigkeit)

lässt sich eine **Erlösmodellmatrix** als Kombination aus Erlösquellen, Erlöspartnern und Preisschemata ableiten (Tabelle 24). Das Ergebnis zeigt, dass Kombinationen aus Produkt- und Endnutzerkategorien zu individuellen Erlösmodellen führen. Es zeigt außerdem, dass einzelne Produkte jeweils nur von spezifischen Kundengruppen eingesetzt werden. Ein Anbieter muss bei der Ausgestaltung seines Geschäftsmodells daher in einem ersten Schritt identifizieren, für welche Zielkundengruppe die angebotene Leistung einen Mehrwert generiert bzw. die Leistung zielkundengerecht ausgestalten und erst im Folgeschritt ein adäquates Erlösmodell wählen[81].

Die unterschiedlichen Erlösformen treten selten selbständig auf. In der Regel werden Erlösformen kombiniert, um unterschiedliche Nutzenkategorien individuell zu bewerten. Aufgabe des Unternehmens ist es daher, den optimalen Mix verschiedener Erlösformen zu finden, der zur Erlösmaximierung notwendig ist (vgl. Wirtz 2001, S. 215).

Tabelle 24. Dominierende Erlösmodelle für Healthgrids

Anwendungsgebiet (Produkt)	Kundengruppen (Erlöspartner)			
	Biomedizinische Forschung	Klinische Forschung	Klinische Versorgung	Niederg. Facharzt (Sekundärversorgung)
Bildverarbeitung/-analyse	Festpreis pro Nutzung	Festpreis pro Nutzung	Mitgliedschaft	Festpreis pro Nutzung
Bildarchivierung/-management	Festpreis pro Nutzung	Festpreis pro Nutzung	Mitgliedschaft	Mitgliedschaft
Simulationen/Kalkulationen	Volumentarif	Stufentarif		
Datenvirtualisierung/-management	Festpreis pro Nutzung	Mitgliedschaft	Mitgliedschaft	Festpreis pro Nutzung
Visualisierungen/Modellierungen	Mitgliedschaft	Festpreis pro Nutzung	Festpreis pro Nutzung	Festpreis pro Nutzung
Entscheidungsunterstützung			Mitgliedschaft	Festpreis pro Nutzung
Biosignalverarbeitung		Volumentarif	Stufentarif	

---

[81] vgl. Abschnitt 5.1.3.2, S. 144

Besonderheiten der Erlösgenerierung in der medizinischen Versorgung

In der **medizinischen Praxis** ist die **Erlösgenerierung für die Grid-Computing-Leistungen**, die direkt im Rahmen der Patientenversorgung zum Einsatz kommen, komplexer. Kunde des Grid-Produktes bleibt der Mediziner, der diese Leistung jedoch wiederum im Rahmen einer Diagnose- oder Therapieform gegenüber dem Patienten anbietet. Ein Arzt wird Grid-Lösungen dieser Art in der Regel nur dann einsetzen, wenn die zugrunde liegende Diagnose- oder Therapieform abrechenbar ist. Gerade in vielen europäischen Staaten ist die **Abrechnung von Gesundheitsleistungen** über öffentliche oder standesrechtliche Versicherungsinstitutionen (z. B. Krankenkassen) verbreitet. Das als **Sachleistungsprinzip** bekannte System entkoppelt die Leistungserbringung am Patienten von der eigentlichen Zahlung. In diesen Fällen wird zwar das jeweilige Produkt bepreist, Erlöspartner ist jedoch nicht mehr der betroffene Patient, sondern die versichernde Institution (vgl. Braasch 2007, S. 69f.)[82]. In einem aufwendigen Evaluierungsprozess entscheidet diese darüber, welche Leistungen in welcher Höhe vergütet werden[83]. In Deutschland waren hiervon im Jahre 2005 73% der medizinischen Leistungen betroffen (vgl. Schöffski 2008, S. 4).

Typischerweise folgen Medizininnovationen einem branchenüblichen Bezahlmuster (siehe Abbildung 53). Patientenrelevante Technologien werden nach Markteintritt in der ersten Innovationsphase vor allem Selbstzahlern angeboten. Erst in einer zweiten Phase, in der bereits umfassendere Erfahrungswerte mit der neuen Technologie vorliegen, werden die Leistungen auf Privatversicherte ausgedehnt. Danach, in einer dritten Phase, werden neue innovative Behandlungs- oder Diagnoseinnovationen Sozialversicherten angeboten (vgl. Neubauer 2007, S. 266).

Grid-Computing-Leistungen, die keiner direkten Leistung am Patienten zugeordnet werden können, z. B. Bildarchivierungssysteme, sind in der Regel von diesen Rahmenbedingungen nicht betroffen, sondern werden über Gemeinkostenschlüssel auf die einzelnen Kostenträger verrechnet.

---

[82]   Dem Sachleistungsprinzip steht das Prinzip der Kostenerstattung gegenüber, bei der die Leistungsentlohnung zwischen behandelndem Arzt und Patienten direkt erfolgt und letzterer im Falle eines Versicherungsverhältnisses die Kosten im Nachhinein (anteilig) erstattet bekommt.
[83]   Ausführliche Darstellungen der Abrechnungssysteme im Gesundheitswesen finden sich u. a. in Simon (2005), Braasch (2007), Schöffski (2008) oder Franke (2008).

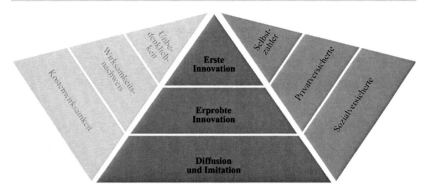

Abbildung 53. Adaptoren medizinischer Innovation (Neubauer 2007, S. 266)

Besonderheiten der Erlösgenerierung öffentlicher (bio-)medizinischer Forschung

Neben privatwirtschaftlich organisierten Forschungsinstituten und -abteilungen spielen öffentlich finanzierte Forschungseinrichtungen gerade in der deutschen Forschungslandschaft eine wesentliche Rolle. Die Finanzierung durch reguläre Mittelzuweisungen wird durch projektbezogene Drittmittelfinanzierung ergänzt. Diese indirekte **Erlösgenerierung in der (bio-)medizinischen Forschung** trägt derzeit nicht der veränderten IKT-Landschaft Rechnung. Während eine mehr oder weniger umfassende Förderung von IuK-Technologien (Hardware) im Rahmen von Förderprogrammen vorgesehen ist, sind Leihmodelle bzw. die Erstattung von Verbrauchskosten als Sachmittel im Kontext einzelner (bio-)medizinischer Forschungsvorhaben bisher kaum möglich. Ein Bezug von Grid-Computing-Dienstleistungen in Form von Rechenleistung oder dedizierten Endanwendungen zu Forschungszwecken ist damit in den meisten Fällen nur schwer begründbar. Es ist abzuwarten, inwieweit Projektträger und Fördereinrichtungen bei der Auslegung von Förderrichtlinien in Zukunft diesen Aspekt adressieren.

Erlösaspekte auf vorgelagerten Wertschöpfungsstufen

Erlösmechanismen in Grid-Computing-Wertschöpfungsstrukturen kommen neben der entscheidenden Schnittstelle zum Endkunden auch auf anderen Ebenen der Wertschöpfung zum Einsatz. Dem Leistungsfluss von einer Wertschöpfungsstufe zur nächst höheren steht ein entsprechender Zahlungsfluss gegenüber. Die Flüsse werden in Abbildung 54 schematisch dargestellt.

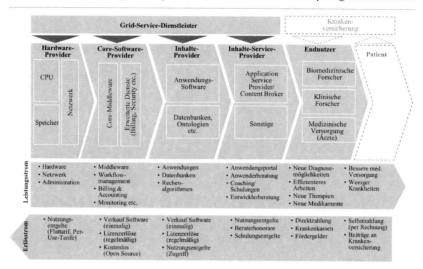

Abbildung 54. Übergreifende Austauschbeziehungen in Grid-Infrastrukturen

Auch in diesem Zusammenhang soll ein Aspekt öffentlicher Förderung in Deutschland angeführt werden. Technische Grid-Computing-Basisinfrastrukturen werden aktuell häufig über öffentliche Mittel finanziert, d. h. Erlöse werden indirekt durch eine Kostendeckung der Infrastrukturkosten generiert. Ursprünglich bundeslandübergreifende Bereitstellungsmittel über das HBFG-Verfahren sind seit 31.12.2006 im Rahmen der Förderalismusreform nicht mehr vorgesehen, Förderungen von Großinvestitionen werden seitdem primär über Landesmittel gedeckt (vgl. Bröcker 2007, S. 8)[84,85]. Aus der länderbezogenen Finanzierung resultierte ursprünglich das Problem, dass gerade IKT-Infrastrukturen nicht problemlos gleichzeitig über mehrere Bundesländer hinweg genutzt werden konnten. In den Neuregelungen hingegen ist bestimmt, „dass Institutions-übergreifende oder Länderübergreifende Investitionen – etwa bei der Etablierung von Grid-Infrastrukturen – beantragt werden können" (DFG 2007, S. 4).

Im Rahmen der betriebswirtschaftlichen Bewertung des Marktes für Grid Computing in der (Bio-)Medizin sollte der Fokus der Untersuchungen jedoch auf der Austauschbezie-

---

[84]   HBFG: Hochschulbaufördergesetz
[85]   Im Rahmen einer Übergangsregelung werden bis 2013 brutto ca. 2 Mrd. Euro an Bundesmitteln bereitgestellt, die zu 30% in Form von Forschung und Forschungsbauten nach Art. 91b GG bundesübergreifend und zu 70% nach Art. 143c GG länderbezogen verteilt werden (vgl. Bröcker 2007, S. 8).

hung eines Grid-Dienstleisters zum tatsächlichen Endnutzer liegen. Zum einen befindet sich der Markt für Grid Computing in der (Bio-)Medizin in einer frühen Entwicklungsstufe. Es ist daher in einem ersten Schritt zu prüfen, inwieweit (bio-)medizinische Grid-Computing-Dienstleistungen überhaupt vom Markt angenommen werden. Erst in einem weiteren Schritt ist die Untersuchung auf Aspekte auszudehnen, welche die Wechselbeziehungen auf den einzelnen untergeordneten Wertschöpfungsstufen beleuchten. Ein zweiter Grund für diesen Ansatz liegt in der Struktur aktueller Healthgrid-Infrastrukturen. Wie bereits dargestellt wurde, verfolgt die überwiegende Mehrzahl ein integratives Wertschöpfungsmodell, in dem alle wesentlichen Wertschöpfungsaktivitäten internalisiert werden.

5.1.5.2 Kostenmodelle

Häufig wird argumentiert, dass Grid-Computing-Technologien maßgeblich zur Reduzierung der IKT-Kosten innerhalb einer Organisation beitragen (vgl. Altmann et al. 2007a, S. 188). Dennoch gibt es bisher wenige Arbeiten, die sich systematisch mit der Analyse der Kosten eines Grids befassen. Erste Ansätze zu Kostenstrukturen für Grid Computing finden sich u. a. bei Gray (2003), Slimani et al. (2004) und Risch und Altmann (2008).

Gray (2003) untersucht die relativen Kostenpositionen verschiedener Grid-Computing-Lösungen im Vergleich zu einer Standalone-Architektur (Gray 2003, S. 3f.). Er gründet seine Analyse auf der reinen Betrachtung von IKT-Kosten für Rechenleistung, Netzwerk, Datenspeicherung und Datenzugang. Personalkosten, Service- und Wartungskosten wie auch Overheadkosten bleiben unberücksichtigt. Zur Beurteilung der verschiedenen Grid-Computing-Architekturen zieht der Autor normierte Verrechnungseinheiten heran, die im Vorfeld für die einzelnen Kostenpositionen gebildet wurden. Gray (2003) kommt zu dem Schluss, dass Grid Computing nur bei einem immensen Bedarf an Rechenleistung (in relativer Betrachtung zur Standalone-Lösung) rentabel sei. Konkrete Kostenschemata werden nicht wiedergegeben.

Einen formalistischen Ansatz zur Ermittlung der IKT-Kosten in verteilten Umgebungen wählen Slimani et al. (2004). Die Autoren untersuchen die Kosten, die einzelne Anfragen zwischen Rechenknoten innerhalb eines Rechennetzwerkes verursachen. Diese ergeben sich aus den CPU- und I/O-Kosten sowie den Kommunikationskosten. Sie modellieren die Kosten, die für eine Anfrage zwischen zwei Knoten („Sites") S_i und S_j in verteilten Systemen entstehen, als (vgl. Slimani et al. 2004, S. 82ff.):

$$C_{ij}(X) = \alpha_{ij}X + \beta_i$$

wobei α_{ij} die Kommunikationskosten repräsentiert, um eine Einheit Daten der Datenmenge X von Knoten i zum Knoten j zu transferieren, und β_i die initialen Startup-Kosten definiert. Das Kostenmodell wird beispielhaft für zwei Referenzarchitekturen, „Intra-Cluster Communication" und „Inter-Cluster Communication", heruntergebrochen und mit einem Rechenbeispiel unterlegt.

Risch und Altmann (2008) bedienen sich zur Kostenbetrachtung einer Vergleichsanalyse zwischen einer Standalone-Lösung und dem Einsatz von Grid-Ressourcen des Anbieters Amazon (vgl. Amazon 2009; Risch und Altmann 2008). Der Ansatz gleicht insofern Gray (2003), allerdings ist die Analyse der beiden Autoren wesentlich tiefgehender, einzelne Kosten werden detailliert hergeleitet. Die Vergleichsanalyse wird für vier unterschiedliche Szenarien vorgenommen: für einen Download-Server, einen Backup-Server, einen Rechen-Server und einen Web-Server für kleine und mittelständische Unternehmen. Die Autoren schließen, dass Grid Computing nicht immer günstiger sein muss als eine Standalone-Inhouse-Lösung und potenzielle Nutzer die Kosten eines Grids mit denen einer eigenen Lösung im Vorfeld sorgfältig vergleichen sollten.

Alle drei vorgestellten Ansätze beleuchten wichtige Aspekte im Rahmen einer Kostenbetrachtung von Grid-Computing-Infrastrukturen. Sie eignen sich jedoch nur bedingt für die Ermittlung eines übergreifenden Kostenrahmens im Kontext einer Geschäftsmodellbetrachtung. Die Ansätze von Gray (2003) und Risch und Altmann (2008) zeigen sinnvolle Muster für vergleichende Analysen im Sinne einer Make-or-Buy-Entscheidung, während der Ansatz von Slimani et al. (2004) bei der Optimierung konkreter Workflows eine Rolle spielen kann.

Für die Geschäftsmodellierung ist es dagegen sinnvoll, einen übergreifenden Analyserahmen zur Kostenermittlung aufzuzeigen, der wiederkehrend einsetzbar ist. Ein solcher Analyserahmen sollte Kostenarten und Beteiligte eines Grid-Computing-Wertsystems identifizieren und aus den jeweils zuzuordnenden Kosten die Gesamtkosten aller Teilnehmer ermitteln. Diese Arbeit schlägt den in Abbildung 55 dargestellten Analyserahmen zur Kostenermittlung vor (vgl. Scholz 2007).

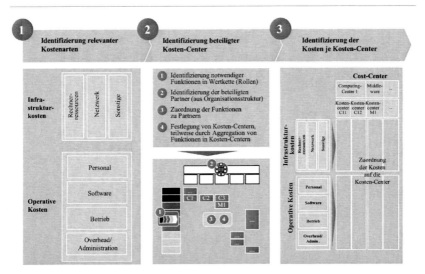

Abbildung 55. Kostenermittlung in Grid-Computing-Infrastrukturen

Entsprechend den Überlegungen des vorgeschlagenen Analyserahmens gliedert sich die Kostenermittlung in drei Phasen. In der ersten Phase ist ein adäquater Kostenrahmen aufzusetzen, der alle relevanten Kostenarten berücksichtigt. In der darauf folgenden Phase werden zum einen die für das Geschäftsmodell relevanten Funktionen entsprechend dem Rollenmodell identifiziert und zum anderen alle zu beteiligenden Partner benannt. Die Funktionen werden formal den jeweiligen Partnern zugeordnet und durch die Herausbildung von Kosten-Centern abgebildet. In einer letzten Phase werden die tatsächlichen Kosten für jeden Beteiligten ermittelt und auf die einzelnen, definierten Kosten-Center heruntergebrochen.

Im Folgenden stehen insbesondere die Darstellung relevanter Kostenarten und die letztendliche Kostenhöhe in Grid-Computing-Wertsystemen anhand von Beispiel-Grid-Infrastrukturen im Mittelpunkt.

Wie aus der ersten Phase ersichtlich wird, basiert das System der Kostenermittlung auf der Bestimmung relevanter **Kostenarten** in Grid-Infrastrukturen. Hierzu zählen in der Grundkonfiguration die folgenden Kostenarten, die als Grundlage des in Scholz (2007) präsentierten Ansatzes identifiziert werden:

- Technische Infrastruktur (Hardware: Rechner, interne Netze, sonstige)

- Immobilien/Gebäude

- Personal (ohne Verwaltung)

  - Administratoren

  - Entwickler

  - Sonstige

- Software

  - Systemsoftware

  - Middleware (Kern-/erweiternd)

  - Anwendungen

  - Sonstige

- Betrieb und Wartung

  - Betriebsstrom

  - Kühlung

  - Netzanbindung und -kommunikation (z. B. DFN)

  - Instandhaltung

  - Sonstige

    - Sicherheit

    - Versicherungen

    - Sonstige

- Overhead/Verwaltung

In der Initialisierungsphase können zusätzliche Kosten u. a. in Form von Planungs-, Beratungs- und Coaching-Kosten entstehen. Da Grid-Computing-Wertsysteme in der Regel auf existenten Strukturen aufbauen, sind zusätzlich Change-Management-Kosten in nicht unerheblicher Höhe zu berücksichtigen. Hierunter fallen u. a. Opportunitätskosten wie Motivations- und Koordinationskosten (vgl. Schomann und Koch 2008, S. 229).

Die konkrete Kostenhöhe für Grid-Computing-Infrastrukturen ist nur schwer zu verallgemeinern. Sie ist stark vom organisatorischen Rahmen, der Anzahl der beteiligten Partner, der zum Einsatz kommenden technischen Infrastruktur sowie den Anforderungen, welche die verwendete Anwendungssoftware stellt, und deren Nutzungsintensität abhängig. Einen Überblick über mögliche Kosten geben beispielhaft Opitz et al. (2008) für verschiedene der identifizierten Kostenarten (siehe hierzu im Detail Opitz et al. 2008, S. 386ff.).

Kostenarten, die verteilte Grid-Computing-Infrastrukturen stärker beeinflussen als lokale IKT-Strukturen, sind sowohl die Kosten für die zum Einsatz kommende Software (Middleware und Softwareanwendungen) wie auch Netzanbindungs- und Übertragungskosten.

Softwarekosten können beim Aufbau einer Grid-Computing-Infrastruktur erheblich sein. Viele Grid-Infrastrukturen nutzen anfänglich kostenlos verfügbare Open-Source-Software. Verschiedene Software-Anbieter behalten sich jedoch vor, im Falle eines kommerziellen Einsatzes Lizenzgebühren zu erheben. Hinzu kommt, dass Open-Source-Systeme häufig nicht den Ansprüchen an eine nachhaltige kommerziell zu betreibende Infrastruktur genügen und ein Systemwechsel zu einer kommerziellen Software-Lösung notwendig wird[86]. Tabelle 25 zeigt anhand des kommerziellen Middleware-Systems Sun N1 Grid Engine mögliche Lizenzkosten eines Grid-Infrastruktur-Betreibers (vgl. Opitz et al. 2008, S. 389).

Tabelle 25. Kosten der Sun N1 Grid Engine 6 (Opitz et al. 2008, S. 389)

Max. Prozessorenzahl	Max. Anzahl Masterhost	Kosten in US-Dollar
50	1	10.000
250	1	30.000
2.000	1	80.000
10.000	1	150.000
120.000	unbegrenzt	600.000

Ein weiterer grid-spezifischer Kostenfaktor sind Kosten der Datenübertragung. Das Kommunikationsaufkommen in Grid-Infrastrukturen kann je nach Anwendungstyp und Verbreitung erheblich sein. In Deutschland greifen Grid-Infrastrukturen unter Einbindung öffentlich-rechtlicher Partner und Rechenzentren in der Regel auf das Deutsche Forschungsnetzwerk (DFN) zurück. Das DFN legt sämtliche entstehende Kosten nach einem festgelegten Schlüssel auf die beteiligten Mitglieder um (DFN 2009b) (siehe Tabelle 26). Je nach Datendurchsatz liegen die Kosten zwischen 2.500 Euro und 570.900 Euro pro Jahr für jeden Grid-Partner. Auch hier hängen demzufolge die tatsächlichen Kosten einer Grid-Infrastruktur von der Anzahl der Mitglieder und dem jeweiligen Datendurchsatz bzw. im Falle des DFN von den vereinbarten Tarifen ab.

---

[86] Im Rahmen der dargestellten Expertenbefragung wiesen die Teilnehmer darauf hin, dass momentane Open-Source-Systeme ab einer gewissen Client-Anzahl Skalierungsprobleme aufweisen (vgl. Abschnitt 4.3.9, S. 132).

Tabelle 26. Kostenstruktur des Deutschen Forschungsnetzes – DFN (DFN 2009b)

Einfache Anbindung Hauptleitung (Megabit/s)	Kosten Regelanschluss je Partner in Euro p. a.
5	2.500
10	5.100
50	25.900
150	44.100
450	103.800
900	155.700
1.500	207.600
3.000	285.400
7.500	389.200
15.000	456.700
30.000	570.900

Neben der generellen Abschätzung typischer Kostenarten sind nur wenige Informationen über konkrete Kostenaufkommen in Grid-Computing-Infrastrukturen verfügbar. Im Folgenden sollen zwei Beispiele aus Medizin und Biomedizin kurz beleuchtet werden. Opitz et al. (2008) untersuchen in ihrer Arbeit die Kosten der Grid-Infrastruktur des Pharmaunternehmens Novartis, und der Autor dieser Arbeit leitet in Scholz (2007) anhand des oben beschriebenen Ansatzes mögliche Kosten einer Grid-Infrastruktur des MediGRID-Projektes her (Scholz 2007; Opitz et al. 2008, S. 393f.).

Das Schweizer Pharmaunternehmen Novartis betreibt seit 2003 eine eigene Grid-Infrastruktur auf Desktop-Basis (vgl. Intel 2003). Im Initialisierungsjahr wurden 2.700 Personalcomputer des Pharmaherstellers zu einem Grid verbunden. Opitz et al. (2008) schätzen die Gesamtkosten für das Novartis-Grid anhand der im Vorfeld für einzelne Kostenarten abgeleiteten Kosten (vgl. Opitz et al. 2008, S. 393f.). Sie berücksichtigen Hardwarekosten, Elektrizität-, Software-, Personal- und Netzwerkkosten. Aufgrund fehlender Informationen über die konkrete Struktur des Grids berücksichtigen die Autoren zwei unterschiedliche Szenarien – eines, in dem Datenübertragungskosten anfallen und ein zweites, in dem diese Kosten entfallen.

Wenn auch der Herleitungsansatz selbst einen Einblick in die mögliche Konfiguration und Kostenableitung von Grid-Strukturen generell liefert, so bleibt zweifelhaft, inwieweit die dargestellten Kosten sich tatsächlich mit den Kosten des Novartis-Grids decken. Letztendlich basiert die Herleitung auf keinen originären Kostenangaben des Unternehmens, sondern lediglich auf allgemein verfügbaren Angaben zur möglichen Höhe einzelner Kosten-arten. Dennoch ist das Beispiel geeignet, mögliche Kosten einer großskaligen Inhouse-Grid-Struktur anschaulich zu machen. Die Ergebnisse der Kostenerhebung finden sich in Tabelle 27.

Tabelle 27. Kostenabschätzung Novartis-Grid (Opitz et al. 2008, S. 394)

Kostenart	Kosten in Euro p. a.	
	Fall 1: keine zusätzlichen Netzwerkkosten	Fall 2: zusätzliche Netzwerkkosten
Hardware	0 – 120.000	0 – 120.000
Elektrizität	255.000 – 356.000	255.000 – 356.000
Software	320.000	320.000
Personal	2.370.000	2.370.000
Netzwerk	-	1.100.000 – 1.500.000
Total	**2.900.000 – 3.200.000**	**4.000.0000-4.700.000**

Im Rahmen des MediGRID-Projektes als (bio-)medizinisches Partner Grid wird auf Basis des anfänglich vorgestellten Analyserahmens eine Kostenabschätzung für einen Grundbe-trieb unter Beibehaltung einer Minimalkonfiguration vorgenommen (Scholz 2007; MediGRID 2009). Die Kostenerhebung erfolgte unter Bereitstellung von Kostendaten durch die beteiligten Projektpartner, die im Einzelnen nicht immer überprüfbar waren. Die Kostenerhebung stellt zudem darauf ab, dass Softwarekomponenten – sowohl Middleware-Komponenten als auch Anwendungssoftware – weiterhin als „Open Source" betrachtet werden und nur ein geringer Kostenanteil für wenige kommerzielle Zusatzkomponenten berücksichtigt wurde. Entwicklungskosten und Change-Management-Kosten fließen in die Rechnung ebenfalls nicht ein. Die Kostenerhebung berücksichtigt ausschließlich anteilige Kosten von drei beteiligten Rechenzentren und wenigen Supportfunktionen. Unter letztere fallen Management/Koordination (incl. Marketing und Vertragswesen), der Portalbetrieb, die Benutzerverwaltung sowie ein Basis-Anwendersupport. Die Ergebnisse der Kosten-schätzung sind unter Berücksichtigung des Datenschutzes der Beteiligten in Abbildung 56 dargestellt. Es ist davon auszugehen, dass die Kosten einer umfangreichen Infrastruktur mit marktrelevanten Software-Anwendungen und regulärem Dauerbetrieb weitaus höher ausfallen[87].

---

[87]   Das MediGRID-Projekt diente dem Aufbau einer Grundinfrastruktur und der Etablierung von Beispielanwendungen, welche die Funktionsfähigkeit (nicht aber die Marktfähigkeit) zum Ziel hatten.

Kostenschätzung MediGRID (Euro in Tsd.)	Rechenzentren		Management, Koordinierung	Middleware-Weiterentwicklung u. Instandhaltung	
	Computing	Speicher			
Infrastruktur-kosten (Hardware-ressourcen, Interne Netze, Sonstige)	100	120	Primär operative Kosten	Primär operative Kosten	220
Operative Kosten (Personal, Software, Betriebskosten, Overhead)	200	120	180	230	730
	300	240	180	230	Total: 950

Abbildung 56. Kostenstruktur der MediGRID-Grundkonfiguration

Durch die Etablierung integrierter internetbasierter Grid- und Cloud-Computing-Systeme, wie sie beispielsweise von Amazon und Google angeboten werden, ist es zudem möglich, Rechen- und Speicherleistungen zu nutzungsabhängigen Konditionen direkt über einen weiteren Anbieterkanal zu beziehen (vgl. Weiss 2007, S. 23; Amazon 2009; Google 2009a). Amazons EC2 bietet dem Kunden ein überschaubares Komponentensystem mit einfachen Abrechnungsstrukturen. Die einzelnen individuell skalierbaren Komponenten werden als Instanzen bezeichnet. Eine Instanz beschreibt dabei eine für den Nutzer transparente virtuell geschaffene IKT-Konfiguration mit konkret definierten Leistungsparametern. Als Verrechnungseinheit gegenüber dem Kunden dienen Instanzen-Stunden. Im August 2009 betrugen die Kosten für eine Verrechnungseinheit zwischen 10 US-Cent und 0,80 US-Cent, entstandener Datenverkehr wurde mit 10 bis 17 US-Cent je Gigabyte in Rechnung gestellt (vgl. Amazon 2009).

Die beschriebene Alternative steht im direkten Wettbewerb zur Einbindung großer Rechenzentren in das Grid-Wertsystem im Sinne eines Partner Grids. Im Rahmen der Geschäftsmodellierung ist somit ein direkter Kostenvergleich der unterschiedlichen Anbieter möglich. Allerdings stehen sich mit den beiden Ansätzen zwei Geschäftsmodelle gegenüber, die sich in ihrer Wertschöpfungs- und Organisationsstruktur unterscheiden. Die Entscheidung für die eine oder andere Variante ist somit keine reine Kostenfrage, sondern eine Entscheidung über die grundsätzliche strategische Ausrichtung des Geschäftsmodells.

Für die kommenden Jahre kann davon ausgegangen werden, dass sich die **Gewichtung der Gesamtbetriebskosten einer Grid-Computing-Infrastruktur** von den indirekten Kostenkomponenten, wie der Bereitstellung der Hardware-Infrastruktur, weiter in Richtung der direkten Kostenkomponenten, d. h. der nutzungsabhängigen Betriebskosten, verschieben wird. Dies ist insbesondere auf drei Entwicklungen zurückzuführen. Zum einen verlieren Hardware-Investitionskosten und ihre in den Betriebskosten abgebildete Refinanzierung durch den Bezug kostengünstiger Hochleistungstechnologie zunehmend an Bedeutung. Zum anderen verteuern sich aufgrund steigender Komplexität und immer kürzerer Entwicklungszyklen der Softwaresysteme die Kosten für Wartung und Systemsupport. Ein weiterer Faktor ergibt sich aus einem hohen Energiekostenanteil und dem daraus folgenden direkten Einfluss steigender Energiepreise.

Neben Entwicklungsszenarien im Kostenniveau, die sich aus der direkten Veränderung der Umweltfaktoren ergeben, sind Innovationen im Verlauf ihres Lebenszyklus einer natürlichen Preis- und Kostenanpassung ausgesetzt (siehe Abbildung 57). Dies gilt auch für Innovationen im (bio-)medizinischen Umfeld. Auf der Erlösseite ist im Verlauf des Produktlebenszyklus von einer kontinuierlichen Preisreduktion auszugehen. Der Wert des Produktes wird durch den technologischen Fortschritt langfristig aufgezehrt, gleichzeitig können durch Preisreduktionen mengenbezogene Absatzsteigerungen erzielt werden, die einen höheren Gesamtumsatz versprechen. Der Kostenseite stehen bis zur Markteinführung keine Erlöse gegenüber. Diese Phase ist durch Finanzierungslösungen zu überbrücken. Nach Markteinführung reduzieren sich die Kosten je Einheit mit steigender Absatzmenge.

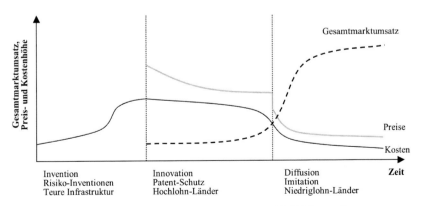

Abbildung 57. Preis- und Kostenentwicklung von Medizininnovationen (Neubauer 2007, S. 265)

5.1.6   Rahmenbildende Faktoren

Unter rahmenbildenden Faktoren werden die das Kerngeschäftsmodell beeinflussenden Umgebungsvariablen verstanden. Hierzu zählen der Wettbewerb der Anbieter von Grid-Computing-Lösungen untereinander, die angebotenen Technologien auf dem Ressourcenmarkt für Grid Computing, mögliche Substitutionstechnologien und die Zielmarktbedingungen.

Die wesentlichen aktuellen Rahmenbedingungen, insbesondere die Zielmarktbedingungen, wurden bereits im dritten Kapitel ausführlich erläutert und behalten auch unter Berücksichtigung der in der Expertenbefragung und Theorieentwicklung gewonnenen Erkenntnisse ihre Bedeutung[88].

Dieser Abschnitt beschränkt sich auf die Zusammenfassung der wesentlichen zu **erwartenden Entwicklungen und Trends**, denen Geschäftsmodelle im Healthgrid-Umfeld zukünftig ausgesetzt sein werden. Hierzu werden die Ergebnisse der Literaturstudie, der Marktstudie und der Expertenbefragung herangezogen.

In Bezug auf die **technologische Entwicklung** ist davon auszugehen, dass die Verbreitung von Technologien zur Vernetzung und Virtualisierung von IKT-Ressourcen stark zunehmen wird. Hiervon profitieren „klassische" Grid-Computing-Technologien ähnlich stark wie technologische bzw. konzeptionelle Weiterentwicklungen[89].

Der **Wettbewerb** auf dem Markt für Grid Computing beschränkt sich aktuell primär auf die in der Marktstudie untersuchten Healthgrid-Initiativen zuzüglich weiterer Initiativen im internationalen Rahmen und kleinerer Projekte, die zum Teil aus den beschriebenen Initiativen hervorgehen. Eine Entwicklung der Wettbewerbssituation ist nur schwer vorhersagbar. Es ist jedoch davon auszugehen, dass der Wettbewerbsdruck in den kommenden Jahren zunehmen wird, sobald einzelne Grid-Lösungen reifen und kommerzielle Anbieter verstärkt am Markt auftreten. Sollte eine Entwicklung parallel zum Markt für Medizintechnik erfolgen, werden sich Anbieter langfristig konsolidieren und nur wenige in regionalen Oligopolen agieren.

---

[88]   vgl. Abschnitt 3.4.3, S. 82
[89]   vgl. Abschnitt 2.1.3, S. 21

In Hinblick auf die **Zielmarktbedingungen** sind verschiedene **Trends** erkennbar, die ein positives Umfeld für Grid-Computing-Lösungen schaffen. Hierzu zählen übergreifend in verschiedenen Branchen:

- zunehmende organisationsübergreifende Zusammenarbeit

- Herausbildung von neuen standortübergreifenden Organisationsformen

Im (bio-)medizinischen Umfeld kommen folgende Faktoren hinzu:

- signifikanter Anstieg digitaler Datenmengen in der Medizin und Biomedizin

- zunehmende Vernetzung medizinischer Einrichtungen

- verstärkte Durchsetzung kollaborativer Arbeitskonzepte

- verstärkte Nutzung von Synergieeffekten zwischen biomedizinischer Forschung und der (klinischen) Versorgung

- Reduzierung des Regelversorgungsbereiches und damit verbundene Stärkung wettbewerblicher Elemente im deutschen Gesundheitsmarkt

Konkret im medizinischen Versorgungsbereich sind zusätzlich folgende Trends erkennbar:

- stärkere Optimierung und Standardisierung von Abläufen (Ablaufunterstützung)

- dezentraler und ortsunabhängiger Zugriff auf Datenbestände

- Möglichkeiten zur Nutzung von Wissensressourcen

Negativ ist zu vermerken, dass die Entwicklung der rechtlichen Rahmenbedingungen der technologischen Entwicklung erst mit starker Verzögerung folgen wird und sich dies insbesondere auf die Durchsetzung von Vernetzungstechnologien im Gesundheitswesen negativ auswirkt.

5.2 Geschäftsmodelltypologie für Grid Computing

Im vorangehenden Abschnitt wurden die übergreifende Systematisierung von Grid-Computing-Geschäftsmodellen anhand eines Referenzgeschäftsmodells und die Ausgestaltung seiner jeweiligen Komponenten umfassend hergeleitet. An diese Untersuchungen schließt sich die Frage an, in welchen konkreten Ausgestaltungsformen Grid-Computing-Geschäftsmodelle am Markt vorkommen. Geschäftsmodelltypologien beantworten diese

Frage[90]. Der folgende Abschnitt leitet einen Klassifizierungsansatz für Grid-Computing-Geschäftsmodelle auf Basis des Referenzgeschäftsmodells her und identifiziert wesentliche Geschäftsmodelltypen.

5.2.1 Klassifizierungsmerkmale

Eine Klassifizierung grenzt ähnlich geartete Objekte anhand differenzierender Eigenschaften voneinander ab. Grundlegende Arbeiten zur Klassifizierung von Geschäftsmodellen des Electronic Business und erste Ansätze für Grid Computing wurden im dritten Kapitel dargelegt[91]. Ein feststehender Klassifizierungsrahmen existiert demnach nicht, die Arbeiten konzentrieren sich vielmehr auf eines oder, seltener, eine Kombination der folgenden Abgrenzungskriterien:

- Produkt (zu erbringende Leistung)
- Wertschöpfungsstruktur
- Organisationsstruktur
- Erlösmodelle, insbesondere Preismechanismen

Setzt man diese dominierenden Klassifizierungsmerkmale in Bezug zur Struktur des in dieser Arbeit **entwickelten Referenzgeschäftsmodells**, lassen sich die Klassifizierungsmerkmale den einzelnen Sichten des Referenzmodells zuordnen (Hervorhebung):

- **Produkt** und Zielkundengruppen (Nutzensicht)
- **Wertschöpfungsmodell** und **Organisationsmodell** (Wertschöpfungssicht)
- **Erlösmodelle** und Kostenmodelle (Kapitalsicht)

Die Klassifizierungsmerkmale entsprechen demnach Partialmodellen des Referenzgeschäftsmodells. Eine Klassifikation für Grid-Computing-Geschäftsmodelle lässt sich somit direkt aus dem dargelegten Referenzgeschäftsmodell ableiten. Jedoch lassen sich aufgrund des jeweiligen inhaltlichen Charakters unterschiedliche Aussagen aus den einzelnen Partialmodellen, und damit den Klassifizierungsmerkmalen, treffen. Es ist daher entscheidend, in einem ersten Schritt die **Zielsetzung der Klassifikation** zu bestimmen und anhand dieser in einem weiteren Schritt mit der Zielsetzung korrespondierende Klassifizierungsmerkmale zu wählen. Im Falle von Grid-Computing-Geschäftsmodellen ist zu unterschei-

---

[90]   vgl. Abschnitt 3.2.2, S. 49
[91]   vgl. Abschnitt 3.2.1 S. 43

den, ob eine Klassifizierung innerhalb einer Zielbranche, in diesem Fall der Gesundheitswirtschaft, oder des Gesamtmarktes für Grid Computing im Allgemeinen erfolgen soll.

Für den ersten Fall, der **Differenzierung innerhalb einer Zielbranche**, eignet sich insbesondere eine Klassifizierung anhand der Kombination der beiden Merkmale Produkt und
Zielkundengruppe. Grid-Computing-Produkte sind auf der Ebene der Software-Anwendungen sehr branchenspezifisch und jeweils nur für eine oder wenige Zielkundengruppen
der entsprechenden Branche geeignet. Bei einer branchenübergreifenden Klassifizierung
von Grid-Computing-Geschäftsmodellen könnten Grid-Produkte aufgrund ihrer in der
Regel hohen Branchenspezifität deshalb nur auf einer hohen Aggregationsstufe abgebildet
werden[92].

Eine weitere Abgrenzung ermöglichen Erlösmodelle. Wie gezeigt wurde, sind Erlösmodelle letztendlich jedoch stark mit dem zugrunde liegenden Produkt und dem Zielkunden verbunden, insofern ist eine losgelöste branchenübergreifende Differenzierung anhand
der Erlösalgorithmen in der Regel weniger geeignet und kommt ebenfalls eher für eine
branchenbezogene Klassifizierung in Betracht.

Zweckmäßiger erscheint eine **branchenübergreifende Klassifizierung von Grid-Computing-Geschäftsmodellen** anhand der Differenzierungsmerkmale der **Wertschöpfungssicht über das Wertschöpfungsmodell und das Organisationsmodell**. Wie in dieser
Arbeit gezeigt wurde, weisen Grid-Computing-Infrastrukturen branchenunabhängig ähnliche Wertschöpfungsstrukturen und Organisationsformen auf. Dies gewährleistet eine
Abgrenzung unterschiedlicher Geschäftsmodelltypen, die potenziell auf alle Branchen
anwendbar sind.

5.2.2 Übergreifende Geschäftsmodelltypologie für Grid Computing

Die hier vorgeschlagene übergreifende Typenbildung von Grid-Computing-Geschäftsmodellen orientiert sich an den einleitenden Erläuterungen und nimmt eine Klassifizierung
anhand der **Wertschöpfungssicht** des Referenzgeschäftsmodells vor. Hierzu werden beide
Dimensionen, das Wertschöpfungsmodell und das Organisationsmodell, berücksichtigt.
Das Wertschöpfungsmodell wird über die Wertschöpfungstiefe („**Wertintegration**") und

---

[92] Prinzipiell wäre auf dieser Ebene eine Unterscheidung der Geschäftsmodelle anhand der Grundausrich-
tung des Grids – „Computational", „Data" oder „Knowledge" – denkbar, für eine tiefgehende Systematisierung erscheint diese Klassifizierung jedoch nicht ausreichend (vgl. Abschnitt 3.4.1.1, S. 68).

das Organisationsmodell über die organisatorischen Verflechtungen („**Organisatorische Integration**") abgebildet. Das Klassifizierungsschema ist so angelegt, dass eine Erfassung unterschiedlicher aktueller und zukünftiger organisatorischer Systeme – Enterprise Grids, Partner Grids wie auch Open Grids – möglich ist.

Unter **organisatorischer Integration** wird die Stellung des eigentlichen Grids innerhalb der organisatorischen Grenzen verstanden. Dieses kann entweder vollständig in eine rechtliche Organisationseinheit (Unternehmen, Konsortium) integriert oder aber überspannend über mehrere lose verbundene Organisationseinheiten verteilt sein.

Die **Wertintegration**, als zweites Abgrenzungskriterium, beschreibt die Tiefe der vertikalen Wertschöpfung im Sinne einer vertikalen Integration, die von einem Geschäftsmodell verfolgt wird. Diese reicht von der Abbildung einer Wertschöpfungsstufe bis hin zur Integration aller relevanten Rollen und damit Wertschöpfungsstufen einer Grid-Computing-Infrastruktur.

Aus diesen Vorüberlegungen lassen sich sechs Geschäftsmodelltypen für Grid-Computing-Infrastrukturen differenzieren (Abbildung 58). Alle sechs Grundtypen unterscheiden sich hinsichtlich der organisatorischen Integration und des Grades der Wertintegration. Die einzelnen Geschäftsmodellgrundtypen werden im Folgenden erläutert, eine Kurzbeschreibung gibt Tabelle 28.

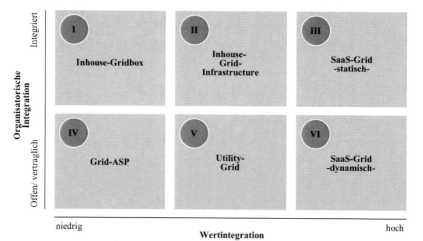

Abbildung 58. Grid Computing Geschäftsmodelltypologie

Tabelle 28. Geschäftsmodelltypen für Grid Computing

Geschäftsmodelltyp	Kurzbeschreibung
Inhouse-Gridbox (Typ I)	Grundressourcenpaket aus Hard- und Middleware, Plug & Play, standardisierte Schnittstellen, insbes. für KMU
Inhouse-Grid-Infrastructure (Typ II)	Grundressourcenpaket aus Hard- und Middleware, umfangreicher Implementierungsservice, Einbindung eigener Anbieterdienste, insbes. für große Unternehmen/Einrichtungen
Statisches SaaS-Grid (Typ III)	Umfassende Grid-Infrastruktur, Bereitstellung definierter Anwendungen, def. Kundenkreis, Kunden regelmäßig Teil der VO
Grid-ASP (Typ IV)	Vertragliche Zusammenarbeit mit Grids, die Anwendungen bereitstellen, umfassendes Anwendungsportfolio
Utility-Grid (Typ V)	Bereitstellung von Rechen- und Speicherressourcen extern, Plug & Play, definierte Schnittstellen, häufig zusätzliche Services
Dynamisches SaaS-Grid (Typ VI)	Umfassende, jedoch flexible Grid-Infrastruktur mit zentralem Systemintegrator, dynamisches Anwendungsportfolio, dynamisches Kundenportfolio, u. U. dynamische IKT-Ressoucen

Die Klassifizierung ist auf Geschäftsmodelle ausgelegt, die innerhalb der Wertschöpfungsstruktur von Grid Computing in direktem Kontakt zu einem potenziellen Endkunden am Ende der jeweiligen Wertkette stehen. Selbstverständlich stellt jede Rolle innerhalb der Wertestruktur für Grid Computing für sich genommen ebenfalls ein eigenständiges Geschäftsmodell dar. Jedoch funktioniert dieses Modell nur dann, wenn die Wertschöpfung bis zur letzten Instanz des Wertschöpfungssystems – dem eigentlichen Endkunden – fortbesteht. Das hier vorgestellte Modell greift daher bewusst die Modelle auf, die grundsätzlich diese letzte Wertschöpfungsstufe repräsentieren.

5.2.2.1 Inhouse-Gridbox

Bei der Inhouse-Gridbox handelt es sich um ein vorkonfiguriertes Grundressourcenpaket aus Hardware und passender Middleware, welches nach dem Grundprinzip „Out of the box" funktioniert. Größere Implementierungsanpassungen sind nicht vorgesehen. Das Paket bietet standardisierte Schnittstellen, über die sich entsprechende Anwendungssoftware andocken lässt (siehe Abbildung 59).

Der mit dem Produkt einhergehende Implementierungsservice ist begrenzt, ein standardisiertes, einfach zu installierendes Grid-System steht im Vordergrund.

Der Funktionsumfang einer Gridbox wird größere Ähnlichkeiten mit einem Computer-Cluster aufweisen und primär verteilte Speicher- und Rechenressourcen zur Verfügung stellen.

Eine einfach zu installierende Kompaktlösung wie sie die Gridbox darstellt, ist insbesondere für kleine und mittelständische Unternehmen interessant, die eine kostengünstige und wartungsarme Produktlösung bevorzugen. Im medizinischen und biomedizinischen Umfeld zählen hierzu insbesondere Medizinische Versorgungszentren (MVZ) und kleinere Forschungseinrichtungen.

Die Gridbox zeigt eine relativ geringe Wertschöpfungstiefe, da sie lediglich ein Basis-Grid aus Hardware und rudimentärer Middleware bereitstellt. Gleichzeitig ist dieses Produkt jedoch direkt beim Zielkunden einsetzbar. Im Hinblick auf die organisatorische Integration ist das letztendliche Produkt auch in eigentumsrechtlicher Hinsicht fester Bestandteil eines Unternehmens.

Der Anbietermarkt für eine integrierte Grid-Lösung in Form einer Gridbox, wie sie hier beschrieben wird, ist sehr kleinteilig und nur schwer abgrenzbar. Häufig bieten kommerzielle Anbieter von Middleware-Lösungen eine Grundimplementierung der Software an. Anbieter von Cluster-Systemen, die sich gleichzeitig auf die Entwicklung von Middleware spezialisieren, bieten vereinzelt teilstandardisierte Lösungen an (vgl. u. a. Stoll 2008).

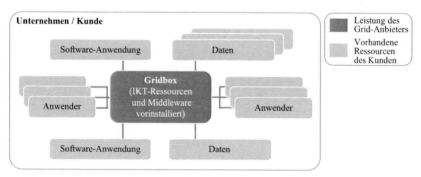

Abbildung 59. Geschäftsmodell Inhouse-Gridbox

5.2.2.2 Inhouse-Grid-Infrastructure

Die Inhouse-Grid-Infrastructure ist eine umfassende Grid-Computing-Lösung unter Bereitstellung der Hardware, der Grid-Middleware, der Vernetzung und der letztendlichen Implementierung und Abstimmung auf die existenten Systeme. Im Gegensatz zur Gridbox wird die Inhouse-Grid-Infrastructure mit einem umfassenden Implementierungs- und Wartungsservice angeboten und individuell auf das Zielunternehmen oder die Zielorganisation abgestimmt. Die Inhouse-Grid-Infrastructure entspricht organisatorisch dem Enterprise Grid, d. h. einer Grid-Computing-Lösung innerhalb der Grenzen eines rechtlich selbständigen Unternehmens[93] (siehe Abbildung 60).

Kunden einer Inhouse-Grid-Infastructure sind größere Unternehmen und Einrichtungen wie Universitäten und Forschungseinrichtungen. In der Medizin und Biomedizin sind insbesondere die großen Pharmaunternehmen typische Nutzer von Inhouse-Grid-Infrastructures, wie z. B. die Unternehmen Novartis und GlaxoSmithKline (vgl. Intel 2003; United Devices 2007).

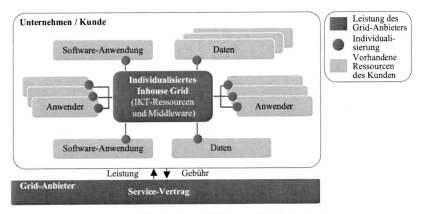

Abbildung 60. Geschäftsmodell Inhouse-Grid-Infrastructure

Inhouse-Grid-Infrastructures integrieren in Hinblick auf die Wertschöpfungsarchitektur neben der reinen Hard- und Softwareseite auch wesentliche Servicekomponenten in das Produktpaket. In organisatorischer Hinsicht ist das Grid als Produkt integrierter Bestandteil einer Organisation und nicht von losen vertraglichen Bindungen abhängig.

5.2.2.3 SaaS-Grid – statisch

Die Bereitstellung von Softwarediensten und Anwendungssoftware gilt allgemein als eines der wesentlichen möglichen Geschäftsmodelle für Grid Computing (vgl. Stanoevska-Slabeva et al. 2007, S. 46). Das hier definierte statische Software-as-a-Service-Grid ist ein langfristig angelegtes Wertschöpfungssystem unter Einbezug sämtlicher wesentlicher

---

[93] Dennoch sind beide Begriffe nicht identisch. Enterprise Grids können, was jedoch seltener vorkommt, durchaus auch als Statisches SaaS-Grid vorkommen, wie der folgende Abschnitt und die Fallstudie zu NDMA zeigen (vgl. Abschnitt 6.3, S. 213).

Grid-Computing-Wertschöpfungsstufen. Ziel der Unternehmung ist die Bereitstellung von Anwendungssoftware für eine spezifische Kundengruppe (siehe Abbildung 61). In der Regel ist das Dienstleistungsangebot in Form von Softwareanwendungen statisch und die Organisation wird ausschließlich um dieses Softwareangebot herum errichtet. Die Produkte sind grundsätzlich sehr spezifisch auf eine oder mehrere Kundengruppen ausgerichtet. Häufig sind Kunden sogar fester Bestandteil des Statischen SaaS-Grids. Dies ist vor allem dann der Fall, wenn sie gleichzeitig Bereitsteller der Anwendungssoftware sind, was insbesondere im (biomedizinischen) Forschungsbereich möglich ist.

Als Kunden eines Statischen SaaS-Grids kommen für den (bio-)medizinischen Bereich sowohl biomedizinische und klinische Forschungseinrichtungen als auch Kliniken im Versorgungsbereich in Frage. Aktuelle Grid-Projekte, die diesem Typus entsprechen, sind beispielsweise Health-e-Child und Medicus (vgl. Erberich et al. 2007; Branson et al. 2008).

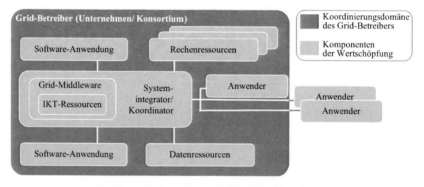

Abbildung 61. Geschäftsmodell SaaS-Grid – statisch –

Statische SaaS-Grids stellen die höchste Stufe der Wertintegration in Grid-Computing-Infrastrukturen dar. Sie bilden grundsätzlich die vollständige Wertschöpfungskette inner-halb einer Organisation ab. Organisatorisch kann ein Statisches SaaS-Grid sowohl als Konsortium in Form einer auf langfristige Zusammenarbeit angelegten Virtuellen Orga-nisation (Partner Grid) auftreten als auch als eigenständiges Unternehmen, das sämtliche Wertschöpfungsstufen internalisiert. Im Falle eines Konsortiums sind die beteiligten Partner in der Regel zwar rechtlich selbständig, durch vertragliche Regelungen im Rahmen einer langfristigen Virtuellen Organisation jedoch ausreichend stark gebunden.

5.2.2.4 Grid-Application-Service-Provider

Der Grid-Application-Service-Provider wird hier als ein Broker von Anwendungssoftware verstanden. Er bietet ein umfassendes Portfolio von Produkten, die zielgruppenorientiert ausgestaltet sind (siehe Abbildung 62).

Sein Angebot basiert auf vertraglichen Bindungen mit verschiedenen Grid-Computing-Netzwerken, die Anwendungssoftware bereitstellen. Der Grid-ASP tritt mit dem Endkunden in der Regel über ein Webportal in Kontakt und schließt mit diesem individuelle Nutzungsverträge.

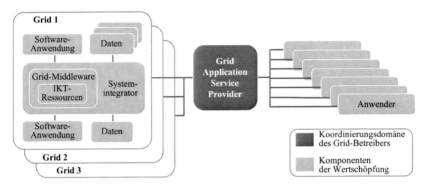

Abbildung 62. Geschäftsmodell Grid-Application-Service-Provider

Die in anderer Form aus der Internet-Domäne bekannte Rolle des Produktbrokers, beispielsweise im B2B-Bereich, hat sich auf dem jungen Markt der Grid-Computing-Infrastrukturen noch nicht durchgesetzt. Grid-ASP sind von einem ausgebauten und funktionsfähigen System unterschiedlicher Grid-Computing-Vollanbieter abhängig, das sich in dieser Form erst in einem Entwicklungsprozess befindet[94].

Zielkunden wären Unternehmen und Einrichtungen, die unkompliziert einen Zugang zu hochperformanter branchenspezifischer Spezialsoftware wünschen.

Wenn auch der Grid-ASP stark von der vorgelagerten Grid-Infrastruktur abhängig ist, so ist für dieses Geschäftsmodell keine tiefe Integration verschiedener Wertschöpfungsstufen notwendig. In organisatorischer Hinsicht ist der Grid-ASP unabhängig von der eigent-

---

[94]   vgl. Abschnitte 5.2.2.3, S. 181 und 5.2.2.6, S. 185

lichen Grid-Infrastruktur und mit dieser nur vertraglich verbunden. Insofern stellen für ihn die einzelnen Grids selbst jeweils eine Black-Box dar.

5.2.2.5 Utility-Grid

Das Utility-Grid ist eine Plug-&-Play-Lösung mit definierten Schnittstellen zur Bereitstellung von Rechen- und Speicherressourcen, bietet aber in der Regel noch erweiternde Softwaredienste, die über die reine Basis-Middleware hinausgehen. Das Utility-Grid ist nicht fester Bestandteil der Infrastruktur des Zielkunden, sondern bietet diesem bei Bedarf temporären Zugriff auf seine Ressourcen (siehe Abbildung 63). Es dient als Plattform für die Ausführung jedweder Art von Software-Anwendungen (vgl. Altmann et al. 2007b, S. 38). Letztendlich zeigt das Utility-Grid Ähnlichkeiten zu typischen „Utilities", d. h. Versorgungsdienstleistungen wie Strom, Abwasser oder Telekommunikation.

Nutzer von Utility-Grids sind zum einen Endkunden mit eigener Anwendungssoftware, die bereits auf die individuellen Zielbedürfnisse abgestimmt ist, wie sie beispielsweise häufig im biomedizinischen Forschungsbereich auftreten. Zum anderen können Utility-Grids aber auch Bestandteil eines dynamischen SaaS-Grids sein und Systemintegratoren als Plattform für Anwendungssoftware dienen, die Endkunden gegen Entgelt bereitgestellt wird.

Es existieren derzeit bereits Anbieter, die grid-basierte Rechen- und Speicherleistungen als Low-End-Commodity anbieten (vgl. Kratz et al. 2008, S. 209). Neben den klassischen Rechenzentren, die zum Teil im Verbund eigene Grid-Infrastrukturen betreiben, sind dies in jüngster Zeit Anbieter, die ihre Leistungen in Form von Cloud Computing über das Internet anbieten. Hierzu zählen beispielsweise Amazon mit EC2 und die Google App Engine (vgl. Weiss 2007, S. 23; Amazon 2009; Google 2009a).

Utility-Grids bieten in der Regel eine teilintegrierte Wertschöpfungsstruktur. Neben Rechenressourcen und der Basis-Middleware sind häufig zusätzliche erweiternde Dienstleistungen in Form eines Implementierungsservices im Falle von Rechenzentren bzw. sophistizierte Softwaredienste im Falle von internetbasierten Anbietern in die Wertschöpfung integriert. In organisatorischer Hinsicht sind Nutzer und Anbieter der Grid-Struktur nur über temporäre Nutzungsverträge miteinander verbunden.

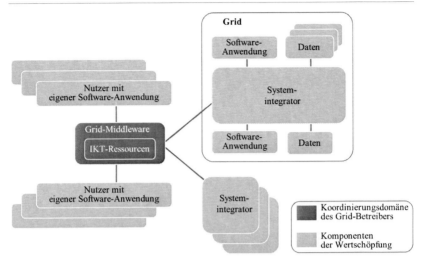

Abbildung 63. Geschäftsmodell Utility-Grid

Eng verbunden mit dem Geschäftsmodell des Utility Computing ist die Vorstellung, dass die Bereitstellung der Leistung über das Preismodell des nutzungsabhängigen Volumentarifs oder Stufentarifs, ähnlich der Tarifgestaltung von Stromanbietern, erfolgen sollte (vgl. Rappa 2004, S. 41). Wie im Rahmen der Herleitung der Erlösmodelle gezeigt wurde, kann dies für einen spezifischen Nutzungskontext sinnvoll sein, allerdings kommen abhängig von der Nutzungsintensität und dem tatsächlichen Produkt, Rechen- oder Speicherleistung, auch andere Tarifsysteme in Frage[95].

5.2.2.6 SaaS-Grid – dynamisch

Eine abgewandelte Form des statischen Software-as-a-Service-Grids ergibt sich, wenn die tatsächlichen Produktkomponenten, d. h. die bereitgestellte Anwendungssoftware wie auch das Verhältnis zum Endkunden zeitlich begrenzt sind und einer Dynamik unterliegen, wobei die Dynamik auf Kundenseite in der Regel größer ausgeprägt sein wird als auf der Seite der Anwendungssoftware. Kern einer solchen Grid-Struktur ist ein Systemintegrator als zentrale Institution, der die Bereitstellung einer integrierten Grid-Wertschöpfung unter Beteiligung aller Wertschöpfungsstufen sicherstellt. Im Idealfall wird Anwendungssoftware über standardisierte Schnittstellen problemlos in das Grid eingebunden und bei

---

[95]   vgl Abschnitt 5.1.5.1, S. 154

Bedarf wieder herausgelöst. Ebenso können Kunden problemlos auf eine solche Infrastruktur im Rahmen individueller Nutzungsverträge zurückgreifen (siehe Abbildung 64).

Die Zielkunden wären je nach konkreter Ausgestaltung und Ausrichtung einer solchen Grid-Infrastruktur sehr vielfältig. Im (bio-)medizinischen Bereich kämen sowohl größere Organisationen wie Kliniken, Forschungseinrichtungen und Unternehmen als auch niedergelassene Ärzte infrage.

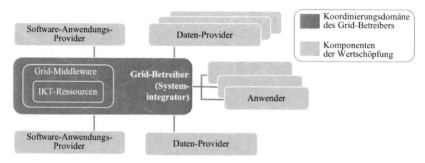

Abbildung 64. Geschäftsmodell SaaS-Grid – dynamisch –

Grid-Strukturen dieser Art sind derzeit nicht am Markt vertreten. Sie können sich theoretisch sowohl aus Statischen SaaS-Grids als auch aus Utility-Grids heraus entwickeln.

In Bezug auf die Einordnung in die beiden Dimensionen der Geschäftsmodell-Matrix bilden Dynamische SaaS-Grids eine umfassende Grid-Struktur nach. Im Gegensatz zu ihrem statischen Pendant erfolgt dies nicht über feste, langfristig ausschließlich auf die beteiligten Partner ausgerichtete Vertragslösungen, sondern durch eine flexible und dynamische Vertragsgestaltung.

Grundsätzlich wird ein Systemintegrator mit Betreibern der eigentlichen Grid-Infrastruktur vertraglich langfristig gebunden sein, um die Stabilität der Plattform sicherzustellen. Häufig ist der Grid-Betreiber selbst der Systemintegrator. Perspektivisch ist es jedoch denkbar, dass Systemintegratoren eigenständig auftreten und, vertraglich flexibler, auf Utility-Grids zur Bereitstellung der Grid-Infrastruktur zurückgreifen.

5.3   Grid-Computing-Geschäftsmodelle in der (Bio-)Medizin

In den vorausgegangenen Abschnitten dieses Kapitels wurden ein Referenzgeschäftsmodell für Grid Computing entwickelt, Aspekte seiner Ausgestaltung im (bio-)medi-

zinischen Umfeld umfassend hergeleitet und Geschäftsmodelltypen in einem übergreifenden Klassifizierungsschema identifiziert.

Werden die Überlegungen zur Geschäftsmodellklassifizierung mit den Erkenntnissen zur
Ausgestaltung des Referenzgeschäftsmodells in der Gesundheitswirtschaft zusammengeführt, lassen sich für die identifizierten übergreifenden Geschäftsmodelltypen aktuelle
und potenzielle **Geschäftsmodelle für Grid Computing in der Medizin und der Biomedizin** konkretisieren. Im Folgenden sollen daher die Relevanz der sechs Geschäftsmodell-
Grundtypen für Healthgrids beleuchtet und einzelne Geschäftsmodelle anhand der Sichten
des Referenzgeschäftsmodells und der wesentlichen Rahmenbedingungen zusammenfassend beschrieben werden.

5.3.1 Etablierte Geschäftsmodelle

Als einziges der identifizierten Geschäftsmodelltypen ist die **Inhouse-Grid-Infrastructure** bereits seit mehreren Jahren in der Gesundheitswirtschaft etabliert, jedoch beschränkt
auf die pharmazeutische Industrie.

Ausgehend von der **Nutzensicht** bietet dieses Geschäftsmodell als Produkt eine integrierte
technische Infrastruktur, die durch umfassende Individualisierung („Customizing") an die
Strukturen des jeweiligen Unternehmens angepasst wird. Zusätzlich erfolgt grundsätzlich
eine langfristige Wartung durch den Grid-Provider. Bis auf die Basis-Middleware werden
in der Regel keine neuen Software-(End-)Anwendungen für den Nutzer bereitgestellt,
sondern bestehende Software-Systeme in die Grid-Infrastruktur integriert. Das sich aus der
bereitgestellten Infrastruktur für den Kunden ableitende Nutzenversprechen ist ein Gewinn
an Rechenleistung und eine effiziente Ausnutzung der IKT-Ressourcen mit dem Ziel der
Kostenreduktion. Gleichzeitig garantieren die Infrastrukturen eine hohe Nutzungsstabilität.
Durch die von der Außenwelt autarke IKT-Struktur kann ein Höchstmaß an Datensicherheit und Datenschutz gewährleistet werden. Kunden, die dieses Nutzenprofil wünschen,
finden sich vornehmlich in der biomedizinischen Forschung der Großindustrie. Diese
beschränkt sich in der Gesundheitswirtschaft auf die pharmazeutische Industrie, die auf das
Inhouse-Grid-Infrastructure-Modell zur Beschleunigung der computerbasierten Medikamentenentwicklung zurückgreift (in-silico-Forschung). Dies erklärt auch die Beschränkung
der Marktdurchdringung auf diesen Industriezweig.

Aus **Wertschöpfungssicht** beschränkt sich die Grid-Infrastruktur auf die effiziente Vernetzung von (neuen oder vorhandenen) IKT-Ressourcen. Die jeweilige Grid-Computing-Infrastruktur ist hochintegriert und konkret auf die individuelle Unternehmensstruktur zugeschnitten. In organisatorischer Hinsicht ist das Geschäftsmodell den Enterprise Grids zuzurechnen.

Die für die **Kapitalsicht** relevanten Erlös- und Kostenmodelle entsprechen bei Inhouse-Grid-Infrastructures grundsätzlich den Modellen von IuK-Technologie-Providern. Auf der Erlösseite herrschen Modelle vor, in denen die IKT-Ressourcen einmalig zu einem Fixpreis angeboten werden und der begleitende Implementierungsservice und die regelmäßige Wartung über langläufige Instandhaltungsverträge geregelt sind. Aus Kundensicht ergibt sich die Zahlungsbereitschaft für die Grid-Installation aus möglichen Opportunitätsgewinnen aufgrund einer höheren Auslastung der installierten IKT-Kapazitäten sowie potenziellen Erlössteigerungen durch frühere Produkteinführung aufgrund von Zeitgewinnen. Zu berücksichtigen ist, dass auf Kundenseite, je nach Rückgriff auf existierende Ressourcen oder Installation zusätzlicher neuer IKT-Ressourcen, die Erstinvestitionen erheblich sein können.

Der Einfluss extern wirkender **Rahmenbedingungen** ist geringer ausgeprägt als bei den meisten anderen Geschäftsmodelltypen. Dies liegt zum einen an der vollständigen Internalisierung der Grid-Infrastruktur in die rechtlichen Grenzen der Organisation, zum anderen wird im Rahmen der IKT-gestützten Medikamentenforschung in der Regel nicht auf personifizierte Daten zurückgegriffen, die hohe Anforderungen an den Datenschutz stellen.

5.3.2   Kurz- bis mittelfristig realisierbare Geschäftsmodelle

Aktuelle Healthgrid-Initiativen befinden sich überwiegend in einem Projektstatus, der noch keinen direkten Geschäftsmodellcharakter aufweist. Ihr Aufbau entspricht jedoch in seinen Grundzügen einem **Statischen SaaS-Grid**. Erste Projekte wie das deutsche Projekt PneumoGRID planen eine Verstetigung, die auf dieses Geschäftsmodell hinausläuft (vgl. Canisius 2009). Eine untersuchte Initiative, NDMA, agiert bereits erfolgreich anhand des Statischen SaaS-Grid-Geschäftsmodells am Markt (vgl. NDMA 2009d)[96].

---

[96]   vgl. Abschnitt 6.3, S. 213

Grenzt man potenzielle Statische SaaS-Grid-Geschäftsmodelle über die **Nutzensicht** anhand der bereitzustellenden Software-Anwendungen ab, ergibt sich für (bio-)medizinische Anwendungen das in Abschnitt 5.1.3.2 hergeleitete Bild. Für diesen Geschäftsmodelltyp versprechen insbesondere die folgenden Kombinationen aus Produkt (Software-Anwendungen) und Zielkundenmarkt am ehesten Erfolg:

- systembiologische Analysen für den biomedizinischen Forschungsbereich
- Bildverarbeitungslösungen für den klinischen Versorgungsbereich
- Datenmanagement und -virtualisierung für die Klinische Forschung (selektiv)

Aus **Wertschöpfungssicht** bilden Statische SaaS-Grids grundsätzlich die gesamte Wertschöpfungskette für Grid Computing ab. Organisatorisch bietet sich neben einer kompletten Internalisierung aller Funktionen über ein einzelnes Unternehmen eine geregelte und nachhaltige vertragliche Lösung im Sinne einer Virtuellen Organisation an. Im Gegensatz zur Ausgestaltung derzeitiger Partner Grids in der Gesundheitswirtschaft sind einzelne funktionale Rollen jedoch stärker voneinander abzugrenzen und klar zu definieren. Der jeweilige Leistungsumfang, den die einzelnen Partner erbringen, ist ebenso deutlich zu regeln wie die Sanktionsmechanismen, die im Falle eines Vertragsbruches greifen. Wie im fünften Kapitel bereits ausführlich hergeleitet wurde, sollten Funktionen des organisationsübergreifenden Managements und des Vertriebes zentral in einer Koordinierungsstelle gebündelt sein[97].

Während im Rahmen einer Inhouse-Grid-Infrastructure die tatsächliche Auslastung der Grid-Computing-Infrastruktur durch den Kunden auf die Erlös- und Kostenstruktur des Grid-Anbieters keine direkten Wirkungen ausübt, spielen in der **Kapitalsicht** der Statischen SaaS-Grids Erlösmodelle eine wesentliche Rolle zur nutzungsadäquaten Verrechnung der bereitgestellten Leistung in Form einer Software-Anwendung. Entsprechend der zu Erlösmodellen durchgeführten Analysen lassen sich die in Tabelle 29 aufgeführten Erlösmodelle für die einzelnen Geschäftsmodelle ableiten[98]. Sie sind in der realen Umsetzung entsprechend dem tatsächlichen Nutzungsschwerpunkt und Nutzungsvolumen des Zielkunden anzupassen. Da Statische SaaS-Grids die vollständige Grid-Computing-Wert-

---

[97] vgl. Abschnitt 5.1.4.2, S. 153
[98] vgl. Abschnitt 5.1.5.1, S. 157

schöpfung abbilden, decken sich die relevanten Kostenmodelle mit den umfänglichen Ausführungen, die zu Kostenmodellen hergeleitet wurden[99].

Auf der Erlösseite ist im Rahmen der Bereitstellung von Software-Anwendungen im Versorgungsbereich – hier das Geschäftsmodell Bildverarbeitungslösungen für die Klinische Versorgung – zusätzlich die angesprochene Verrechnungsproblematik über Krankenversicherungen bei einer direkten Leistungserbringung gegenüber dem Patienten zu berücksichtigen. Eine weitere Problematik ergibt sich im Forschungsbereich. Insbesondere die biomedizinische Forschung wird überwiegend aus öffentlichen Mitteln finanziert. Derzeit ist es häufig leichter, Fördergelder für eigene IKT-Ressourcen zu beziehen als Software-Dienste fremd in Form von Verbrauchsmitteln abzurechnen[100].

Tabelle 29. Erlösmodelle für Healthgrid-Geschäftsmodelle

Schwerpunkt der Produktnutzung	Zielkundenmarkt
Geschäftsmodell Bildverarbeitung und -archivierung in der medizinischen Versorgung	
	Klinische Versorgung
Bildverarbeitung und -archivierung	Mitgliedschaft
Geschäftsmodell Biomedizinische Simulationen/Kalkulationen in der Biomedizinischen Forschung	
	Biomedizinische Forschung
Systembiologische Simulationen und Kalkulationen	Volumentarif
Geschäftsmodell Datenvirtualisierung und -management für die Klinische Forschung	
	Klinische Forschung
Datenvernetzung und -virtualisierung	Mitgliedschaft

Eine erfolgreiche Umsetzung dieser drei konkreten Geschäftsmodelle des Typs „Statisches SaaS-Grid" erfordert eine genaue Berücksichtigung der spezifischen **Rahmenbedingungen**. Insbesondere die rechtlichen Regelungen sind für die jeweiligen Nutzungskontexte unterschiedlich stark ausgeprägt und beeinflussen den Erfolg des Geschäftsmodells. In der biomedizinischen Forschung wird in der Regel mit einer anonymisierten Datenbasis gearbeitet. In diesem Kontext ist durch grundsätzliche datenschutzrechtliche Maßnahmen sicherzustellen, dass eine Rückverfolgung zum „datengebenden" Individuum ausgeschlossen ist. In der klinischen Forschung erhöhen sich die Anforderungen an Datenschutz und Datensicherheit. Daten müssen im Sinne eines „Audit Trails" jederzeit nachverfolgbar sein

---

[99] vgl. Abschnitt 5.1.5.2, S. 165
[100] vgl. Abschnitt 5.1.5.1, S. 163

und die bereitgestellten Softwareanwendungen einschließlich der Grid-Infrastruktur müssen den Regelungen der Good Clinical Practice (GCP) entsprechen. Im Falle eines Einsatzes in der medizinischen Versorgung sind umfangreiche datenschutzrechtliche Schutzmaßnahmen zu ergreifen. Daten dürfen in der Regel nur pseudonymisiert, d. h. verschlüsselt, übertragen werden, Zugangsregelungen sind restriktiv zu handhaben, und in der Regel ist eine Zertifizierung zum Medizinprodukt erforderlich. Die Zunahme des Regulierungsgrades erhöht die Anforderungen an eine technische Implementierung und führt in der Konsequenz zu einem Aufwandszuwachs in zeitlicher und finanzieller Hinsicht. Abbildung 65 fasst die Wechselbeziehungen zusammen.

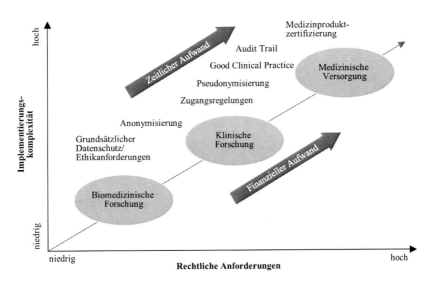

Abbildung 65. Implementierungsaufwand unterschiedlicher Healthgrid-Zielgruppen

Beispielhaft seien abschließend der mögliche Aufbau und die Austauschbeziehungen eines Statischen SaaS-Grids anhand eines Implementierungsvorschlages des deutschen MediGRID-Projektes dargestellt (vgl. MediGRID 2009) (siehe Abbildung 66)[101]. Die Abbildung beschreibt die Grundkonfiguration des potenziellen Geschäftsmodells sowie zwei ergänzende Ausbaustufen. Im Zentrum der Organisation steht eine Koordi-

---

[101] Eine tatsächliche Umsetzung dieses vom Autor entwickelten Implementierungsvorschlages erfolgte in der Praxis in dieser Form nicht. Grundideen sind jedoch in verschiedene Nachfolgeprojekte eingeflossen, z. B. PneumoGrid (vgl. Canisius 2009).

nierungsstelle, die vertraglich fest mit den einzelnen Wertschöpfungspartnern verbunden ist. Diese stellt den Erstkontakt zum Anwender her. Der Basisbetrieb des Grids wird über beteiligte Rechenzentren, auf denen auch die Software-Anwendungen installiert sind, und einen Portalbetreiber sichergestellt. Zusätzlich wird über eine Stelle für technischen Support die Funktionsfähigkeit des Grids überwacht und sichergestellt. Die Organisation nutzt Anwendungsberater, die zum einen das Training der Anwender übernehmen und gleichzeitig die Implementierung potenzieller neuer Anwendungen unterstützen. Neben einer Grundfinanzierung über Forschungsmittel, insbesondere in der Anfangsphase, sieht das Modell eine Erlösgenerierung über die jeweiligen Anwender vor.

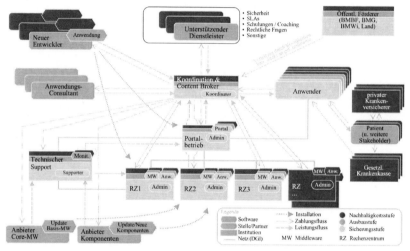

Abbildung 66. Perspektive einer integrierten Grid-Infrastruktur für MediGRID

5.3.3 Mittel- bis langfristig realisierbare Geschäftsmodelle

Mittel- bis langfristig bieten sich Einsatzgebiete in ausgewählten Bereichen der Gesundheitswirtschaft für Anbieter von **Utility-Grids**. Ein aktueller Einsatz erfolgt in dieser Branche nicht. Die flexible Bereitstellung von IKT-Ressourcen über definierte Schnittstellen kann insbesondere für biomedizinische Forscher, die eigene Rechenalgorithmen und Software-Anwendungen zur Verarbeitung ihrer Datenbestände nutzen, interessant sein.

Utility-Grids bieten aus **Nutzensicht** für den **biomedizinischen Forscher mit eigenen Software-Lösungen** als Zielkunden insbesondere gegenüber statischen SaaS-Grids einen zusätzlichen Nutzen in Form von Flexibilitätsgewinnen und Kostenreduzierungspotenzialen. Statt einer längerfristigen Einbindung in eine feste Grid-Computing-Infrastruktur kann der biomedizinische Forscher bei Bedarf als Produkt IKT-Ressourcen „On Demand" für einen individuellen Rechenalgorithmus beziehen. In der biomedizinischen Forschung kommen häufiger selbst erstellte Software-Algorithmen im Rahmen eines spezifischen Forschungsvorhabens zum Einsatz. Ein ad-hoc-Zugriff über Utility-Grids bietet sich insbesondere für kurzzeitig zu nutzende und in Entwicklung befindliche Algorithmen an.

Aus **Wertschöpfungssicht** greift der Forscher auf eine integrierte Grid-Computing-Infrastruktur einschließlich aller notwendigen Software-Dienste zum Betrieb seiner Software-Anwendung zurück. Organisatorisch ist der Forscher von der Grid-Computing-Infrastruktur weitgehend unabhängig. Mit dem Grid-Anbieter schließt er ein temporäres Vertragsverhältnis.

Im Rahmen der **Kapitalsicht** soll hier noch einmal das Erlösmodell von Utility-Grids in den Fokus der Betrachtung gerückt werden. Utility-Grids betonen nutzungsabhängige Preisschemata. Die biomedizinische Forschung finanziert sich jedoch überwiegend aus Forschungsgeldern, in denen IKT-Dienstleistungen, wie bereits dargelegt wurde, kaum als Verbrauchsmittel projektbezogen abzurechnen sind. Für eine Durchsetzung des Utility-Grid-Geschäftsmodells in der biomedizinischen Forschung ist dieser Aspekt jedoch wesentlich.

Mit einer kurzfristigen Etablierung von Utility-Grids in der Gesundheitswirtschaft ist in Hinblick auf die exogenen **Rahmenbedingungen** nicht zu rechnen. Aufgrund der mittelfristig schwer zu regelnden datenschutzrechtlichen Fragestellungen im Falle von ad-hoc-Vertragslösungen und der bisher fehlenden Ausrichtung von Utility-Grid-Strukturen auf konkrete rechtliche Anforderungsprofile der Gesundheitswirtschaft ist davon auszugehen, dass die Nutzung vorerst auf die Verwendung wenig schutzbedürftiger Daten begrenzt sein wird. Dies schränkt das Nutzungsspektrum in der biomedizinischen Forschung nachhaltig ein.

5.3.4 Potenziell langfristig realisierbare Geschäftsmodelle

Andere Geschäftsmodellvarianten wie die Inhouse-Gridbox, Dynamische SaaS-Grids und eigenständige Grid-Application-Service-Provider werden auf kurze und mittlere Sicht nur schwer umsetzbar sein und sollen daher im Folgenden nur im Überblick erläutert werden.

Eine **Inhouse-Gridbox** ist primär für kleine und mittelständische Unternehmen interessant, die höhere Anforderungen an die eigene IKT-Infrastruktur stellen. Grundsätzlich böte sich perspektivisch ein Einsatz im Bereich der niedergelassenen Ärzte, sowohl in der Primär- als auch in der Sekundärversorgung, an. Betrachtet man jedoch den aktuellen Bedarf an IKT-Infrastrukturen in diesem Bereich, beschränkt sich dieser mit Ausnahme weniger Fachgebiete auf einfache Informationssysteme zur Patientendokumentation[102]. Trotz einer fortschreitenden Vernetzung im niedergelassenen Versorgungsbereich ist mit einem Breiteneinsatz, aufgrund des Diffusionsverlaufs in der Gesundheitswirtschaft, erst dann zu rechnen, wenn in den vorgelagerten Adaptionsstufen der klinischen Forschung und Versorgung eine nachhaltige Nutzung von Grid-Computing-Lösungen erfolgt[103].

Die geringeren Risikokosten der Statischen SaaS-Grids werden zumindest auf mittlere Sicht mögliche Flexibilitätsgewinne **Dynamischer SaaS-Grids** und **Grid-Application-Service-Provider** überkompensieren. Statische SaaS-Grids sind in ihrer Infrastruktur relativ stark integriert, die bereitgestellten Software-Anwendungen derzeit auf spezifische Middleware-Systeme zugeschnitten. Eine Flexibilisierung der Hardware- und Core-Middleware-Basis wie sie Dynamische SaaS-Grids anstreben, erhöht das Risiko von Instabilitäten. Zudem ist davon auszugehen, dass rechtliche Anforderungen schwerer umzusetzen sind. Dies gilt sowohl für Bereiche des Datenschutzes, u. a. in Bezug auf Nachvollziehbarkeit der Datenlagerung und -prozessierung („Audit Trail"), als auch für Zertifizierungsprozesse. Für Grid-Application-Service-Provider kommt erschwerend hinzu, dass die Etablierung des Geschäftsmodells von der Verfügbarkeit einer Vielzahl Statischer oder Dynamischer SaaS-Grid-Strukturen im Gesundheitsbereich abhängig ist, und sich die Bereitstellung von Software-Anwendungen über einheitliche Schnittstellen im Sinne eines Webportals in der Breite durchsetzt.

5.4   Zusammenfassung und Beurteilung

Geschäftsmodelle eines spezifischen Kontexts lassen sich übergreifend über Referenzmodelle abbilden. Dieses Kapitel leitet aus einer umfänglichen Untersuchung existierender Geschäftsmodelltheorien ein Referenzgeschäftsmodell für Grid Computing her. Das Modell besteht aus drei Kernsichten – einer Nutzensicht, einer Wertschöpfungssicht und einer

---

[102]   vgl. Abschnitt 2.3.2, S. 28
[103]   vgl. Abschnitt 3.4.4, S. 89

Kapitalsicht. Rahmenbildende Faktoren stimulieren bzw. beschränken die Ausgestaltung konkreter Geschäftsmodelle anhand des Modellrahmens.

Unter Anwendung des Referenzgeschäftsmodells lassen sich konkrete Anwendungsgebiete und Zielgruppen für Grid Computing in der (Bio-)Medizin identifizieren, Besonderheiten der Wertschöpfungsstruktur herleiten und spezifische Erlös- und Kostenmodelle darstellen.

In einem weiteren Schritt dient das Referenzgeschäftsmodell der Ableitung von Geschäftsmodelltypen am Grid-Computing-Markt. Sechs Modelle lassen sich identifizieren, die sich in der Wertschöpfungstiefe und der organisatorischen Verflechtung unterscheiden.

Die einzelnen Modelle werden in Folge auf ihre Anwendbarkeit in der (Bio-)Medizin untersucht. Grid-Computing-Aktivitäten im (bio-)medizinischen Umfeld konzentrieren sich bis auf wenige Ausnahmen auf öffentlich geförderte Forschungsprojekte, die noch kein eigenes Geschäftsmodell betreiben, in ihrer Grundstruktur dem Geschäftsmodelltyp eines Statischen SaaS-Grids nahe kommen und auch in dieser Form ausgebaut werden sollten.

Daneben existiert ein bereits in Teilen etablierter Markt im Bereich des als Inhouse-Grid-Infrastructure beschriebenen Geschäftsmodells. Dieses Modell nutzt jedoch nur ein begrenztes Potenzial der Grid-Computing-Technologien aus und fokussiert sich primär auf große bis sehr große Unternehmensstrukturen, die in der Medizin und Biomedizin außerhalb öffentlicher Strukturen fast ausschließlich im Pharmabereich anzutreffen sind.

Utility-Grids bieten mittel- bis langfristig eine flexible Alternativlösung für biomedizinische Forscher mit eigener Software-Anwendung und können perspektivisch auch in Statischen und Dynamischen SaaS-Grid-Infrastrukturen eingebunden werden.

Andere Geschäftmodellvarianten werden auf mittlere Sicht nur schwer umsetzbar sein. Die geringeren Risikokosten der Statischen SaaS-Grids werden zumindest auf mittlere Sicht mögliche Flexibilitätsgewinne Dynamischer SaaS-Grids überkompensieren. Anwendungsbroker (Grid-Application-Service-Provider) können nur dann als Geschäftsmodell etabliert werden, wenn sich SaaS-Grid-Strukturen im Gesundheitsbereich in der Breite durchsetzen. Eine Durchsetzung des Geschäftsmodells der Inhouse-Gridbox in der Gesundheitswirtschaft ist wenig wahrscheinlich, bietet jedoch perspektivisch für Arztzentren und kleinere Forschungseinrichtungen einen einfachen Zugang zu vernetzten Ressourcen.

6 Fallstudienbetrachtungen

Die Arbeit abstrahierte im bisherigen Verlauf grundsätzlich vom Einzelfall, um allgemeingültige Aussagen zur Ausgestaltung des Healthgrid-Marktes und seiner Geschäftsmodelle zu ermöglichen. Dieses Kapitel soll anhand zweier Fallstudien konkret am Einzelfall beschriebene Aspekte von Healthgrid-Geschäftsmodellen und ihrem Marktumfeld beleuchten. Nach einer inhaltlichen und methodischen Einordnung im ersten Abschnitt folgt in den beiden nachgelagerten Abschnitten die Darstellung der jeweiligen Fälle.

6.1 Einordnung

6.1.1 Zielsetzung

Die Fallstudienbetrachtung ist eine Untersuchungsmethode, die sich auf die Beschreibung, Erklärung, Vorhersage oder Kontrolle eines Einzelgegenstandes konzentriert (vgl. Woodside und Wilson 2003, S. 493). Im Rahmen einer Fallstudie können mehrere dieser Ziele gleichzeitig verfolgt werden. Die Untersuchung erfolgt innerhalb des Kontextes des Untersuchungsgegenstandes, insbesondere dann, wenn die Grenzen zwischen Gegenstand und Umfeld nicht klar abgegrenzt sind (vgl. Yin 2009, S. 18).

Der Einsatz der Fallstudienforschung über das Beschreibende hinaus, gerade zur Generalisierung von Beobachtungsergebnissen und zur Theoriebildung, ist in der Wissenschaft nicht unumstritten (vgl. Tellis 1997b; Luethi 2005, S. 2; Muno 2009, S. 121; Yin 2009, S. 14ff.).

Ein Vorteil der Fallstudie ist jedoch der umfassende Erkenntnisgewinn über den untersuchten Einzelfall und damit ein tieferes Verständnis der Kausalzusammenhänge des Untersuchungsgebietes (vgl. Ragin 2000). Sie eignet sich gerade in neuen oder besonders komplexen Forschungsfeldern zur Erarbeitung eines besseres Gesamtbildes und zur Rückführung von vermeintlich Neuem auf Bekanntes (vgl. Stickel-Wolf und Wolf 2005, S. 189f.).

Im Rahmen dieser Arbeit dienen die vorgestellten Fallstudien vor allem der **Unterlegung und Veranschaulichung bisher gewonnener Erkenntnisse**. Es sollen Geschäftsmodelltypen für Grid Computing in der Medizin und der Biomedizin beispielhaft anhand typischer Ausprägungen untersucht werden. Eine umfassende Theorieherleitung, bei der die

Fallstudie den Ausgangspunkt des gesamten Forschungsdesigns bildet, ist hier nicht vorgesehen[104]. Die Fallstudien ordnen sich im Rahmen dieser Arbeit vielmehr im Sinne einer
Triangulation der Methodik als zusätzlicher Ansatz in das Gesamtvorgehen ein[105].

6.1.2 Methodische Grundüberlegungen

In einem Ordnungsraster zwischen deduktiven, theoriegeleiteten Methoden und einem
empirisch-induktiven Vorgehen auf der einen Achse und objektiven, funktionalistischen
und interpretativ-subjektiven Ansätzen auf der anderen Achse sind Fallstudien im Zentrum
einzuordnen (siehe Abbildung 67) (vgl. Borchardt und Göthlich 2007, S. 34).

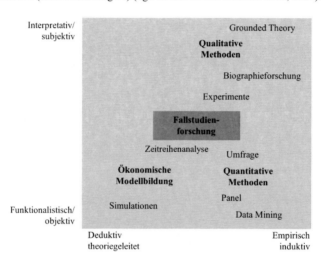

**Abbildung 67. Fallstudieneinordnung im Methodenraster
nach Borchardt und Göthlich (2007, S. 35)**

Grundsätzlich lassen sich zwei Formen der Fallstudie unterscheiden: die Einzelfallstudie
(„Single-Case Design") und die vergleichende Fallstudie („Multiple-Case Design") (vgl.
Yin 2009, S. 46f.). Die Einzelfallstudie konzentriert sich sowohl auf kritische, einzigartige
Objekte als auch auf repräsentative, typische Fälle des untersuchten Themengebiets. Eine
vergleichende Fallstudie beleuchtet verschiedene Fälle parallel, um Gemeinsamkeiten und
Unterschiede der Untersuchungsobjekte herauszustellen. Ein zweites Differenzierungs-

---

[104] Ansätze zum Fallstudieneinsatz insbesondere mit dem Ziel der Theoriegewinnung finden sich u. a. bei
Eisenhardt (1989, S. 533ff.) und Stake (2005, S. 449ff.).
[105] vgl. Abschnitt 1.4, S. 5

merkmal liegt in der Natur des Falles selbst. Er kann ein Individuum, eine Organisation oder Institution, einen Prozess, ein Programm oder auch ein spezifisches Ereignis darstellen (ebd. S. 17).

Für die Ausgestaltung einer Fallstudie und das methodische Vorgehen existieren keine allgemeingültigen Standards (vgl. Yin 2009, S. 25). Jedoch sollte die Ausgestaltung einer Fallstudie eine logische Abfolge von Schritten darstellen, welche die empirisch gewonnenen Daten mit der ursprünglichen Forschungsfrage verknüpft. Das Forschungsziel der Fallstudie beeinflusst ebenfalls das Ablaufdesign.

Grundsätzlich lässt sich das Vorgehen im Rahmen der Fallstudienforschung in vier Phasen unterteilen (siehe Abbildung 68) (vgl. Tellis 1997a).

Abbildung 68. Fallstudienablauf nach Tellis (1997)

Die Festlegung des **Fallstudiendesigns** wird sowohl von der Forschungsfrage als auch von der Zielsetzung der Fallstudie und deren Einordnung in den sonstigen methodischen Rahmen einer Untersuchung bestimmt. In die Phase der Festlegung des Untersuchungsdesigns fallen insbesondere die Fallauswahl und die Bestimmung der Erhebungsmethodik.

Die **Fallauswahl** kann durch den Forscher grundsätzlich frei, entsprechend der definierten Zielsetzung, erfolgen (vgl. Borchardt und Göthlich 2007, S. 37). Dies bedeutet, dass die Fallauswahl in der Regel gezielt vorgenommen wird und nicht wie in der quantitativen Forschung nach dem Zufallsprinzip.

Die Datenerhebung in der Fallstudienforschung ist an keine bestimmte **Erhebungsmethode** gebunden. Sie bedient sich unterschiedlicher Erhebungsformen, die sich prinzipiell auf die folgenden drei Gruppen reduzieren lassen (vgl. Eisenhardt 1989, S. 534):

• Literatur-/Archivdatenrecherche

• Befragungen (vor allem Experteninterviews, standardisierte Befragungen)

• Beobachtung

Die Auswahl der Erhebungsmethodik sollte sich vor allem an der Zielsetzung der Untersuchung ausrichten und dem zu untersuchenden Forschungsgegenstand angemessen sein
(vgl. Borchardt und Göthlich 2007, S. 37). Dies bedeutet gleichzeitig, dass Erhebungs- und
Untersuchungsobjekt nicht zwingend identisch sein müssen (vgl. Yin 2009, S. 88f.). Die
Datenbasis für die Analyse einer Organisation kann sich beispielsweise neben organisationsbezogenen Dokumentationen ergänzend auf den Informationen einzelner Individuen
gründen.

6.1.3 Fallauswahl

Die in diese Arbeit einfließende Fallstudienbeurteilung ist als Teil des übergeordneten
Gesamtforschungsansatzes zu verstehen. Sie dient der praktischen Nachvollziehbarkeit
bisher gefundener Erkenntnisse. Die Fallstudienauswahl erhebt insofern nicht den Anspruch den Markt für Grid Computing in der Medizin und der Biomedizin generalisierend
und vollständig abzubilden.

Vielmehr sollen für die Gesamtbeurteilung des Marktes und möglicher Geschäftsmodelle
aktuell relevante Fallbeispiele herangezogen werden, die verschiedene Kriterien erfüllen:

Zum einen sollen Anwendungen für den **medizinisch-klinischen Forschungs- und Versorgungsbereich** im Vordergrund stehen, da in diesem Umfeld die besonderen Anforderungen und Rahmenbedingungen der Gesundheitswirtschaft, wie Datenschutz und Nutzerfreundlichkeit, besonders zur Geltung kommen. Zudem steht in diesen Anwendungsbereichen die Vernetzung unterschiedlicher Zielkundeneinrichtungen stärker im Vordergrund als im biomedizinischen Forschungsumfeld. Ein weiterer Grund ist die Möglichkeit,
im medizinisch-klinischen Bereich eher eine Kommerzialisierung zu vollziehen als im
grundlagenforschungsdominierten Bereich der Biomedizin und Bioinformatik. Ein weiterer
Aspekt ist die Konzentration auf Fallstudien, die primär den Geschäftsmodellentwurf eines
Statischen SaaS-Grids repräsentieren, da dies der aktuellen Entwicklungsstufe auf dem
Markt für Grid Computing entspricht. Als drittes Kriterium steht die **Beleuchtung
unterschiedlicher geographischer Märkte** im Vordergrund. Nichtzuletzt sollten die
Fallstudien Bestandteil der bereits durchgeführten **Marktstudie** sein[106].

---

[106] vgl. Abschnitt 3.4.2, S. 73

Im Ergebnis erfüllen insbesondere die folgenden Grid-Initiativen diese Aspekte, deren genaue Ausgestaltung in den nachfolgenden Abschnitten erläutert wird (ACGT 2009b; NDMA 2009d):

- ACGT – Advancing Clinico-Genomic Trials on Cancer (klinisches Umfeld, laufende Projektphase, Tendenz zum Statischen SaaS-Grid, europäisches Grid),

- NDMA – National Digital Medical Archive (klinisches Umfeld, kommerzialisiert, Statisches SaaS-Grid, US-amerikanisches Grid)

Die Fallstudienbeschreibung folgt in beiden Fällen demselben Grundaufbau. Nach einer Einleitung in den jeweiligen Fall und seinen Hintergrund folgt eine Einordnung des betrachteten Grids in typische Kategorisierungen in inhaltlicher, organisatorischer und geschäftsmodelltypologischer Sicht. Der darauf folgende Analyseteil orientiert sich an den Grundbausteinen des Referenzgeschäftsmodells Produkt und Kunde, Wertschöpfung und Organisation, Kapitalmodell sowie Rahmenbedingungen. Jeder dieser Abschnitte ist unterteilt in einen beschreibenden Teil und eine Beurteilung der Komponenten. Das Fallstudienkapitel schließen mit einer abschließenden Beurteilung und Perspektivenbetrachtung der untersuchten Fälle.

6.2 ACGT – Advancing Clinico-Genomic Trials on Cancer

6.2.1 Einführung

ACGT steht als Kurzbezeichnung für **Advancing Clinico-Genomic Trials on Cancer**. Das Projekt entwickelt auf europäischer Ebene eine vernetzte biomedizinische Grid-Computing-Infrastruktur mit dem Ziel, Ursachen von Tumorerkrankungen (u. a. Brustkrebs und Nephroblastom) schneller zu identifizieren, die Erkrankungen besser zu klassifizieren, und die Entwicklung individuell angepasster Therapien zu unterstützen (vgl. Sfakianakis 2008, S. 2f.; ACGT 2009b). Wissenschaftler und Ärzte sollen mit Hilfe der Grid-Plattform klinische, biomedizinische und genomische Daten aus autonomen, geographisch auseinander liegenden Datenbanken gemeinschaftlich nutzen und analysieren können. Hierfür werden biomedizinische und genomische Informationen über den Verlauf von Krankheit und Therapie zusammengeführt und die Ergebnisse unterschiedlicher Studien verglichen.

Die Untersuchung des Falls basiert auf einer umfänglichen Literaturstudie und zwei Experteninterviews (siehe Tabelle 30). Die Experteninterviews ergänzen die Gesamtsicht und unterstützen die Bildung einer abschließenden Beurteilung der einzelnen Untersuchungsabschnitte.

Tabelle 30. Fallstudie ACGT – Experteninterviews

Nr.	Interviewpartner	Interviewdetails (Tag, Dauer)
1.	Externer Experte (Wissenschaftler, Leiter Forschungsinstitution)	02.06.09, 25 Minuten
2.	Mitglied des Managementboards von ACGT	04.06.09, 40 Minuten

6.2.2 Projekteinordnung

Das Primärziel von ACGT ist die Vernetzung von Datenbeständen. Es handelt sich daher in inhaltlicher Hinsicht primär um ein Data Grid im Bereich der Krebsforschung mit ersten Komponenten, die auf ein Knowledge Grid hindeuten. Für bestimmte Produktkomponenten greift das Grid jedoch zusätzlich auf Hochrechenleistung zurück. In der Selbstbeschreibung versteht sich das Projekt als Knowledge Grid (vgl. Tsiknakis et al. 2006, S. 249).

Aus organisatorischer Sicht ist das mit verschiedenen europäischen und internationalen Partnern aufgesetzte Projektkonsortium ein Partner Grid, das für die Projektlaufzeit eine Virtuelle Organisation formt. Da ACGT als Projekt aufgelegt wurde, ist es zeitlich begrenzt. Das Projekt nahm seine Arbeit im Februar 2006 auf, avisiertes Projektende ist der Januar 2010 (vgl. Sfakianakis 2008, S. 17).

Ordnet man das Grid in die Geschäftsmodellklassifizierung des vorhergehenden Kapitels ein, befindet sich ACGT auf einer Vorstufe zum Statischen SaaS-Grid. Es ist aktuell in einem Projektstatus und damit keinem direkten Geschäftsbetrieb ausgesetzt. Die beteiligten Partner bilden jedoch alle Wertschöpfungsstufen bis zum Endkunden ab, sind für den Projektverlauf vertraglich aneinander gebunden und werden über ein zentrales Konsortium vertreten. Das Projekt verfolgt einen Open-Source- und Open-Access-Ansatz, der es weiteren Interessenten ermöglichen würde, sich dem Grid-Computing-Konsortium anzuschließen (vgl. Fraunhofer IGD 2009).

6.2.3 Geschäftsmodellkomponenten

6.2.3.1 Nutzensicht – Projektportfolio und Zielkunden

Das übergreifende Ziel des ACGT-Projektes ist die Schaffung einer europäischen biomedizinischen Grid-Computing-Infrastruktur zur Unterstützung der Krebsforschung. ACGT betrachtet im Rahmen der Projektlaufzeit Mammakarzinome (Brustkrebs) und Nephroblastome, eine Nierenkrebserkrankung bei Kindern (vgl. Tsiknakis et al. 2006, S. 252; Uni Saarland 2009).

Dabei konzentriert sich das Grid-Projekt auf folgende Aspekte (vgl. Tsiknakis 2006):

• Verknüpfung und problemloser Austausch von klinischen und genomischen Datenbeständen

• Datenintegration unter Berücksichtigung bekannter klinischer und genomischer Ontologien und Metadaten

• Entwicklung von Unterstützungsdiensten zur Weiterverarbeitung der Daten

• Entwicklung von Unterstützungsdiensten zur Wissensgenerierung (Data mining)

Zur Umsetzung der Zielsetzung bietet ACGT eine Palette unterschiedlicher Tools zur Nutzung durch potenzielle Kunden an (für einen Überblick siehe ACGT 2009b). Abbildung 69 zeigt eine Auswahl der verfügbaren Anwendungskomponenten, ihr Zusammenwirken und angesprochene Zielkundengruppen (vgl. ACGT 2008b, S. 9). Im Folgenden werden die wesentlichen Produkte beschrieben:

ObTiMA (Ontology based Trial Management for ACGT). ObTiMA ist eine Unterstützungssoftware zum **Design von klinischen Studien** und der damit zusammenhängenden Dokumentation über CRFs (Case Record File)[107]. Gleichzeitig stellt ObTiMA über die Zeit eine wachsende Datenbank angelegter CRFs bereit. ObTiMA ist eines der Kernanwendungstools für den direkten Einsatz durch den behandelnden bzw. **forschenden Mediziner als Kunden** (vgl. ACGT 2008c, S. 1, 2009a, S. 4).

---

[107] CRF ist eine standardisierte, patientenbezogene Akte, die im Rahmen einer klinischen Studie für jeden Teilnehmer angelegt wird und sämtliche studienrelevanten Informationen und Entwicklungen enthält.

Workflow Editor. Der Workflow Editor ermöglicht biomedizinischen und medizinischen Forschern, über ein graphisches Interface Abfragen und Analysen aus den Datenbeständen in ACGT zu generieren. Auf Daten, die auf klinischer Seite über ObTiMA in die ACGT-Repositorien eingespeist werden, kann ebenso zurückgegriffen werden, wie auf genetische Labordaten. Alle erstellten Workflows können im System dauerhaft gespeichert und später wieder abgerufen werden (vgl. Tsiknakis et al. 2007, S. 43; Sfakianakis 2008, S. 14; ACGT 2009a, S. 8).

Oncosimulator. Der Oncosimulator unterstützt die Therapieplanung durch die Möglichkeit, individualisierte, rechnergestützte (in silico) Experimente durchzuführen. Krebserkrankungen werden graphisch simuliert und mögliche Wachstumsszenarien visuell dargestellt und ausgewertet. Zielgruppen für dieses Produkt sind wie auch bei ObTiMA in der Versorgung tätige **Klinikärzte und medizinische Forscher** (vgl. ACGT 2008d, S. 1, 2008b, S. 4).

Data Access Service. ACGT stellt verschiedene Möglichkeiten zur Verfügung, heterogene Daten über einheitliche Schnittstellen abzurufen. Hierzu zählen Bilddaten, DNA Microarrays und klinische Daten aus Case Record Files (CRF). Abgerufene Datensätze können dann mit Data-Mining-Algorithmen weiter bearbeitet werden (vgl. ACGT 2007, S. 2; ACGT 2009b).

Genomunterstützte Patientenakte. Krebserkrankungen basieren auf genetischen Defekten. Die Integration patientenbezogener Gendaten in eine Elektronische Patientenakte (EPA) ist für eine konsistente Krebstherapie eine wesentliche Voraussetzung. Während eingesetzte und in der Entwicklung befindliche Patientenakten bisher keine genetische Informationen enthalten, setzt ACGT auf eine langfristige Speicherung solcher Daten zur möglichen Integration in zukünftige EPAs (vgl. ACGT 2009b).

GridR. GridR ist ein Analysetool, welches auf der statistischen Umgebung R basiert (vgl. The R Project 2009). Die Software unterstützt die Nutzung von spezifischen statistischen Methoden der Umgebung R über das Grid zur Analyse großer klinischer und genomischer Datenbeständen, die aus klinischen Studien gewonnen wurden (vgl. ACGT 2008a, S. 3; Wegener et al. 2008, S. 4f.).

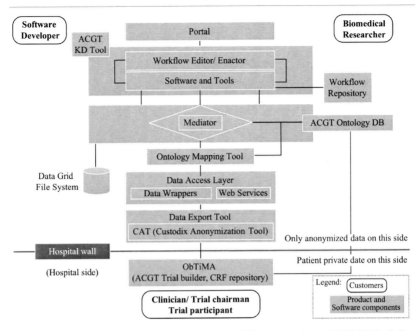

Abbildung 69. ACGT-Architektur mit Produkt- und Kundenstruktur (ACGT 2008b, S. 9)

In Abbildung 69 werden Software-Entwickler als zusätzliche Zielgruppe für die Weiterentwicklung der Softwarekomponenten und Tools angesprochen. Dies ist für das Kernaktivitätsfeld irrelevant. Inwieweit sich über diese potenzielle Kundengruppe ergänzende Erlöse genieren lassen, ist zum aktuellen Zeitpunkt nicht beurteilbar.

Alle Entwicklungen in ACGT sind öffentlich zugänglich und kostenlos nutzbar (Open Source). Nach Aussage eines Interviewpartners ist ACGT so angelegt, dass es auch für andere Krebsarten als die beiden im Prototyp zum Einsatz kommenden geeignet ist.

Im Zuge einer möglichen Verstetigung steht insbesondere ObTiMA im Vordergrund, wie derselbe Interviewpartner anmerkte.

Bewertung des Produktspektrums und der Zielkundengruppen

Positiv ist zu erwähnen, dass ACGT produkt- und zielgruppenorientiert angelegt ist. Im Vergleich zu vielen anderen Partner Grids stellt das Projekt Ergebnisse recht deutlich als eigenständiges Produkt heraus und präsentiert diese Produkte im Sinne eines modularen Baukastens für die jeweils relevante Zielgruppe (insbesondere (bio-)medizinische Forscher und klinische Ärzte). Es ist im Grunde für jedes Produkt ein Nutzenversprechen definiert, das allerdings nicht immer zielgruppenorientiert, sondern pauschal für das einzelne Produkt formuliert ist.

Durch eine direkte Einbindung von Endanwendern in den Entwicklungsprozess kann davon ausgegangen werden, dass die einzelnen Produkte den Anforderungen der Zielkundengruppe prinzipiell gerecht werden (siehe zur Organisationsstruktur 6.3.3.2). Dies wurde im Rahmen eines der durchgeführten Interviews bestätigt.

Mit der Konzentration auf Krebserkrankungen als Zielmarkt wird ein wesentlicher Forschungszweig der modernen Medizin adressiert. Krebserkrankungen basieren auf Schädigungen des Erbgutes, dessen Analyse durch Entschlüsselungen des menschlichen Genoms und Fortschritte in der Proteomik gesellschaftlich und ökonomisch an Bedeutung gewinnt (vgl. Ahram und Emmert-Buck 2003, S. 375f.). ACGT profitiert zusätzlich von der Möglichkeit, den Anwendungsbereich auch über die beiden Krebsarten des Prototyps hinaus auszudehnen.

Problematisch im Sinne einer Nachhaltigkeitsstrategie können das recht breit gefächerte Produktangebot und die Ansprache zum Teil unterschiedlicher Kundengruppen vom biomedizinischen Forscher über die klinische Forschung bis hinein in die medizinische Versorgung sein. ACGT strebt nach Auskunft eines Interviewpartners eine Priorisierung des Produktportfolios an. Diese sollte umgesetzt werden. Ansonsten besteht die Gefahr, dass Ressourcen auf ein zu großes Produktportfolio verteilt werden, statt sich auf kurz- und mittelfristig erfolgversprechende Produkte zu konzentrieren, für die potenziell eine entsprechende Nachfrage besteht (u. U. ObTiMA für den klinischen Forschungseinsatz).

6.2.3.2 Wertschöpfungsnetzwerk und Akteure

ACGT ist als Partner Grid aufgesetzt. 25 Projektpartner aus zwölf EU-Staaten und Japan formen für die Projektlaufzeit eine Virtuelle Organisation (BIOGUM 2008; Sfakianakis 2008, S. 16; IRI Uni Hannover 2009). Die Zusammensetzung des Konsortiums ist interdisziplinär. Die beteiligten Partner stammen aus den Bereichen Medizin, Molekularbiologie, (Medizin-)Informatik sowie der Rechtsinformatik. Der Eigenbeschreibung entsprechend zählen die beteiligten Organisationen in ihren jeweiligen Fachdisziplinen zu den führenden Institutionen. Eine Übersicht der Projektpartner und ihrer Funktionen im Projektkonsortium gibt Tabelle 31.

Tabelle 31. Konsortialpartner ACGT

Nr.	Projektpartner	Land	Funktion
1	European Consortium for Informatics and Mathematics (ERCIM)	Frankreich	Projektkoordination, Vermarktung
2	Foundation for Research and Technology Hellas (FORTH)	Griechenland	Entwicklung der technologischen Plattform
3	National Institute for Research in Computer Science and Control (INRIA)	Frankreich	Gridifizierung von Anwendungen, Data-Mining-Anwendungen, Visualisierung
4	Universiteit van Amsterdam (UvA)	Niederlande	Visualisierung klinischer Daten und Simulationen
5	Philips (Philips)	Niederlande	3D MRI Visualization Tool
6	Centre Hospitalier Universitaire Bordet (IJB)	Belgien	Klinik – klinische Studien Brustkrebs, Systemevaluation
7	Institut Suisse de Bioinformatique (SIB)	Schweiz	Qualitätsmanagement (Evaluierungskriterien, Verifizierungsprozesse für klinische Studien)
8	Lunds University (LundU)	Schweden	Data Management Proteomik, Transkriptome
9	Computer Architecture Department at the University of Malaga (UMA)	Spanien	Data Mining, Knowledge Discovery
10	Polytechnical University of Madrid (UPM)	Spanien	Ontologiedefinition, Knowledge Discovery
11	Fraunhofer-Gesellschaft (FhG)	Deutschland	Biomed. Datenanalyse und Knowledge Discovery (Zell-Level), Data Mining.
12	BIOVISTA (BIOVISTA)	Griechenland	Data- und Text Mining, Visualisierung
13	Medical School of the University of Crete (UOC)	Griechenland	Klinik – klinische Studien zu Brustkrebs, Biobanken
14	Institut der Rechtsinformatik der Universität Hannover (IRI)	Deutschland	Rechtliche Fragestellungen
15	Poznan Supercomputing and Networking Center (PSNC)	Polen	Basis Grid Layer
16	Custodix (Custodix)	Belgien	Sicherheitstools
17	HealthGrid (HealthGrid)	Frankreich	Vermarktung, Öffentlichkeitsarbeit
18	Institute of Communications and Computer Systems (ICCS)	Griechenland	Entwicklung von In-silico-Modellen
19	Uniklinik – Universität des Saarlandes (UdS)	Deutschland	Klinische Studien: Pädiatrische Onkologie, Biomedizinische Ontologien
20	SIVECO (SIVECO)	Rumänien	Portal, Schulungslösungen
21	Research Centre for Computer and Law of the Facultes Universitaires Notre-Dame de la Paix (FUNDP)	Belgien	Rechtliche Fragestellungen
22	Forschungsgruppe Medizin/Neurowissenschaften FSB BIOGUM, Uni Hamburg	Deutschland	Rechtliche und ethische Fragestellungen
23	Molecular Oncology Laboratories at the Weatherall Institute of Molecular Medicine (UOXF.BP)	Großbritannien	Klinische Studien Brustkrebs
24	Hokkaido University (UHoK)	Japan	Architektur, Standards, biomed. Grid Layer Data Access, Knowledge Management
25	European Institute of Oncology (IEO)	Italien	Brustkrebsdaten, Validierung

Die Organisationsstruktur entspricht der einer Virtuellen Organisation mit flachen Hierarchien im Sinne eines Partner Grids. Trotz der recht fixierten Partnerstruktur ermöglicht
ACGT bei Bedarf weiteren Partnern Zugang zur Infrastruktur („Open Access among
trusted partners") (Sfakianakis 2008, S. 3).

In den geführten Interviews wurden die Aufgabenverteilung der einzelnen Partner und die
übergreifende Organisationsstruktur im Detail diskutiert. Die administrative Steuerung
wird durch ERCIM (Projektpartner Nr. 1) sichergestellt, die wissenschaftliche Steuerung
wird von FORTH (Projektpartner Nr. 2) übernommen. Zusätzlich verfügt das Projekt mit
SIB über einen Qualitätsmanager (Projektpartner Nr. 7). Das Projekt wird über ein Managementboard der beteiligten Institutionen geführt, das regelmäßig, mindestens zweimal
jährlich, mit rotierenden Sitzungsorten zusammenkommt.

Zusätzlich besteht eine enge Zusammenarbeit mit der European Organisation for Research
and Treatment of Cancer (EORTC), die selbst eine Vielzahl von klinischen Studien durch-
führt und als potenzieller Kunde von ACGT-Produkten in Frage käme.

Bewertung der Organisationsstruktur

Ein Organigramm über die Verknüpfung einzelner Funktionen war in dem gesichteten
Material nicht vorhanden. Soweit anhand der verfügbaren Unterlagen und Interviewer-
gebnisse beurteilbar, bilden die Partner die wesentlichen Aspekte einer Grid-Computing-
Wertschöpfung ab. Dies wurde im Gespräch bestätigt. Positiv ist zu erwähnen, dass zwei
Partner ausschließlich rechtliche und ethische Fragestellungen beleuchten, und eine andere
Organisationseinheit Implementierungslösungen für diesen Bereich anbietet. Ebenfalls
positiv anzumerken ist die Beteiligung kommerzieller Partner in kundennahen Bereichen
(Portal- und Applikationsebene). Grundsätzlich steigt die Kompetenz kommerzieller
Partner mit zunehmender Marktnähe, während akademische Partner eine steigende Kompetenz mit stärkerer Zuwendung zur Grundlagenforschung auszeichnet. Ebenfalls positiv
fällt auf, dass ein Konsortialpartner explizit für das Qualitätsmanagement des Projektes
zuständig ist. Eine umfassende Qualitätssteuerung der Prozesse ist gerade in verteilten
Grid-Umgebungen mit einer Vielzahl unterschiedlicher Partner von Bedeutung (vgl. Goble
et al. 2004, S. 126; Tsiknakis et al. 2007, S. 46).

Eine Instanz, die sich Fragen einer möglichen Abrechnung und Verbuchung von Grid-Dienstleistungen widmet, ist aus der Organisationsstruktur nicht erkennbar. Dieser Sachverhalt stellt für einen wirtschaftlichen Betrieb eine ernsthafte Hürde dar.

Problematisch erscheinen zusätzlich die Anzahl der Projektpartner, die starke geographische Distribution und die hierarchisch flache Struktur der Virtuellen Organisation des ACGT. Entscheidungen des Projektes werden formal über das Managementboard getroffen, das jedoch kaum über Sanktionsmechanismen verfügt. Wie auch aus den geführten Gesprächen deutlich wurde, basiert die an sich gute Zusammenarbeit prinzipiell auf intrinsischen Motivationsfaktoren. Entscheidungen werden eher über informelle Kanäle getroffen. Eine flexible Struktur dieser Art ist prinzipiell in einer frühen Kreativphase eines Projektes sinnvoll, erschwert jedoch u. U. die Verstetigung der Projektziele in den abschließenden Projektphasen, wenn es auch darum geht, bestimmte Projektteile nicht weiterzuführen. ACGT entspricht mit dieser Struktur jedoch der typischen Projektstruktur öffentlich geförderter Projekte.

6.2.3.3 Kapitalmodell

ACGT arbeitet nach dem Kostendeckungsprinzip. Eine Gewinnerzielung ist entsprechend den Aussagen eines Interviewpartners momentan nicht vorgesehen. Die Einnahmen zur Kostendeckung werden aktuell größtenteils aus öffentlichen Mitteln finanziert.

Der Gesamtfinanzierungsrahmen liegt bei 16,7 Mio. Euro, davon entstammen 70% oder 11,8 Mio. Euro dem EU-Rahmenprogramm FP6 (vgl. Sfakianakis 2008, S. 17; EC 2009a). Der Differenzbetrag wird als Eigenanteil durch die beteiligten Partner erbracht.

Die Mittel werden zentral verwaltet, die konkrete Mittelzuweisung erfolgt durch das Koordinationsmodul in Abstimmung mit dem Managementboard und dem Qualitätsmanagement.

ACGT prüft laut den Aussagen eines Interviewpartners derzeit verschiedene Szenarien, die eine nachhaltige Nutzung der Projektergebnisse ermöglichen. Ein mögliches Szenario ist eine fortgesetzte Förderung durch die Europäische Union, ein weiteres die fortgesetzte Förderung durch nationale Institutionen und eine dritte Variante der Einstieg eines kommerziellen Partners. Ergebnisse sind diesbezüglich noch nicht erzielt.

Beurteilung des Kapitalmodells

Das Projekt entspricht der typischen Finanzierungsstruktur europäischer Förderprojekte. Die Förderung ermöglicht den Projektpartnern während des Projektes eine Produktentwicklung, ohne ökonomische Fragestellungen wesentlich zu berücksichtigen. Dies mag in der frühen Entwicklungsphase, in der sich Partner Grids im Gesundheitssektor generell befinden, sinnvoll sein, allerdings setzen temporäre Finanzierungen dieser Art keine Anreize, nachhaltige, marktgerechte Produktlösungen zu entwickeln. In der Medizin kommt erschwerend hinzu, dass ein Produkt in einem langwierigen Evaluierungsprozess erst als Medizinprodukt in der Versorgung zugelassen werden muss, für klinische Studien sind weitere Rechtsnormen zu berücksichtigen[108]. Ein Interviewpartner sieht hierfür einen Zeitraum von zehn Jahren als realistisch. Für die Begleitung eines solchen Prozesses ist eine Projektfinanzierung von vier Jahren nicht ausgelegt, was ebenfalls von den Gesprächspartnern bestätigt wurde.

ACGT versteht sich in der Selbstdarstellung als europäisches Pendant zum Grid-Computing-Integrationsprojekt der amerikanischen Krebszentren caBIG (vgl. Sfakianakis 2008, S. 13; caBIG 2009). Im Gegensatz zum europäischen ACGT-Projekt ist caBIG jedoch langfristig als Teil des amerikanischen National Cancer Institute finanziert und verfügt zumindest unter diesem Aspekt über eine konsistentere Planungssicherheit, die dem ACGT-Projekt fehlt.

Positiv anzumerken ist, dass das Konsortium bestrebt ist, marktfähige Projektbestandteile über Anschlussfinanzierungen bzw. die Kooperation mit kommerziellen Partnern weiterzuführen. Eine kommerzielle Weiterentwicklung würde jedoch eine Open-Source-Lösung unwahrscheinlich machen, und das Produkt müsste sich im Wettbewerb mit Alternativlösungen bewähren.

6.2.3.4 Rahmenbedingungen

Der Erfolg von ACGT ist zusätzlich von exogenen Variablen abhängig. Dies sind zum einen Fragen der Standardisierung der zu integrierenden Datenbestände und zum anderen rechtliche und ethische Fragestellungen.

---

[108] vgl. Abschnitt 3.4.3.1, S. 83

Eine der größten Herausforderungen der Datenerhebung und Datenerfassung im medizinischen Umfeld ist die Vielfalt der erhobenen Daten und der Erhebungsformen. Standards sind nicht immer verbreitet und werden z. T. nur ungenügend umgesetzt[109]. Zur Lösung der technisch-formalen Probleme greift ACGT auf etablierte Standards und Ontologiesysteme zurück, die in der Medizin bereits eingesetzt werden, z. B. CDISC ODM als Quasistandard zum Datenaustausch für klinische Studien (vgl. CDISC 2009).

Neben den technischen Fragen sieht sich ACGT mit einer Vielzahl ethischer und rechtlicher Problemstellungen konfrontiert. Bei der Nutzung von Patientendaten im Rahmen von klinischen Studien sind verschiedene Persönlichkeitsrechte der Patienten zu beachten. ACGT setzt unterschiedliche Mechanismen ein, um diesen rechtlichen Rahmenbedingungen gerecht zu werden. Die Teilnahme an den geplanten ACGT-Studien beruht auf einer adäquaten Information des Patienten, dem „informed consent", und hat durch die Patienten explizit und freiwillig über eine persönliche Einverständniserklärung zu erfolgen (vgl. BIOGUM 2008). Zur Beachtung des Datenschutzes wird zusätzlich sichergestellt, dass der Zugriff auf die gespeicherten Daten kontrolliert wird und nur durch autorisierte Personen erfolgt. Für verschiedene Nutzungsstufen innerhalb des ACGT-Projektes wird zusätzlich eine Pseudonymisierung der Daten vorgenommen. ACGT hat aufgrund der internationalen Auslegung des Projektes ergänzend unterschiedliche nationale Gesetzgebungen zu berücksichtigen. Die Ausgestaltung der Regelwerke erfolgt daher jeweils anhand des striktesten Standards der beteiligten Länder.

ACGT erfüllt gemäß der Aussage eines Interviewpartners grundsätzlich die Anforderungen der GCP (Good Clinical Practice), insbesondere den „Audit Trail", der es Patienten auch nach Jahren ermöglicht, die Verlaufsnutzung und den Verbleib ihrer Daten nachzuvollziehen sowie ggf. eine Löschung zu veranlassen.

Der Einsatz von Produkten im regulären medizinischen Betrieb erfordert zusätzlich eine rechtlich relevante Zulassung als Medizinprodukt[110]. Eine Zertifizierung ist gemäß eines Interviewpartners langfristig angestrebt, allerdings sehr kosten- und zeitintensiv und innerhalb der Projektlaufzeit nicht zu realisieren.

---

[109] vgl. Abschnitt 3.4.3.2, S. 86
[110] vgl. Abschnitt 3.4.3.1, S. 84

Bewertung der Rahmenbedingungen

Beim Projektaufbau wurde darauf geachtet, die wesentlichen Hürden, die aus den technischen und rechtlichen Rahmenbedingungen erwachsen, durch Projektpakete zu untersuchen und Lösungen zu entwickeln.

Die Etablierung eines umfangreichen Ontologiesystems, das auf bestehenden Ontologien und Standards aufbaut, ist grundsätzlich positiv zu beurteilen. Dies erleichtert die Akzeptanz bei der Zielkundengruppe der Kliniken und die Integration in bestehende Systemen. Dennoch löst auch diese Herangehensweise das Grundproblem heterogener und älterer Datenbestände nur zum Teil: Datensätze müssen weiterhin in einen einheitlichen Standard transformiert werden. Wie ein Gesprächspartner betont, liegt ein Großteil der Daten in Krankenhäusern und aus klinischen Studien nur auf Papier vor, was eine Integration in ein übergreifendes IKT-System massiv erschwert. ACGT bietet zumindest Matching-Mechanismen, die eine Integration externer Daten anderer Systeme theoretisch ermöglicht.

Die rechtlichen und ethischen Hürden sind ebenso problematisch. Positiv ist, dass sich allein drei Partner des ACGT-Konsortiums auf die Bewertung der rechtlichen Rahmenbedingungen und auf die Entwicklung adäquater Rahmenverträge und Softwarelösungen konzentrieren. Aufgrund der Komplexität der Datenschutz- und Persönlichkeitsrechte im Bereich der Klinischen Forschung ist jedoch davon auszugehen, dass eine übergreifende europäische Lösung, wie sie ACGT anstrebt, in naher Zukunft nur schwer umsetzbar sein wird. Eine Konzentration auf einen rechtlich klar definierten Raum (Nationalitätsprinzip) wäre möglicherweise vielversprechender.

6.2.4 Gesamtbeurteilung und Projektperspektiven

ACGT ist im Hinblick auf verschiedene Aspekte positiv aufgestellt, die allerdings grundsätzliche strukturelle Probleme nicht abschließend kompensieren können.

Mit dem Zielmarkt Krebsforschung liegt der Fokus auf einem wesentlichen medizinischen Forschungs- und Therapiefeld. Die zunehmende Digitalisierung der IKT-Struktur in Krankenhäusern wird zu einer zunehmenden klinischen Datenbasis führen. Gleichzeitig wird der digitale Datenbestand aus genetischen Analysen stetig anwachsen. Beides spricht grundsätzlich für eine Datenintegrationslösung wie sie ACGT verfolgt.

Im Gegensatz zu anderen Projekten, die insbesondere die technischen Komponenten betonen, vermittelt ACGT einen kundenorientierten Eindruck und bietet zudem ein zielgruppenorientiertes Produktspektrum.

Jedoch zeigt ACGT in organisatorischer Hinsicht die für heutige Partner Grids typischen Schwächen. Der Pool an Projektpartnern ist sehr umfangreich und durch eine sehr egalitäre Struktur geprägt. Damit ist das Projekt im Sinne einer Langfriststrategie nur schwer koordinierbar. Die Motivation der Partner ist grundsätzlich intrinsisch und Sanktionsmechanismen sind nur schwach ausgeprägt. Im Vergleich zu anderen Projekten mit dezentraler Mittelzuwendung bietet hier allerdings die zentrale Vergabe und Zuordnung von Fördermitteln durch den Projektkoordinator eine bessere Steuerungsmöglichkeit.

Erschwerend kommt die zeitliche Befristung des Projektes hinzu. ACGT konzentriert sich auf die Umsetzung der direkten Projektziele, eine nachhaltige Nutzung ist zwar angestrebt, aber stark von externen Faktoren abhängig. Dies liegt weniger am Projektkonsortium selbst, sondern ist primär dem zeitlich begrenzten Anreizschema der europäischen Förderstruktur geschuldet.

Es ist außerdem zu beachten, dass eine kommerzielle Weiternutzung zusätzliche Haftungs- und Lizenzfragen aufwerfen wird, die derzeit noch völlig unberücksichtigt sind.

ACGT demonstriert insgesamt beispielhaft wie heutige Partner Grids aufgebaut sind, welche Möglichkeiten sie im Optimalfall bieten, aber auch, welche Hürden typische, öffentlich geförderte Grids aufweisen.

6.3   NDMA – National Digital Medical Archive

6.3.1   Einführung

NDMA steht für **National Digital Medical Archive** und ist ein im Jahre 2003 über die Firma i3Archive Inc. aus dem universitären Forschungsprojekt NDMA – National Digital Mammography Archive – ausgegründetes Unternehmen, das seither privatwirtschaftlich am Markt agiert (vgl. HFD 2003). Das initiierende Forschungsprojekt wurde im Jahre 2000 von der University of Pennsylvania aufgelegt (vgl. IBM 2003; Joy et al. 2005, S. 241).

Mit Hilfe von NDMA sind Anbieter im Gesundheitswesen in der Lage, digitale medizinische Bilddateien in Echtzeit zu speichern, zu verwalten, darauf zuzugreifen und zu

verteilen. Die Basistechnologie des Unternehmens basiert auf Grid Computing. Ein sepa-
rater Geschäftszweig, MyNDMA.com, bietet Patienten die Möglichkeit, ihre digitalen
Informationen zum Gesundheitszustand in Zusammenarbeit mit den NDMA-Services
selbständig zu verwalten (vgl. IBM 2005). NDMA bietet zusätzlich gesundheitsrelevante
Auswertungen für zahlende Institutionen, wie Krankenversicherungen und Arbeitgeber. Im
Jahre 2002 wählte das Magazin „InfoWorld" NDMA zum innovativsten Technologiepro-
jekt zur Optimierung von Geschäftsprozessen (vgl. Hoise 2003; Joy et al. 2005, S. 240). In
jüngster Zeit konzentriert sich NDMA verstärkt auf die Analyse und Auswertung der
archivierten Datenbestände (vgl. IBM 2009d).

Die Untersuchung des Falls basiert auf einer umfänglichen Literaturstudie, einschließlich
diverser Pressemeldungen. Insgesamt wurden knapp 50 Quellen konsultiert. Interview-
anfragen an das Unternehmen wurden von diesem nicht beantwortet. Eine Interview-
anfrage an einen der früheren Projektinitiatoren und ehemaligen Unternehmensmanager
wurde mit dem Hinweis abgelehnt, dass betriebsinterne Informationen beim Unternehmen
angefragt werden sollen. Aufgrund der seltenen erfolgreichen Ausgründung von Partner
Grids in die Privatwirtschaft wurde dennoch an der Fallstudie festgehalten, und die fehlenden Insider-Informationen durch die intensive Literaturstudie kompensiert.

6.3.2 Projekteinordnung

NDMA stellt Kunden eine dezentrale Archivierungs- und Managementlösung für eigene
medizinische Datenbeständen zur Verfügung. NDMA kann in der bisherigen Form primär
als Data Grid klassifiziert werden. In den vergangenen Monaten legte NDMA verstärkt den
Fokus auf die Aufarbeitung und Analyse der Bild- und Kundendaten. NDMA entwickelt
sich durch die informative Aufbereitung der Datenbestände verstärkt zu einem Knowledge
Grid.

Das ursprünglich als Partner Grid im Rahmen eines Forschungsprojektes aufgesetzte Grid
migrierte im Verlauf der Verselbständigung organisatorisch in ein eigenständiges Unternehmen (i3Archive), insofern ist es als Enterprise Grid zu klassifizieren, jedoch mit in die
Grid-Umgebung eingebundenen, rechtlich selbständigen Kunden.

Innerhalb der in dieser Arbeit entwickelten Geschäftsmodellklassifizierung ist NDMA als
Statisches SaaS-Grid einzuordnen. Das Grid umfasst alle Wertschöpfungsstufen, von der
physische Grid-Infrastruktur bis hin zur Bereitstellung der Endkunden-Anwendungen,

und ist innerhalb enger organisatorischer Grenzen einer einzelnen Unternehmung eingebunden.

6.3.3 Geschäftsmodellkomponenten

6.3.3.1 Nutzensicht – Produktportfolio und Kundengruppen

NDMA versteht sein Produktportfolio als One-Source-Lösung für Patienten, Gesundheitsdienstleister und zahlende Gesundheitsinstitutionen für den US-amerikanischen Markt (vgl. NDMA 2009g). Das Nutzenversprechen des Unternehmens stellt NDMA als eine Lösung heraus, die einen schnellen und effizienten Zugang zu wichtigen gesundheitsrelevanten Daten auf Knopfdruck ermöglicht und medizinischem Personal leistungsstarke Anwendungen zur Verfügung stellt, um potenzielle Probleme und Krankheitsbilder schnell und effizient zu diagnostizieren (vgl. IBM 2007). Dabei sei NDMA kostengünstig, effizient und problemlos skalierbar. Gesundheitseinrichtungen verspricht NDMA Kostenersparnisse von über 10% (vgl. IBM 2009d). Die dynamische Umgebung soll zudem den Austausch von Informationen zwischen Patienten, Ärzten und Forschern erleichtern. NDMA ist nach eigenen Angaben das erste verteilte Netzwerk, welches das Sammeln, Speichern und Verteilen von Bilddaten (Mammographien, Ultraschall-, MRT- und CT-Aufnahmen) und deren Verbunddaten ermöglicht (vgl. IBM 2007).

Ursprünglich war NDMA als Machbarkeitsstudie angelegt, um die Möglichkeiten eines nationalen digitalen Brustbildarchivs und einer digitalen Netzwerkstruktur unter Nutzung von Grid-Technologie zu demonstrieren (vgl. NCI 2009).

Das Unternehmen bedient mit der Zusammenführung, der Analyse und der Auswertung/Reporting von Gesundheitsdaten drei inhaltliche Schwerpunkte (vgl. NDMA 2009g):

Healthcare Data Integration: Die Grid-Plattform sammelt und integriert Daten aus Gesundheitseinrichtungen und ermöglicht Patienten, Gesundheitsdienstleistern und zahlenden Institutionen einen individualisierten Zugang zu den Daten und aufbereiteten Informationen zur Entscheidungsunterstützung.

Healthcare Data Analysis: NDMA bietet belastbare Analysetools zur Aufarbeitung der Daten. Die Analysetools beinhalten CAD-Analysen der Bilddaten zur Diagnoseunterstützung, aber auch die statistische Auswertung von Metadaten (vgl. DiagnosticImaging 2005).

Healthcare Data Reporting: NDMA fasst gewonnene Daten zu umfassenden Berichten und Auswertungen zusammen, sowohl als Reporting für eine einzelne Einrichtung als auch in Form von Benchmark-Analysen zum Best-Practice-Vergleich.

Die inhaltlichen Basisbausteine werden über spezifische Produkte auf drei unterschiedliche Kundengruppen zugeschnitten (vgl. FreeLibrary 2004; NDMA 2009d):

- Gesundheitsdienstleister wie Krankenhäuser und Radiologiezentren (Image Center): Datenintegration, -analyse, -auswertungen[111]

- zahlende Institutionen (Versicherungen, Arbeitgeber, Gewerkschaften): Auswertungen

- Patienten: Auswertungen, Zugriff auf eigene Daten

Für **Gesundheitsdienstleister** bietet NDMA momentan das umfangreichste Produktsortiment. Diese Kundengruppe ist die Hauptkundengruppe des Unternehmens. **NDMA Services** mit dem Unterprodukt **NDMA Business Continuity and Disaster Recovery (NDMA-BCDR)™** ermöglichen die redundante sichere Offsite-Speicherung von Datenbeständen aus Krankenhaus- und Radiologieinformationssystemen und sind die Antwort auf die Erfüllung spezifischer gesetzlicher Anforderungen, die weiter unten beschrieben werden. **NDMA Direct** bietet direkten Zugang zu gespeicherten Daten, die innerhalb des NDMA-Grids sicher gespeichert sind, und ermöglicht die Erstellung von Reports, ohne dass eine zusätzliche Ausstattung vor Ort notwendig ist. **NDMA Onsite** stellt alternativ standortgebundene Speicherressourcen für jeweils bis zu drei Jahren zur Verfügung (vgl. DiagnosticImaging 2005; redOrbit 2005; NDMA 2009b).

Die **NDMA Clinical Intelligence Platform** ist ein Analysetool, das statistisch relevante Daten extrahiert und auswertet. Es ermöglicht den Gesundheitseinrichtungen, klinische Prozesse im Detail nachzuvollziehen und im Sinne einer Qualitäts- und Leistungsoptimierung anzupassen (vgl. Hollebeek 2006; NDMA 2009f). NDMA bietet neben statistischen Auswertungen CAD-Analysen der Bilddaten zur Diagnoseunterstützung.

NDMA verspricht den partizipierenden Gesundheitseinrichtungen geringe Implementierungshürden und eine hohe Nutzerfreundlichkeit. Eine Integration der Kundensysteme in das NDMA-Netzwerk ist ohne größere technische Eingriffe möglich, die Benutzerschnitt-

---

[111] Zentralisierte Radiologiezentren (Image Centers) sind in den USA weit verbreitet.

stelle des Kunden wird nicht verändert. NDMA nutzt branchenübliche Standards wie DICOM und ist problemlos in existierende Bildarchivierungs- und Kommunikations-systeme (PACS) integrierbar (vgl. IBM 2007). Die Implementierung des Kundensystems wird durch einen Beratungsservice unterstützt. Bei jedem Kunden wird ein vorkonfigu-riertes Gerät namens WallPlug™ als einzige Onsite-Komponente installiert (siehe Abbildung 70) (vgl. Watkins 2006, S. 19; IBM 2007).

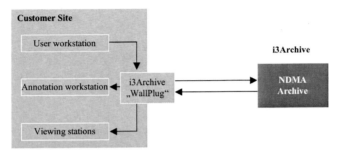

Abbildung 70. NDMA-Architektur mit WallPlug (Watkins 2006, S. 19)

Die Einrichtungen werden über ein Remote-Monitoring gewartet. Zusätzlich garantiert das Unternehmen einen Onsite-Service innerhalb von vier Stunden (vgl. DiagnosticImaging 2005).

Für Patienten/Konsumenten: NDMA bietet Privatkunden über ein Webportal (www.myNDMA.com) die Möglichkeit, eigene Gesundheitsdaten (EPA) einschließlich Bilddaten zu speichern und zu verwalten. Daten können selbständig durch den Patienten sicher hochgeladen oder über eine Schnittstelle von einer medizinischen Einrichtung in die elektronische Akte des Patienten integriert werden. Alle Transaktionen sind im Sinne eines vollständigen Audit Trails nachvollziehbar. Kunden werden u. a. über E-Mail über verän-derte Datenbestände und Vorsorge- und Arzttermine informiert (vgl. Breastcancer 2007; myNDMA 2009). MyNDMA wurde seit dem Launch 2005 ständig erweitert (vgl. Cardiovascular 2006; redOrbit 2007). Die Portalnutzung ist seit 2006 kostenlos, insofern ist das Produkt letztendlich ein Kundenbindungs- und Marketinginstrument.

Für Versicherungsunternehmen und Arbeitgeber: NDMA bietet zahlenden Unterneh-men des Gesundheitssystems ein „Point-of-Service Quality Management Program". Den Unternehmen werden ausführliche Auswertungen zum Monitoring und zur Qualitätsver-besserung innerhalb ihres jeweiligen Gesundheitsnetzwerkes zur Verfügung gestellt.

Hierzu gehören Best-practice-Benchmark-Analysen, Informationen zur Anspruchsberichtigungsprüfung und Leistungsanalysen (vgl. NDMA 2009a). Dieser Bereich soll zukünftig ausgebaut werden.

Die Produkte für Gesundheitsdienstleister werden gemeinsam von i3Archive, IBM, GE Medical und Siemens Medical Solutions vertrieben, mit denen jeweils Kooperationsvereinbarungen bestehen (vgl. Hoise 2003; PhilBizJournal 2003; GE 2004; Diagnostic-Imaging 2005).

NDMA plant momentan eine Verschiebung seines strategischen Fokus weg von der Datenverwalten hin zu einer verstärkten Analysekompetenz in Bezug auf die gespeicherten Daten (vgl. IBM 2009d). Dies korrespondiert mit der Abgabe wichtiger Kunden aus dem Mammographiebereich an einen Wettbewerber[112].

Beurteilung des Produktportfolios und Kundenmarktes

NDMA bedient einen wachstumsstarken Markt. In den vergangenen Jahren stiegen die Ausgaben für radiologische Systeme am US-amerikanischen Markt um 20% bis 30% jährlich (vgl. IBM 2009d). Insbesondere die digitale Bildgebung profitiert von dieser Entwicklung.

Das Produktportfolio ist konkret auf die wesentlichen Beteiligten des amerikanischen Gesundheitsmarktes zugeschnitten. Insbesondere werden die Bedürfnisse von Gesundheitseinrichtungen berücksichtigt: einfache Installation, kein Eingriff in die laufenden Geschäftsprozesse, kostengünstige Zusatzinvestition und Lösungen für die Erfüllung gesetzlicher Anforderungen.

Wie bei den marktdominierenden Wettbewerbern bei elektronischen Gesundheitsakten – Google Health und Microsoft HealthVault – ist auch das patientenbezogene Produkt myNDMA mittlerweile kostenlos, generiert also keine direkten Erlösströme (vgl. Google 2009b; Microsoft 2009). Es ist davon auszugehen, dass die Kernaktivitäten von NDMA nicht auf das Privatkundengeschäft abzielen.

Alle Produkte sind konkret auf den amerikanischen Markt zugeschnitten und bedienen u. a. rechtliche Anforderungen an US-amerikanische Gesundheitseinrichtungen. Hierzu zählen

---

[112] Vgl. Abschnitt 6.3.3.5, S. 223

die Erstellung spezieller Mammographie-Reportings nach dem amerikanischen Quasistandard BI-RADS und die Bereitstellung von Lösungen für eine redundante (Bild-)Datenarchivierung zur Erfüllung eines gesetzlich vorgeschriebenen Desaster Recoverys (Notfallwiederherstellung) (vgl. Joy et al. 2005, S. 241; IBM 2007; ACR 2009).

6.3.3.2 Wertschöpfungsnetzwerk und Akteure

i3Archive ist die kommerzielle Fortsetzung des Grid-Projektes NDMA (National Digital Mammography Archive). Die Unternehmenszentrale ist in Berwyn, Pennsylvania, angesiedelt und unterhält eine Niederlassung in Fort Lauderdale, Florida. Die technische Infrastruktur umfasst zusätzlich verschiedene regionale Clusterstützpunkte.

Das ursprüngliche NDMA-Projekt war eine Kollaboration verschiedener akademischer Einrichtungen und Krankenhäuser unterschiedlicher Bundesstaaten unter der Führung der University of Pennsylvania Medical Center (vgl. NCI 2009).

i3Archive betreibt die Kernwertschöpfung einschließlich der Grid-Computing-Infrastruktur selbständig, arbeitet jedoch intensiv über **Kooperationen** in technischen und vertrieblichen Bereichen. Im technologischen Bereich bestehen Kooperationen mit IBM, welche die Grid-Infrastruktur bereitstellt, und Carestream Health, einer früheren Tochter von Eastman Kodak und Produzent bildgebender medizinischer Systeme. Ziel der Zusammenarbeit mit Carestream ist die stärkere Integration der **Technologien** beider Unternehmen (vgl. IBM 2007; HealthImaging 2008).

NDMA kooperiert seit Januar 2009 mit National Imaging Associates, Inc. (NIA), einem führenden US-amerikanischen Gesundheitsdienstleister im Radiologiebereich (vgl. NDMA 2009e; NIA 2009)[113]. Gemeinsam bieten beide Unternehmen im Rahmen eines Pilotprogramms „Image Quality Control" Image-Centern **Beratungsleistungen** im Bereich der Prozessoptimierung an.

Bereits seit Ende 2003 unterstützt Siemens Medical Solutions als weiterer signifikanter Anbieter NDMA bei **Vertriebsaktivitäten** (vgl. Hoise 2003; PhilBizJournal 2003). Vertriebsvereinbarungen bestehen außerdem seit 2004 mit General Electrics (GE) Medical und

---

[113] In den USA bieten im Gesundheitsbereich eine Vielzahl von Unternehmen Management- und Service-Leistungen für Krankenversicherungsgesellschaften, Arbeitgeber und Gesundheitseinrichtungen an. NIA ist eine Tochtergesellschaft des börsennotierten Branchenführers Magellan Health Services (MHS 2009).

seit 2006 mit IBM (vgl. GE 2004; CBR 2006). GE und Siemens bedienen in den USA zusammen fast 50% des Marktvolumens bildgebender Systeme (vgl. iData 2008).

Kunden gehören in den USA häufig Gesundheitsnetzwerken an. NDMA verfügt über Verträge mit verschiedenen dieser Netzwerke.

NDMA basiert in technologischer Hinsicht auf einer Grid-Plattform, die auf SOA aufbaut und Open-Standard-Protokolle und -Schnittstellen verwendet. Daten werden von den Kundeneinrichtungen in übergeordneten Knotenstandorten gebündelt und diese wiederum in wenige, regional zentralisierte Knotenstützpunkte zusammengefasst (vgl. Schnall 2003, S. 4f.). Die Datenbestände sind dabei heterogen und verteilt. Das ursprünglich auf der Open-Source-Middleware Globus aufgebaute Grid entschied sich im Rahmen der Kommerzialisierung für eine proprietäre Middleware-Lösung (vgl. ByteandSwitch 2006). Die Grundfunktionalitäten des Grids ließ NDMA patentrechtlich schützen (vgl. FreshPatents 2006; Hollebeek 2006; FreshPatents 2007). Während der Fokus von NDMA unter technologischen Gesichtspunkten bisher auf einem effizienten Datenmanagement lag, steigt mit der strategischen Neuausrichtung einer verstärkten Aufbereitung der archivierten Datenbestände der Bedarf an Rechenleistung (vgl. IBM 2009d).

Beurteilung der Wertschöpfung und der Organisation

NDMA erscheint strategisch gut aufgestellt zu sein. Die Kernwertschöpfung wird durch das Unternehmen selbst erbracht, Wertschöpfungsnetzwerke im Sinne von Allianzen bestehen in drei wesentlichen Bereichen: der Weiterentwicklung der technologischen Basisinfrastruktur, der Weiterentwicklung des Produktportfolios und dem Vertrieb. Insbesondere die Vertriebskooperationen mit Marktführern sind strategisch wertvoll.

NDMA erweitert kontinuierlich den Mitarbeiterstamm. Zum Untersuchungszeitpunkt waren allein acht Stellen mit hohem Qualifikationsprofil ausgeschrieben (vgl. NDMA 2009c).

6.3.3.3 Kapitalmodell

Über die finanzielle Situation des Unternehmens sind keine Daten verfügbar. Ursprünglich wurde das Startprojekt des Jahres 2000 von der National Library of Medicine mit 6,5 Mio. US-Dollar für die Dauer von drei Jahren gefördert (vgl. Murray 2002). i3Archive startete im Jahr 2003 mit einem **Startinvestment** privater Geldgeber von 3 Mio. US-Dollar, im Jahr 2005 kamen weitere 3 Mio. US-Dollar Venture Capital hinzu (vgl. BizJournals 2005).

Umsatz- und Kundendaten sind kaum verfügbar. Das Kundenportal myNDMA startete 2005 mit einer Jahresgebühr von 14,95 US-Dollar, die bereits einige Monate später auf 9,95 US-Dollar reduziert und ein Jahr später vollständig aufgehoben wurde (vgl. InternetNews 2005). Seither ist das Portal kostenfrei, allein ein Faxservice wird mit 0,75 US-Dollar pro Fax berechnet (vgl. redOrbit 2007).

Eine wesentliche Erlösquelle dürften die Produkte für Gesundheitseinrichtungen und Krankenversicherungen darstellen. Es ist davon auszugehen, dass neben Grunderlösen aus entrichteten Archivierungsgebühren der Gesundheitseinrichtungen zukünftig verstärkt Erlöse über die Datenauswertung und Diagnoseunterstützung generiert werden.

Über die Kostenseite des Unternehmens werden keine Informationen veröffentlicht und entziehen sich somit einer Analyse.

Beurteilung des Kapitalmodells

Eine Beurteilung der finanziellen Situation ist aufgrund der geringen Datenbasis kaum möglich. Allerdings ist positiv anzumerken, dass sich NDMA frühzeitig bemühte, die Kerninfrastruktur über private Investorengelder weiterzuentwickeln, um ein marktfähiges Produkt bereitzustellen.

6.3.3.4 Rahmenbedingungen

Das Unternehmen agiert in einem Markt, der von gesetzlichen Neuregelungen, einem hohen Kostendruck und einer spezifischen Struktur des Gesundheitsmarktes geprägt ist.

Der amerikanische Gesundheitsmarkt wird in struktureller Hinsicht von Kooperations-Clustern, bestehend aus zahlenden Institutionen (insbesondere Arbeitgeber, Gewerkschaften und Krankenversicherungen) und behandelnden Gesundheitseinrichtungen (niedergelassene Ärzte und Kliniken) geprägt. Bildgebende Systeme sind wesentlich stärker als in den meisten europäischen Ländern in Image Centern zentralisiert, welche die regionale Versorgung sicherstellen.

Gesetzliche Basis ist insbesondere der Health Insurance Portability and Accountability Act (HIPAA)[114] in seiner Fassung aus dem Jahre 2005. Eine der Regelungen des Gesetzes umfasst die Umsetzung eines Desaster Recovery Plans für alle Gesundheitseinrichtungen, die elektronische Patientendaten führen. Dieser schließt eine dezentrale Kopie aller medizinischen Daten ein. Diese muss sicher, jederzeit erreichbar und in einer unabhängigen Lokalität verfügbar sein. Sie beinhaltet Bilddaten aller Art und andere patientenrelevante Daten (vgl. redOrbit 2005).

Der Gesundheitsmarkt ist zunehmend von Standards geprägt, die von Anbietern zu gewährleisten sind. Im konkreten Umfeld sind dies für bildgebende Systeme in Kliniken (PACS) standardisierte Schnittstellen, die mit dem Quasistandard für Bilddaten DICOM arbeiten. Ein weiterer relevanter Standard ist Breast-Imaging-Reporting-and-Data-System (BI-RADS), der für die Erstellung von Berichten im Rahmen der Brustkrebsvorsorge als Quasistandard fungiert (vgl. IBM 2007).

Beurteilung der Rahmenbedingungen

NDMA ist auf das amerikanische Gesundheitssystem zugeschnitten. Das Unternehmen konzentriert seine Vertriebsaktivitäten mit Hilfe der etablierten Partnerschaften auf die marktbestimmenden Akteure: Gesundheitseinrichtungen und zahlende Institutionen. Die Partnerschaften konzentrieren sich jedoch primär auf den ersten Bereich – die Gesundheitseinrichtungen. Möchte NDMA mittelfristig sein Angebot eher auf die Auswertung und Analyse von Datenmaterial legen, ist eine verstärkte Zusammenarbeit mit Gesundheitsdienstleistern wie NIA anzustreben.

Positiv ist anzumerken, das NDMA mit den angebotenen Produkten gesetzliche Erfordernisse adressiert. NDMA Business Continuity and Disaster Recovery™ (NDMA-BCDR) stellt beispielsweise die gesetzlichen Vorschriften des HIPAA sicher. Gleichzeitig bedient NDMA die üblichen Branchenstandards. Es erstellt Berichte entsprechend der BI-RADS-Anforderungen und ist unter Nutzung von DICOM nach eigenen Angaben nahtlos in bestehende PAC-Systeme wie auch in typische Krankenhaus- und Radiologieinformationssysteme (KIS/RIS) integrierbar.

---

[114] Der Health Insurance Portability and Accountability Act (HIPAA) ist in zwei Titel aufgegliedert. Der erste Titel stellt die Krankenversorgung von Arbeitslosen sicher, der zweite Titel setzt die Rahmenbedingungen für den elektronischen Austausch medizinischer Daten (vgl. Pace et al. 2005, S. 38).

6.3.3.5 Wettbewerbssituation

Auch wenn sich NDMA als erstes US-amerikanisches Unternehmen versteht, das eine nahtlose Vernetzung mit Gesundheitsdienstleistern propagiert, existieren auf dem amerikanischen Markt weitere Anbieter im Bereich des Desaster Managements für klinische Daten und Bilddaten (vgl. WebWire 2007). Das nach Selbstauskunft größte Unternehmen InSite One, Inc., das 5% der amerikanischen Gesundheitsdaten verwaltet, führte wegen mutmaßlicher Patentrechtsverletzungen von 2006 bis 2008 einen Rechtsstreit gegen NDMA, der im Rahmen einer einvernehmlichen Lösung beendet wurde (vgl. InSite One 2008; InSite One 2009a). Im Mai 2009 kündigen beide Unternehmen an, dass der Kundenbestand von NDMA im Bereich der Mammographien – einem bisherigen Kerngeschäftsfeld von NDMA – in den Datenbestand von InSite One integriert wird. NDMA möchte sich künftig verstärkt auf die Analyse von Bilddaten konzentrieren, was einer grundsätzlichen Verschiebung des Fokus des Geschäftsmodells entspricht (vgl. IBM 2009d; InSite One 2009b). InSite One wird sukzessive ebenfalls mit Grid-Computing-Technologie von IBM ausgestattet (vgl. InSite One 2009a).

Beurteilung der Wettbewerbssituation

Insgesamt ist der Markt für digitale medizinische Daten stark wachsend. Es ist davon auszugehen, dass sich gerade im amerikanischen Markt, der von regionenüberspannenden Gesundheitsnetzwerken dominiert wird, elektronische Vernetzungslösungen wie NDMA langfristig gesehen dauerhaft am Markt etablieren. Gleichzeitig wird das Angebot und damit der Wettbewerb möglicher technologischer Lösungen anwachsen. Entsprechend der Entwicklungen am Gesamtmarkt für Medizintechnik ist zu vermuten, dass sich nur wenige Lösungen dauerhaft etablieren und ein starker Konsolidierungsdruck auf den Anbietern lastet.

Konkrete Schlussfolgerungen auf den wettbewerblichen Einfluss von NDMA lassen sich aufgrund der schwachen Informationsbasis schwer ableiten. Die Meldungen über InSite One können eine verstärkte Zusammenarbeit beider Wettbewerber implizieren, die es NDMA ermöglicht, den Fokus verstärkt auf die Datenanalyse und -auswertung zu legen und sich in der Partnerschaft langfristig am Markt zu etablieren. Eine andere Interpretation ist ein für NDMA möglicherweise nachteiliges Ergebnis des Rechtsvergleiches und die Möglichkeit eines dauerhaften Zurückziehens des Unternehmens aus dem Bereich der Datenvernetzung.

6.3.4   Gesamtbeurteilung und Projektperspektiven

NDMA ist das erste bekannte SaaS-Grid, welches über eine mehrjährige kommerzielle Erfahrung verfügt. Mittlerweile agiert das Unternehmen seit über sechs Jahren am Markt. Die wesentlichen beschriebenen Entwicklungen des Unternehmens, die im Rahmen der Literaturrecherche nachvollziehbar waren, sind in Abbildung 71 zusammengefasst.

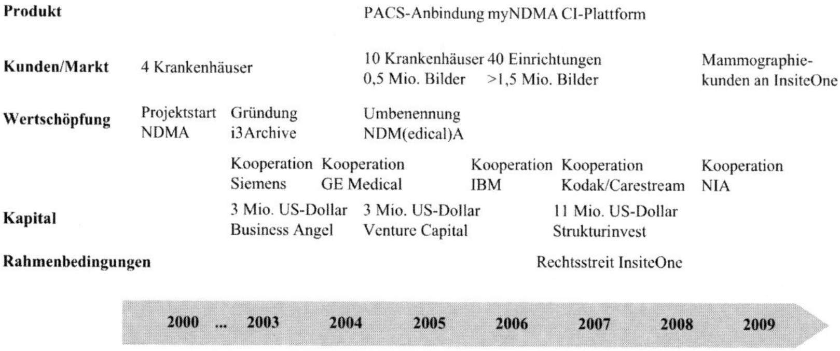

Produkt		PACS-Anbindung myNDMA CI-Plattform		
Kunden/Markt	4 Krankenhäuser	10 Krankenhäuser 40 Einrichtungen 0,5 Mio. Bilder >1,5 Mio. Bilder		Mammographie- kunden an InsiteOne
Wertschöpfung	Projektstart Gründung NDMA i3Archive	Umbenennung NDM(edical)A		
		Kooperation Kooperation Siemens GE Medical	Kooperation Kooperation IBM Kodak/Carestream	Kooperation NIA
Kapital		3 Mio. US-Dollar 3 Mio. US-Dollar Business Angel Venture Capital	11 Mio. US-Dollar Strukturinvest	
Rahmenbedingungen			Rechtsstreit InsiteOne	

2000	...	2003	2004	2005	2006	2007	2008	2009

Abbildung 71. NDMA-Unternehmensentwicklung

NDMA verfügt über ein Produktportfolio, das langfristige Wachstumsperspektiven bietet. Neben reinen Archivierungslösungen, die auch von Wettbewerbern bereitgestellt werden, bietet NDMA potenziellen Kundengruppen neben der Vernetzung regional verteilter Datenbestände zusätzliche Mehrwerte über eine Vielzahl von Reporting- und Analysetools, die insbesondere von zahlenden Einrichtungen und zukünftig zusätzlich von beratenden Unternehmen der Gesundheitsbranche in Anspruch genommen werden.

NDMA orientiert sich an Branchenstandards und reduziert die Einstiegshürden für potenzielle Kunden auf ein Minimum. Ein IKT-Support vor Ort ist praktisch nicht nötig, das Startinvestment bei beteiligten Kunden gering.

Durch Partnerschaften mit den Schlüsselunternehmen der Medizintechnik eröffnen sich zudem für NDMA zusätzliche Vertriebskanäle.

Die jüngsten Unternehmensentwicklungen sind nur schwer zu beurteilen. Marktführer bei Vernetzungs- und Archivierungslösungen für Gesundheitseinrichtungen ist nach eigenen Angaben mit InSite One zwischenzeitlich ein Wettbewerbsunternehmen. Die Übertragung von wesentlichen Stammkunden an diesen Wettbewerber und die Ankündigung, den

Unternehmensfokus verstärkt auf die Weiterentwicklung von Analysetools zu konzentrieren spricht für einen Rückzug aus dem früheren Kerngeschäft. Gleichzeitig können angekündigte Investitionen in zusätzliche Rechenkapazitäten auch für eine bewusste Unternehmensentscheidung und eine konsequente Weiterentwicklung des definierten Geschäftsmodells sprechen.

Insgesamt bietet NDMA die Möglichkeit, den Transformations- und Entwicklungsprozess eines ursprünglich öffentlich finanzierten Partner Grids nachzuzeichnen. Hervorzuheben ist, dass die Produktionsumgebung bereits wenige Jahre nach dem ursprünglichen Projektstart marktfähig betrieben werden konnte.

6.4 Zusammenfassung und Beurteilung

Fallstudien dienen dem umfassenden Erkenntnisgewinn über den untersuchten Einzelfall und ermöglichen somit ein tieferes Verständnis der Kausalzusammenhänge des Untersuchungsgebietes. Im Kontext dieses Forschungsvorhabens dienen die vorgestellten Fallstudien insbesondere der Unterlegung und Veranschaulichung bisher gewonnener Erkenntnisse.

Mit ACGT und NDMA werden aus dem Portfolio der Marktstudie zwei Fälle ausgewählt, die durch ihre medizinisch-klinische Orientierung die besonderen Anforderungen und Rahmenbedingungen der Gesundheitswirtschaft besonders gut widerspiegeln. Beide Initiativen orientieren sich am Geschäftsmodellentwurf des Statischen SaaS-Grids, wobei sich ACGT momentan noch in einem Projektstatus befindet, während NDMA wirtschaftlich orientiert am Markt agiert. Ein weiterer Unterschied ergibt sich aus der geographischen Herkunft. NDMA agiert am US-amerikanischen Markt, während das ACGT-Projekt europäischen Ursprungs ist.

Beide Projekte adressieren mit einer Integrationslösung für medizinisch-klinische Daten von Krebserkrankungen auf der einen (ACGT) und für Bilddaten, insbesondere Mammographien, auf der anderen Seite (NDMA) nachgefragte Produktfelder. Jedoch vermittelt das Produktportfolio von NDMA einen konsistenteren und fokussierteren Eindruck. Während NDMA die gesamte Grid-Computing-Infrastruktur in einem einzelnen Unternehmen führt, setzt ACGT auf eine Virtuelle Organisation mit flachen Hierarchien und einer Vielzahl Partner. Die Internalisierung der wesentlichen Rollen und Funktionen der Wertschöpfung bietet ein höheres Maß an Kontrolle und Stabilität, die gerade bei einer jungen Technologie für ein nachhaltiges Auftreten am Markt ein wichtiges Kriterium darstellen. Dies lässt sich auch in einer Virtuellen Organisation über eine Intensivierung der Kontrollmechanismen erreichen, die derzeit jedoch bei ACGT nicht erkennbar ist[115]. Bei ACGT kommt erschwerend die zeitliche Befristung hinzu. Eine nachhaltige Nutzung ist angestrebt, jedoch noch nicht konkretisiert.

Die Fallanalyse lässt zudem den Schluss zu, dass beide Initiativen im Detail unterschiedlichen rechtlichen Rahmenbedingungen ausgesetzt sind. Datenschutzregelungen erscheinen in den USA leichter erfüllbar zu sein, gleichzeitig stimuliert die US-amerikanische Gesetzgebung dezentrale Vernetzungslösungen, wie sie Grid Computing bietet.

ACGT demonstriert, wie heutige Partner Grids aufgebaut sind und welche Möglichkeiten und Risiken sie bieten, während NDMA wichtige Aspekte, die im Rahmen eines wirtschaftlichen Auftretens von Healthgrids am Markt zu beachten sind, demonstriert.

---

[115] vgl. Abschnitt 5.1.4.2, S. 153

7 Strategische Positionierung

Aus den bisher gewonnenen Erkenntnissen leitet sich die Frage ab, wie sich potenzielle Unternehmen im dynamisch veränderlichen Markt für Grid Computing in der (Bio-)Medizin strategisch positionieren sollen.

Dieses Kapitel fasst die bisher gewonnenen Erkenntnisse methodisch über eine Analyse der Kritischen Erfolgsfaktoren auf der einen Seite sowie der Stärken, Schwächen, Möglichkeiten und Risiken (SWOT) derzeitiger Healthgrid-Projekte und -Unternehmen auf der anderen Seite zusammen. Während die Kritischen Erfolgsfaktoren gewünschte Soll-Zustände für die einzelnen Initiativen und ihr Umfeld definieren, bewertet die SWOT-Analyse primär die bestehende Situation der Healthgrid-Landschaft und ihres Marktumfeldes.

Aus der strukturierten Zusammenfassung der Ergebnisse und den Abweichungen, die sich aus der gewünschten und der aktuellen Situation ergeben, werden zum Abschluss dieses Kapitels strategische Handlungsempfehlungen abgeleitet und auf die wesentlichen Geschäftsmodellaspekte angewendet.

In die Darstellungen dieses Kapitels fließen unterschiedliche Quellen der bisherigen Untersuchung ein. Unter diese Quellen fallen[116]:

- Ergebnisse der Marktanalyse aus Kapitel 3

- Ergebnisse der Experteninterviews aus Kapitel 4

- Ergebnisse der Partialmodellanalysen aus Kapitel 5

- Ergebnisse der Fallstudien aus Kapitel 6

Das im fünften Kapitel entwickelte Referenzgeschäftsmodell und die aus diesem abgeleiteten Geschäftsmodellkomponenten und Umgebungsvariablen dienen als analytischer Rahmen für die einzelnen Untersuchungen[117].

---

[116] vgl. Abschnitte 3.4.2, S. 68 (Marktstudie), 4.3, S. 107 (Expertenbefragung), 5.1, S. 135 (Partialmodelle) sowie 6.2, S. 201 und 6.3, S. 213 (Fallstudien)
[117] vgl. Abschnitt 5.1.2, S. 136

7.1   Erfolgsfaktoren

Kritische Erfolgsfaktoren (**Critical Success Factors, CSF**) werden als Objekt wissenschaftlicher Untersuchungen erstmalig Rockart (1979) zugeschrieben. Sie sind definiert als
„the limited number of areas in which satisfactory results will ensure successful competitive performance for the individual, department or organization. CSFs are the few key
areas where ‚things must go right' for the business to flourish and for the manager's goals
to be attained" (Bullen und Rockart 1981, S. 7). Letztendlich kennzeichnen Kritische
Erfolgsfaktoren einen gewünschten Soll-Zustand des Untersuchungsobjektes.

Bei der Untersuchung von Erfolgsfaktoren sind **unterschiedliche Betrachtungsebenen** zu
berücksichtigen. Hierzu zählen die Wahl des Untersuchungsgegenstandes selbst, die Phase
des Untersuchungsgegenstandes im Lebenszyklus und die relevanten Untersuchungs-
dimensionen der Erfolgsfaktoren.

Im Zentrum der Betrachtung steht der **Untersuchungsgegenstand**. Erfolgsfaktoren können
sowohl für eine einzelne Branche als auch für unterschiedliche Unternehmensebenen bis
zum einzelnen handelnden Individuum identifiziert werden. Außerdem können sie für ein
spezifisches Produkt, aber auch für eine zum Einsatz kommende Technologie relevant
sein. Die Untersuchung der Erfolgsfaktoren konzentriert sich im Folgenden auf die Gesamtheit der untersuchten **Healthgrid-Initiativen stellvertretend für eine einzelne Unternehmung** dieses Bereichs.

Eine weitere zu berücksichtigenden Analysedimension ist die **Dynamik über die Zeit**.
Abhängig vom Untersuchungsgegenstand können sich Kritische Erfolgsfaktoren über
verschiedene **Lebenszyklusphasen** verändern. Die Erfolgsfaktoren eines Unternehmens in
einem etablierten Markt sind andere als die eines Unternehmens, das sich in einem neu zu
bildenden Markt formt. Gerade bei der Untersuchung von Erfolgsfaktoren im Zusammenhang mit der Diffusion neuer Technologien stehen frühe Lebenszyklusphasen im Vordergrund. Entsprechend der aktuellen Marktsituation von Healthgrids sind insbesondere die
Erfolgsfaktoren zu berücksichtigen, die in der **Entwicklungsphase und ersten
Markteintrittsphase** eine Rolle spielen.

Im Falle von Grid-Computing-Geschäftsmodellen für die Medizin und die Biomedizin
bewegt sich die **Erfolgsfaktoren-Untersuchung** zum einen **auf Branchenebene** des
Gesundheitswesens, gleichzeitig spielen jedoch die Erfolgsfaktoren eine Rolle, die spezi-

fisch zur Marktdurchdringung von Grid Computing als **Technologie** zu berücksichtigen sind. Erfolgsfaktoren, die konkret die Etablierung von **IuK-Technologien in der (Bio-)Medizin** erfassen, sind ebenfalls heranzuziehen. Zusätzlich sind **Erfolgsfaktoren spezifisch für Healthgrids** zu berücksichtigen.

Die Darstellung der Erfolgsfaktoren folgt der Systematik des entwickelten Referenzgeschäftsmodells. Die Untersuchung baut auf den Ergebnissen der Expertenbefragung auf, in denen Kritische Erfolgsfaktoren explizit erfragt wurden. Zusätzlich wurden die Ergebnisse mit früheren Untersuchungen zu Erfolgsfaktoren in angrenzenden Bereichen abgeglichen. Hierzu zählen Studien zu Erfolgsfaktoren bei der Implementierung und Diffusion neuer Technologien im Gesundheitswesen (Berg 2001; Cain und Mitman 2002; Leonard 2004), zur Neuprodukteinführung im Gesundheitswesen (Zeiner 2008) und zu Geschäftsmodellen auf Elektronischen Märkten (Weiber und McLachlan 2000; Fairchild et al. 2004). Die Erkenntnisse fließen implizit an verschiedenen Stellen der Ergebnisdarstellung ein, quellenspezifische Zitationen sind mit einem expliziten Quellenverweis versehen. Eine Zusammenfassung der Ergebnisse zur Erfolgsfaktorenanalyse liefert Abbildung 72.

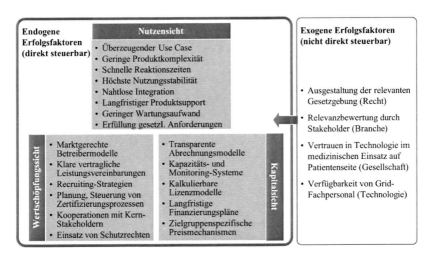

Abbildung 72. Erfolgsfaktoren für Grid Computing in der Medizin

7.1.1 Erfolgsfaktoren des Nutzenmodells

Das Nutzenmodell umfasst das Nutzenversprechen (Value Proposition), das sich aus den Eigenschaften eines angebotenen Produktes für eine spezifische Zielgruppe bildet. Die Erfolgsfaktoren, die sich aus dem Nutzenversprechen für Healthgrid-Anwendungen einschließlich der darunter liegenden technologischen Infrastruktur ergeben, lassen sich wie folgt zusammenfassen:

- Bereitstellung eines überzeugenden Use Cases (d. h. einer funktionstüchtigen Software-Applikation in einem relevanten Zielmarkt) in der Frühphase
- geringe Produktkomplexität, hohe Nutzerfreundlichkeit, schulungsarm
- einfache Zugangsregelungen
- schnelle Reaktionszeiten
- höchste Nutzungsstabilität
- nahtlose Integration in bestehende Systeme
- langfristiger Produktsupport
- geringer Wartungsaufwand
- konsequente Erfüllung gesetzlicher Anforderungen
  (u. a. Zertifizierung, Datenschutz, CGP, Audit Trail)
- hohe Datensicherheit und hoher Datenschutz (Zugang und Verschlüsselung)

Diese Erfolgsfaktoren gelten **allumfassend für den Einsatz im Versorgungsbereich** und in abgeschwächter Form für den Einsatz im (bio-)medizinischen Forschungsumfeld.

Die Gestaltung eines auf IuK-Technologien basierenden Produkts im Gesundheitswesen ist wesentlich stärker auf die Bedürfnisse der Nutzergruppen abzustimmen als in anderen Branchen (vgl. Berg 2001, S. 148; Cain und Mitman 2002, S. 8). Dies liegt an einer reduzierten Bereitschaft des medizinischen Personals zur Anpassung bestehender Arbeitsabläufe und zur Akzeptanz neuer Technologien (vgl. u. a. Leonard 2004, S. 77). Entscheidend ist daher eine **geringe Produktkomplexität**, die eine einfache Bedienung durch das behandelnde Personal sicherstellt (vgl. u. a. Cain und Mitman 2002, S. 22). Ebenso muss die Softwarelösung einen sicheren, aber ebenso **unkomplizierten Zugang** zu den Grid-Anwendungen ermöglichen. Komplexe Zertifikatsregelungen, wie sie bei vielen Grid-Projekten zum Einsatz kommen, sind in der Regel nicht für den täglichen medizinischen Einsatz geeignet. Des Weiteren sollte bei der Produktgestaltung berücksichtigt werden, dass **Diagnoseergebnisse häufig ad-hoc benötigt** werden. Eine kurze Reaktionszeit ist ebenso Voraussetzung wie ein unterbrechungsfreier Zugang zu den Grid-Anwendungen. Grid-Computing-Initiativen bieten im derzeitigen Entwicklungsstadium im Allgemeinen keine Produkte, welche die genannten Erfolgsfaktoren vollumfänglich erfüllen. Healthgrid-Lösungen sind häufig zu komplex und nicht zielgruppengerecht aufgesetzt. Branchen-experten sehen es daher insbesondere in der aktuellen Frühphase als notwendig an, über eine schlüssige, marktfähige **„Killer-Applikation" Akzeptanz und Wahrnehmung** von Healthgrid-Anwendungen im Allgemeinen zu steigern.

Die Standardisierung der Abläufe in Gesundheitseinrichtungen ist sehr ausgeprägt. Neue Systeme sollten sich daher nahtlos in die bestehenden Systeme integrieren lassen, der **Adaptions- und Wartungsaufwand ist auf ein Minimum zu beschränken.** Grid-An-bieter sollten zusätzlich sicherstellen, dass für die angebotenen Produkte langfristig ein gut ausgebauter Produktsupport-Service besteht. Diese Punkte führen sowohl auf Nutzerebene als auch auf der Ebene der medizintechnischen Abteilungen, die in den Beschaffungs-prozess involviert sind, zur Akzeptanzsteigerung.

Medizinprodukte, zu denen Grid-Anwendungen im klinischen Einsatz zu rechnen wären, unterliegen **umfassenden gesetzlichen Regelungen.** Grid-Lösungen, welche die einschlä-gigen gesetzlichen Vorschriften in Bezug auf Zertifizierung, Datenschutz und Datensicher-heit nicht erfüllen, können im regulären medizinischen Versorgungsbetrieb grundsätzlich nicht eingesetzt werden.

7.1.2 Erfolgsfaktoren des Wertschöpfungsmodells

Das Wertschöpfungsmodell ergibt sich aus der Organisationsstruktur und der Wertschöp-fungsstruktur von Healthgrid-Initiativen. Zu den wesentlichen Erfolgsfaktoren, die sich für die Gestaltung der Wertschöpfungsmodelle identifizieren lassen, zählen:

- marktgerechte Betreibermodelle mit eigenständiger Rechtsform
- klare vertragliche Leistungsvereinbarungen zwischen den beteiligten Partnern
- Strategien zur Akquirierung und Bindung von Fachpersonal
- Prozesse, die eine schnelle Zertifizierung als Medizinprodukt sicherstellen
- Kooperationen in verschiedenen Wertschöpfungsbereichen, insbesondere in Bezug auf die Innovationsentwicklung, die Zulieferplanung und den Vertrieb
- Einsatz gewerblicher Schutzrechte

Eine der größten Hürden für Grid-Initiativen, die auf einer Virtuellen Organisation aufbauen, ist die **Verstetigung der Organisationsstruktur**, um einen langfristigen Unter-
nehmensfortbestand zu sichern. Ein wesentlicher Erfolgsfaktor sind daher marktgerechte
Betreibermodelle, in denen Zuständigkeiten klar abgegrenzt und alle wichtigen Wertschöpfungsstufen und die Schnittstellen nach außen geregelt sind. Hierzu zählen auch umfassende vertragliche Regelungen in Form von Service Level Agreements (SLA) über die zu
erbringenden Leistungstiefe, zum Einsatz kommende Sanktionsmechanismen und Haftungsregelungen bei Nichterfüllung.

Ein weiterer Faktor zur Sicherung der organisatorischen Stabilität ist die **Bindung qualifi-
zierten Personals**. Gerade im jungen Grid-Computing-Umfeld gelten Fachkräfte als
knappe Ressource. Dies gefährdet insbesondere öffentlich geförderte Healthgrid-Initiativen, die aufgrund befristeter Förderzeiträume Fachkräfte häufig nicht halten können.

Healthgrid-Lösungen zum Einsatz im medizinischen Versorgungsbetrieb müssen in der
Regel als **Medizinprodukt** entsprechend des Medizinproduktegesetzes zertifiziert werden
(vgl. BMJ 2007)[118]. Diese Zertifizierungsprozesse sind häufig langwierig und stark von der
Vorbereitung und Verlaufssteuerung innerhalb der eigenen Organisation abhängig. Die
Etablierung von Prozessen, die den Zertifizierungsprozess langfristig professionell beglei-
ten, ist daher unabdingbar.

Ein weiterer Erfolgsfaktor ergibt sich aus der hohen Anzahl an **Stakeholdern** im Gesund-
heitswesen (vgl. Leonard 2004, S. 77). Healthgrid-Initiativen, die frühzeitig **Koopera-
tionen** in verschiedenen Wertschöpfungsstufen herausbilden, bieten sich entscheidende
Wettbewerbsvorteile. Bereits auf der Infrastrukturebene ermöglichen Kooperationen mit
Technologieanbietern, technologische Innovationen und die eigene Grid-Computing-
Lösungen auf einander abzustimmen und sich vom Wettbewerb abzugrenzen. Auf der
Ebene der Anwendungsentwicklung profitieren Grid-Computing-Initiativen für die
(Bio-)Medizin bereits in der Innovationsphase von einer intensiven Zusammenarbeit mit
Forschungseinrichtungen und Endnutzern. Neben der Nutzung aktueller (bio-)medizi-
nischer Forschungsergebnisse können frühzeitig nutzerspezifische Anforderungen berück-
sichtigt werden.

---

[118] vgl. Abschnitt 3.4.3.1, S. 84

Von besonderer Bedeutung sind **Kooperationen im Vertriebsbereich** (vgl. Zeiner 2008, S. 434). Der Markt für IuK-Technologie im Gesundheitswesen wird in den jeweiligen Marktsegmenten von wenigen Akteuren geprägt. Häufig ermöglichen erst Kooperationen mit marktführenden Unternehmen den Marktzugang. Ebenso von Bedeutung ist die frühzeitige Einbindung von Ständevereinigungen und Endkunden, d. h. Forschern, Ärzten und Kliniken, zur Unterstützung der Vertriebstätigkeit. Diese dienen häufig als Multiplikator und können bei Vernachlässigung zum Scheitern einer Produktetablierung führen.

Zur Sicherstellung der langfristigen Wettbewerbsfähigkeit spielen **gewerbliche Schutzrechte** insbesondere bei komplexen Grid-Computing-Lösungen aus Hard- und Software eine wichtige Rolle. Risikokosten im Rahmen einer späteren Verwertung können so minimiert und der Unternehmenswert gegenüber potenziellen Investoren erhöht werden. Potenziellen Investoren signalisieren Schutzrechte eine entsprechende Exklusivität. Allerdings ist gerade im Vergleich zur US-amerikanischen Regelung der Patentierungsprozess für Software in Europa komplex und mit vielen Hürden behaftet (vgl. Blind et al. 2003). Für spezifische Healthgrid-Lösungen kann – bei Abwägung der mit einer Patentierung verbundenen (Opportunitäts-)Kosten – eine Patentierung sinnvoll sein und einen Kritischen Erfolgsfaktor darstellen.

7.1.3 Erfolgsfaktoren des Kapitalmodells

Die Kapitalmodelle umfassen die Erlös- und Kostenmodelle sowie die Finanzierung einer Unternehmung. Für Grid-Computing-Initiativen im (bio-)medizinischen Umfeld sind insbesondere folgende Faktoren für einen Markterfolg ausschlaggebend:

- transparente Abrechnungs- und Verbuchungsmodelle innerhalb des Grid-Computing-Wertsystems (Billing- und Accounting-Modelle)

- transparente, automatisierte und leistungsoptimierte Kapazitätsmanagement- und Monitoring-Systeme

- kalkulierbare Lizenzmodelle für verwendete Softwarekomponenten

- langfristige Finanzierungspläne

- in der Verwertungsphase: zielgruppenspezifische Preismechanismen

Grid-Computing-Infrastrukturen bauen auf einem Netz geographisch verteilter Ressourcen auf. Ein entscheidender Aspekt für das interne Kosten-Controlling einer Grid-Computing-Organisation ist eine verursachungsgerechte **Zuordnung und Weiterverrechnung der**

entstehenden Kosten an den einzelnen Ressourcenknoten. Dies ist zum einen von Bedeutung, um eine Bewertung und Abrechnung einzelner Organisationspartner bzw. Standorte zu ermöglichen, zum anderen um Leistungen gegenüber Dritten (Kunden) weiterver-
rechnen zu können, d. h. u. a. zur Bestimmung von Kostenuntergrenzen für die Produktbepreisung.

Damit im Zusammenhang steht die Ermittlung und Steuerung der aktuellen Auslastung der
einzelnen Ressourcen. Grid-Computing-Infrastrukturen steuern im Idealfall eine Vielzahl
von Anfragen parallel. Kapazitätsmanagement- und Monitoring-Systeme stellen eine
effiziente Ressourcenauslastung sicher und signalisieren rechtzeitig Engpässe und Sys-
temausfälle. Die Effizienz und Leistungsstärke dieser Systeme ist insbesondere bei sehr
rechenintensiven Grid-Computing-Lösungen ein entscheidender Erfolgsfaktor (vgl. Weiber
und McLachlan 2000, S. 21ff.).

Grid-Computing-Infrastrukturen nutzen selten ausschließlich Softwaredienste aus Eigen-
entwicklungen, sondern greifen auf Softwarekomponenten von Drittanbietern zurück. Die
Nutzung dieser Komponenten kann zu hohen Lizenzkosten führen. Dies trifft vermehrt
ebenfalls für Open-Source-Lösungen zu, die sich im Falle eines kommerziellen Einsatzes
Lizenzgebühren vorbehalten. **Frühzeitige Lizenzvereinbarungen** in einer frühen Projektphase erhöhen die Planungssicherheit und ermöglichen eine Abschätzung der Wirtschaftlichkeit des Vorhabens.

7.1.4 Erfolgsfaktoren der externen Rahmenbedingungen

Die bisher diskutierten Kritischen Erfolgsfaktoren sind alle durch die Unternehmung direkt
steuerbar. Neben diesen unternehmensbezogenen Faktoren bestimmen allgemeine und
marktbezogene Rahmenbedingungen den Erfolg eines Produktes. Solche Faktoren können
durch das Unternehmen gar nicht bzw. nur langfristig indirekt beeinflusst werden – beispielsweise durch Öffentlichkeitsarbeit (vgl. Cain und Mitman 2002, S. 14). Zu diesen
externen Erfolgsfaktoren zählen gesellschaftliche Faktoren wie Trends, ökonomische
Rahmenbedingungen wie Finanzierungskosten (Zinssätze) sowie gesetzliche und kulturell-
branchenbezogene Faktoren (Bullen und Rockart 1981, S. 18; Fairchild et al. 2004, S. 68).
Für Grid-Computing-Initiativen im Gesundheitswesen sind insbesondere die letztgenannten Bereiche der gesetzlichen Rahmenbedingungen und der kulturell-branchenbezo-
genen Faktoren von Bedeutung. Wie mehrfach dargestellt, ist der Gesundheitsbereich
gesetzlich stark reguliert und die Einführung von IKT-Komponenten im medizinischen

Umfeld zusätzlich kulturellen Etablierungshürden ausgesetzt. Erfolgsfaktoren, die sich aus solchen Rahmenbedingungen ergeben, sind insbesondere (R – rechtlich, K – kulturell-branchenbezogen, S – sozial, T – technologisch):

*   Ausgestaltung der relevanten Gesetzgebung (nationale und internationale Ebene; insbesondere Datenschutz, Ethik, Medizinprodukt) (R)

*   Relevanzbewertung durch Stakeholder (K)

*   Vertrauen in Technologie im medizinischen Einsatz auf Patientenseite (S)

*   Verfügbarkeit von Grid-geschultem Fachpersonal (T)

Auf den Erfolg von Grid-Computing-Initiativen wirkt sich entscheidend die skizzierte gesetzliche Rahmengebung aus[119]. Die **aktuelle Gesetzgebung**, insbesondere in Bezug auf datenschutzrechtliche Fragen, wirkt hemmend auf den Einsatz von Vernetzungstechnologien, sobald persönliche Daten bzw. Patientendaten involviert sind. Regionen bzw. Länder, die eine harmonisierte und der technologischen Entwicklung Rechnung tragende Gesetzgebung bieten, erleichtern Technologien wie Grid Computing im medizinischen Bereich den Marktzugang.

Ein weiterer Stakeholder, der für den Durchsetzungserfolg von E-Health-Lösungen eine wichtige Rolle spielt, ist die Gesellschaft selbst. Der Schutz persönlicher Daten rückt im Zuge einer zunehmenden Vernetzung der Gesellschaft und der Bereitstellung persönlicher Informationen verstärkt in den Vordergrund. Neben der generell **zunehmenden Sensibilisierung der Gesellschaft** im Zuge der Diskussion um die Nutzbarmachung patientenbezogener Daten über elektronische Medien schließt dies die Frage der Nutzung genomischer Daten für medizinische Anwendungsfälle ein. Je positiver die Gesellschaft gegenüber einer Nutzung persönlicher Daten eingestellt ist, desto leichter wird die Marktakzeptanz für vernetzte Technologien im Gesundheitswesen sein.

Die Bereitstellung marktfähiger Grid-Produkte ist nur dann gewährleistet, wenn entsprechend **geschultes Fachpersonal am Markt verfügbar** ist. Technologien zur Virtualisierung von Rechenleistung und Datenbeständen entwickeln sich ständig fort und eine Integration heterogener technologischer Ressourcen ist komplex. Diese Notwendigkeit bezieht sich nicht nur auf rein technische, sondern ebenfalls auf angrenzende Bereiche wie

---

[119] vgl. Abschnitt 3.4.3.1, S. 83

rechtliche und wirtschaftliche Fragestellungen. Nur ein breiter, gut ausgebildeter Personal-
pool auf der Seite der Anbieter stellt sicher, dass die entwickelten Produkte erfolgreich am
Markt eingeführt werden können.

Die Durchsetzungsfähigkeit von Grid-Computing-Lösungen im medizinischen Umfeld
steht in einem engen Zusammenhang mit der **Relevanzbewertung von IuK-Technologien
durch unterschiedliche Stakeholder.** Die Durchdringungsrate von IuK-Technologien in
der Medizin ist im Industrievergleich unterdurchschnittlich. Ursächlich sind u. a. die unterschiedlichen Entscheidungsebenen, die bis zur Implementierung zu durchlaufen sind. Die
Durchsetzung neuer Technologien kann stark vom Unterstützungsgrad durch die beteiligten öffentlichen Träger, Krankenkassen und Ständevereinigungen abhängig sein. Die
eigentliche Implementierungsentscheidung wird im klinischen Betrieb in der Regel gemeinschaftlich vom medizinischen Fachpersonal, vom Einkauf und von der IKT-Fachab-
teilung vorgenommen, die jeweils unterschiedliche Interessen verfolgen. Eine positive
Relevanzbeurteilung durch möglichst viele Stakeholder erhöht die Erfolgswahrscheinlichkeit neuer E-Health-Technologien wie Grid Computing nachhaltig.

7.2   SWOT-Analyse

Zur Ableitung strategischer Maßnahmen werden die bisherigen gewonnenen Erkenntnisse
in einem weiteren Schritt in Form einer **SWOT-Analyse** systematisiert. SWOT steht als
Akronym[120] für die Betrachtung der internen Stärken und Schwächen sowie der externen
Möglichkeiten und Bedrohungsrisiken eines Untersuchungsobjektes (vgl. Johnson et al.
2008, S. 119). Dieses kann sowohl ein Unternehmen, eine Technologie als auch ein einzelnes Produkt in einem spezifischen Marktumfeld sein. Im Folgenden konzentriert sich die
Darstellung auf die Gesamtheit der untersuchten Healthgrid-Initiativen stellvertretend für
ein einzelnes Unternehmen dieses Bereichs. Bei diesem Vorgehen ist zu berücksichtigen,
dass einzelne Initiativen durchaus in einzelnen Aspekten vom dargestellten Durchschnitt
abweichen können.

SWOT-Analysen sind sowohl Zustandsanalysen als auch Analysen potenzieller Aktivitätspotenziale. Die Untersuchung der Stärken und Schwächen ist als Innensicht zu verstehen
und bezieht sich auf den Ist-Zustand des Untersuchungsobjektes selbst, d. h. auf die aktu-

---

[120] SWOT steht im Englischen für Strengths, Weaknesses, Opportunities und Threads.

ellen Charakteristika von Healthgrid-Initiativen. Die Möglichkeiten und Gefahren dagegen untersuchen eine Außensicht und stellen auf eine mögliche potenzielle Situation des Untersuchungsgegenstandes ab, die sich aus der Situation des Marktumfeldes ergibt.

Wenn auch die SWOT-Analyse in Teilen der wissenschaftlichen Literatur in die Kritik gerät (vgl. Hill und Westbrook 1997), so dient sie gerade zur **relativen Positionsbestimmung einer Organisation im Wettbewerbsumfeld** als sinnvolles Untersuchungsinstrument (vgl. Pickton und Wright 1998, S. 103; Johnson et al. 2008, S. 119). Im Falle der Analyse von Healthgrid-Initiativen ermöglicht sie die Identifizierung der eigenen relativen Stärken und Schwächen im Vergleich zum Marktstandard wie auch die Überprüfung eigener externer Möglichkeiten und Drohpotenziale. Die Kernergebnisse der SWOT-Analyse für Healthgrid-Initiativen sind in Abbildung 73 zusammengefasst.

Stärken	Möglichkeiten

• Fokus auf marktfähige Produktfelder
• Integration in bestehende Systeme (tw.),
  Nutzung etablierter Standards
• Abbildung der kompletten Wertschöpfung
• Open-Source / Entwicklungsflexibilität
• Moderne Datenschutzkonzepte
	• Bereitstellung kundennaher Lösungen
	• Aufgreifen technologischer Trends
	  (z.B. Cloud Computing)
	• Nutzung von Netzeffekten als First Mover
	• Innovativer Anbieter durch Bindung von
	  Spitzenpersonal und akad. Beteiligungen
	• Partnerschaftsnetze ausbauen
	• Öffentliche Förderung: Technologie-
	  zuwachs mit geringen Investments

Schwächen	Bedrohungen

• Anwendungen zu komplex
• Fehlende „Killer-Applikation"
• Mangelnde Reliabilität der Infrastruktur
• Mangelnde Erfüllung rechtl. Anforderungen
• Kurze Planungszeiträume
• Mangel an qualifiziertem Personal
• Ungenügende Langfristkonzepte
	• Markt will technologisch
	  einfachere Lösungen
	• Teilen von Daten und Ressourcen
	  wird vom Markt nicht angenommen
	• Zu geringe Standardisierung im
	  medizinischen Umfeld
	• Langwierige Zertifizierungsprozesse
	• Unterschiedliche nationale Regelungen
	• Verlust lokaler Kontrollmöglichkeiten

Abbildung 73. SWOT-Analyse von Healthgrid-Initiativen

7.2.1 Stärken

Stärken leiten sich aus den direkt steuerbaren Komponenten des Referenzgeschäftsmodells ab. Hierzu zählen primär das Nutzenversprechen, das Wertschöpfungsmodell wie auch die zum Einsatz kommenden Kapitalmodelle.

Das Nutzenversprechen einer Grid-Computing-Lösung konkretisiert sich über das angebotene Produkt und die ihm inhärenten Eigenschaften. Die Wahl des angebotenen Produktes entscheidet über die generell erzielbare Marktgröße, während die Produkteigenschaften konkrete Kaufanreize setzen und das Produkt von einem möglichen Wettbewerber abgrenzen.

Aktuelle Healthgrid-Initiativen konzentrieren sich mehrheitlich auf **Produktfelder**, die **langfristig relevant** sind. In mehreren Fällen liegt der Fokus auf bildverarbeitenden Systemen, die bereits jetzt einen relativ hohen Standardisierungsgrad aufweisen und stark vom Digitalisierungstrend profitieren. Hinzu kommt der Fokus auf relevante Krankheitsbilder, wie beispielsweise onkologische Erkrankungen. Mehrere Initiativen kombinieren ein marktrelevantes Anwendungsgebiet mit häufig anzutreffenden Krankheitszuständen. Hierzu zählen beispielsweise die Analyse und das Management von Bilddaten bei Brustkrebserkrankungen. Viele Initiativen bieten ihre Produkte über ein Webportal an. Dies senkt maßgeblich die Einstiegshürden für bestimmte Nutzergruppen. Dennoch erscheint ein weiterer Ansatz einiger Projekte ebenso vielversprechend und für bestimmte Anwendungsgebiete geeigneter: die (unsichtbare) Integration in bestehende Systeme, wie beispielsweise die nahtlose Integration in bestehende PAC-Systeme. Insgesamt bieten Grid-Computing-Lösungen einmalige Produktmerkmale, die sich gut zur Produktdifferenzierung eignen. Hierunter fallen u. a. bessere und schnellere Ergebnisse der Datenanalyse, neue Aggregations- und Analysemöglichkeiten von Rohdaten, die Externalisierung und das Teilen von komplexen Anwendungen innerhalb einer Organisation sowie die Reduktion von IKT-Anschaffungs- und Unterhaltungskosten. Diese Stärken werden von den aktuellen Grid-Computing-Angeboten nicht immer vollständig ausgeschöpft.

Grid-Computing-Aktivitäten in der (Bio-)Medizin konzentrieren sich mehrheitlich auf Statische SaaS-Grids in Form von Partner Grids. Eine Stärke dieser Form des Zusammenschlusses ist in organisatorischer Hinsicht die **Internalisierung der wichtigsten Wertschöpfungsstufen** in einem flexiblen und in der Regel informell gut organisierten Kooperationsnetzwerk. Dies ermöglicht es gerade in der Entwicklungsphase, untereinander abgestimmte Lösungen zu entwickeln und gleichzeitig flexibel auf Veränderungen des Marktumfeldes, beispielsweise der technologischen Entwicklung, zu reagieren. In der überwiegenden Anzahl der Initiativen sind potenzielle Nutzergruppen als Partner berücksichtigt. Dies ermöglicht eine gute Adaption der Produkte an den späteren Zielmarkt.

Allerdings wird diese Stärke derzeit nur ungenügend ausgeschöpft, wie die nachfolgende Schwächenanalyse zeigt.

Eine weitere Stärke ergibt sich aus den zum Einsatz kommenden technologischen Plattformen. Die Mehrzahl der untersuchten Initiativen nutzt moderne Grid-Technologie auf **Open-Source-Basis**. Gerade in der Entwicklungsphase ermöglicht dies eine flexible Anpassung und Weiterentwicklung entsprechend der allgemeinen technologischen Entwicklung. Initiativen haben die Möglichkeit, Entwicklungen anderer Projekte aufzugreifen und die eigene Lösung weiterzuentwickeln. Zudem gestatten ein service-orientierter Ansatz und ein Schichtenaufbau eine problemreduzierte Integration weiterer Dienste und Anwendungen in Folgephasen. Allerdings sind derzeitige Open-Source-Lösungen häufig nicht auf einen kommerziellen Einsatz ausgelegt, was einer nachhaltigen Stabilisierung der entwickelten Lösungen entgegensteht.

Die technologischen Plattformen integrieren in der Regel **übliche, im Gesundheitswesen zum Einsatz kommende Standards** wie DICOM, HL7 oder BI-RADS. Die strikte Orientierung an Industriestandards soll Grid-Computing-Lösungen die problemlose Interaktion mit bestehenden IKT-Systemen ermöglichen.

Eine der wesentlichen Stärken von Healthgrid-Initiativen, die auch in anderen Grid-Computing-Märkten relevant ist, liegt in der **Implementierung umfangreicher Sicherheitsmechanismen** und der regelmäßigen Weiterentwicklung von Sicherheitsstandards. Die Unternehmungen reagieren damit auf strenge rechtliche Anforderungen, die zwar selbst durch aktuelle Entwicklungen nicht immer gewährleistet werden können und auch das Geschäftsmodell einschränken, aus denen sich langfristig jedoch ein Wettbewerbsvorteil entwickeln kann.

In Bezug auf die zum Einsatz kommenden Kapitalmodelle sind Stärken und Schwächen nur schwer abzuleiten. Fast alle Projekte befinden sich in einem **Entwicklungsstadium** und sind **öffentlich finanziert**. Letzteres bietet Initiativen die Möglichkeit, für den Finanzierungszeitraum Lösungen auf ihre Marktfähigkeit hin zu testen, entsprechend anzupassen und sich auf einen Markteintritt adäquat und rechtzeitig vorzubereiten. Die untersuchten Initiativen machen aufgrund ungenügender Anreizsysteme allerdings nur selten von diesem Stärkepotenzial Gebrauch.

Der Entwicklungsstand vieler Grid-Initiativen ist vergleichsweise homogen. Daraus lässt sich ein Wettbewerbsvorteil für die Unternehmungen realisieren, die als **First Mover frühzeitig in den Markt** drängen, um so die eigene Lösung als Quasistandard zu etablieren. NDMA ist hierfür ein Beispiel. Das Unternehmen implementiert bereits erfolgreich Lösungen am Markt, was ähnlich gearteten Projekten wie Medicus oder MammoGrid einen Markteintritt erschweren kann.

7.2.2 Schwächen

Schwächen leiten sich ebenfalls aus den direkt steuerbaren Komponenten des Referenzgeschäftsmodells, basierend auf dem Ist-Zustand der untersuchten Initiativen, ab. Trotz der dargestellten positiven Eigenschaften zeigen Healthgrid-Initiativen diverse Schwächen.

Momentane **Healthgrid-Produkte** entsprechen trotz der Einbindung von Nutzergruppen in das Wertschöpfungsnetzwerk häufig nicht deren Anforderungsprofilen. **Anwendungen** sind in der Regel **zu komplex und erfordern zusätzliche umfangreiche Schulungsmaßnahmen** (vgl. u. a. Leonard 2004, S. 77). Dies ist im biomedizinischen Umfeld in Teilen durchsetzbar, nicht jedoch im kurativ-medizinischen Bereich. Der Einsatz von IuK-Technologien im klinischen Umfeld stößt auf eine hohe Resistenz auf Nutzerseite. Erfolgversprechende Lösungen müssen sich daher nahtlos in bestehende Systeme integrieren lassen und einen minimalen Einarbeitungsaufwand sicherstellen. Ein weiteres Problem ist die **mangelnde Reliabilität** der Dienste. Grid-Umgebungen sind technologisch hoch komplex und erfüllen selten die im medizinischen Umfeld geforderte Quality of Services. Ein Alleinstellungsmerkmal von Grid-Computing-Lösungen, die Minimierung des **Wartungsaufwandes**, verkehrt sich häufig ins Gegenteil. Das Nutzenversprechen vieler Grid-Computing-Lösungen, höhere Rechenleistungen bereitzustellen, ist gerade im medizinischen Umfeld selten von Relevanz. Fast alle momentanen rechenintensiven Anwendungsfelder lassen sich derzeit mit lokalen Lösungen bewerkstelligen. Grid Computing steht in diesem Bereich auch in Konkurrenz zu stetig leistungsstärkeren On-Site-Lösungen. Zusammenfassend lässt sich feststellen, dass bisher **kaum eine wirkliche „Killer-Applikation"** am Markt verfügbar ist.

Trotz des hohen Aufwandes, der in Sicherheitslösungen fließt, erfüllen **Grid-Computing-Lösungen selten alle gesetzlichen Erfordernisse des Gesundheitsmarktes**. Während Pseudonymisierungskonzepte und Audit-Trail-Lösungen den Einsatz in forschungsnahen Bereichen ermöglichen, ist ein Einsatz im medizinischen Bereich mit realen Patientendaten kaum implementiert. Erschwerend kommt hinzu, dass Lösungen für die medizinische Versorgung die Zulassung als Medizinprodukt nach dem Medizinproduktgesetz erfordern. Ein sich daraus ableitender Zertifizierungsprozess ist langfristig und für die meisten aktuellen Lösungen nicht vorgesehen. Die bereits bei Open-Source-Lösungen angesprochene Lizenzierungsproblematik ist bei kommerziellen Lösungen ebenso ungeklärt. Kommerzielle Anwendungen, die über das Grid zugänglich gemacht werden, bieten häufig keine adäquaten Lizenzierungsmodelle für Virtualisierungslösungen.

Ebensolche Schwächen zeigen die gewählten **Wertschöpfungsmodelle**. Kooperationspartnerschaften werden generell nur für **kurze Projektphasen** gebildet und lösen sich nach Abschluss der Projekte auf. Eine Stetigkeit der Entwicklung ist so nicht zu erzielen. Eine weitere Schwäche ergibt sich aus der Schwierigkeit, **qualifiziertes Personal** zu halten und Nachwuchs zu fördern. Grid-Technologien sind selten in den universitären Curricula enthalten. Die starke Beteiligung akademischer Partner führt häufig zusätzlich zu einer Vernachlässigung kommerzieller Marktanforderungen.

Der Einsatz von **Open-Source-Lösungen** für die Middleware und für den Anwendungsbereich ist häufig mit Schwierigkeiten verbunden. Zum einen sind die Lösungen für einen dauerhaften intensiven Markteinsatz selten ausgereift und durch ständige Anpassungszyklen hoch **fehleranfällig**. Zum anderen ist die Nutzung von Open-Source-Lösungen häufig explizit **auf den Forschungseinsatz beschränkt**, ein Einsatz in der medizinischen Versorgung bzw. im kommerziellen Umfeld ist nicht vorgesehen oder mit Lizenzkosten verbunden, deren Höhe oft unbestimmt ist.

Ein großes **Defizit** stellt momentan das Fehlen **ausgereifter strategischer Konzepte** zur nachhaltigen Etablierung der prototypisch entwickelten Produkte dar. Dies schließt fehlende Kapitalmodelle auf Erlös-, Kosten- und Finanzierungsebene ein. Eine langfristige Weiterentwicklung der Prototypen ist in der Regel nicht vorgesehen. Beteiligte Projektpartner haben zudem selten ein Interesse an einer kommerziellen Weiternutzung der entwickelten Lösungen.

7.2.3 Möglichkeiten

Während die Stärken- und Schwächen-Analyse die aktuelle Situation von Grid-Computing-Lösungen wiedergibt, betrachtet die Untersuchung der Möglichkeiten und Gefahren, welche Rahmenbedingungen des Marktes positiv oder negativ auf die Unternehmung wirken. Hierunter fallen primär substituierende Technologien, der Wettbewerb untereinander sowie gesetzliche und kulturelle Rahmenbedingungen. Zusätzlich wirken sich Marktbedürfnisse der Kunden ebenfalls auf die Möglichkeiten und Gefahren aus.

Der letztgenannte Aspekt der Marktbedürfnisse der Zielkundengruppen ist eng mit den kulturellen Rahmenbedingungen des Marktes verbunden. Während biomedizinische Forscher verstärkt auf IKT-Systeme zur Lösung ihrer Probleme zurückgreifen, ist der Einsatz im versorgungsmedizinischen Umfeld auf wenige standardisierte Systeme beschränkt. Das medizinische Personal ist aufgrund eines engen zeitlichen Tagesablaufes in der Regel nicht in der Lage, an zusätzlichen IKT-Schulungen teilzunehmen. Grid-Computing-Lösungen, die sich zum einen **nahtlos in bestehende Systeme integrieren** lassen, zum anderen auf eine **einfache Benutzeroberfläche** zurückgreifen, bieten einen entscheidenden Wettbewerbsvorteil gegenüber den Lösungen, die konkrete Nutzerbedürfnisse nur ungenügend berücksichtigen. Klinikabläufe sind hochstandardisiert. Grid-Computing-Anwendungen, die **bestehende Abläufe spiegeln bzw. optimieren**, werden erfolgreicher sein als Lösungen, die komplett neue Abläufe erfordern.

Grid-Computing-Technologien stehen im Wettbewerb zu alternativen Technologien, insbesondere zu lokalen Rechenclustern in rechenintensiven Bereichen und zu reinen Internetlösungen im Datenvernetzungbereich. Abgrenzungsmöglichkeiten bieten Grid-Lösungen, die in der Lage sind, über intelligente Algorithmen heterogene virtuelle Datenbestände nahtlos zu vernetzen und durch die Kombination von Rechenleistung, Vernetzungslösungen und der **Aufbereitung von Daten** einen tatsächlichen Mehrwert zu generieren. Die positive Resonanz, die gerade der **Ansatz des Cloud Computings** erzeugt, sollte von etablierten Grid-Initiativen aufgegriffen werden.

Im direkten Wettbewerb der Anbieter bieten sich insbesondere den **First Movern** positive Marktentwicklungsmöglichkeiten. IKT-Vernetzungslösungen profitieren in der Regel von (betriebswirtschaftlichen) Netzeffekten. **Netzeffekte** entstehen, wenn ein Produkt an Wert gewinnt, je mehr Kunden dieses Produkt nutzen bzw. je mehr Partner eingebunden sind. Ein typisches Beispiel sind Handynetze, Flugmeilensysteme oder Medienstandards wie CD und DVD[121]. Je ausgeprägter Netzeffekte in einem Markt sind, desto wahrscheinlicher ist

---

[121] Ein weiteres historisches Beispiel ist der Wettbewerb der beiden Video-Systeme Betamax und VHS, den das (qualitativ schlechtere) VHS-System aufgrund der ausgeprägten Kooperation mit Videorecorder-Herstellern für sich entschied.

die mittelfristige Herausbildung von Oligopolen oder gar Monopolen (Katz und Shapiro 1985, S. 424). Allein ein frühzeitiges erfolgreiches Agieren am Markt sichert ein Überleben. Grid-Initiativen, die beispielsweise frühzeitig wachsende Bilddatenbestände miteinander vernetzen, sichern sich entscheidende Marktvorteile gegenüber nachfolgenden Unternehmen (Followers).

Der hohe Komplexitätsgrad bei der Implementierung von Grid-Computing-Technologien und die schlechte Verfügbarkeit von qualifiziertem Personal bildet eine hohe Einstiegsbarriere für potenzielle neue Marktteilnehmer. Etablierten Marktakteuren, die ihr gutes Personal halten und ihre Lösungen marktfähig weiterentwickeln, bietet sich die Möglichkeit, sich als **Anbieter innovativer Lösungen** vom sonstigen Wettbewerbsumfeld abzugrenzen. Die intensive Beteiligung akademischer Einrichtungen an aktuellen Grid-Computing-Initiativen bietet potenziellen Start-ups einen direkten Recruiting-Zugang. Eine rechtzeitige Patentierung von Kernlösungen erhöht die Einstiegsbarrieren für potenzielle Marktteilnehmer zusätzlich.

Der stark reglementierte Markt für Gesundheitsleistungen erfordert ein hohes Maß an branchenspezifischem Know-How. Grid-Computing-Lösungen, die Kunden die Möglichkeit geben, **branchenspezifische Erfordernisse** (noch besser) zu erfüllen, eröffnen sich gute Marktchancen. Hierunter fallen insbesondere Lösungen, welche die strengen rechtlichen Anforderungen umsetzen. Ein positives Beispiel ist diesbezüglich die Fallstudie NDMA.

Die in der Regel sehr gute Vernetzung aktueller Grid-Projekte zu verschiedenen Stakeholdern (u. a. Forschungsbereich, Klinikbereich, Politik) ermöglicht Marktteilnehmern, erfolgsentscheidende **Partnerschaften für Vertriebs- und Lobbyaktivitäten** zu bilden.

Möglichkeiten bieten sich aber auch für (kommerzielle) Interessenten, die derzeit nicht in Grid-Computing-Initiativen involviert sind. Die **starke Förderung von Grid-Computing-Aktivitäten** weltweit ermöglicht eine **Beteiligung an aktuellen technologischen Entwicklungen mit relativ geringen Investments**. Gleichzeitig bieten verschiedene Grid-Computing-Initiativen erfolgversprechende Lösungen, die im Rahmen der jeweiligen Projekte nicht zur Marktreife geführt werden können. Technologisches Know-How lässt sich auf diesem Wege mit relativ geringem finanziellen Aufwand akquirieren.

7.2.4 Gefahren

Trotz der Möglichkeiten, die Grid-Computing-Technologien und deren aktuelle Umset-
zungen im (bio-)medizinischen Umfeld bieten, ist ein Investment in Grid-Computing-
Lösungen mit einem nicht zu unterschätzenden Risiko verbunden. Die möglichen Gefahren
werden anhand der bereits für die Identifizierung der Marktmöglichkeiten beschriebenen
Kriterien untersucht.

Grid-Computing-Lösungen sind gerade im medizinischen Umfeld einer großen Gefahr
ausgesetzt, **als zu komplex und technologisch zu anfällig wahrgenommen** zu werden.
Kunden erwarten eine kontinuierliche zeitliche Verfügbarkeit der Systeme von 24 Stunden,
sieben Tage die Woche. Die starke Dominanz von akademischen und technologieorien-
tierten Partnern innerhalb der Wertschöpfungsnetzwerke kann zu unüberbrückbaren Kom-
munikationsbarrieren zum Kunden führen und Lösungen produzieren, die nicht dem
Marktbedürfnis entsprechen.

Weitere Hürden ergeben sich aus typischen **kulturellen Rahmenbedingungen**. Die Hürden beim Datenaustausch sind nicht nur aufgrund der Datensicherheit hoch. Klinische
Datenbestände stehen im wissenschaftlichen Umfeld stellvertretend für Reputationsge-
winne aus Veröffentlichungen. Das (kostenlose) **Teilen von Datenbeständen reduziert
u. U. Wettbewerbsvorteile** von Kliniken und forschenden Einrichtungen.

Eine weitere Bedrohung ergibt sich aus der momentanen **Vielfalt an Standards** im medizinischen Umfeld. Auch wenn sich wenige Standards durchzusetzen scheinen, besteht die
Gefahr, dass potenzielle Kunden noch über Jahre hinweg individuelle Lösungen bevorzugen. Dies erschwert die Implementierung von Grid-Computing-Lösungen nachhaltig.

Umfassende **rechtliche Rahmenbedingungen** limitieren zusätzlich den Einsatz von
vernetzten Lösungen. Die Anforderungen an den Schutz persönlicher Daten sind immens,
und aktuelle Grid-Lösungen erfüllen rechtliche Anforderungen nur teilweise. Hinzu kommen **unterschiedliche nationale Regelungen,** was insbesondere bei europäischen Grid-
Lösungen eine hohe Etablierungshürde darstellt. Neben der technologischen Umsetzung ist
ein intensives „**Expectation-Management**" in Bezug auf die Datensicherheit bei unterschiedlichen Stakeholdern bis hin zum Patienten notwendig. Dieser **Prozess ist langwierig,** erfordert eine ständige Anpassung an veränderte Rahmenbedingungen und die technologische Entwicklung und ist in der Konsequenz mit hohen Kosten verbunden. Eine

weitere Gefahrenquelle ergibt sich aus den hohen Anforderungen an medizinische Produkte im Sinne des Medizinproduktgesetzes. Langwierige Zertifizierungserfordernisse, in denen die zugrunde liegende Technologie nicht angepasst werden kann, erhöhen die Gefahr eine Lösung zu verfolgen, die letztendlich durch Alternativprodukte obsolet wird.

Eine mögliche **Gefahr aus Wettbewerbssicht** ergibt sich aus der offenen und häufig sehr transparenten Entwicklung von Grid-Computing-Lösungen durch öffentliche Projekte. Dies hat den Vorteil, den Markt positiv zu stimulieren. Allerdings hemmt dies zum einen kommerzielle Anbieter an einer Partizipation, da **potenzielle Wettbewerbsvorteile mit Wettbewerbsunternehmen geteilt werden**. Zum anderen besteht die Gefahr, dass Lösungen von nicht involvierten Marktteilnehmern patentiert werden und eine weitere Entwicklung behindern.

Risiken ergeben sich zusätzlich aus den divergenten **Interessen weiterer beteiligter Stakeholder**. Grid Computing bedeutet das Teilen von Daten und Ressourcen und damit den **Verlust (lokaler) Kontrolle** potenziell beteiligter Akteure. Beispielhaft seien hier große Rechenzentren genannt, die zwar an verschiedenen Grid-Computing-Initiativen beteiligt sind, jedoch kein Interesse an einer völlig verteilten dynamischen Umgebung haben.

7.3 Strategische Handlungsempfehlungen

Aus der Untersuchung der Kritischen Erfolgsfaktoren und der Marktsituation über eine SWOT-Analyse lassen sich strategische Handlungsempfehlungen für Grid-Computing-Initiativen in der (Bio-)Medizin ableiten.

Unter Anwendung der Struktur des Referenzgeschäftsmodells wurden in der bisherigen Analyse wichtige Kritische Erfolgsfaktoren identifiziert, deren Erfüllung für einen nachhaltigen Betrieb von Healthgrids von entscheidender Bedeutung ist.

Durch die Analyse der Stärken und Schwächen wurden in einem weiteren Schritt die strategisch wichtigen Komponenten von Healthgrid-Geschäftsmodellen identifiziert, die bereits wettbewerbstauglich ausgestaltet sind, aber auch die Bereiche benannt, die gravierende Defizite in ihrer Ausgestaltung zeigen. Die Untersuchung der Möglichkeiten und Risiken betonte noch einmal die Bereiche, in denen ein Engagement besonders vielversprechend bzw. notwendig erscheint.

Bei der Darstellung der strategischen Handlungsempfehlungen ist zu berücksichtigen, dass die hier beschriebenen Maßnahmen nur einen übergreifenden Charakter haben können und auf Initiativenebene in konkrete Maßnahmenkataloge herunterzubrechen sind.

7.3.1 Handlungsempfehlungen für das Nutzenmodell

Ein marktadäquates Nutzenmodell basiert auf einer detaillierten Bestimmung des Zielmarktes und der Abstimmung der anzubietenden Leistung auf diesen Zielmarkt.

Healthgrid-Initiativen konzentrieren sich in vielen Fällen auf ein Leistungsspektrum, das grundsätzlich für eine nachhaltige Nutzung geeignet scheint. Dennoch sind die angebotenen Leistungen häufig nicht auf konkrete Zielgruppen zugeschnitten und einzelne Zielgruppen nicht klar voneinander abgegrenzt. Healthgrid-Initiativen sollten daher bereits in einer frühen Phase Maßnahmen ergreifen, um den **Zielmarkt besser zu verstehen**. Konkret sollten folgende Maßnahmen ergriffen werden:

- Durchführung einer produktbezogenen Marktstudie in der Frühphase eines Projektes/einer Unternehmung: Bestimmung der Teilmärkte (Segmentierung), der Marktgröße und –größenpotenziale, die Ermittlung der kritischen Marktrahmenbedingungen, erster Grundanforderungen, des Wettbewerbs und alternativer Produktlösungen

- Einbindung von Kernzielgruppen als Projektpartner: Beteiligung an Produktplanung, regelmäßige Feedback-Sessions zur Präzisierung des Anforderungskatalogs, Sensibilisierung von Zielgruppen für Produktnutzen

- Durchführung von Workshops (Frühphase: Feststellung der grundsätzlichen Produktanforderungen, Spätphase: Feedback-Sessions)

Die rechtzeitige Einbindung der Zielkundengruppe in den Produktentwicklungsprozess ist entscheidend, um ein grundsätzliches Marktpotenzial zu ermitteln und im Entwicklungsprozess Fehlentwicklungen zu erkennen und diesen entgegenzuwirken.

Der Produktentwicklungs- und -gestaltungsprozess erstreckt sich in der Regel über einen längeren Zeitraum. Die Entwicklung technologischer Innovationen ist dabei dynamischen Veränderungen unterworfen. Häufig ändern sich bei längerfristig angelegten Entwicklungen die Umfeldbedingungen, sowohl in Bezug auf die Anforderungen auf Nutzerseite als auch in Bezug auf das Wettbewerbsumfeld und alternative technologische Entwicklungen. Healthgrid-Projekte müssen mögliche **Veränderungen noch besser antizipieren** und in ihrem Entwicklungsprozess berücksichtigen. Folgende Maßnahmen sollten schon in der Produktentwicklungsphase ergriffen werden:

- konkrete Planung des zeitlichen Verlaufs des Entwicklungsprozesses über die eigentliche Förderdauer hinaus

- regelmäßige Beobachtung des technologischen, wettbewerblichen und rechtlichen Umfeldes und Identifizierung von kritischen Trends – Anpassung des Entwicklungsprozesses an die identifizierten Entwicklungen

Aktuelle Healthgrid-Projekte entwickeln zum Teil sehr umfangreiche Lösungen, die gleichzeitig unterschiedliche Zielgruppen bedienen und verschiedenste Funktionalitäten erfüllen sollen. Dies verkompliziert den Entwicklungsprozess und führt im schlimmsten Fall zum Scheitern des Projektes aufgrund eines nur teilweise funktionsfähigen Produktes, das für die jeweilige Zielgruppe zu komplex gehalten ist. Healthgrid-Initiativen sollten daher auf eine **einfache Produktgestaltung** achten:

- Reduzierung des Produktportfolios auf ein oder wenige Kernprodukt(e)
- Reduktion des Funktionsumfanges
- Konzentration der Entwicklungskapazitäten auf Funktionsstabilität und Einfachheit in der Bedienung

Weiterer Handlungsbedarf ergibt sich für Healthgrid-Initiativen im **Planungsbereich für den Aftersale**. Heutige Initiativen sind in der Regel auf eine begrenzte Förderphase ausgerichtet, eine langfristige Planung fehlt. Ein späterer Produkt-Launch wird häufig dadurch behindert, dass in der Entwicklungsphase potenziellen Wartungsprozeduren keine Beachtung geschenkt wurde. Healthgrid-Initiativen sollten daher rechtzeitig folgende Maßnahmen ergreifen:

- Entwicklung eines Konzepts für einen langfristigen Produktsupport (Servicekonzept)
- frühzeitige Planung eines wartungsarmen Produktes bzw. frühzeitige Berücksichtigung späterer Wartungspläne und –routinen (Planung der Produktentwicklung im Kontext eines künftigen Wartungskonzeptes)

Insgesamt sollten Healthgrid-Initiativen ihre Aktivitäten darauf konzentrieren, die Entwicklungskapazitäten ihrer Produkte so zu bündeln, dass in kurzer Zeit die wesentlichen Produktmerkmale implementiert sind und über einen **abgegrenzten, funktionsfähigen Use Case** der Mehrwert des Produktes für die Zielkundengruppen sichtbar gemacht wird.

Dies bedeutet auch, dass Grid-Anwendungen auf die am ehesten erfolgversprechende Zielgruppe ausgerichtet, und erst nach einer positiven Feedbackphase auf weitere Zielgruppen ausgeweitet werden sollte.

7.3.2 Handlungsempfehlungen für das Wertschöpfungsmodell

Healthgrids werden in der Regel im Rahmen von Partner Grids als Statisches SaaS-Grid betrieben. Grundsätzlich ist die Ausgestaltung der Zusammenarbeit der beteiligten Partner zwar über Konsortialverträge vertraglich geregelt, jedoch häufig recht allgemein und auf die Entwicklungsphase begrenzt.

Healthgrid-Initiativen können auf mehreren Ebenen des **Wertschöpfungsmodells** Maßnahmen ergreifen, die einen nachhaltigen Betrieb fördern. Hierzu zählen bereits in der Entwicklungsphase des Projektes aus organisatorischer Sicht:

- Definition einer konkreten langfristig orientierten Organisationsstruktur für die Zeit nach Projektende unter Abbildung aller wesentlichen Funktionen, Hierarchieebenen und vertraglichen Verflechtungen

- Planungsgrundlage zur Etablierung einer Kerninstitution mit eigener Rechtspersönlichkeit, in welche die wesentlichen Funktionalitäten mit Ende der Projektphase übergehen, insbesondere Management- und Koordinierungsfunktionalitäten, technologische Kernfunktionalitäten und Vertrieb

- Reduzierung der Kernorganisation auf wenige strategisch notwendige Funktionalitäten; sonstige Leistungen unter Abwägung einer „Make- or Buy"-Entscheidung von Dritten beziehen

- Aufsetzen konkreter vertraglicher Regelungen: Vorhandene und zu etablierende Verwertungsrechte im Vorfeld einer Zusammenarbeit genau definieren; Sanktionsmechanismen und Haftungsumfang, Weisungsbefugnisse, Verantwortungsbereiche und Befugnisse festlegen

- Erstellung von Maßnahmenplänen und Strategien zur Bindung und Akquirierung von Fachpersonal, einschließlich der Definition des benötigten Kernpersonals zum Erhalt des Basisbetriebs

- Etablierung einer eigener Arbeitsgruppe/Fachabteilung zur Prüfung und Erfüllung rechtlicher Rahmenbedingungen (Datenschutz, GCP, Zertifizierungen), Einbindung von relevanten Datenschutzbeauftragten und Ethikkommissionen; Qualitätssicherung

- Einbindung von etablierten Medizintechnikproduzenten für potenzielle Technologiepartnerschaften und Vertriebskooperationen

- Identifizierung der wesentlichen weiteren Stakeholder und Einbindung dieser über den gesamten Entwicklungsprozess und Markt-Launch hinweg (Ständevertretung, medizinische Fachverbände und Kompetenznetze, Krankenversicherungen – Erstphase: Private Krankenversicherungen, etc.)

Insbesondere die letztgenannten Aspekte zur **Einbindung der Kernstakeholder** sind im Umfeld der Gesundheitswirtschaft von Bedeutung, da diese im positiven Sinne als wichtige Promotoren auftreten, aber auch die Etablierung einer neuen Technologie massiv behindern können. Im Falle von diagnoseunterstützenden Grid-Computing-Lösungen ist die Einbindung von Krankenversicherungen für eine nachhaltige Erlösgenerierung wesentlich. Die hohe Bedeutung, die Krankenversicherungen dem Einsatz von vernetzten IKT-Strukturen aus Effizienz- und Kostengründen beimessen, erleichtert die Kooperationsbemühungen in diese Richtung. Leistungen, die im medizinischen Bereich nicht von Krankenversicherungen gegenfinanziert werden, können lediglich auf Selbstzahlerbasis angeboten werden. Potenzielle Kooperationspartner sind daher in einer frühen Projektphase zu identifizieren und einzubinden. Dies kann als direkter Projektpartner geschehen bzw. im Rahmen von Kooperationen sowie Workshops und Arbeitsforen erfolgen.

Ein weiterer Aspekt ergibt sich aus der genauen **Ausgestaltung der Organisationsstruktur**, einschließlich aller vertraglich relevanten Bereiche. Die häufig losen Zusammenschlüsse der Projektkonsortien in aktuellen Healthgrid-Initiativen führen mittel- und langfristig zu Effizienzverlusten und hohen Risikokosten, da wesentliche Kompetenz- und Haftungsfragen ungeklärt bleiben. Eine klare Organisationsstruktur, die vertraglich wesentliche Fragen zu Verantwortungsbereichen, Befugnissen, Haftungsregelungen, Weisungsstrukturen und Verwertungsrechten regelt, erhöht für die beteiligten Partner die Planungssicherheit. Die rechtzeitige Etablierung einer separaten Verwertungsgesellschaft mit eigener Rechtspersönlichkeit unterstützt einen Transformationsprozess vom Förderprojekt zu einer nachhaltigen Unternehmung.

7.3.3 Handlungsempfehlungen für das Kapitalmodell

Das Kapitalmodell einer Healthgrid-Initiative setzt sich aus einem Erlösmodell und einem Kostenmodell zusammen. Insbesondere in der Frühphase der Initiativen vor dem eigentlichen Markteintritt sind zusätzlich langfristig ausgerichtete Finanzierungsmodelle von entscheidender Bedeutung.

Die größten Herausforderungen für Healthgrid-Initiativen in der Etablierungsphase sind die **Abschätzung der Kostenstruktur der Organisation** und die verursachungsgerechte Verteilung der Kosten auf die einzelnen Partner resp. Kostenstellen einerseits und die letztendlichen Grid-Produkte andererseits. Um eine valide Kalkulationsbasis sicherzustellen, sollten Healthgrid-Initiativen in der Frühphase folgende Maßnahmen einleiten:

- Berücksichtigung der Implementierung transparenter Abrechnungs- und Verrechnungssysteme im Rahmen der Entwicklung und des Aufsetzens der Middleware-Komponenten

- Verwendung von Softwarekomponenten, für die klar kalkulierbare Lizenzmodelle bestehen bzw. Aushandlung entsprechender Lizenzmodelle vor Verwendung einer Softwarekomponente

- Schaffung klarer, abrechenbarer Kostenstellen gerade bei akademischen Partnern

Zur Ermittlung und transparenten Abbildung der Kostenstruktur ergeben sich für Healthgrid-Initiativen zwei Ansatzpunkte. Zum einen müssen auf technologischer Seite (Grid-Middleware-Ebene) Dienste vorhanden sein, die **Ressourcenauslastungen transparent** nachhalten und korrespondierende Verrechnungssysteme bereitstellen. Auf organisatorischer Ebene ist sicherzustellen, dass die Kosten aller beteiligten Partner transparent über ein **einheitliches Kostenstellensystem**, aufgeschlüsselt nach den relevanten Kostenarten, abgebildet werden können. Dies ist häufig für akademische Partner problematisch, die zum Teil auf übergeordnete Ressourcen zurückgreifen, die ihnen im Rahmen einer Gesamtinfrastruktur bereitgestellt werden. Auch für diese Fälle kann eine Ausgründung relevanter Bereiche in eigenständige Rechtsformen sinnvoll sein, in der alle Leistungen im Rahmen einer Rechnungslegung transparent gemacht werden.

Ebenso wesentlich für die Bewältigung der Entwicklungsphase und früher Marketablierungsphasen ist die **Sicherstellung einer ausreichenden Finanzierungsbasis**. Healthgrid-Initiativen berücksichtigen in der Regel nur die für öffentliche Förderprojekte typische Finanzierungssituation und planen für die jeweils kurzen Finanzierungslaufzeiten von typischerweise 3-5 Jahren. Eine eher langfristige Ausrichtung lässt sich durch die folgenden Maßnahmen sicherstellen:

- rechtzeitige Identifizierung von Finanzierungsbedarfen über die Zeit durch konsistente Kapitalfluss- und Finanzierungspläne

- Businessplanerstellung als eigenständiges Arbeitsmodul – frühzeitige Einbindung in die Entwicklungstätigkeit

- Aufsetzung eines nachhaltigen Funding-Konzeptes, das nicht ausschließlich die dedizierten öffentlichen Fördergelder berücksichtigt; u. U. Berücksichtigung erster Verwertungserlöse aus Teilprojektergebnissen; Einbindung zentraler Fachverbände, Organisationen und kommerzieller Partner mit längerfristig ausgerichteten Förderbudgets

- frühzeitige Identifizierung möglicher Erlösquellen und Erlösmechanismen

Die Healthgrid-Landschaft befindet sich in einem Entwicklungsstadium, in welchem mittelfristig marktfähige Produkte zum Einsatz kommen können bzw. bereits zum Einsatz kommen. Die **Sondierung nachhaltiger Finanzierungsoptionen** und die Erstellung eines validen Finanzierungskonzeptes ist daher ein zwingender Bestandteil der Projektarbeit. Healthgrid-Initiativen sollten frühzeitig **einen an Marktstandards ausgerichteten Business-Plan** aufsetzen, der potenziellen Finanzierungspartnern die jeweiligen Nachhaltigkeitspotenziale der Grid-Computing-Lösungen systematisch vermittelt.

7.3.4 Handlungsempfehlungen in Bezug auf die Rahmenbedingungen

Die Rahmenbedingungen, denen Healthgrid-Initiativen ausgesetzt sind, lassen sich durch indirekte Maßnahmen steuern – die eigentliche Veränderungskompetenz liegt bei Dritten. Dieser Abschnitt gliedert sich daher in zwei Teile. Im ersten Teil werden Möglichkeiten aufgeführt, wie Unternehmungen bzw. Healthgrid-Initiativen Rahmenbedingungen selbständig durch indirekte Maßnahmen beeinflussen können. In einem weiteren Teil werden Stakeholder diskutiert – hier insbesondere politische Entscheidungsträger – und Maßnahmen definiert, die von diesen Stakeholdern ergriffen werden sollten, um die Rahmenbedingungen für Healthgrid-Initiativen positiv zu beeinflussen.

7.3.4.1 Indirekte Maßnahmen zur Veränderung von Rahmenbedingungen

Healthgrid-Initiativen bieten sich vor allem Mittel der **Öffentlichkeitsarbeit** an, um Rahmenbedingungen langfristig zu verändern. Die öffentlichkeitswirksamen Maßnahmen sind dabei jeweils auf die unterschiedlichen relevanten Zielgruppen zuzuschneiden. Die wichtigsten Zielgruppen und das jeweils zu beeinflussende Themengebiet sind in Tabelle 32 zusammengefasst.

Öffentlich geförderte Healthgrid-Projekte weisen öffentlichkeitswirksamen Maßnahmen in der Regel relativ wenig Mittel zu und adressieren nur einen Teil der relevanten Zielgruppen. Öffentlichkeitswirksame Maßnahmen beschränken sich in der Regel auf die Etablierung von **Internetseiten,** die Bereitstellung von **Faltblattinformationen** auf Fachkongressen sowie die Präsentation von Beiträgen in **Fachpublikationen.** Diese Aktivitäten sollten durch **weitere Maßnahmen** unterstützt werden:

- Etablierung regelmäßiger Gesprächskreise, Kamingespräche etc. zur Einbindung und Vernetzung unterschiedlicher Stakeholdergruppen

- zielgruppenspezifisch ausgelegte Anwenderworkshops und Schulungsveranstaltungen

- Partnerschaften/Kooperationen mit ausgewählten produktrelevanten Stakeholdern

- Zusammenarbeit mit populärwissenschaftlichen Medien und klassischen Printmedien

Tabelle 32. Kernzielgruppen öffentlichkeitswirksamer Maßnahmen

Stakeholder/Zielgruppe	Thematisches Gebiet
Politische Entscheidungsträger in Verwaltungen und Organisationen auf europäischer, Bundes- und Landesebene	Beeinflussung der Rahmengesetzgebung, insbesondere in Bezug auf Datenschutz und Zertifizierungserfordernisse und Sensibilisierung für Reduktionspotenzial gesellschaftlicher Gesundheitskosten durch Grid-Computing-Technologien
Entscheidungsgremien wie Datenschutzbeauftragte auf Bundes-, Landes-, Klinikebene, Ethikkommission	Abbau von Wahrnehmungshürden und Etablierung positiver Unterstützung für angestoßene Prozesse, Multiplikator beim Abbau von Wahrnehmungshürden in verschiedenen Gesellschaftsbereichen und bei Anwendern
Krankenversicherungen, -kassen	Beeinflussung der Produktwahrnehmung im Sinne von Qualitätssteigerung und Kostenreduzierung
Medizinische Fachverbände	Abbau von Wahrnehmungshürden bei Anwendern und Patienten, Sensibilisierung für Grid-Technologie als Lösung spezifischer Krankheitsbilder
Medizinische Ständevertretungen	Abbau von Wahrnehmungshürden bei Anwendern, Sensibilisierung und Promotion neuer Verfahren zur Diagnose und Entscheidungsunterstützung mittels Grid-Technologie
Medizinisches Personal, Forscher	Abbau von Wahrnehmungshürden bei Anwendern, Sensibilisierung und Promotion neuer Verfahren zur Diagnose und Entscheidungsunterstützung mittels Grid-Technologie, Darstellung der wissenschaftlichen Relevanz
Administrative Entscheidungsträger in Gesundheitseinrichtungen	Abbau von Wahrnehmungshürden bei administrativen Entscheidern, Sensibilisierung für neue Vernetzungstechnologien zur Kostenreduktion und Qualitätsverbesserung der medizinischen Leistung
Patienten/Gesellschaft	Abbau von Wahrnehmungshürden, Stimulation von Nachfrage nach Grid-Dienstleistungen über den Patienten

Diese Maßnahmensammlung beschreibt lediglich einen Ausschnitt der Möglichkeiten im Rahmen moderner Öffentlichkeitsarbeit. Jedoch sind die aufgeführten Maßnahmen in der Regel mit überschaubaren Mitteln zügig umsetzbar.

7.3.4.2 Direkte Maßnahmen zur Veränderung von Rahmenbedingungen

Neben dieser aus Unternehmenssicht indirekten Einflussnahme ermöglicht ein Tätigwerden relevanter Entscheidungsträger eine noch zielgerichtetere und effizientere Möglichkeit, Grid-Computing-Lösungen im Gesundheitswesen zu etablieren.

Kaum ein anderer Bereich ist in dem Maße von gesetzlichen Rahmenbedingungen abhängig wie das Gesundheitswesen und die Etablierung neuer Methoden und Technologien in diesem Umfeld. Die aktuelle Gesetzgebung in Europa und Deutschland trägt der Tatsache einer zunehmenden Vernetzung von Wissenschaftsbereichen und Gesundheitswirtschaft noch nicht ausreichend Rechnung. Die sehr heterogenen und vielfältigen gesetzlichen Rahmenbedingungen behindern die Etablierung gerade überregionaler Strukturen.

Die **Politik** sollte daher eine **Harmonisierung existierender Regelungen, Prinzipien und Begrifflichkeiten** im Kontext des Datenschutzes anstreben, und über diesen Weg die Wettbewerbsfähigkeit und Effizienz gesundheitsrelevanter Technologien vorantreiben. Insbesondere sollte eine stärkere Vereinheitlichung relevanter Kernregelungen erfolgen:

- 95/46/EG Schutz natürlicher Personen bei der Verarbeitung personenbezogener Daten und zum freien Datenverkehr
- 99/93/EG Rahmenbedingungen für elektronische Signaturen
- 2002/58/EG Verarbeitung personenbezogener Daten und Schutz der Privatsphäre in der elektronischen Kommunikation

Erschwerend kommt hinzu, dass die **Anreizschemen der Förderstrukturen** auf europäischer und nationaler Ebene einer effizienten und zielgerichteten Entwicklung geförderter Maßnahmen häufig entgegenstehen. Politische Reibungsverluste entstehen durch Überschneidungen in den Zuständigkeiten für bestimmte Förderbereiche und die Vernachlässigung der Nachhaltigkeitsfrage von Projekten über die Förderdauer (bzw. Legislaturperiode) hinaus. Die Förderung wissenschaftlicher Aktivitäten kann durch gezielte politische Maßnahmen weiter unterstützt werden:

- stärkere Bündelung von Fördermaßnahmen

- stärkere Interaktion relevanter Förderinstitutionen durch die Etablierung gemeinsamer Gremien

- Etablierung transparenter, langfristig orientierter Förderschemata

- stärkere Betonung von Nachhaltigkeitsaspekten, insbesondere bei Forschungsfeldern, die nicht mehr der Grundlagenforschung zuzurechnen sind

- Etablierung bzw. Unterstützung von Institutionen, die eine Ausgründung und Verselbständigung erfolgversprechender Projekte ermöglichen bzw. fördern

Weitere Aktivitätspotenziale liegen in der **Fort- und Weiterbildung** sowohl in technologischer, grid-spezifischer Hinsicht als auch in Bezug auf Aspekte der Medizinerausbildung. Im Bereich der Fort- und Weiterbildung erscheinen folgende Maßnahmen erfolgversprechend:

- zunehmende Förderung technologischer Studienzweige, die neue technologische Trends verstärkt aufgreifen (u. a. Grid Computing, Cloud Computing)

- zunehmende Förderung interdisziplinärer Studiengänge (u. a. Medizininformatik, Medizintechnik, Wirtschaftsinformatik, Health Care Management)

- Förderung der (bio-)medizininformatischen Ausbildung in Lehrplänen für heilmedizinische Berufe

Insbesondere der letztgenannte Aspekt kann langfristig zu Effizienzgewinnen im Gesundheitswesen führen. Die Durchdringung mit IuK-Technologien im medizinischen Umfeld ist nachweislich mit Hürden belegt. Eine Verschiebung der häufig (opportunitäts-)kostenintensiven tätigkeitsbegleitenden Fortbildungsaufwendungen im medizinischen Bereich auf den Ausbildungszeitraum kann mit Qualitäts-, Zeit- und Kostengewinnen im medizinischen Alltag verbunden sein.

7.4 Zusammenfassung und Beurteilung

Grid-Computing-Initiativen können ihre strategische Positionierung durch eine bessere Ausrichtung an Kritischen Erfolgsfaktoren nachhaltig verbessern. Aktuelle Healthgrid-Projekte sind relativ schlecht an die Marktumgebung und ihre Rahmenbedingungen adaptiert. Erste Wettbewerbsvorteile lassen sich daher häufig mit wenigen strategischen Maßnahmen erzielen. Um jedoch nachhaltig am Markt zu bestehen und gegen potenzielle

Alternativtechnologien wettbewerbsfähig zu sein, sind die identifizierten Kritischen Faktoren in ihrer Gesamtheit zu berücksichtigen.

Initiativen, die Gesundheitsdienstleistungen erfolgreich über eine Grid-Computing-Infrastruktur anbieten wollen, sollten daher die beschriebenen strategischen Maßnahmen ergreifen. Die Kernmaßnahmen sind im Folgenden noch einmal zusammengefasst:

- Zielmarkt besser verstehen und Veränderungen antizipieren: Vorfeldstudie zu Marktpotenzialen, Zielgruppen und Rahmenbedingungen; Einbindung von Zielkundengruppen als Projektpartner oder über Workshops; regelmäßige Marktbeobachtung

- einfache Produktgestaltung und Planung des Aftersales: Konzentration auf Kernprodukte; Produkt mit reduziertem Funktionsumfang, einfacher Bedienung, wartungsarm; Sicherstellung eines umfassenden Services

- rechtzeitige Definition und Verstetigung der Organisationsstruktur: Etablierung einer Organisation mit eigener Rechtspersönlichkeit; Definition aller Funktionen, Verantwortungsbereiche, Hierarchien, Haftungsfragen; Kernpartnerzahl auf Kernfunktionalitäten begrenzen; zentrale Koordinations- und Verwertungsstelle

- Identifizierung und Einbindung aller relevanten Stakeholder: Aktionspläne für jede Stakeholdergruppe in Bezug auf Zusammenarbeit und Öffentlichkeitsarbeit

- Beschreibung und Implementierung nachhaltiger Kosten- und Finanzierungsmodelle, für die Vermarktungsphase auch Erlösmodelle: Sicherstellung der technologischen Abrechenbarkeit und Leistungserfassung, Sicherstellung der organisationsbezogenen Abrechenbarkeit und Leistungserfassung; Aufstellung eines nachhaltigen Business-Plans

- Zielgruppenspezifische Öffentlichkeitsarbeit: Penetration und Einbindung wesentlicher Entscheidungsträger und Stakeholder mit unterschiedlichen zielgruppenspezifischen Mitteln der Öffentlichkeitsarbeit

8 Schlussbetrachtungen

Die Untersuchungen dieser Arbeit konzentrieren sich auf die Ableitung erfolgversprechender Geschäftsmodelle für Grid Computing in der Medizin und der Biomedizin. Dieses Kapitel fasst die wesentlichen Erkenntnisse zusammen, unternimmt eine kritische Würdigung in inhaltlicher und methodischer Hinsicht und gibt einen Ausblick in die Zukunft der Healthgrids.

8.1 Zusammenfassung der Ergebnisse

Diese Arbeit steht im Kontext sichtbarer Veränderungen im Einsatz von IuK-Technologien. Auch in der Gesundheitswirtschaft ist diese Entwicklung erkennbar. Eine zunehmende Vernetzung in verschiedenen Wirtschafts- und Gesellschaftsbereichen beeinflusst die (bio-)medizinische Forschung und Versorgung. Der steigende Einfluss biomedizinischer Erkenntnisse auf die medizinische Versorgung führt zusätzlich zu einer stärkeren Verzahnung ehemals autark ausgerichteter Bereiche. Die veränderten Rahmenbedingungen verlangen nach technologischen Lösungen, die sowohl auf das zunehmende Datenaufkommen als auch auf die verstärkt standortübergreifende Zusammenarbeit eine Antwort geben. Grid-Computing-Technologien bieten Lösungen, um auf diese Herausforderungen zu reagieren. Internationale Initiativen entwickeln erste technisch stabile Grid-Computing-Infrastrukturen mit Anwendungsbereichen für die Medizin und die Biomedizin. Überzeugende und in die Zukunft gerichtete Nachhaltigkeitskonzepte fehlen jedoch häufig, dennoch widmen sich bisher wenige Untersuchungen nachhaltigen Geschäftsmodellen für diesen Bereich.

Im Rahmen dieser Forschungsarbeit werden erfolgversprechende Geschäftsmodelle für Grid Computing mit dem Schwerpunkt der Medizin und der Biomedizin hergeleitet, und die wesentlichen Anforderungen für einen nachhaltigen Betrieb herausgearbeitet. Dabei folgt die Untersuchung der übergreifenden Forschungsfrage:

Wie sind Geschäftsmodelle für Grid Computing in der Medizin und der Biomedizin auszugestalten, um nachhaltig und erfolgreich am Markt agieren zu können?

Drei Fragestellungen werden in diesem Zusammenhang besonders intensiv betrachtet:

(1)   Wie ist ein nachhaltiges Referenzgeschäftsmodell für Grid Computing aufgebaut
        und wie sind seine einzelnen Komponenten für einen nachhaltigen Betrieb auszu-
        gestalten?

(2)   Wie lassen sich Geschäftsmodelle am Markt für Grid Computing klassifizieren?

(3)   Welche Erfolgsfaktoren beeinflussen die erfolgreiche Durchsetzung von Grid-
        Computing-Geschäftsmodellen?

Das **methodische Vorgehen** folgt einem methodenpluralistischen Ansatz. Die Recherche
der State-of-the-Art-Literatur wird um eine umfassende Marktstudie, eine Experteninterviewreihe und die fallstudienhafte Untersuchung zweier Healthgrids ergänzt. Veröffentlichungen zu Geschäftsmodellen des Electronic Business kompensieren dabei die reduzierte Literaturbasis zu Wirtschaftsaspekten des Grid Computings.

Im Untersuchungsverlauf leitet sich die Beantwortung der Forschungsfrage über verschiedene **Teilergebnisse** her.

In einem ersten Schritt werden durch eine Vergleichsanalyse der **einschlägigen Literatur**
zu Geschäftsmodellen aus dem Umfeld des Electronic Business unterschiedliche Konzepte
zu Geschäftsmodellen geordnet und wesentliche Kernelemente für Referenzgeschäftsmodelle herausgearbeitet. Hierzu zählen insbesondere Nutzenmodelle und mit ihnen verbundene Produkte und Zielkundenmärkte sowie Wertschöpfungsmodelle, Kapitalmodelle
und umgebende Faktoren.

Aufbauend auf diesen Basisbetrachtungen werden grundsätzliche wirtschaftliche Erkenntnisse zum Grid Computing zusammengefasst. Grid Computing ist ein sich weiterent-
wickelnder Ansatz und wird momentan von zwei Organisationsformen dominiert – Enterprise Grids und Partner Grids. Während erstere bereits in Teilbereichen etabliert sind,
befinden sich letztere in der Entstehungsphase. Erste Untersuchungen zu Rollenmodellen
in Grid-Computing-Infrastrukturen existieren, ebenso einige Arbeiten, die eine erste Klassifizierung von Geschäftsmodellen vornehmen. Wesentlich detaillierter ist die Literaturbasis zu Modellen der innerorganisatorischen Verrechnung und Allokation von Grid-
Computing-Ressourcen.

Die Arbeit beleuchtet durch die Untersuchung von 21 Healthgrid-Initiativen den **Markt
für Grid Computing in der (Bio-)Medizin** hinsichtlich aktueller Anwendungsfelder,
Organisations- und Finanzierungsformen. Es zeigt sich, dass fast alle betrachteten aktu-

ellen Grid-Computing-Infrastrukturen als öffentlich geförderte Projekte aufgelegt sind und unter betriebswirtschaftlichen Gesichtspunkten derzeit kaum die Kriterien für einen langfristigen Betrieb erfüllen. Organisatorisch fungieren fast alle als Partner Grid.

Aktuelle Grid-Computing-Initiativen in der Medizin und Biomedizin sind verschiedenen **Rahmenbedingungen** ausgesetzt. Neben technologischen Rahmenbedingungen beeinflussen insbesondere rechtliche Aspekte den Markt, die sich aus der spezifischen, stark regulierten Struktur des Gesundheitsmarktes ergeben. Hinzu kommen kulturelle und gesellschaftliche Rahmenbedingungen, die sich aus dem Verhalten potenzieller Anwender und wesentlicher Stakeholder ergeben.

Die Rahmenbedingungen beeinflussen die Entwicklung und **Perspektive** von Healthgrids. Die Entwicklung von Grid-Computing-Infrastrukturen im (bio-)medizinischen Umfeld erfolgt im Gegensatz zur generellen Entwicklung in anderen Märkten verzögert. Auch innerhalb der Gesundheitswirtschaft ist die Diffusionsgeschwindigkeit technologischer Innovationen unterschiedlich stark ausgeprägt. Der Forschungsbereich adaptiert neue Technologien schneller als die medizinische Versorgung. Innerhalb der Versorgung greifen Universitätskliniken Trends eher auf als sonstige Kliniktypen und diese wiederum früher als niedergelassene Ärzte.

Um ein möglichst aktuelles Bild des Marktes für Grid Computing zu erhalten, einen Abgleich der derzeitigen Marktsituation mit zukünftigen Entwicklungen zu ermöglichen sowie wesentliche Geschäftsmodellaspekte für diesen Markt zu beleuchten, werden in einer internationalen Expertenbefragung 33 Spezialisten aus dem Grid-Computing-Umfeld befragt. Die wesentlichen **Erkenntnisse dieser Interviewreihe** lassen sich wie folgt zusammenfassen:

- Generell attestieren die Experten positive Gesamtmarktbedingungen: zunehmend standortübergreifende Zusammenarbeit; Spezialisierungs- und Dezentralisierungstendenzen; technologische Weiterentwicklung und Akzeptanz von Virtualisierungstechnologien und Technologien zum verteilten Rechnen, insbesondere Cloud Computing. Wenige, aber ernstzunehmende negative Gesamtmarktbedingungen: insbesondere für das (bio-)medizinische Umfeld relevantes Auseinanderlaufen der technologischen Entwicklung und der Darstellung der rechtlichen Rahmenbedingungen; ein hoher Regulierungsgrad und strenge rechtliche Anforderungen entsprechen – insbesondere im deutschen und europäischen Raum – nicht den technologischen Trends der Dezentralisierung und Virtualisierung.

- Im Hinblick auf eine Durchsetzung von Grid-Computing-Technologien am Markt sind die Experten insgesamt zuversichtlich, jedoch mit starker Verzögerung auf dem Gesundheitsmarkt im Vergleich zu anderen Branchen; innerhalb der Gesundheitsbranche schnellere und frühere Durchdringung in der biomedizinischen Forschung als in der medizinischen Versorgung.

- Als wesentliche Zielmarktkunden sehen die Experten die biomedizinische Forschung und die medizinische Versorgung, zum Teil werden auch andere Nutzergruppen wie KMU und Public-Health-Einrichtungen genannt. Für erstere Nutzergruppe werden sich nach Meinung der Experten rechenintensive Anwendungsgebiete wie biomedizinische Systemanalysen durchsetzen, im Falle der medizinischen Versorgung insbesondere bildgetriebene Anwendungsbereiche. Außerdem sind in ausgewählten Fällen Grid-Computing-Infrastrukturen für die Unterstützung der Klinischen Forschung interessant.

- Der Nutzen von Grid Computing kann nach qualitäts-, zeit- und kostenbezogenen Aspekten unterteilt werden. Für Nutzer im (bio-)medizinischen Umfeld sind qualitätsbezogene Aspekte, insbesondere neue, einfach zu bedienende Anwendungen, wesentlich bedeutsamer als Kostenaspekte. Dies steht im Kontrast zu anderen Märkten, in denen Kostenaspekte eine wichtige Rolle spielen.

- Kritische Erfolgsfaktoren werden von den Experten auf verschiedenen Ebenen identifiziert. Für das (bio-)medizinische Umfeld sind insbesondere eine nutzerfreundliche, kundenorientierte Anwendung und die strikte Erfüllung rechtlicher Datenschutzanforderungen relevant. In allen wichtigen Kernerfolgsfeldern konstatieren die Experten gravierende Mängel aktueller Initiativen.

Aus der Verknüpfung dieser Voruntersuchungen lassen sich ein **Referenzgeschäftsmodell** für Grid Computing ableiten und die identifizierten Partialmodelle im Hinblick auf (bio-)medizinische Anwendungsbereiche ausgestalten. Die Kernergebnisse dieser Untersuchung lassen sich wie folgt zusammenfassen:

- Ein Referenzgeschäftsmodell für Grid Computing beinhaltet drei Kernsichten: die Nutzensicht, die Wertschöpfungssicht und die Kapitalsicht.

- Die Kernsichten werden durch verschiedene Rahmenbedingungen beeinflusst, die eine Etablierung des Geschäftsmodells stimulieren oder verhindern. Hierzu zählen rechtliche, kulturelle und soziale Zielmarktbedingungen, technologische Entwicklungen auf dem Gebiet des Grid Computings und von Substitutionstechnologien sowie Einflussfaktoren des Wettbewerbsmarktes.

- Alle Partialmodelle sind unterschiedlich stark von der betrachteten Branche abhängig, u. a. die Nutzenebene mit Produkt- und Zielkundenelementen stärker als die eher technologiebezogene Wertschöpfungskette.

Die Dimensionen des Referenzmodells dienen als Basis zur Ableitung von Geschäftsmodelltypen für Grid Computing. Diese werden branchenübergreifend bestimmt und in Folge auf die Medizin und Biomedizin angewendet. Unter Wahl eines wertschöpfungsorientierten Klassifizierungsansatzes lassen sich sechs potenzielle **Geschäftsmodelltypen** für Grid Computing identifizieren:

- Inhouse-Gridbox

- Inhouse-Grid-Infrastructure

- Statisches SaaS-Grid

- Grid-Application-Service-Provider

- Utility-Grid

- Dynamisches SaaS-Grid

Im **(bio-)medizinischen Umfeld** sind zum Teil bereits Inhouse-Grid-Infrastructures in der Pharmaindustrie etabliert. Aktuelle Healthgrid-Initiativen, die sich derzeit überwiegend im Projektstatus befinden, zeigen starke Bezüge zum Geschäftsmodelltyp des Statischen SaaS-Grids. Drei Geschäftsmodelle erscheinen für diesen Geschäftsmodelltyp besonders erfolgversprechend:

- Bildverarbeitungslösungen für den klinischen Versorgungsbereich,

- systembiologische Analysen für den biomedizinischen Forschungsbereich und

- bei selektiver Prüfung Datenvernetzungslösungen für die Klinische Forschung.

Zur Konkretisierung der Ergebnisse und Sichtbarmachung wesentlicher Aspekte von Geschäftsmodellen werden beispielhaft zwei Healthgrid-Initiativen im Rahmen von **Fallstudien** näher beleuchtet. Hierbei handelt es sich zum einen um eine aktuell in der Projektförderphase befindliche europäische Initiative, die Vernetzungslösungen für die Klinische

Forschung entwickelt (ACGT) sowie um ein amerikanisches Universitäts-Spin-Off, das bereits erfolgreich am Markt agiert und Krankenhäuser im Bereich der Bildverarbeitung vernetzt und Analyseservices anbietet (NDMA). Aus den Untersuchungen zeigt sich, dass trotz eines vielversprechenden Ansatzes bei ACGT unterschiedliche Rahmenbedingungen eine langfristige Weiterführung gefährden. Hierzu zählen insbesondere ein sehr breit aufgestelltes Produktportfolio, der Ansatz, ein Netzwerk über verschiedene Rechtsräume zu entwickeln und eine nicht adäquate Organisationsstruktur. NDMA konzentriert sich dagegen auf wenige Kernanwendungsbereiche. Die Grid-Infrastruktur ist organisatorisch internalisiert. Die Fallstudie zeigt, dass positive rechtliche Rahmenbedingungen (hier: stimulierende Gesetzgebung zum „Desaster Recovery") und rechtzeitige und umfassende Kooperationen mit großen Stakeholdern (insbesondere Medizingeräteanbietern und Krankenversicherungen) die Erfolgswahrscheinlichkeit am Markt erhöhen.

Abschließend werden aus den Untersuchungserkenntnissen Aspekte der **Strategischen Positionierung** herausgearbeitet. Hierzu werden Kritische Erfolgsfaktoren identifiziert und über eine SWOT-Analyse die Situation aktueller Healthgrid-Initiativen systematisch aufgearbeitet. Im Ergebnis werden strategische Handlungsempfehlungen abgeleitet.

Als übergreifender **Kritischer Erfolgsfaktor** aus Nutzensicht gilt die Bereitstellung eines überzeugenden Use Cases, d. h. einer voll funktionstüchtigen Software-Anwendung in einem relevanten Zielmarkt. Weitere nutzenrelevante Erfolgskriterien lassen sich aus der Ausgestaltung der Software-Anwendung ableiten. Hierzu zählen eine hohe Nutzerfreundlichkeit und Nutzungsstabilität, ein beschränkter, fokussierter Funktionsumfang bei Erfüllung aller relevanten rechtlichen Anforderungen (insbesondere Datenschutz) sowie Wartungsarmut. In Hinblick auf die Wertschöpfungssicht ist ein marktgerechtes Betreibermodell mit klaren vertraglichen Leistungsvereinbarungen zwischen beteiligten Partnern wesentlich. Hinzu kommen die Etablierung von Kooperationen mit wesentlichen Stakeholdern und die Sicherung technologischer Wettbewerbsvorteile über Schutzrechte. Hinsichtlich der Kapitalmodelle ist eine transparente Verrechnung der bereitgestellten Leistung entscheidend. Daher sind Abrechnungs- und Verbuchungsmodelle ebenso wesentlich wie leistungsorientierte Kapazitätsmanagement- und Monitoring-Systeme. Zusätzlich sind Lizenzmodelle frühzeitig in der Kalkulation zu berücksichtigen. Hinzu kommen Erfolgsfaktoren, die nur indirekt durch intensive Öffentlichkeitsarbeit verändert werden können, da sie in der Domäne externer Rahmenbedingungen liegen.

Im Rahmen der Analyse der aktuellen Situation von Healthgrid-Initiativen werden **Stärken und Schwächen** identifiziert. Auf der Stärken-Seite sind insbesondere die grundsätzliche Konzentration auf Produktfelder mit hoher Marktakzeptanz und die Verwendung etablierter Standards zu nennen. Gleichzeitig treiben Grid-Computing-Initiativen die Entwicklung moderner Datenschutzkonzepte voran. Demgegenüber sind verschiedene Schwächen erkennbar. Anwendungen sind häufig zu komplex, das Leistungsportfolio zu unübersichtlich. Vielfach befinden sich die Anwendungen in einem Proof-of-Concept-Stadium. Trotz der Anstrengungen vieler Projekte auf rechtlicher Seite werden gesetzliche Anforderungen noch nicht konsequent erfüllt. Weitere Schwächen zeigen sich in aktuellen Organisationsformen und fehlenden Langfristkonzepten.

Insgesamt lassen sich jedoch verschiedene **Chancenbereiche** identifizieren. Durch das Aufgreifen technologischer Trends und die rechtzeitige Bereitstellung kundennaher Lösungen ist eine Positionierung als „First Mover" möglich. Der Aufbau umfassender Partnerschaftsnetze sichert langfristig Zugangskanäle für neue Produkte. Allerdings ist der Markt gleichzeitig potenziellen Bedrohungen ausgesetzt. Neben anderen **Risiken** können vor allem langwierige Zertifizierungsprozesse und eine mangelnde Adaption genereller technologischer Trends im (bio-)medizinischen Umfeld Grid-Computing-Initiativen scheitern lassen.

Aus den aufgezeigten Defiziten lassen sich **strategische Handlungsempfehlungen** in den verschiedenen Partialmodellen ableiten. Diese lassen sich wie folgt zusammenfassen:

- Maßnahmen ergreifen, um den Zielmarkt besser zu verstehen und um Veränderungen zu antizipieren

- einfache Produktgestaltung und rechtzeitige Planung des Aftersales

- rechtzeitige Definition und Verstetigung der Organisationsstruktur

- Identifizierung und Einbindung aller relevanten Stakeholder

- Beschreibung und Implementierung nachhaltiger Kosten- und Finanzierungsmodelle, für die Vermarktungsphase Erlösmodelle

- zielgruppenspezifische Öffentlichkeitsarbeit zur indirekten Beeinflussung der Rahmenbedingungen

8.2   Kritische Gesamtwürdigung

Im Folgenden soll zuerst die Frage beantwortet werden, inwieweit die Arbeit grundsätzlich Antwort auf die eingangs formulierten Forschungsfragen gibt. Danach folgt eine kritische Auseinandersetzung mit spezifischen inhaltlichen Restriktionen und deren Auswirkungen auf den Ergebnisgehalt der Untersuchung und auf das methodische Vorgehen.

Das **Untersuchungsziel** der Arbeit konzentriert sich auf die **Identifizierung und Ausgestaltung von Geschäftsmodellen für Grid Computing in der Medizin und der Biomedizin**, um nachhaltig und erfolgreich am Markt agieren zu können. Dieses Forschungsziel konnte – mit einigen weiter unten zu erläuternden Einschränkungen – umgesetzt werden. In einem übergreifenden Ansatz stellt diese Arbeit erstmalig dar, welche Kernelemente eines Geschäftsmodells für eine ökonomische Betrachtung von Grid Computing insbesondere im spezifischen Umfeld des Gesundheitsmarktes bedeutend sind, wie sie zueinander in Beziehung stehen und wie diese Elemente sinnvoll ausgestaltet werden sollten.

Das übergeordnete Untersuchungsziel gliedert sich in drei Teilziele. Zum einen soll ein rahmengebendes Referenzgeschäftsmodell für Grid Computing aufgezeigt und komponentenbezogen analysiert werden. Als zweites Ziel wird eine Typisierung von Geschäftsmodellen für Grid Computing angestrebt und dem dritten Teilforschungsziel folgend, werden Kritische Erfolgsfaktoren für Grid Computing identifiziert. Die Zielsetzungen sollen in engem Bezug zum medizinischen und biomedizinischen Umfeld stehen. Alle drei Teilziele konnten im Rahmen der Untersuchung umgesetzt werden.

Auf Basis einer umfangreichen Literaturstudie zu Geschäftsmodellen im Kontext des Electronic Business und unter Berücksichtigung der spezifischen Besonderheiten von Grid-Computing-Infrastrukturen im (bio-)medizinischen Umfeld wird ein **übergreifendes Referenzgeschäftsmodell** für Grid Computing aufgezeigt. Das Referenzgeschäftsmodell setzt sich aus drei Kernsichten und rahmengebenden Faktoren zusammen. Die Kernsichten bestehen aus unterschiedlichen Partialmodellen, deren Ausgestaltung in Bezug auf das medizinische und biomedizinische Umfeld abgeleitet wird. Im Kontext einer Nutzensicht werden marktgerechte Anwendungsbereiche, die korrespondierenden Nutzergruppen und wahrgenommene Nutzenattribute adressiert. Die Untersuchung der Wertschöpfungssicht konzentriert sich auf die Herausarbeitung der übergreifenden Wertschöpfungsstruktur, ihrer Kernbeteiligten und die Identifizierung weiterer Stakeholder. Zusätzlich werden netzwerkorientierte Organisationsformen beleuchtet. Da Grid-Computing-Infrastrukturen bisher kaum am Markt agieren und für die wenigen Beispiele keine Erlös- und Kostendaten verfügbar sind, werden die Ausgestaltung des Erlös- und Kostenmodells im Kontext der Kapitalsicht jeweils über einen allgemeingültigen Ansatz hergeleitet. Insgesamt dienen die abgeleiteten Theorien als Rahmengerüst für eine marktadäquate Ausgestaltung von Grid-Computing-Geschäftsmodellen im (bio-)medizinischen Umfeld.

Auf Basis der vorangehenden Ausgestaltung des Referenzmodells und unter Berücksichtigung der Erkenntnisse der Marktstudie werden in einem weiteren Schritt Geschäftsmodelle für Grid Computing klassifiziert und damit die zweite Teilforschungsfrage adressiert. Sechs übergreifende Geschäftsmodelltypen können anhand eines wertschöpfungsorientierten **Klassifizierungsschemas** identifiziert und über eine zweidimensionale Gliederung abgebildet werden. Die Geschäftsmodelltypen ermöglichen eine Zuordnung und Beschreibung vorhandener und entstehender Geschäftsmodelle am Markt für Grid Computing. Die aufgezeigte Klassifizierungsstruktur dient in Kombination mit dem hergeleiteten Referenzmodell als Basis für eine zusammenfassende Analyse konkreter Grid-Computing-Geschäftsmodelle in der Medizin und Biomedizin.

Neben der Herausarbeitung eines konzeptionellen Rahmens in Form eines Referenzgeschäftsmodells und einer Geschäftsmodellklassifikation zielt die Arbeit auch darauf ab, **Kritische Erfolgsfaktoren** zu identifizieren, die zur Prüfung eines konkreten Geschäftsmodells heranzuziehen sind. Im Untersuchungsverlauf zeigt sich, dass neben den für Grid Computing typischen technisch-dominierten Erfolgsfaktoren insbesondere der spezifische Branchenkontext zur Herausbildung eigenständiger Erfolgsfaktoren beiträgt. Ziel der Arbeit ist neben einer fundierten Erweiterung des Theoriebildes eine ausgeprägte praktische Relevanz. Die Untersuchung analysiert daher zusätzlich die aktuelle Situation anhand einer praxisorientierten SWOT-Analyse und leitet schließlich konkrete strategische Handlungsempfehlungen ab.

In ihrer Gesamtheit unterstützen die Ergebnisse dieser Forschungsarbeit das ökonomische Gesamtverständnis von Grid-Computing-Aktivitäten im Kontext der Gesundheitswirtschaft und erweitern das wissenschaftlich-theoretische Gesamtbild zu Geschäftsmodellen und zur betriebswirtschaftlichen Grid-Computing-Forschung. Die vorliegenden Ergebnisse schließen somit die eingangs aufgezeigte Forschungslücke und stützen die wissenschaftliche Relevanz der Arbeit.

Aufgrund der Themenstellung und der aktuellen Marktsituation von Healthgrids können nicht alle betriebswirtschaftlichen Aspekte in ihrer vollen Tiefe behandelt werden. So werden operative Aspekte des Managements in dieser Arbeit weitgehend ausgeklammert und die Schwerpunkte auf die Grundkonfiguration des Marktes und auf Geschäftsmodelle als konzeptionelles Rahmengerüst gelegt. Eine dynamische Betrachtung des Marktes unter Rückgriff auf Theorien zur Innovationsdiffusion erfolgt, soweit dies für die Beantwortung der formulierten Forschungsfragen notwendig ist. Eine tiefergehende Analyse in einem separaten Forschungskontext erscheint hier jedoch sinnvoll. Aufgrund der überraschend reduzierten Forschungsbasis zu ökonomischen Aspekten des Grid Computings liegt ein Schwerpunkt der Arbeit auf dem grundsätzlichen Nachweis, dass Healthgrids insbesondere einen Mehrwert am Ende der gesamten Grid-Computing-Wertschöpfungskette stiften. Nur in diesem Fall sind dazwischen liegende Wertschöpfungsstufen überlebensfähig. Die Untersuchung konzentriert sich daher auf den eigentlichen Endkunden von Software-Anwendungen in Grid-Computing-Infrastrukturen. Anreizfragen auf anderen Ebenen der Wertschöpfungskette werden, soweit snnvoll, ebenfalls beleuchtet – jedoch nicht mit derselben Detailtiefe. Hieraus leitet sich ebenfalls weiterer Forschungsbedarf ab.

Der Forschungsverlauf folgt grundsätzlich den eingangs gesetzten Erwartungen, erfordert jedoch Anpassungen des Untersuchungsdesigns:

- Zum einen wird die **Ausgangssituation** mit Untersuchungsbeginn als **zu optimistisch eingeschätzt**. Die Ergebnisse einer vorbereitenden Analyse lassen eine stärkere Marktorientierung existierender Projekte erwarten. Diese Annahme ist auf eine in der Regel äußerst optimistische Darstellung relevanter Forschungsprojekte zurückführen, die bei näherer Untersuchung nicht aufrechterhalten werden kann. Bei der Ausgestaltung des Forschungsdesigns wird dieser Sachverhalt jedoch frühzeitig berücksichtigt. Analogien und übergreifende marktorientierte Untersuchungen zur Geschäftsmodell-Architektur ersetzen zunehmend fallbezogene Analysen, und Ergebnisse stützen sich stärker als geplant auf die Zukunftseinschätzungen von Experten[122].

- Zum anderen zeigt sich im Verlauf der Arbeit, dass die **strukturellen Besonderheiten der Gesundheitsbranche weitaus stärker auf die Ausgestaltung von Geschäfts-modellen wirken** als dies zu Untersuchungsbeginn erkennbar ist. Im Verlauf des For-

---

[122] Ursprünglich war u. a. eine noch stärkere Orientierung an Fallstudien geplant.

schungsprozesses stellt sich heraus, dass selbst innerhalb vieler am Markt agierender Healthgrid-Projekte diese branchenrelevanten Aspekte nur ungenügend berücksichtigt werden. Eine Ursache mag in der frühen, auf technologische Aspekte ausgerichteten Lebenszyklusphase der Projekte liegen. Jüngere Projekte wie das als Fallstudie betrachtete ACGT und das jüngst aus dem deutschen MediGRID-Projekt hervorgegangene Projekt PneumoGRID adressieren verstärkt diese Umfeldbedingungen.

Bereits zu Beginn erschwert die **Abgrenzung des Untersuchungsgegenstandes** das Forschungsvorhaben. Abgrenzungsprobleme ergeben sich sowohl in Bezug auf den technologischen Kontext (Grid Computing) und den Branchenkontext (Gesundheitsmarkt) als auch in Bezug auf das theoretische Konstrukt (Geschäftsmodell).

Eine konsistente **Abgrenzung des Geschäftsmodellbegriff** wird letztendlich durch die hierarchische Untergliederung der vielfältig vorliegenden Konzepte in Arbeiten zur Geschäftsmodelldefinition, zu Referenzgeschäftsmodellen und zu Geschäftsmodelltypen ermöglicht.

Problematischer gestaltet sich die konkrete **Abgrenzung des technologischen Rahmens**. Sowohl in der wissenschaftlichen und populärwissenschaftlichen Literatur als auch in den Experteninterviews kann kein durchgehend einheitliches Begriffsverständnis von Grid Computing erzielt werden. Im Rahmen dieser Arbeit wird daher von einer historisch anerkannten Ursprungsdefinition ausgegangen sowie Grid Computing im Sinne eines evolutorischen Konzeptes verstanden und über die verschiedenen Entwicklungsstufen hergeleitet.

Ähnlich komplex erweist sich die **Eingrenzung des Branchenkontextes**, der in der Literatur zu Healthgrids nicht immer markgängigen Abgrenzungskriterien folgt. Die starke Verzahnung von biomedizinischer Forschung, klinischer Forschung und klinischer Versorgung erschwert eine übergreifende Sichtweise. Alle drei Bereiche sind Teil des Gesundheitsmarktes, jedoch insbesondere durch zum Teil unterschiedliche rechtliche Voraussetzungen und unterschiedliche Akteure charakterisiert. Die Arbeit behält, soweit sinnvoll, die übergreifende Sichtweise auf dieses Umfeld bei, vertieft Besonderheiten jedoch insbesondere in Bezug auf spezifische Anwendungsbereiche und gesetzliche Rahmenbedingungen.

Vorteilhaft wirkt sich auf diese Situation das gewählte explorativ-induktive Forschungsdesign aus. Durch die **zunehmende Verdichtung der Forschungsergebnisse** werden rechtzeitig zusätzliche Erkenntnislücken sichtbar und im Untersuchungsverlauf geschlossen.

Die eingangs geplante wesentliche Einbeziehung **praktischer ex-post Erfahrungen** muss **durch verstärkte ex-ante Betrachtungen kompensiert** werden. Eine umfassende Validierung des entwickelten Referenzgeschäftsmodells ist daher nur mit Einschränkungen möglich. Insbesondere beschränkt sich die Analyse von Erlösen und Kosten auf die Darstellung übergreifender allgemeingültiger Modelle, da reale Marktzahlen zur Validierung und Konkretisierung kaum verfügbar sind. Der hier vorgestellte Ansatz unterstreicht insofern den Charakter eines Rahmengerüstes. Er stellt verschiedene Grundwerkzeuge bereit, mit denen perspektivisch inhaltlich konkretisierende Betrachtungen vorgenommen werden können.

Jedoch bietet die gewählte Vorgehensweise einen entscheidenden Vorteil. Durch den übergreifenden Charakter der hier vorgestellten Konzepte ist eine Verwendung der Forschungsergebnisse auch weiterhin in einem dynamisch-veränderlichen Umfeld für verteilte und virtualisierte IKT-Infrastrukturen in Zukunft möglich.

8.3 Schlussbeurteilung und Ausblick

Diese Untersuchung schließt mit wesentlichen Schlussfolgerungen in Bezug auf die gewonnenen Erkenntnisse. Zusätzlich soll dieser abschließende Abschnitt einen Ausblick darauf geben, welche Entwicklungen auf dem Markt für Healthgrids zu erwarten sind und welcher Forschungsbedarf sich daraus ableitet.

Die Untersuchungen zeigen, dass Grid-Computing-Infrastrukturen mit der Zeit in technologischer wie auch in organisatorischer Hinsicht an Komplexität gewinnen. Diese Entwicklung entspricht sichtbaren Veränderungen im gesellschaftlichen und technologischen Umfeld und erhöht die Anforderungen an Grid-Computing-Infrastrukturen, die gestiegene Komplexität in marktkonforme Lösungen zu übertragen. Aus den Ergebnissen lässt sich ableiten, dass **Grid Computing kein statisches Konzept** ist, sondern über die Jahre in abgewandelter Form neuen Marktbedürfnissen Rechnung trägt.

Ausgehend von Enterprise Grids, in Form der Geschäftsmodelle Inhouse-Gridbox und Inhouse-Grid-Infrastructure, liegt der **aktuelle Fokus von Grid-Computing-Infrastrukturen auf Statischen SaaS-Grids**, die in einer geschlossenen Struktur Software-Anwendungen bei gleichzeitiger Nutzung hoher Rechenkapazitäten und Datenvirtualisierungsdiensten bereitstellen. Während dieses Geschäftsmodell in der aktuellen Form grundsätzlich als Partner Grid in Form einer Virtuellen Organisation umgesetzt wird, bleibt abzuwarten, ob eine organisatorische Lösung dieser Art langfristig marktgerecht agieren kann, oder im Prozess der Verstetigung nicht eine organisatorische Internalisierung der Kernwertschöpfung das bessere Modell sein wird. Von den untersuchten (bio-)medizinischen Initiativen ist NDMA derzeit die einzige, die als wirtschaftliches Unternehmen am Markt agiert. Im Gründungsverlauf entschied sich NDMA für die Zusammenführung der Kernwertschöpfungsaktivitäten in einer Organisation.

Aktuelle Grid-Computing-Initiativen, die im Umfeld der Gesundheitswirtschaft aktiv sind, befinden sich **überwiegend in einer Entwicklungsphase,** die selten als marktbereit bezeichnet werden kann. Häufig fungieren Lösungen nur als Proof-of-Concept, gleichzeitig werden mehrere Zielgruppen und Anwendungsbereiche parallel verfolgt, statt die Ressourcen auf eine vielversprechende Lösung zu konzentrieren. Allerdings wird auch deutlich, dass Experten die **Zukunftsperspektiven für Healthgrids durchaus positiv** einschätzen. Dies deckt sich mit jüngsten Projektentwicklungen, die zum Teil wesentlich fokussierter eine Zielgruppe adressieren, und bei denen eine Verstetigung der Aktivitäten nach Projektschluss explizit geplant ist.

Diese Untersuchung zeigt auch, dass **(bio-)medizinische Grid-Computing-Infrastrukturen dem allgemeinen Markt für Grid Computing und angrenzende Technologien folgen.** Aufgrund einer besonderen Zielmarktkonstellation mit hohen kulturellen Hürden sowie einer starren, stark regulierten Marktstruktur mit vielen unterschiedlichen Stakeholdern ist die Etablierung neuer IuK-Technologien insbesondere nur sehr zögerlich und im Rahmen eines kontinuierlichen Prozesses möglich.

Dennoch wird der Veränderungsdruck aufgrund erhöhter Datenaufkommen und der stärkeren Verlinkung von Medizin und Biomedizin in den kommenden Jahren zunehmen. Allein die **starren Strukturen des (deutschen) Gesundheitssystems** bergen die Gefahr, dass eine marktadäquate Adaption der sich aus Grid Computing ergebenden Anwendungsmöglichkeiten nur stark verzögert erfolgen wird. Dieser Umstand kann dazu führen, dass neue Geschäftsmodelltypen wie Dynamische SaaS-Grids, eine Gridbox für KMU wie auch die Etablierung von Anwendungsbrokern (Grid-Application-Service-Providern) mit größerer Verzögerung im Vergleich zu anderen Branchen folgen werden. Aufgrund der hohen Anforderungen in Bezug auf den Datenschutz, die Zertifizierung und Abnahme von Prozessen und Produkten werden Statische SaaS-Grids eine stärke Rolle im (bio-)medizinischen Umfeld spielen als in anderen Branchen. Im biomedizinischen Forschungsumfeld bieten zusätzlich Utility-Grids mittelfristig attraktive Anwendungsszenarien unter Verwendung nichtsensitiver Daten und eigener, selbst entwickelter Algorithmen. In forschungsrelevanter Hinsicht lässt sich aus der **Diskrepanz zwischen zunehmender – marktgetriebener – technologischer Dynamik und einem – öffentlichen – hoch regulierten Markt** die (Forschungs-)Frage ableiten, inwieweit sich in struktureller Hinsicht Änderungsbedarfe ergeben und wie ein adäquates, den Umweltbedingungen gerecht werdendes Gesundheitssystem auszugestalten ist.

Im **internationalen Vergleich** der Healthgrid-Aktivitäten zeigt sich ein vermeintliches **Paradoxon.** Viele aktuelle Initiativen konzentrieren sich derzeit in Europa. Dies legen die Ergebnisse der Marktstudie offen und unterstreichen die hohe Forschungsaktivität europäischer Initiativen. Gleichzeitig sind im US-amerikanischen Raum mit BIRN und caBIG zwei Healthgrid-Initiativen bereits über Jahre aktiv und bauen kontinuierlich ihre Aktivitäten aus. NDMA als erstes am Markt identifiziertes Unternehmen im (bio-)medizinischen Umfeld, das marktwirtschaftlich agiert, stammt ebenfalls aus den USA. In ökonomischer Hinsicht ist diese Diskrepanz aus (Forschungs-)Aktivität und Marktpräsenz auf zwei Umstände zurückzuführen. Zum einen handelt es sich im europäischen Raum, wie im Verlauf der Untersuchung herausgestellt, um Projekte, die auf einen kurzen Förderzeitraum beschränkt sind. Aktivitäten werden nach einer drei- bis fünfjährigen Förderphase in der Regel nicht weitergeführt. Amerikanische Initiativen konzentrieren sich auf wenige (Groß-)Projekte, die häufig Bestandteil einer Institution sind und von dieser langfristig gefördert werden. Neben diesen förderpolitischen Aspekten ist, wie am Beispiel von NDMA deutlich wird, zum einen die wirtschaftliche Orientierung der einzelnen Initiativen ausgeprägter als in Europa, zum anderen existieren spezifische gesetzliche Rahmenbedingungen, die eine Implementierung erleichtern. Der US-amerikanische Markt verfügt insofern über zwei Aspekte, die eine Diffusion neuer Technologien erleichtern: eine stabilere auf Marktfähigkeit ausgerichtete Finanzierung in der Anfangsphase und stimulierende Rahmenbedingungen zur Technologiedurchdringung am Markt.

Die hohen Eintrittsbarrieren in den deutschen und europäischen Raum lassen sich jedoch von Healthgrid-Initiativen positiv nutzen. **Hohe Eintrittsbarrieren reduzieren das Einstiegsrisiko für einen „First Mover"** und ermöglichen die Etablierung einer wettbewerblich starken Position in einer frühen Marktphase. Hierfür ist jedoch eine stärkere Nachhaltigkeitsorientierung nachfolgender Projekte zwingend erforderlich. Projekte sollten sich anfänglich auf ein konkretes Anwendungsszenario mit einer Zielgruppe konzentrieren, um die Komplexität des Vorhabens zu reduzieren und gezielter auf Kundenbedürfnisse eingehen zu können. Healthgrid-Initiativen, die biomedizinische Forscher und Ärzte im Versorgungsbereich gleichermaßen adressieren, werden größeren Hürden bei der Marktetablierung ausgesetzt sein. Es werden sich die Initiativen erfolgreich durchsetzen, die gleichzeitig neue technologische und gesellschaftliche Trends berücksichtigen und ihr Geschäftsmodells an die strukturellen Rahmenbedingungen anpassen.

Der **weiteren Forschung** bieten die Untersuchungsergebnisse eine vielversprechende Ausgangslage. Der Fokus dieser Forschungsarbeit liegt auf der Identifizierung erfolgversprechender Geschäftsmodelle für Grid Computing in der Medizin und Biomedizin unter Bereitstellung eines konzeptionellen Rahmens zur Ausgestaltung dieser. Geschäftsmodelle stellen jedoch zunächst eine statische Situationsbeschreibung dar und definieren die Grundkonfiguration eines Geschäftes zu einem spezifischen Zeitpunkt. Erst im Rahmen des tatsächlichen Betriebes erfolgt eine Adaption des Geschäftsmodells an die Umgebung aufgrund der wirkenden Marktdynamik. Dies gibt Raum für Untersuchungen zu dynamischen Aspekten von Healthgrid-Initiativen. Auch in Hinblick auf einen dezidierten Vergleich europäischer und amerikanischer Rahmenbedingungen für Healthgrids leitet sich Forschungsbedarf ab. Nachfolgende Forschungsanstrengungen bieten sich weiterhin zur Konkretisierung der einzelnen Sichten des hier vorgestellten Referenzgeschäftsmodells an. Perspektivisch werden auch operative Aspekte des Managements von Healthgrid-Aktivitäten stärker in den Vordergrund rücken und sollten von der wirtschaftswissenschaftlichen Forschung adressiert werden.

Diese potenziellen Forschungsziele werden von den aktuellen Entwicklungen am Markt für Healthgrid-Aktivitäten gestützt. Zum einen konkretisiert sich die jüngere Projektlandschaft zunehmend auf Anwendungsbereiche, die wesentlich marktnäher sind als bisherige Projekte. Ergänzend kommt hinzu, dass durch unterstützende betriebswirtschaftliche Arbeiten der jüngsten Zeit – nicht zuletzt durch die Ergebnisse dieser Untersuchung – eine wesentlich fundiertere theoretische Basis verfügbar ist, auf der nachfolgende Untersuchungen aufbauen können. Ein weiterer stimulierender Faktor ist der gesellschaftliche Mehrwert, der aus vernetzten IKT-Lösungen in der Gesundheitswirtschaft resutiert. Dies erhöht den Bedarf an einem tiefergehenden Verständnis der ökonomischen Mechanismen von Grid-Infrastrukturen in der (Bio-)Medizin zusätzlich.

Der Autor dieser Arbeit ist überzeugt, dass Grid-Computing-Technologien bzw. ihre Surrogate mittel- und langfristig den Weg in einen nachhaltigen Einsatz in biomedizinischer und klinischer Forschung, in der medizinischen Versorgung und auch in ausgewählten kommerziellen Bereichen der Gesundheitswirtschaft finden werden. Die zukünftige betriebswirtschaftlich orientierte Forschung kann einen entscheidenden Beitrag leisten, diesen Prozess erfolgreich zu unterstützen.

Literaturverzeichnis

@NeurIST (2009): @neurIST: Integrated Biomedical Informatics for the Management of Cerebral Aneurysms. Online: http://www.aneurist.org, Stand: 01.03.2009.

Abbas A (Hrsg.) (2004): Grid Computing: A Practical Guide to Technology and Applications. Charles River Media, Hingham.

ACGT (2007): ACGT Newsletter 1(Winter 2007), S. 1-8. Online: http://eu-acgt.org/fileadmin/newsletter/20_11_2007/pdf/ACGT_newsletter_no1_Winter2007.pdf, Stand: 05.06.2009.

ACGT (2008a): ACGT Newsletter 2(Spring 2008), S. 1-12. Online: http://eu-acgt.org/fileadmin/newsletter/sprin2008/pdf/ACGT_newsletter_no2_Spring2008.pdf, Stand: 05.06.2009.

ACGT (2008b): ACGT Newsletter 3(Autumn 2008), S. 1-15. Online: http://eu-acgt.org/fileadmin/newsletter/autumn2008/ACGT_newsletter_no3_Autumn2008.pdf, Stand: 05.06.2009.

ACGT (2008c): ObTiMA – An Ontology Based Clinical Trial Management System. Poster. ACGT: Advancing Clinico-Genomic Trials on Cancer. Online: http://eu-acgt.org/fileadmin/dissemination_materials/ACGT_poster_obtima_light.pdf, Stand: 06.06.2009.

ACGT (2008d): The Oncosimulator. Leaflet. ACGT – Advancing Clinico-Genomic Trials on Cancer, S. 1-2. Online: http://eu-acgt.org/fileadmin/dissemination_materials/ACGT_leaflet_oncosimulator_light.pdf, Stand: 06.06.2009.

ACGT (2009a): ACGT Newsletter 4(Spring 2009), S. 1-16. Online: http://eu-acgt.org/fileadmin/newsletter/spring2009/ACGT_newsletter_no4_Spring2009.pdf, Stand: 05.06.2009.

ACGT (2009b): ACGT: Advancing Clinico-Genomic Trials on Cancer. Online: http://eu-acgt.org, Stand: 01.05.2009.

ACR (2009): BI-RADS Atlas. Website. ACR: American College of Radiology. Online: http://www.acr.org/SecondaryMainMenuCategories/quality_safety/BIRADSAtlas.aspx, Stand: 02.03.2009.

Ahram M, Emmert-Buck MR (2003): Approaches to Proteomic Analysis of Human Tumors. In: El-Deiry WS (Hrsg.): Tumor Suppressor Genes: Volume 1, Pathways and Isolation Strategies. Humana Press, Totowa, NJ, S. 375-384.

Aloisio G, Cafaro M, Fiore S et al. (2004): Bioinformatics Data Access Service in the ProGenGrid System. Lecture Notes in Computer Science 3292, S. 211-221.

Aloisio G, Cafaro M, Fiore S et al. (2005): ProGenGrid: A Grid-Enabled Platform for Bioinformatics. Studies In Health Technology And Informatics 112, S. 113-126.

Alt R, Zimmermann H-D (2001): Preface: Introduction to Special Section – Business Models. Electronic Markets (EM) 11(1), S. 3-9.

Altmann J (2005): The Step from Grid Research to Successful Grid Business. IEEE Gecon2005: International Workshop on Grid Economics and Business Models, Seoul, South-Korea, S. 1-6.

Altmann J, Courcoubetis C, Darlington J et al. (2007a): GridEcon – The Economic-Enhanced Next-Generation Internet. Lecture Notes in Computer Science 4685, S. 188-193.

Altmann J, Ion M, Mohammed AAB (2007b): Taxonomy of Grid Business Models. Lecture Notes in Computer Science 4685, S. 29-43.

Altmann J, Routzounis S (2006): Economic Modeling of Grid Services. eChallenges 2006, Barcelona, Spanien, S. 1-10. Online: http://www.gridecon.eu/downloads/ Economic_Modeling.pdf, Stand: 23.03.2009.

Amazon (2009): Amazon Elastic Compute Cloud (Amazon EC2). Amazon.com. Online: http://aws.amazon.com/ec2, Stand: 01.08.2009.

Amendolia SR, Estrella F, Hassan W et al. (2005): MammoGrid: A Service Oriented Architecture Based Medical Grid Application. Lecture Notes in Computer Science 3251, S. 939-942.

Amit R, Zott C (2001): Value Creation in E-Business. Strategic Management Journal 22, S. 493-520.

Andoulsi I, Blanquer I, Breton V et al. (2008): The SHARE Road Map: Healthgrids for Biomedical Research and Healthcare. Studies In Health Technology And Informatics 138, S. 238-278.

Arbona A, Benkner S, Engelbrecht G et al. (2007): A Service-oriented Grid Infrastructure for Biomedical Data and Compute Services. IEEE Transactions on NanoBioscience 6(2), S. 136-141.

Arbona A, Benkner S, Fingberg J et al. (2006): Outlook for Grid Service Technologies within the @neurIST eHealth Environment. Studies In Health Technology And Informatics 120, S. 401.

Atkinson R (1999): Project Management: Cost, Time and Quality, Two Best Guesses And a Phenomenon, Its Time to Accept Other Success Criteria. International Journal of Project Management 17(6), S. 337-342.

Atteslander P (2008): Methoden der empirischen Sozialforschung. Erich Schmidt Verlag, Berlin.

Attwood TK (2000): Genomics. The Babel of Bioinformatics. Science 290(5491), S. 471-473.

Ayache N, Boissel J-P, Brunak S et al. (2005): Towards Virtual Physiological Human: Multilevel Modelling and Simulation of the Human Anatomy and Physiology. In: Nørager S, Iakovidis I, Cabrera M et al. (Hrsg.): Virtual Physiological Human – White Paper. DG Information Society and Media, ICT for Health and DG Joint Research Centre, IPTS, S. 1-29.

Baatz EB (1996): Will Your Business Model Float? Webmaster Magazine. Online: http://www.versaggi.net/ecommerce/articles/e-business-models/midel-float.pdf, Stand: 20.09.2008.

Bach N, Krüger W, Buchholz W et al. (2003): Geschäftsmodelle für Wertschöpfungsnetzwerke – Begriffliche und konzeptionelle Grundlagen In: Bach N, Krüger W, Buchholz W et al. (Hrsg.): Geschäftsmodelle für Wertschöpfungsnetzwerke. Gabler, Wiesbaden, S. 2-20.

Baker M, Buyya R, Laforenza D (2000): The Grid: International Efforts in Global Computing. Proceedings of the International Conference on Advances in Infrastructure for Electronic Business, Science, and Education on the Internet, S. 1-11. Online: http://citeseerx.ist.psu.edu/viewdoc/download?doi=10.1.1.71.6995&rep=rep1&type=pdf, Stand: 03.04.2007.

Baker M, Buyya R, Laforenza D (2002): Grids and Grid Technologies for Wide-Area Distributed Computing. Software Practice and Experience 32(15), S. 1437-1466.

Banerjee SB (2004): Teaching Sustainability: a Critical Perspective. In: Galea C (Hrsg.): Teaching Business Sustainability. Greenleaf Publishing, Sheffield, UK, S. 34-47.

Bany Mohammed AB, Altmann J, Hwang J (2008): Value Chains: Understanding Business and Value Creation in Grid. EMDS 2008: Workshop on Economic Models for Distributed Systems. Birkhauser Autonomic Systems Book Series, Baton Rouge, USA, S. 1-14. Online: http://www.gridecon.eu/downloads/Grid_Value_Chains.pdf, Stand: 10.03.2009.

Bartelt A, Lamersdorf W (2000): Geschäftsmodelle des Electronic Commerce: Modellbildung und Klassifikation. In: Bodendorf F, Grauer M (Hrsg.): Tagungsband der Verbundtagung Wirtschaftsinformatik 2000. Shaker Verlag, Aachen, S. 17-29.

Baun C (2005): Analyse vorhandener Grid-Technologien zur Evaluation eines Campus Grid an der Hochschule Mannheim. Master-Arbeit. Hochschule Mannheim, Mannheim.

Becht S, Bittner R, Ohmstede A et al. (2008): Lehrbuch der Röntgendiagnostischen Einstelltechnik. Springer Medizin Verlag, Heidelberg.

Beckerman BG, Schnall MD (2002): Digital Information Management: A Progress Report on the National Digital Mammography Archive. Proceedings of SPIE 4615(98), S. 98-108.

Beckert J (2007): Die soziale Ordnung von Märkten. MPIfG Discussion Paper 07(6). Max-Planck-Institut für Gesellschaftsforschung, Köln, S. 1-26.

Bengel G, Baun C, Kunze M et al. (2008): Masterkurs parallele und verteilte Systeme: Grundlagen und Programmierung von Multicoreprozessoren, Multiprozessoren, Cluster und Grid. Viehweg.

Berg M (2001): Implementing Information Systems in Health Care Organizations: Myths and Challenges. International Journal of Medical Informatics 64(2), S. 143-156.

Berman F, Fox G, Hey AJG (2003): The Grid: Past, Present, Future. In: Berman F, Fox G, Hey AJG (Hrsg.): Grid Computing: Making the Global Infrastructure a Reality. Wiley & Sons, West Sussex, S. 9-50.

Bieger T, Bickhoff N, Knyphausen-Aufseß D (2002): Geschäftsmodelle – eine neue Perspektive der Managementlehre. In: Bieger T, Bickhoff N, Caspers R et al. (Hrsg.): Zukünftige Geschäftsmodelle: Konzept und Anwendung in der Netzökonomie. Springer-Verlag, Berlin, Heidelberg, New York, S. 3.

Bieger T, Rüegg-Stürm J (2002): Net Economy – Die Bedeutung der Gestaltung von Beziehungskonfigurationen. In: Bieger T, Bickhoff N, Caspers R et al. (Hrsg.): Zukünftige Geschäftsmodelle: Konzept und Anwendung in der Netzökonomie. Springer-Verlag, Berlin, Heidelberg, New York, S. 15-33.

BIOGUM (2008): ACGT-Teilprojekt: Ethical and Social Aspects of GRID-supported Clinico-genomic Research. Website. Universität Hamburg – BIOGUM Forschungsschwerpunkt Biotechnik-Gesellschaft-Umwelt. Online: http://www.uni-hamburg.de/fachbereiche-einrichtungen/fg_ta_med/acgt.htm, Stand: 06.06.2009.

BioinfoGRID (2006): BioinfoGRID: Project Presentation. BioinfoGRID: Bioinformatics Grid Application for Life Science, S. 1-2. Online: http://www.bioinfogrid.eu/Documentation/bioinfogrid-project-presentation.pdf, Stand: 05.06.2009.

BioinfoGRID (2009): BioinfoGRID: Bioinformatics Grid Application for Life Science. Online: http://bioinfogrid.eu, Stand: 03.04.2009.

BIRN (2009): BIRN: Biomedical Informatics Research Network. Online: http://www.nbirn.net, Stand: 04.04.2009.

Bititci US, Martinez V, Albores P et al. (2004): Creating and Managing Value in Collaborative Networks. International Journal of Physical Distribution and Logistics Management 34(3-4), S. 251-268.

BizJournals (2005): $3M Venture Capital Influx to i3Archive Comes to Light. Presseartikel. Philadelphia Business Journal. Online: http://philadelphia.bizjournals.com/philadelphia/stories/2005/06/27/story8.html, Stand: 05.06.2009.

Blanquer I, Hernandez V, Medico E et al. (2004): A joint White Paper from the Healthgrid Association and Cisco Systems. Whitepaper. Healthgrid.org, S. 1-32. Online: http://initiative.healthgrid.org/fileadmin/whitepaper/HealthGrid_whitepaper_short.pdf, Stand: 02.04.2008.

Blind K, Eder J, Nack R et al. (2003): Software-Patente: Eine empirische Analyse aus ökonomischer und juristischer Perspektive. Fraunhofer-Institut. Physica-Verlag, Heidelberg.

Bloch V, Breton V, Salzemann J (2007): EMBRACE: A European Model for Bioinformatics Research and Community Education. Report on Embrace Grid Deployment. CNRS, S. 1-9. Online: http://embrace-wp3.healthgrid.org/fileadmin/user_upload/ WP3/WP3%20deliverables/Report_on_EMBRACE_Grid_final.doc, Stand: 02.05.2008.

BMJ (2007): Gesetz über Medizinprodukte. Bundesministerium der Justiz. Online: http://bundesrecht.juris.de/mpg/index.html, Stand: 01.02.2008.

Bogner A, Littig B, Menz W (Hrsg.) (2005): Das Experteninterview: Theorie Methode, Anwendung. VS Verlag, Wiesbaden.

Bogner A, Menz W (2005a): Das theoriegenerierende Experteninterview: Erkenntnisinteresse, Wissensformen, Interaktion. In: Bogner A, Littig B, Menz W (Hrsg.): Das Experteninterview: Theorie Methode, Anwendung. VS Verlag, Wiesbaden, S. 33-70.

Bogner A, Menz W (2005b): Expertenwissen und Forschungspraxis: Die modernisierungstheoretische und die methodische Debatte um die Experten. Zur Einführung in ein unübersichtliches Problemfeld. In: Bogner A, Littig B, Menz W (Hrsg.): Das Experteninterview: Theorie Methode, Anwendung. VS Verlag, Wiesbaden, S. 7-30.

Borchardt A (2006): Koordinationsinstrumente in virtuellen Unternehmen: Eine empirische Untersuchung anhand lose gekoppelter Systeme. Deutscher Universitäts-Verlag (DUV), Wiesbaden.

Borchardt A, Göthlich SE (2007): Erkenntnisgewinn durch Fallstudien. In: Sönke A, Klapper D, Konradt U et al. (Hrsg.): Methodik der empirischen Forschung. Gabler, Wiesbaden, S. 33-48.

Bortz J, Döring N (Hrsg.) (2006): Forschungsmethoden und Evaluation für Human- und Sozialwissenschaftler. Springer-Verlag, Berlin, Heidelberg, New York.

Braasch P (2007): Gesetzliche Krankenversicherung. In: Nagel E (Hrsg.): Das Gesundheitswesen in Deutschland: Struktur, Leistung, Weiterentwicklung. Deutscher Ärzte-Verlag, S. 65-96.

Brady M, Gavaghan D, Simpson A et al. (2003): eDiamond: A Grid-enabled Federated Database of Annotated Mammograms. In: Berman F, Fox G, Hey AJG (Hrsg.): Grid Computing: Making the Global Infrastructure a Reality. Wiley & Sons, West Sussex, S. 923-944.

Branson A, Hauer T, McClatchey R et al. (2008): A Data Model for Integrating Heterogeneous Medical Data in the Health-e-Child Project. Studies In Health Technology And Informatics 138, S. 13-23.

Braun K (2000): Menschenwürde und Biomedizin: Zum philosophischen Diskurs der Bioethik. Campus Verlag, Frankfurt (a.M.).

Breastcancer (2007): Compare New and Prior Mammograms, Doctors Urge. Website. Breastcancer.org. Online: http://www.breastcancer.org/symptoms/testing/new_research/20070104b.jsp, Stand: 05.06.2009.

Breitner MH, Hoppe G (2005): A Glimpse at Business Models and Evaluation Approaches for E-Learning. In: Breitner MH, Hoppe G (Hrsg.): E-Learning: Einsatzkonzepte und Geschäftsmodelle. Physica-Verlag, Heidelberg, S. 179-193.

Breton V, Blanchet C, Legré Y et al. (2005a): Grid Technology for Biomedical Applications. Lecture Notes in Computer Science, S. 204-218.

Breton V, Blanquer I, Hernandez V et al. (2007): Roadmap for European Healthgrid. Studies In Health Technology And Informatics 126, S. 154-163.

Breton V, Dean K, Solomonides T (2005b): The HealthGrid White Paper. Studies In Health Technology And Informatics 112, S. 249-321.

Breton V, Solomonides AE, McClatchey RH (2004): A Perspective on the Healthgrid initiative. IEEE International Symposium on Cluster Computing and the Grid (CCGrid), Chicago, USA, S. 434-439. Online: http://arxiv.org/pdf/cs.DB/0402025, Stand: 05.11.2008.

Broberg J, Venugopal S, Buyya R (2008): Market-oriented Grids and Utility Computing: The State-of-the-art and Future Directions. Journal of Grid Computing 6(3), S. 255-276.

Brocke Jv (2003): Referenzmodellierung – Gestaltung und Verteilung von Konstruktionsprozessen. Logos, Berlin.

Bröcker W (2007): Die Folgen der Föderalismusreform und der Abschaffung des HBFG. Präsentation D-Grid Workshop Nachhaltigkeit Oktober 2007, Berlin, S. 1-33. Online: http://dgi.d-grid.de/uploads/media/NHWS-20071009-03-Boeker.pdf, Stand: 09.05.2009.

Buetow KH (2005): Cyberinfrastructure: Empowering a "Third Way" in Biomedical Research. Science 308(5723), S. 821-824.

Bullen CV, Rockart JF (1981): A Primer on Critical Success Factors. Center for Information Systems Research Working Paper 69. Center for Information Systems Research, Sloan School of Management, MIT, S. 1-75.

Burchert H (2003): Teleradiologie, Telemedizin, Telematik im Gesundheitswesen und E-Health – Eine Begriffsbestimmung und -abgrenzung. In: Jäckel A (Hrsg.): Telemedizinführer Deutschland, Ausgabe 2003. Medizin Forum AG, Ober-Mörlen, S. 46-53.

Büschken J, Erlenkämper S, Nuszer M et al. (2001): Umfrage zum Status Quo der Nutzung von Preisstrategien in Deutschland. Arbeitspapier. Katholische Universität Eichstätt, Ingolstadt, S. 1-16.

Buyya R, Abramson D, Giddy J (2002): Economic Models for Resource Management and Scheduling in Grid Computing. Concurrency and Computation: Practice and Experience 14, S. 1507-1542.

Buyya R, Abramson D, Venugopal S (2005): The Grid Economy. Proceedings of the IEEE 93(3), S. 698-714.

Buyya R, Date S, Mizuno-Matsumoto Y et al. (2003): Composition and On Demand Deployment of Distributed Brain Activity Analysis Application in Global Grids. In: Ravikumar CP, Kanjilal U, Jagannathan N et al. (Hrsg.): International Conference on High Performance Computing: HiPC Proceedings of the HiPC Workshops 2003. Elite Publishing House, S. 1-12. Online: http://gridbus.csse.unimelb.edu.au/papers/ neurogrid-ccpe.pdf, Stand: 19.10.2008.

Buyya R, Venugopal S (2005): A Gentle Introduction to Grid Computing and Technologies. Computer Science of India 9, S. 9-19.

Buyya R, Yeo CS, Venugopal S (2008): Market-Oriented Cloud Computing: Vision, Hype, and Reality for Delivering IT Services as Computing Utilities. Proceedings of the 10th IEEE International Conference on High Performance Computing and Communications (HPCC). IEEE Computer Society Press, Los Alamitos, USA, S. 1-9.

ByteandSwitch (2006): Medical Archive Grows Its Own Grid. Presseartikel. Byte and Switch – The Storage Networking Site. Online: http://www.byteandswitch.com/document.asp?doc_id=89270, Stand: 05.06.2009.

caBIG (2009): caBIG: Cancer Biomedical Informatics Grid. Online: https://cabig.nci.nih.gov/, Stand: 04.04.2009.

Cain M, Mitman R (2002): Diffusion of Innovation in Health Care. California HealthCare Foundation – Institute for the Future, S. 1-30. Online: http://www.improvementskills.org/resource_files/Diffusion_Innovation_Healthcare.pdf, Stand: 28.03.2009.

Canisius S (2009): PneumoGRID. Präsentation D-Grid All-Hands-Meeting, Göttingen, S. 1-7. Online: http://www.d-grid.de/fileadmin/user_upload/images/D-Grid_AHM_0309/presentations/05_PneumoGRID_AHM09.pdf, Stand: 020.06.2009.

Cardiovascular (2006): NDMA Upgrades Digital Medical Consumer Portal. Presseartikel. CardioVascularBusiness.com. Online: http://www.cardiovascularbusiness.com/index.php?option=com_articles&view=article&id=4920, Stand: 09.06.2009.

Caspers R (2002): Neue Geschäftsmodelle in der Internet-Ökonomie: Ergebnisse planender Vernunft oder spontane Ordnung? In: Bieger T, Bickhoff N, Caspers R et al. (Hrsg.): Zukünftige Geschäftsmodelle: Konzept und Anwendung in der Netz-ökonomie. Springer-Verlag, Berlin, Heidelberg, New York, S. 249-270.

CBR (2006): IBM Co-makets i3Archive's Online PACS. Presseartikel. CBRonline.com. Online: http://www.cbronline.com/news/ibm_co_markets_i3archives_online_pacs, Stand: 09.06.2009.

CDISC (2009): CDISC: Clinical Data Interchange Standards Consortium. Online: http://www.cdisc.org/, Stand: 01.10.2009.

Cerello P (2005): MAGIC-5 – Medical (Imaging) Applications on a GRID Infrastructure Connection. Präsentation, Torino, Italien, S. 1-9. Online: http://www.opengenius.org/gugli/grid/20050929/InGrid-MAGIC5-sep2005.pdf, Stand: 14.04.2009.

CERN (2009): gLite: Lightweight Middleware for Grid Computing. Online: http://glite.web.cern.ch/glite/, Stand: 30.03.2009.

Cheliotis G, Kenyon C, Buyya R (2005): Lessons from Finance for Commercial Sharing of IT Resources. In: Subramanian R, Goodman BD (Hrsg.): Peer to Peer Computing: The Evolution of a Disruptive Technology Idea Group Inc., Hershey, PA, USA, S. 244-264.

Chesbrough H, Rosenbloom RS (2002): The Role of the Business Model in Capturing Value from Innovation: Evidence from Xerox Corporation's Technology Spin-off Companies. Industrial & Corporate Change 11(3), S. 529-555.

Christopher M (1996): From Brand Values to Customer Value. Journal of Marketing Practice: Applied Marketing Science 2(1), S. 55-66.

CLEF (2002): Clinical E-Science Framework (CLEF): Case for Support, S. 1-10. Online: http://www.clinical-escience.org/Proposal/CLEF-case-for-support.pdf, Stand: 05.07.2008.

CLEF (2005): CLEF: Clinical eScience Framework. Online: http://clef-user.com/index.html, Stand: 03.03.2009.

Cohen R (2004): The Impact of Grid Computing: The Results of the ESI Grid Study. Präsentation GT'04 VIP Summit, S. 1-41. Online: http://www.rhsmith.umd.edu/dingman/events/summaries/presentations/Cohen2005.ppt, Stand: 05.11.2008.

CORDIS (2007): IST Project Fact Sheet: European Federated Mammogram Database Implemented on a GRID Structure (MammoGRID). Online: http://cordis.europa.eu/fetch?CALLER=PROJ_IST&ACTION=D&DOC=1&CAT=PROJ&QUERY=116651 9887114&RCN=63579, Stand: 05.04.2008.

Datar S, Jordan C, Kekre S et al. (1997): New Product Development Structures and Time-to-Market. Management Science 43(4), S. 452-464.

Date S (2006): Biogrid Project in Japan: For Accelerating Science and Industry. Präsentation Global Grid Forum (GGF), Tokyo, Japan, S. 1-8. Online: http://www.biogrid.jp/project/pdf/GGF6date.pdf, Stand: 13.07.2007.

Date S, Fujikawa K, Matsuda H et al. (2005): An Empirical Study of Grid Applications in Life Science – Lesson Learnt from Biogrid Project in Japan -. International Journal of Information Technology 11, S. 16-28.

Davidow WH, Malone MS (1992): The Virtual Corporation. Harper Collins New York.

de Mitri I (2005a): Magic-5: Medical Applications on a GRID Infrastructure Connection. Präsentation Healthgrid, Oxford, UK, S. 1-20. Online: http://oxford2005.healthgrid.org/documents/slides_pdf/Session_C/DeMitri-Oxford05.pdf, Stand: 13.04.2009.

de Mitri I (2005b): The Magic-5 Project: Medical Applications on a Grid Infrastructure Connection. Studies In Health Technology And Informatics 112, S. 157-166.

Destatis (2009): Gesundheitsausgaben 2007 in Deutschland. Statistisches Bundesamt Deutschland. Online: http://www.destatis.de, Stand: 15.04.2009.

Deutscher Bundestag (1998): Konzept Nachhaltigkeit – Vom Leitbild zur Umsetzung. Abschlussbericht der Enquete-Kommission 'Schutz des Menschen und der Umwelt – Ziele und Rahmenbedingungen einer nachhaltig zukunftsverträglichen Entwicklung', Drucksache 13(11200). Deutscher Bundestag, Berlin.

Deutschmann C (2008): Unsicherheit und soziale Einbettung. In: Beckert J, Diaz-Bone R, Ganssmann H (Hrsg.): Märkte als soziale Strukturen. Campus-Verlag, Frankfurt (a.M.), S. 79-94.

DFG (2007): Informationsverarbeitung an Hochschulen: Organisation, Dienste und Systeme – Empfehlungen der Kommission für IT-Infrastruktur (KfR) für 2006-2010 – Addendum 2007. Deutsche Forschungsgemeinschaft (DFG), S. 1-9. Online: http://www.dfg.de/aktuelles_presse/reden_stellungnahmen/2007/download/wgi_kfr_empf_06_add07.pdf, Stand: 12.10.2007.

DFN (2009a): DFN: Deutsches Forschungsnetz. Online: http://www.dfn.de/, Stand: 23.03.2009.

DFN (2009b): Entgelte. DFN: Deutsches Forschungsnetz. Online: http://www.dfn.de/dienstleistungen/dfninternet/entgelte/, Stand: 01.05.2009.

DiagnosticImaging (2005): I3Archive Provides Data and Image Distribution. Presseartikel. DiagnosticImaging.com. Online: http://www.diagnosticimaging.com/display/article/113619/1197637, Stand: 05.06.2009.

Dickhaus H, Klauck U, Maier C (2005): Medizinische Signalverarbeitung. In: Lehmann TM (Hrsg.): Handbuch der Medizinischen Informatik. Carl Hanser Verlag, München, S. 297-359.

Dickmann F, Kaspar M, Löhnhardt B et al. (2009): Perspectives of MediGRID. Präsentation Healthgrid, Berlin.

Dobrev A, Scholz S, Zegners D et al. (2009): Economic Performance and Sustainability of HealthGrids: Evidence from Two Case Studies. Studies In Health Technology And Informatics 147, S. 151-162.

Dobrindt M (2005): Hochschulkostenrechnung: Konzeptionelle Überlegungen für ein Referenzmodell Josef Eul Verlag, Köln-Lohmar.

Drepper J, Semler SC, Mohammed Y et al. (2006): Aktuelle Themen des Datenschutzes und der Datensicherheit in der biomedizinischen Forschung. In: Sax U, Mohammed Y, Viezens F et al. (Hrsg.): Grid-Computing in der biomedizinischen Forschung: Datenschutz und Datensicherheit. Urban & Vogel, München, S. 25-36.

Dugas M, Schmidt K (2003): Medizinische Informatik und Bioinformatik: Ein Kompendium für Studium und Praxis. Springer-Verlag, Berlin, Heidelberg, New York.

Dunlop R, Arbona A, Rajasekaran H et al. (2008): @neurIST – Chronic Disease Management through Integration of Heterogeneous Data and Computer-interpretable Guideline Services. Studies In Health Technology And Informatics 138, S. 173-177.

EC (2006): Mammogrid – Harnessing Grid Computing to Save Women's Lives. European Commission – E-Health Project of the Month. Online: http://ec.europa.eu/ information_society/activities/health/docs/monthly_focus/2006dec-mammogrid.pdf, Stand: 05.06.2008.

EC (2009a): Framework Programme (FP) for Research and Technology – FP6. European Commission. Online: http://ec.europa.eu/research/fp6/, Stand: 01.03.2009.

EC (2009b): Framework Programme (FP) for Research and Technology – FP7. European Commission. Online: http://ec.europa.eu/research/fp7/, Stand: 01.03.2009.

eDiaMoND (2005): eDiaMoND project. Online: http://www.ediamond.ox.ac.uk/, Stand: 01.04.2009.

EGEE (2005): Open Day: The Grid and Neglected Diseases. Pressemitteilung. The Enabling Grids for E-sciencE (EGEE). Online: http://public.eu-egee.org/files/ WISDOM%20OPEN%20DAY%20FINAL2.pdf, Stand: 05.04.2009.

EGEE (2009): EGEE: Enabling Grids for E-sciencE. Online: http://www.eu-egee.org/, Stand: 10.03.2009.

Eisenhardt KM (1989): Building Theories from Case Study Research. Academy of Management Reviews 14(4), S. 532-550.

Ellisman M, Peltier S (2004): Medical Data Federation: The Biomedical Informatics Research Network. In: Foster I, Kesselmann C (Hrsg.): The Grid 2: Blueprint for a New Computing Infrastructure. Morgan Kaufman, San Francisco, USA, S. 109-120.

Embrace (2009): Embrace Grid. Online: http://www.embracegrid.info/, Stand: 02.04.2009.

empirica (2007): Investigation of HealthGrid Projects Across the European Union and in the USA Regarding Business Models and Sustainability: Part 1 – Market Study. Telematikplattform für Medizinische Forschungsnetze (TMF) e.V., S. 1-125. Online: http://www.tmf-ev.de/healthgrids/HealthGridMarket-Part1.pdf Stand: 01.05.2009.

Erberich SG, Silverstein JC, Chervenak A et al. (2007): Globus MEDICUS – Federation of DICOM Medical Imaging Devices into Healthcare Grids. Studies In Health Technology And Informatics 126, S. 269-278.

Eschenbach ACv, Buetow K (2006): Cancer Informatics Vision: caBIG. Cancer Informatics 2, S. 22-24.

Estrella F, McClatchey R, Rogulin D (2005): The MammoGrid Virtual Organisation – Federating Distributed Mammograms. Studies In Health Technology And Informatics 116, S. 935-940.

Eymann T, Reinicke M, Streitberger W et al. (2005): Catallaxy-based Grid Markets. Multiagent Grid Systems 1(4), S. 297-307.

Eymann T, Sackmann S, Müller G (2003): Hayeks Katallaxie: Ein zukunftsweisendes Konzept für die Wirtschaftsinformatik?: Wirtschaftsinformatik und ökonomische Theorie: Ausbau der wechselseitigen Bezüge. Wirtschaftsinformatik 45(5), S. 491-496.

Fairchild AM, Ribbers PMA, Nooteboom AO (2004): A Success Factor Model for Electronic Markets: Defining Outcomes Based on Stakeholder Context and Business Process. Business Process Management Journal 10(1), S. 63-79.

Fenner W, Mehrem RA, Ganesan V et al. (2005): Radiosurgery Planning Supported by the GEMSS Grid. Studies In Health Technology And Informatics 112, S. 190-197.

Fettke P, Brocke Jv (2008): Referenzmodell. In: Kurbel K, Becker J, Gronau N et al. (Hrsg.): Enzyklopädie der Wirtschaftsinformatik Online. Oldenbourg Wissenschaftsverlag, München, Wien. Online: http://www.oldenbourg.de:8080/wi-enzyklopaedie/lexikon/is-management/Systementwicklung/Softwarearchitektur/Wiederverwendung-von-Softwarebausteinen/Referenzmodell/index.html, Stand: 28.04.2009.

Fettke P, Loss P (2004): Referenzmodellierungsforschung. Wirtschaftsinformatik 46(5), S. 331-340.

Fischer TW, Elsner P (2001): Good Clinical Practice: Bedeutung für die Klinische Forschung. Der Urologe 40, S. 63-70.

Fleisch E (2001): Das Netzwerkunternehmen: Strategien und Prozesse zur Steigerung der Wettbewerbsfähigkeit in der "Networked Economy". Springer-Verlag, Berlin, Heidelberg, New York.

Flick U (1999): Qualitative Forschung: Theorie, Methoden, Anwendung in Psychologie und Sozialwissenschaften. Rowohlt Taschenbuch Verlag, Reinbek bei Hamburg.

Flick U (2007): Triangulation: Eine Einführung. VS Verlag, Wiesbaden.

Fligstein N (2001): The Architecture of Markets. Princeton University Press, Princeton, NJ.

Forge S, Blackmann C (2006): Commercial Exploitation of Grid Technologies and Services: Drivers and Barriers, Business Models and Impact of Using Free and Open Source Licensing Schemes. SCF Associates Ltd. for European Commission / DG Information Society and Media, S. 1-166. Online: ftp://ftp.cordis.europa.eu/pub/ist/docs/grids/study-report-commercial-exploitation-of-grid-technologies-services-2006-11-25_en.pdf, Stand: 06.04.2008.

Foster I (2002): What is the Grid? A Three Point Checklist. GRIDToday, S. 1-4. Online: http://www-fp.mcs.anl.gov/~foster/Articles/WhatIsTheGrid.pdf, Stand: 14.04.2008.

Foster I, Kesselman C, Nick JM et al. (2002): The Physiology of the Grid – An Open Grid Services Architecture for Distributed Systems Integration. Global Grid Forum, S. 1-31. Online: http://www.globus.org/alliance/publications/papers/ogsa.pdf, Stand: 16.06.2008.

Foster I, Kesselman C, Tuecke S (2001): The Anatomy of the Grid: Enabling Scalable Virtual Organizations. International Journal of High Performance Computing Applications 15(3), S. 200-222.

Foster I, Kesselmann C (Hrsg.) (1998): The Grid: Blueprint for a New Computing Infrastructure. Morgan Kaufman, San Francisco, CA.

Foster I, Kesselmann C (Hrsg.) (2004): The Grid 2: Blueprint for a New Computing Infrastructure. Morgan Kaufman, San Francisco, CA.

Foster I, Tuecke S (2005): Describing the Elephant: The Different Faces of IT as Service. ACM Queue 3(6), S. 26-29, Stand: 14.03.2008.

Foster I, Zhao Y, Raicu I et al. (2008): Cloud Computing and Grid Computing 360-Degree Compared. Grid Computing Environments Workshop (GCE), Austin, USA, S. 1-10. Online: http://arxiv.org/pdf/0901.0131, Stand: 12.03.2009.

Fowler M (1997): Analysis Patterns: Reusable Object Models. Addison-Wesley, Upper Saddle River, NJ.

Frangi A, Hose DR, Ruefenacht DA (2007): The @neurIST Project: Towards Understanding Cerebral Aneurysms. Newsroom. SPIE, S. 1-3. Online: https://www.spie.org/documents/Newsroom/Imported/0782/0782-2007-06-22.pdf, Stand: 01.08.2007.

Franke U (2008): Asset Securitization im Gesundheitswesen: Erfahrungen in den USA und anderen Ländern als Basis einer Abwägung von Einsatzmöglichkeiten in Deutschland. Gabler, Wiesbaden.

Fraunhofer IGD (2009): ACGT – Developing Open-source, Semantic and Grid-based Technologies in Support of Post Genomic Clinical Trials in Cancer Research. Website. Fraunhofer Institut für Graphische Datenverarbeitung (IGD). Online: http://www.igd.fhg.de/igd-a7/projects/acgt, Stand: 06.06.2009.

FreeLibrary (2004): Radiology Ltd. Signs Agreement with i3ARCHIVE. Presseartikel. CBRonline.com. Online: http://www.thefreelibrary.com/Radiology+Ltd.+Signs+Agreement+With+i3ARCHIVE%3B+Becomes+First+Group...-a0116683393, Stand: 09.06.2009.

FreshPatents (2006): NDMA Scalable Archive Hardware/Software Architecture for Load Balancing, Independent Processing, and Querying of Records. Patentbeschreibung. FreshPatents.com – Tracking New Patents and Technologies. Online: http://www.freshpatents.com/Ndma-scalable-archive-hardware-software-architecture-for-load-balancing-independent-processing-and-querying-of-records-dt20061026ptan 20060241968.php, Stand: 10.06.2009.

FreshPatents (2007): Cross-enterprise Wallplug for Connecting Internal Hospital/Clinic Imaging Systems to External Storage and Retrieval Systems. Patentbeschreibung. FreshPatents.com – Tracking New Patents and Technologies. Online: http://www.freshpatents.com/Cross-enterprise-wallplug-for-connecting-internal-hospital-clinic-imaging-systems-to-external-storage-and-retrieval-systems-dt20070412ptan 20070083615.php, Stand: 10.06.2009.

Freund J, Comaniciu R, Ioannis Y et al. (2006): Health-e-Child: An Integrated Biomedical Platform for Grid-Based Paediatric Applications. Studies In Health Technology And Informatics 120, S. 259-270.

Friedrichs J (1973): Teilnehmende Beobachtung abweichenden Verhaltens. Enke Verlag, Stuttgart.

Gamma E, Helm R, Johnson R et al. (1995): Design Patterns: Elements of Reusable Object-Oriented Software. Addison-Wesley, Upper Saddle River, NJ.

Gannon D, Chiu K, Govindaraju M et al. (2002): An Analysis of The Open Grid Services Architecture. Indiana University, Bloomington, S. 1-15. Online: http://www.extreme.indiana.edu/~gannon/OGSAanalysis3.pdf, Stand: 23.05.2007.

GE (2004): GE Medical Systems and i3Archive, Inc. Agree to deliver National Digital Mammography Archive to Healthcare Customers Nationwide. Pressemitteilung. GE Healthcare Systems. Online: http://www.gehealthcare.com/company/pressroom/ release/pr_release_9443.html, Stand: 05.06.2009.

Geddes J, Lloyd S, Simpson A et al. (2005): NeuroGrid: Using Grid Technology to Advance Neuroscience. 18th IEEE Symposium on Computer-Based Medical Systems, S. 570-572.

Geiger A (2006): Service Grids – von der Vision zur Realität. In: Barth T, Schüll A (Hrsg.): Grid Computing: Konzepte – Technologien – Anwendungen. Vieweg, Wiesbaden, S. 17-32.

GEMSS (2005): GEMSS: Grid-Enabled Medical Simulation Services. Online: http://www.gemss.de/, Stand: 02.04.2009.

Gevantmakher M, Meinel C (2004): Medizinische Bildverarbeitung – eine Übersicht. Forschungsbericht 04(3). Forschungsgruppe Institut für Informatik, Fachbereich IV Informatik, Universität Trier, Trier, S. 1-42. Online: http://www.hpi.uni-potsdam.de/ fileadmin/hpi/FG_ITS/papers/TR_Med_Bildverarbeitung.pdf, Stand: 16.03.2008.

Gibas C, Jambeck P (2002): Einführung in die Praktische Bioinformatik. O'Reilly, Köln.

Gläser J, Laudel G (2006): Experteninterviews und qualitative Inhaltsanalyse. VS Verlag, Wiesbaden.

Glaxo (2009): GlaxoSmithKline. Online: http://www.gsk.com, Stand: 27.03.2009.

Globus (2006): Globus MEDICUS – Medical Grid Imaging and Computing for Unified Information Sharing in the Global Health-Care Enterprise. The Globus Alliance, S. 1-4. Online: http://www.globus.org/ftppub/incubator/medicus/RSNA2006_panel.pdf, Stand: 02.04.2009.

Globus (2009a): Incubator/MEDICUS. The Globus Alliance. Online: http://dev.globus.org/ wiki/Incubator/MEDICUS, Stand: 02.04.2009.

Globus (2009b): The Globus Alliance. Online: http://www.globus.org/, Stand: 30.03.2009.

Goble C, Greenhalgh C, Pettifer S et al. (2004): Knowledge Integration: In Silico Experiments in Bioinformatics. In: Foster I, Kesselmann C (Hrsg.): The Grid 2: Blueprint for a new computing infrastructure. Morgan Kaufman, San Francisco, S. 121-134.

Google (2009a): Google App Engine. Online: http://code.google.com/intl/de-DE/ appengine/, Stand: 10.04.2009.

Google (2009b): Google Health. Online: http://www.google.com/intl/de-DE/health/ faq.html#google, Stand: 15.05.2009.

Google Insights (2009): Web Search Volume: "Grid Computing" vs. "Cloud Computing" vs. "Peer-to-peer" vs. "Cluster Computing". Google Insights for Search. Online: http://www.google.com/insights/search/, Stand: 22.04.2009.

Gordijn J, Akkermans H (2001): Ontology-Based Operators for E-Business Model De- and Re-Construction. First International Conference on Knowledge Capture. ACM Press, NY, USA, Victoria, USA, S. 60-69.

Gradwell P, Padget J (2005): Distributed Combinatorial Resource Scheduling. First International Workshop on Smart Grid Technologies, S. 17-32.

Gray J (2003): Distributed Computing Economics. Technical Report MSR-TR 2003(24). Microsoft Research, Microsoft Corporation, Redmond, S. 1-6. Online: http://research.microsoft.com/pubs/70001/tr-2003-24.pdf, Stand: 09.05.2008.

GRIA (2009): GRIA: Service Oriented Collaborations for Industry and Commerce. Online: http://www.gria.org/, Stand: 03.04.2009.

Gridbus (2002): Neurogrid: Economic and On Demand "Brain Activity Analysis" on the World Wide Grid Using Nimrod-G and Gridbus Technologies. Online: http://www.gridbus.org/neurogrid/, Stand: 04.04.2008.

Gridbus (2009): The Gridbus Project. Online: http://www.gridbus.org/, Stand: 03.04.2009.

Haas P (2005a): Einsatzbeispiele. In: Haas P (Hrsg.): Medizinische Informationssysteme und Elektronische Krankenakte. Springer-Verlag, Berlin, Heidelberg, New York, S. 629-651.

Haas P (2005b): Grundlegende Aspekte der Medizinischen Dokumentation und Organisa- tion In: Haas P (Hrsg.): Medizinische Informationssysteme und Elektronische Krankenakte. Springer-Verlag, Berlin, Heidelberg, New York, S. 113-184.

Haas P (2005c): Medizinische Informationssysteme und Elektronische Krankenakte. Springer-Verlag, Berlin, Heidelberg, New York.

Haas P (2006): eHealth verändert das Gesundheitswesen – Grundlagen, Anwendungen, Konsequenzen. In: Haas P, Meier A, Sauerburger H (Hrsg.): Praxis der Wirtschafts- informatik – eHealth. dpunkt, Heidelberg, Neckar, S. 6-19.

Häcker J, Reichwein B, Turad N (2008): Telemedizin: Markt, Strategien, Unterneh- mensbewertung. Finance DIfC. Oldenbourg Wissenschaftsverlag, München, Wien.

Hagenhoff S (2004): Kooperationsformen: Grundtypen und spezielle Ausprägungen. Arbeitsbericht 4(2004). Institut für Wirtschaftsinformatik, Universität Göttingen, Göttingen, S. 1-30. Online: http://www2.as.wiwi.uni-goettingen.de/getfile?DateiID =488, Stand: 25.08.2008.

Hamel G (2000): Leading the Revolution. Harvard Business School Press, Boston.

Health-e-Child (2009): Health-e-Child: An Integrated Platform for European Paediatrics based on a Grid-enabled Network of Leading Clinical Centres. Online: http://www.health-e-child.org/, Stand: 03.04.2009.

HealthImaging (2008): Carestream, NDMA Collaborate for E-Health, Analytics Services. Presseartikel. HealthImaging.com – Images Information & Knowledge Across the Enterprise. Online: http://www.healthimaging.com/index.php? option=com_articles &view=article&id=15157:carestream-ndma-collaborate-for-e-health-analytics-services, Stand: 05.06.2009.

Heinrich B, Leist S (2000): Bankenarchitekturen im Informationszeitalter – Zur Rolle des Geschäftsmodells. In: Österle H, Winter R (Hrsg.): Business Engineering – Auf dem Weg zum Unternehmen des Informationszeitalters. Springer-Verlag, Berlin, Heidelberg, New York, S. 141-165.

Herder S, Zwanziger A (2004): A Mediator for Interorganisational Integration of Relationship Management Systems in E-Business International Symposium on Business Informatics (CICE), Santa Clara, Cuba, S. 354-367.

Hernandez V, Blanquer I (2004): The GRID as a Healthcare Provision Tool. Präsentation HealthGrid Conference, Clermont-Ferrand, S. 1-45. Online: http://cjones.web.cern.ch/ cjones/Presentations/NTIC/healthgrid%20presentation%20by%20Ignacio%20Blanque r-2004%20Final.pdf, Stand: 09.09.2008.

HFD (2003): Breast Cancer and Grid Computing. Presseartikel. Health Future DIGEST (HFD). Online: http://hfd.dmc.org/articlecomment/default.aspx?id=255&sid=1, Stand: 05.06.2009.

Hill T, Westbrook R (1997): SWOT Analysis: It's Time for a Product Recall. Long Range Planning 30(1), S. 46-52.

Hofestädt R (2005): Bioinformatik. In: Lehmann TM (Hrsg.): Handbuch der Medizinischen Informatik. Carl Hanser Verlag, München, S. 253-296.

Hoise (2003): Siemens Signs Agreement with i3ARCHIVE to Deliver National Digital Mammography Archive to Health Care Facilities. Presseartikel. Hoise.com – VMW – Virtual Medical Worlds Monthly. Online: http://www.hoise.com/vmw/03/articles/vmw/LV-VM-11-03-33.html, Stand: 08.04.2009.

Holbrook MB (1994): The Nature of Customer Value: An Axiology of Services in the Consumption Experience. In: Rust RT, Oliver aRL (Hrsg.): Service Quality: New Directions in Theory and Practice. Sage, Thousand Oaks, S. 21-71.

Hollebeek R (2006): Patent Application Publication, Hollebeek, US 20060241968 A1. Online: http://www.freepatentsonline.com/y2006/0241968.html, Stand: 05.06.2009.

Holmberg J, Sandbrook R (1992): Sustainable Development: What is to be Done? In: Holmberg J (Hrsg.): Making Development Sustainable: Redefining Institutions, Policy, and Economics. Island Press, Washington, D.C., USA, S. 19-38.

Horsch A, Handels H (2005): Telematik im Gesundheitswesen. In: Lehmann TM (Hrsg.): Handbuch der Medizinischen Informatik. Carl Hanser Verlag, München, S. 673-712.

HPCwire (2008): InforSense, GlaxoSmithKline to Enable Virtual Drug Discovery Pressemitteilung. HPCwire.com. Online: http://www.hpcwire.com/industry/lifesciences/InforSense_GlaxoSmithKline_to_Enable_Virtual_Drug_Discovery.html ?viewAll=y, Stand: 20.11.2008.

Huerta M, Downing G, Haseltine F et al. (2000): NIH Working Definition of Bioinformatics and Computational Biology. The Biomedical Information Science and Technology Initiative Consortium (BISTIC) – Definition Committee of National Institutes of Health (NIH), S. 1. Online: http://web.singnet.com.sg/~vivacity/compubiodef.pdf, Stand: 17.06.2008.

Iavindrasana J, Lo Iacono L, Muller H et al. (2008): The @neurIST project. Studies In Health Technology And Informatics 138, S. 161-164.

IBM (2003): UPenn Fights Breast Cancer with Linux and IBM. Presseinterview. IBM. Online: http://www-01.ibm.com/software/info/television/html/L907120T82504A15.html, Stand: 09.04.2009.

IBM (2005): Zusammenarbeit. IBM Inc. Online: http://www-05.ibm.com/de/pov/whyibmsystems/index.html, Stand: 05.06.2009.

IBM (2007): Updated National Digital Medical Archive Solution. IBM Inc. Online: http://www-304.ibm.com/jct09002c/gsdod/solutiondetails.do?solution=31353&expand=true&lc=en, Stand: 05.06.2009.

IBM (2009a): IBM Cloud Computing. IBM Inc. Online: http://www.ibm.com/cloud/, Stand: 05.04.2009.

IBM (2009b): IBM Grid Computing. IBM Inc. Online: http://www.ibm.com/grid/, Stand: 05.04.2009.

IBM (2009c): IBM Shared University Research Awards. IBM Inc. Online: http://www-304.ibm.com/jct01005c/university/scholars/sur/, Stand: 12.03.2009.

IBM (2009d): National Digital Medical Archive Promotes Higher Quality Medical Imaging Through Analytics. Pressemitteilung. IBM Inc. Online: http://www-01.ibm.com/software/success/cssdb.nsf/CS/JSTS-7RUJHB?OpenDocument&Site=default&cty=en_us, Stand: 09.04.2009.

iData (2008): The Medical Imaging Market Faces a Temporary Struggle. iData Research Inc., S. 1-6. Online: http://www.idataresearch.net/idata/articleUpload/0875fb5dcdb96f7f42be4419a3f1f810_1230935814_iDATA-US-ImagingTechnology Article-2008.pdf, Stand: 05.06.2009.

Insight Corp. (2005): Grid Computing – A Vertical Market Perspective 2005-2010 (Executive Summary). The INSIGHT Research Corporation, Boonton, NJ, S. 1-7.

Insight Corp. (2006): Grid Computing – A Vertical Market Perspective 2006-2011 (Executive Summary). The INSIGHT Research Corporation, Boonton, NJ, S. 1-8.

InSite One (2008): i3Archive, Inc. and NDMA, Inc. and InSite One Settle Litigation. Pressemitteilung. InSite One. Online: http://www.insiteone.com/news-pressreleases.php?news=i3Archive%2C+Inc.+and+NDMA%2C+Inc.+and+InSite+One+Settle+Litigation&newsID=33, Stand: 05.06.2009.

InSite One (2009a): IBM to Provide Infrastructure in InSite One's Primary Data Center Pressemitteilung. InSite One. Online: http://www.insiteone.com/news-

pressreleases.php?news=IBM+to+provide+infrastructure+in+InSite+One's+Primary+
Data+Center&newsID=63, Stand: 05.06.2009.

InSite One (2009b): InSite One Grows Its Base of Mammography Clients. Pressemitteilung. InSite One. Online: http://www.insiteone.com/news-pressreleases.php?
news=InSite+One+Grows+Its+Base+of+Mammography+Clients&newsID=66, Stand:
05.06.2009.

Intel (2003): Distributed Desktop Grid, PC Refresh Help Novartis Enhance Innovation.
Whitepaper – Case Study. Intel Business Center S. 1-4. Online: http://www.univaud.com/
about/resources/files/cs-novartis.pdf, Stand: 02.03.2008.

InternetNews (2005): Digital Mammography on the Grid. Presseartikel. InternetNews.com.
Online: http://www.internetnews.com/ent-news/article.php/3565751, Stand: 09.06.2009.

IRI Uni Hannover (2009): [ACGT] Advancing Clinico-Genomic Trials on Cancer.
Institut für Rechtsinformatik – Universität Hannover. Online: http://www.iri.uni-
hannover.de/acgt.html, Stand: 02.06.2009.

ISO (1994): Information Technology – Open Systems Interconnection – Basic Reference
Model: The Basic Model. International Organization for Standardization, Genf.
Online: http://www.iso.org/, Stand: 06.02.2008.

Ja.net (2009): Ja.net: UK's Education and Research Network. Online: http://www.ja.net/,
Stand: 23.03.2009.

Jacq N (2006): In Silico Docking on EGEE Infrastructure, the Case of WISDOM. Präsentation EGEE User Forum, S. 1-10. Online: http://www.bioinfogrid.eu/project-
events/initial-training-course/presentations/19-wisdom_userforum_20060301.pdf,
Stand: 06.05.2009.

Jimenez-Ruiz E, Berlanga R, Sanz I et al. (2006): The Management and Integration of
Biomedical Knowledge: Application in the Health-e-Child Project (Position Paper).
Lecture Notes in Computer Science 4278, S. 1062-1067.

Jirotka M, Procter R, Hartswood M et al. (2005): Collaboration and Trust in Healthcare
Innovation: The eDiaMoND Case Study. Computer Supported Cooperative Work
14(4), S. 369-398.

Johnson G, Scholes K, Whittington R (2008): Exploring Corporate Strategy: Text and Cases. Pearson Education, Upper Saddle River, NJ.

Joseph J, Ernest M, Fellenstein C (2004): Evolution of Grid Computing Architecture and Grid Adoption Models. IBM Systems Journal 43(4), S. 624-645.

Joseph J, Fellenstein C (2004): Grid Computing. IBM Press, Indianapolis, IN.

Joy JE, Penhoet EE, Petitti DB (2005): National Digital Mammography Archive. In: Joy JE, Penhoet EE, Petitti DB (Hrsg.): Saving Women's Lives: Strategies for Improving Breast Cancer Detection and Diagnosis. The National Academies Press, Washington, D.C., S. 240-243.

Katz ML, Shapiro C (1985): Network Externalities, Competition, and Compatibility. American Economic Review 75(3), S. 424-440.

Keeney RL (1999): The Value of Internet Commerce to the Customer. Management Science 45(4), S. 533-542.

Keller G, Lietschulte A, Curran TA (1999): Business Engineering mit den R/3-Referenzmodellen. In: Scheer A-W, Nüttgens M (Hrsg.): Electronic Business Engineering – 4. Internationale Tagung Wirtschaftsinformatik 1999. Physica-Verlag, Heidelberg, S. 397-423.

Kesh S, Raghupathi W (2004): Critical Issues in Bioinformatics and Computing. Perspectives in Health Information Management 1, S. 1-9.

Kleining G (2007): Der qualitative Forschungsprozess. In: Naderer G, Balzer E (Hrsg.): Qualitative Marktforschung in Theorie und Praxis. Gabler, Wiesbaden, S. 188-230.

Klueber R (2000): Business Model Design and Implementation for Services In: Chung HM (Hrsg.): Proceedings of the Americas Conference on Information Systems (AMCIS). Association for Information Systems, Long Beach, USA, S. 797-800.

Knyphausen-Aufseß Dz, Meinhardt Y (2002): Revisiting Strategy: Ein Ansatz zur Systematisierung von Geschäftsmodellen. In: Bieger T, Bickhoff N, Caspers R et al. (Hrsg.): Zukünftige Geschäftsmodelle: Konzept und Anwendung in der Netzökonomie. Springer-Verlag, Berlin, Heidelberg, New York, S. 63-89.

Köhler CO, Meyer zu Bexten E, Lehmann TM (2005): Medizinische Informatik. In: Lehmann T (Hrsg.): Handbuch der Medizinischen Informatik. Carl Hanser Verlag, München, S. 1-22.

Kollmann T, Kuckertz A (2007): Implikationen des Market-Based-View für das Entrepreneurial Marketing – Besonderheiten, Aufgaben und Lösungsansätze für Gründungsunternehmen. In: Freiling J, Kollmann T (Hrsg.): Entrepreneurial Marketing. Gabler, Wiesbaden, S. 48-60.

Kratz M, Silverstein J, Dev P (2008): Integrated Research Team Final Report HealthGrid: Grid Technologies for Biomedicine. Studies In Health Technology And Informatics 138, S. 201-223.

Krüger W (2002): Auswirkungen des Internet auf Wertketten und Geschäftsmodelle. In: Frese E, Stöber H (Hrsg.): E-Organisation: Strategische und organisatorische Herausforderungen des Internet. Gabler, Wiesbaden, S. 63-89.

Kunze C (2005): Ubiquitous Healthcare: Anwendung ubiquitärer Informationstechnologien im Telemonitoring. Dissertation. Universität Fridericiana Karlsruhe, Karlsruhe.

Lapierre J (2000): Customer-perceived Value in Industrial Contexts. Journal of Business & Industrial Marketing 15(2/3), S. 122-145.

Lehmann TM (2007): Medizinische Bildverarbeitung. In: Kramme R (Hrsg.): Medizintechnik. Springer-Verlag, Berlin, Heidelberg, New York, S. 765-789.

Lehmann TM, Oberschelp W, Pelikan E et al. (1997): Bildverarbeitung für die Medizin. Springer-Verlag, Berlin, Heidelberg, New York.

Lehner F, Heinrich LJ (2005): Informationsmanagement. Oldenbourg Wissenschaftsverlag, München, Wien.

Leiner F, Gaus W, Haux R et al. (2006): Medizinische Dokumentation: Grundlagen einer qualitätsgesicherten integrierten Krankenversorgung. Schattauer, Stuttgart, New York.

Leonard KJ (2004): Critical Success Factors Relating to Healthcare's Adoption of New Technology: A Guide to Increasing the Likelihood of Successful Implementation. Electronic Healthcare 2(4), S. 72-81.

Lesk AM (2003): Bioinformatik: Eine Einführung. Spektrum, Akademischer Verlag, Heidelberg, Berlin.

Linder J, Cantrell S (2000): Changing Business Models: Surveying the Landscape. Accenture, Institute for Strategic Change, S. 1-15. Online: http://riccistreet.net/ dwares/lane/mba600/linder.pdf, Stand: 06.07.2008.

Longbottom C, Tarzey B (2006): Grid Computing Update – Pilots move to Mainstream. Quocirca Insight Report. Quocirca Inc., S. 1-16. Online: http://www.quocirca.com, Stand: 02.12.2008.

Lorenz O, Lange M (2009): Monitoring "eHealth & Gesundheitswirtschaft Deutschland 2009". In: Wegweiser (Hrsg.): Gesundheitswirtschaft – Deutschland 2009. Wegweiser, Berlin, S. 20-83.

Löwe H (2007): D-Grid Nachhaltigkeit – Was? Warum? Wie? Präsentation D-Grid Workshop Nachhaltigkeit Oktober 2007, Berlin, S. 1-3. Online: http://dgi.d-grid.de/uploads/media/NHWS-20071009-01-Loewe.pdf, Stand: 09.12.2007.

Luethi R (2005): Betrachtungen über Fallstudien in den Sozialwissenschaften und anderswo. Working Paper. Institute for Organization and Administrative Science, Universität von Zürich.

Magic-5 (2009): Magic-5: Medical Application on a Grid Infrastructure Connection. Online: http://http://www.magic5.unile.it/, Stand: 05.04.2009.

Magretta J (2002): Why Business Models Matter. Harvard Business Review 80(5), S. 86-92.

Mahadevan B (2000): Business Models for Internet based E-Commerce – An Anatomy. California Management Review 42(4), S. 55-69.

Malone TW, Crowston K, Herman GA (2003): Organizing Business Knowledge: The MIT Process Handbook. MIT Press, Cambridge, MA.

MammoGrid (2007): MammoGrid: A European Federated Mammogram Database Implemented on a Grid Infrastructure. Online: http://MammoGrid.vitamib.com, Stand: 15.03.2007.

Martin-Sanchez F, Iakovidis I, Nørager S et al. (2004): Synergy Between Medical Informatics and Bioinformatics: Facilitating Genomic Medicine for Future Health Care. Journal of Biomedical Informatics 37(1), S. 30-42.

Mayer HO (2004): Interview und schriftliche Befragung: Entwicklung, Durchführung und Auswertung. Oldenbourg Wissenschaftsverlag, München, Wien.

MediGRID (2009): MediGRID Projekt. Online: http://www.medigrid.de, Stand: 01.02.2008.

MedInfoGrid (2009): MedInfoGrid: Provider für Integrierte Medizinische Informationen. Online: http://www.medinfogrid.de, Stand: 13.04.2009.

MEGrid (2007): MeGrid: Medical Engineering Grid. Online: http://www.biogrid.jp/project/e/research_work/gro1/megrid/project.html, Stand: 04.08.2007.

Merkens H (2000): Auswahlverfahren, Sampling, Fallkonstruktion. In: Flick U, Kardorff vE, Steinke I (Hrsg.): Qualitative Forschung. Ein Handbuch. Rowohlt, Reinbek bei Hamburg, S. 286-299.

Merrill RM, Timmreck TC (2006): Introduction to Epidemiology. Jones & Bartlett Publishers.

Meuser M, Nagel U (2005): ExpertInnenInterviews – vielfach erprobt, wenig bedacht: Ein Beitrag zur qualitativen Modelldiskussion. In: Bogner A, Littig B, Menz W (Hrsg.): Das Experteninterview: Theorie Methode, Anwendung. VS Verlag, Wiesbaden, S. 71-93.

Mey G, Mruck K (2007): Qualitative Interviews. In: Naderer G, Balzer E (Hrsg.): Qualitative Marktforschung in Theorie und Praxis. Gabler, Wiesbaden, S. 247-278.

MHS (2009): MHS: Magellan Health Services. Online: http://www.magellanhealth.com/, Stand: 02.03.2009.

Microsoft (2009): Microsoft Healthvault. Microsoft Inc. Online: https://account.healthvault.com/help.aspx?topicid=faq&rmproc=true#_Toc177201198, Stand: 15.05.2009.

Milanesi L (2007): BioInfogrid: BioInformatics Simulation and Modeling Based on Grid. In: Di Gesu V, Lo Bosco G, Maccarone MC (Hrsg.): Modeling and Simulations in Science: Proceedings of the 6th International Workshop on Data Analysis in Astronomy World Scientific Publishing Company, Singapore, S. 178-186.

Miles RE, Snow CC (1992): Causes of failures in network organizations. California Management Review 34(4), S. 53-72.

Mohammed Y (2006): Erweiterte Sicherheit und Datenschutz Techniken. In: Sax U, Mohammed Y, Viezens F et al. (Hrsg.): Grid-Computing in der biomedizinischen Forschung: Datenschutz und Datensicherheit. Urban & Vogel, München, S. 70-77.

Muhammad AJ, Markram H (2005): NEOBASE: Databasing the Neocortical Microcircuit. Studies In Health Technology And Informatics 112, S. 167-177.

Müller-Böling D, Klandt H (1996): Methoden empirischer Wirtschafts- und Sozialforschung: Eine Einführung mit wirtschaftswissenschaftlichem Schwerpunkt. Förderkreis Gründungs-Forschung, Köln-Dortmund.

Müller-Terpitz R (2006): Das Recht der Biomedizin. Springer-Verlag, Berlin, Heidelberg, New York.

Muno W (2009): Fallstudien und die vergleichende Methode. In: Pickel S, Pickel G, Lauth H-J et al. (Hrsg.): Methoden der vergleichenden Politik- und Sozialwissenschaft. VS Verlag, Wiesbaden, S. 113-131.

Murray WH (2002): Cancer's New Enemy New Architect Magazine October 2002. Online: http://www.ddj.com/architect/184411711, Stand: 07.06.2009.

Myer T (2003): Grid Computing: Conceptual Flyover for Developers. IBM developerWorks. IBM. Online: http://swatch.stanford.edu/archives/WPap/grid-fly.pdf, Stand: 03.04.2009.

myNDMA (2009): myNDMA.com. Online: http://www.myNDMA.com, Stand: 02.03.2009.

NCBI (2008): NCBI BLAST. Online: http://blast.ncbi.nlm.nih.gov/Blast.cgi, Stand: 12.08.2008.

NCH Software (2009): Express Scribe Transkriptionssoftware. Online: http://www.nch.com.au/scribe/de/index.html, Stand: 17.04.2009.

NCI (2009): CancerImagingProgram – Image Archive Resources – Cancer Image Archives. Website. NCI – National Cancer Institute. Online: http://imaging.cancer.gov/programsandresources/InformationSystems/ImageArchive Resources/page14, Stand: 05.06.2009.

NDMA (2009a): For Payers. NDMA: National Digital Medical Archive. Online: http://corporate.ndma.us/payers.aspx, Stand: 06.06.2009.

NDMA (2009b): Industry Drivers. NDMA: National Digital Medical Archive. Online: http://corporate.ndma.us/products.aspx, Stand: 06.06.2009.

NDMA (2009c): NDMA Employment. NDMA: National Digital Medical Archive. Online: http://corporate.ndma.us/Employment.aspx, Stand: 06.06.2009.

NDMA (2009d): NDMA: National Digital Medical Archive. Online: http://www.ndma.us, Stand: 02.03.2009.

NDMA (2009e): Transparency. Quality. Accountability. Pressemitteilung. NDMA: National Digital Medical Archive. Online: http://corporate.ndma.us/news/Article.aspx ?id=2529, Stand: 06.06.2009.

NDMA (2009f): What Do You Want to Know About Your Business. NDMA: National Digital Medical Archive. Online: http://corporate.ndma.us/services.aspx, Stand: 06.06.2009.

NDMA (2009g): What We Do. NDMA: National Digital Medical Archive. Online: http://corporate.ndma.us/corporate.aspx, Stand: 06.06.2009.

NeSC (2009a): eDiaMoND: Digital Mammography. National E-Science Centre. Online: http://www.nesc.ac.uk/action/projects/project_action.cfm?title=102, Stand: 01.04.2009.

NeSC (2009b): NeuroGRID. National E-Science Centre. Online: http://www.nesc.ac.uk/ action/projects/project_action.cfm?Title=285, Stand: 04.04.2009.

Neubauer G (2007): Medizinisch-technische Innovationen. Die Krankenversicherung (KrV) 9(07), S. 263-267.

Neumann D, Holtmann C, Orwat C (2006): Grid-Economics. Wirtschaftsinformatik 48(3), S. 206-209.

NeuroGrid (2005): NeuroGrid: Grid Technology for Neuroscience. Online: http://www.neurogrid.ac.uk/, Stand: 04.04.2009.

NIA (2009): NIA: National Imaging Associates, Inc. Website. Online: http://www.rdmd.com, Stand: 02.03.2009.

Novartis (2009): Novartis AG. Online: http://www.novartis.com, Stand: 23.03.2009.

OECD (2009): Healthcare Expenditures. OECD: Organization for Economic Cooperation and Development. Online: http://www.oecd.org, Stand: 15.04.2009.

OGF (2006): The Open Grid Services Architecture, Version 1.5. OGF: Open Grid Forum. Online: http://www.ogf.org/documents/GFD.80.pdf, Stand: 23.06.2007.

OGF (2009): Open Grid Forum. Online: http://www.ogf.org/, Stand: 17.03.2009.

Omii-UK (2009): Project: NeuroGrid. Omii-UK: Software Solutions for Research. Online: http://www.omii.ac.uk/repository/project.jhtml?pid=186, Stand: 04.04.2009.

Opitz A, König H, Szamlewska S (2008): What Does Grid Computing Cost? Journal of Grid Computing 6(4), S. 385-397.

Oram A (Hrsg.) (2001): Peer-to-Peer: Harnessing the Power of Disruptive Technologies. O'Reilly, Sebastopol, CA.

Osterwalder A (2004): The Business Model Ontology: A Proposition in a Design Science Approach. Dissertation. Université de Lausanne, Lausanne, Schweiz.

Osterwalder A, Pigneur Y (2002): An E-Business Model Ontology for Modeling E-Business. 15th Bled Electronic Commerce Conference – E-Reality: Constructing the E-Economy, Bled, Slovenia, S. 1-12.

Osterwalder A, Pigneur Y, Tucci CL (2005): Clarifying Business Models: Origins, Present and Future of the Concept. Communications of the Association for Information Systems (CAIS) 16(1), S. 1-25.

Pace WD, Staton EW, Holcomb S (2005): Practice-Based Research Network Studies in the Age of HIPAA. Annals of Family Medicine 3(Supply 1), S. 38-45.

Papazoglou MP (2006): Service-Oriented Computing: Concepts, Characteristics and Directions. Proceedings of the Fourth International Conference on Web Information Systems Engineering (WISE), S. 3-12. Online: http://dbiref.uvt.nl/iPort?request=full_record&db=wo&language=eng&query=124181, Stand: 04.03.2008.

Parekh SG, Nazarian DG, Lim CK (2004): Adoption of Information Technology by Resident Physicians. Clinical Orthopaedics and Related Research 421(April), S. 107-111.

Pepels W (2004): Marketing. Oldenbourg Wissenschaftsverlag, München, Wien.

Pfister GF (1998): In Search of Clusters: The Ongoing Battle in Lowly Parallel Computing. Prentice Hall PTR, Upper Saddle River, NJ.

PhilBizJournal (2003): i3Archive Inks Siemens. Presseartikel. Philadelphia Business Journal. Online: http://www.smartyagent.com/pdf/Philly-bus-j-page1.pdf, Stand: 05.06.2009.

Pickton DW, Wright S (1998): What's SWOT in Strategic Analysis? Strategic Change 7(2), S. 101-109.

PITAC (2004): Revolutionizing Health Care Through Information Technology. President's Information Technology Advisory Committee, S. 1-60. Online: http://www.nitrd.gov/ pitac/reports/20040721_hit_report.pdf, Stand: 10.03.2009.

Plaszczak P, Wellner Jr. R (2006): Grid Computing: The Savvy Manager's Guide. Elsevier, Amsterdam.

Platform (2009): Platform LSF. Online: http://www.platform.com/Products/platform-lsf, Stand: 03.04.2009.

Porter M (1999): Wettbewerbsvorteile. Campus-Verlag, Frankfurt (a.M.).

Porter M (2001): Strategy and the Internet. Harvard Business Review 79(3), S. 63-78.

Pree W (1997): Komponentenbasierte Softwareentwicklung mit Frameworks. dpunkt, Heidelberg, Neckar.

ProGenGrid (2006): ProGenGrid: Grid Portal for Bioinformatics. Online: https://sara.unile.it/ cgi-bin/bioinfo/about, Stand: 05.04.2009.

Pschyrembel W (Hrsg.) (2007): Pschyrembel Klinisches Wörterbuch. de Gruyter, Berlin, New York.

Ragin CC (2000): Fuzzy-Set Social Science. University of Chicago Press, Chicago.

Rappa MA (2003): Business Models on the Web. Online: http://digitalenterprise.org/ models/models.html, Stand: 06.08.2007.

Rappa MA (2004): The Utility Business Model and the Future of Computing Services IBM Systems Journal 43(1), S. 32-42.

Rector A (2005): Clinical E-Science Framework (CLEF): Joined up Health and Bio Informatics. Präsentation, S. 1-17. Online: http://www.cs.man.ac.uk/~rector/ presentations/for_carole/health-grid-rector.ppt, Stand: 05.03.2009.

redOrbit (2005): i3ARCHIVE Brings On-Demand to the Challenges of Digital Medical Imaging Disaster Recovery. Presseartikel. redOrbit Science Space Technology Health News and Information. Online: http://www.redorbit.com/news/health/315226/

i3archive_brings_ondemand_to_the_challenges_of_digital_medical_imaging/, Stand: 05.06.2009.

redOrbit (2007): Personal Health Record myNDMA.Com Exclusively Featured on NBC Nightly News As Solution for tracking Medical Records. Presseartikel. redOrbit Science Space Technology Health News and Information. Online: http://www.redorbit.com/news/health/806454/personal_health_record_myndmacom_e xclusively_featured_on_nbc_nigthly_news/index.html, Stand: 09.06.2009.

Reinefeld A, Schintke F (2004): Grid Services – Web Services zur Nutzung verteilter Ressourcen. Informatik-Spektrum 27(2), S. 129-135.

Rentmeister J, Klein S (2003): Geschäftsmodelle – ein Modebegriff auf der Waagschale. Zeitschrift für Betriebswirtschaft (ZfB): Die Zukunft des Electronic Business 1(2003), S. 17-30.

Reuter P (Hrsg.) (2007): Springer Klinisches Wörterbuch. Springer Medizin Verlag Heidelberg.

Rienhoff O (2006): Lösungen für sichere Grid-Anwendungen in der medizinischen Forschung. In: Sax U, Mohammed Y, Viezens F et al. (Hrsg.): Grid-Computing in der biomedizinischen Forschung: Datenschutz und Datensicherheit. Urban & Vogel, München, S. 86-90.

Rienhoff O (2007): Nachhaltigkeit von MediGRID. Präsentation D-Grid Workshop Nachhaltigkeit Oktober 2007, Berlin, S. 1-7. Online: http://dgi.d-grid.de/uploads/ media/NHWS-20071009-09-MediGRID.pdf, Stand: 09.12.2007.

Risch M, Altmann J (2008): Cost Analysis of Current Grids and its Implications for Future Grid Markets. Lecture Notes in Computer Science 5206, S. 13-27.

Robert M, Racine B (2001): E-Strategy, Pure and Simple: Connecting Your Internet Strategy to Your Business Strategy. McGraw-Hill, New York.

Rockart JF (1979): Chief Executives Define Their Own Data Needs. Harvard Business Review March 1, S. 81-92.

Rogers EM (2005): Diffusion of Inovations. Free Press, New York.

Saltz J, Hastings S, Langella S et al. (2008): A Roadmap for caGrid, an Enterprise Grid Architecture for Biomedical Research. Studies In Health Technology And Informatics 138, S. 224-237.

Sax U (2006): Stand der generischen Datenschutz-Konzepte sowie deren technische Realisierung in biomedizinischen Grids. In: Sax U, Mohammed Y, Viezens F et al. (Hrsg.): Grid-Computing in der biomedizinischen Forschung: Datenschutz und Datensicherheit. Urban & Vogel, München, S. 38-43.

SCC (2006): The Supply-Chain Operations Reference-Model (SCOR). SCC: Supply Chain Council. Online: http://www.supply-chain.org/cs/root/scor_tools_resources/ scor_model/ scor_model, Stand: 03.05.2009.

Scheer A-W (1997): Wirtschaftsinformatik: Referenzmodelle für industrielle Geschäftsprozesse. Springer-Verlag, Berlin, Heidelberg, New York.

Scheer C, Deelmann T, Loos P (2003): Geschäftsmodelle und internetbasierte Geschäftsmodelle: Begriffsbestimmung und Teilnehmermodell. ISYM Working Paper 12. Johann-Gutenberg-Universität Mainz, S. 1-35. Online: http://isym.bwl.uni-mainz.de/publikationen/isym012.pdf, Stand: 23.09.07.

Scherm E, Süß S (2000): Virtuelle Unternehmen. Das Wirtschaftsstudium 29(3/2000), S. 311-313.

Scheuch E (1967): Das Interview in der Sozialforschung. In: König R (Hrsg.): Handbuch der Empirischen Sozialforschung. Enke Verlag, Stuttgart, S. 136-196.

Schikuta E, Donno F, Stockinger H et al. (2005): Business In the Grid: Project Results. 1st Austrian Grid Symposium. OCG Verlag, Hagenberg, S. 1-10. Online: http://www.pri.univie.ac.at/Publications/2005/Schikuta_austriangrid_bigresults.pdf, Stand: 03.04.2007.

Schmeisser W, Endesfelder J, Schütz K (2007): Das Gesundheitssystem in Deutschland: Struktur und Entwicklungen. In: Schmeisser W, Wagner K, Schütz K (Hrsg.): Betriebswirtschaftliche Ansätze und Instrumente des Gesundheitsmanagements. Rainer Hampp Verlag, S. 1-22.

Schnall MD (2003): The National Digital Mammography Archive – Phase II Final Briefing. Präsentation National Library of Medicine, S. 1-29. Online: http://collab.nlm.nih.gov/ webcastsandvideos/ngirsv/universityofpennsylvaniaslides.pdf, Stand: 09.04.2009.

Schnell R, Hill PB, Esser E (2008): Methoden der empirischen Sozialforschung. Oldenbourg Wissenschaftsverlag, München, Wien.

Schöffski O (2008): Das Krankenversicherungssystem in Deutschland. In: Schöffski O, Fricke F-U, Guminski W (Hrsg.): Pharmabetriebslehre. Springer-Verlag, Berlin, Heidelberg, New York, S. 3-22.

Schögel K (2002): Bezugsrahmen der Geschäftsmodellierung. In: Schögel M, Tomczak T, Belz C (Hrsg.): Roadm@p to E-Business: Wie Unternehmen das Internet erfolgreich nutzen. Thexis, St. Gallen, S. 374-399.

Scholz S (2007): Cost Structures and Cost Analysis in Grid Infrastructures – MediGRID as a Use Case. Präsentation eHealthweek, Berlin, S. 1-15. Online: http://www.medigrid.de/ u_veranst/070418_health_conference/09_Scholz_eHealthWeek_070418.pdf,   Stand: 02.04.2008.

Scholz S, Breitner MH, Blaurock M (2008): A Sustainable Business Model Approach for Grid Computing – And a Life Sciences Example. In: Bichler M, Hess T, Krcmar H et al. (Hrsg.): Multikonferenz Wirtschaftsinformatik 2008. GITO-Verlag, Berlin, S. 1-12, (Volltext auf CD).

Scholz S, Breitner MH, Semler SC et al. (2007): Business Models for Grid Computing in Life Science: An Approach to Identifying Health Grid Revenue. Mednet 2007, Leipzig, S. 1-4. Online: http://www.mednet2007.com/pdfs/fullpaper/0708Mednet ProceedingTMFUniHan.pdf, Stand: 04.11.2008.

Scholz S, Semler SC, Breitner MH (2009): Business Aspects and Sustainability for Healthgrids – an Expert Survey Studies In Health Technology And Informatics 147, S. 163-172.

Schomann M, Koch A (2008): Praxisinduzierte Kosten-und Nutzenbetrachtung von Corporate Shared Services Corporate Shared Services. Gabler, Wiesbaden, S. 221-239.

Schonlau H, Morzinck T (2004): Kooperative Geschäftsmodelle bei KIS-Anbietern. 49. Jahrestagung der Deutschen Gesellschaft für Medizinische Informatik, Biometrie und

Epidemiologie. German Medical Science, Innsbruck, Österreich. Online: http://www.egms.de/en/meetings/gmds2004/04gmds310.shtml, Stand: 13.04.2009.

Schwickert AC (2004): Geschäftsmodelle im Electronic Business – Bestandsaufnahme und Relativierung. Arbeitspapiere Wirtschaftsinformatik 2(2004). Justus-Liebig-Universität Gießen, S. 1-16.

Seddon PB, Lewis GP (2003): Strategy and Business Models: What's the Difference? 7th Pacific Asia Conference on Information Systems, Adelaide, Australia S. 236-248. Online: http://www.pacis-net.org/file/2003/papers/e-business/219.pdf, Stand: 10.11.2008.

Seddon PB, Lewis GP, Freeman P et al. (2004): Business Models and their relationship to strategy In: Currie W (Hrsg.): Value Creation from E-Business Models. Elsevier Butterworth-Heinemann, Burlington, MA, S. 11-34.

Seiter M, Schwab C, Ahlert D et al. (2008): Nutzenmessung von produktbegleitenden Dienstleistungen im Industriegüter-Pricing – Erste empirische Ergebnisse. 1st Rostock Conference on Service, Rostock, S. 1-35.

Servatius H-G (2002): Geschäftskonzept-Optimierung in der Netzwerk-Ökonomie. Controlling 8/9, S. 437-445.

Sfakianakis S (2008): A Semantically-Enabled Infrastructure in Support of Clinical Trials and Post-Genomic Research. Präsentation Eurogene Workshop, Barbastro, Spanien, S. 1-18. Online: http://eurogene.biomed.ntua.gr/assets/workshop/9.%20ACGT_ Eurogene_workshop_2008.pdf, Stand: 15.05.2009.

Shortliffe EH (2005): Strategic Action In Health Information Technology: Why The Obvious Has Taken So Long. Health Affairs 24(5), S. 1222-1233.

Silverstein J (2007): Globus MEDICUS: Federation of DICOM Medical Imaging Devices into Healthcare Grids. Präsentation Healthgrid 2007, Genf, Schweiz, S. 1-22. Online: http://geneva2007.healthgrid.org/fileadmin/presentations/Session_6/3_Silverstein.pdf, Stand: 04.07.2008.

Simon M (2005): Das Gesundheitssystem in Deutschland: Eine Einführung in Struktur und Funktionsweise. Verlag Hans Huber, Bern.

Skiera B, Lambrecht A (2002): Erlösmodelle im Internet. In: Albers S (Hrsg.): Handbuch Produktmanagement. Gabler, Wiesbaden, S. 855-872.

Skiera B, Spann M, Walz U (2005): Erlösquellen und Preismodelle für den Business-to-Consumer Bereich im Internet. Wirtschaftsinformatik 47, S. 285-294.

Slimani Y, Najjar F, Mami N (2004): An Adaptive Cost Model for Distributed Query Optimization on the Grid. Lecture Notes in Computer Science 3292, S. 79-87.

Smith R (2004): Grid Computing: A Brief Technology Analysis. CTOnet.org. Online: http://citeseerx.ist.psu.edu/viewdoc/download?doi=10.1.1.109.943&rep=rep1&type=pdf, Stand: 10.05.2008.

Stähler P (2002): Geschäftsmodelle in der digitalen Ökonomie: Merkmale, Strategien und Auswirkungen. Josef Eul Verlag, Köln-Lohmar.

Stake RE (2005): Qualitative Case Studies. In: Denzin NK, Lincoln YS (Hrsg.): The Sage Handbook of Qualitative Research. Sage, Thousand Oaks, CA, S. 443-467.

Stanoevska-Slabeva K, Talamanca CF, Thanos GA et al. (2007): Development of a Generic Value Chain for the Grid Industry. Lecture Notes in Computer Science 4685, S. 29-43.

Steinmetz R, Wehrle K (2004): Peer-to-Peer-Networking & -Computing. Informatik-Spektrum 27(1), S. 51-54.

Stickel-Wolf C, Wolf J (2005): Wissenschaftliches Arbeiten und Lerntechniken. Gabler, Wiesbaden.

Stockinger H (2006): Grid Computing in Physics and Life Sciences. Third International Conference on Communication Technology (ICCT), Wien, S. 1-6.

Stockinger H (2007): Defining the Grid: A Snapshot on the Current View. The Journal of Supercomputing 42(1), S. 3-17.

Stoll P (2008): Stand und aktuelle Entwicklungsrichtungen im Grid Computing aus der Perspektive des Technical Computings in der Industrie – science+computing AG. Präsentation Forum Virtualisierung und Grid Computing, Institutszentrum Stuttgart der Fraunhofer Gesellschaft S. 1-26.

Stratford N, Mortier R (1999): An Economic Approach to Adaptive Resource Management. 7th Workshop on Hot Topics in Operating Systems, Rio Rico, USA, S. 142-147.

Stuer G, Vanmechelen K, Broeckhove J (2007): A Commodity Market Algorithm for Pricing Substitutable Grid Resources. Future Generation Computer Systems 23, S. 688-701.

Sun (2008): Cloud Computing. Sun.com. Online: http://www.network.com, vormals: sun.com/service/sungrid, Stand: 13.02.2009.

Sun L, Ifeachor EC (2005): The Impact of Grid in Healthcare. Proceedings of the 2nd International Conference on Computational Intelligence in Medicine and Healthcare (CIMED), S. 1-9. Online: http://www.tech.plymouth.ac.uk/spmc/people/lfsun/publications/cimed2005-lsun.pdf, Stand: 02.03.2007.

Sydow J (2006a): Führung in Netzwerkorganisationen – Fragen an die Führungsforschung. In: Sydow J (Hrsg.): Management von Netzwerkorganisationen: Beiträge aus der "Managementforschung". Gabler, Wiesbaden, S. 373-386.

Sydow J (2006b): Management von Netzwerkorganisationen – Zum Stand der Forschung. In: Sydow J (Hrsg.): Management von Netzwerkorganisationen: Beiträge aus der "Managementforschung". Gabler, Wiesbaden, S. 387-472.

Tapscott D, Ticoll D, Lowy A (2000): Digital Capital: Harnessing The Power of Business Webs. Harvard Business School Press, Boston, MA.

Teichmann K, Wolf J, Albers S (2004): Typen und Koordination Virtueller Unternehmen Zeitschrift Führung und Organisation, 73. Jg.(2), S. 88-96.

Tellis W (1997a): Application of a Case Study Methodology. The Qualitative Report, Online Version 3(3). Online: http://www.nova.edu/ssss/QR/QR3-3/tellis2.html, Stand: 03.03.2009.

Tellis W (1997b): Introduction to Case Study. The Qualitative Report, Online Version 3(2). Online: http://www.nova.edu/ssss/QR/QR3-2/tellis1.html, Stand: 03.03.2009.

The R Project (2009): The R Project for Statistical Computing. Online: http://www.r-project.org/, Stand: 17.05.2009.

Timmers P (1998): Business Models for Electronic Markets. Electronic Markets (EM) 8(2), S. 3-8.

Töpfer A, Seeringer C (2008): Entwicklungsstufen des Customer-Value-Konzeptes und Berechnungsverfahren zur Steuerung des Kundenwertes. In: Töpfer A (Hrsg.): Handbuch Kundenmanagement: Anforderungen, Prozesse, Zufriedenheit, Bindung und Wert von Kunden. Springer-Verlag, Berlin, Heidelberg, New York, S. 229-266.

Tsiknakis M (2006): ACGT – Advancing Clinico-Genomic Trials on Cancer. ERCIM: The European Research Consortium for Informatics and Mathematics. Online: http://www.ercim.org/publication/Ercim_News/enw65/acgt.html, Stand: 25.03.2009.

Tsiknakis M, Kafetzopoulos D, Potamias G et al. (2006): Building a European Biomedical Grid on Cancer: the ACGT Integrated Project. Studies In Health Technology And Informatics 120, S. 247-256.

Tsiknakis M, Sfakianakis S, Potamias G et al. (2007): A Semantic Grid Infrastructure Enabling Integrated Access and Knowledge Discovery from Multilevel Data in Post-Genomic Clinical Trials. 15th International Workshops on Conceptual Structures (ICCS), S. 39-47. Online: http://www.heartfaid.org/files/ACGT_Paper_1.pdf, Stand: 12.06.2007.

Turner M, Budgen D, Brereton P (2003): Turning Software into a Service. Computer 36(10), S. 38-44.

Turowski K, Pousttchi K (2004): Mobile Commerce: Grundlagen und Techniken. Springer-Verlag, Berlin, Heidelberg, New York.

Tversky A, Koehler DJ (2004): Support Theory: A Non-extensional Representation of Subjective Probability. In: Shafir E (Hrsg.): Preference, Belief, and Similarity – Selected Writings Amos Tversky. MIT Press, Cambridge, MA, S. 329-376.

U.S. Embassy (2009): FAQs – Wie war der durchschnittliche Wechselkurs zwischen Dollar und Euro für Steuererklärungen des Steuerjahres? Diplomatische Vertretung der USA in Deutschland. Online: http://german.germany.usembassy.gov/germany-ger/faqs/steuer.html#5, Stand: 01.06.2009.

Uni Saarland (2009): EU-Projekt ACGT wird durch die Europäische Kommission in der Klinik für Kinder- und Jugendmedizin des Universitätsklinikums begutachtet. Pressemitteilung. Universitätsklinikum des Saarlandes. Online: http://www.uniklinikum-saarland.de/de/aktuelles/pressemitteilungen/2009/04/1239803532, Stand: 06.06.2009.

UNICORE (2009): UNICORE: Uniform Interface to Computing Resources. Online: http://www.unicore.eu/, Stand: 30.04.2008.

United Devices (2007): GlaxoSmithKline: Implementing Breakthrough Technology for Clinical Development Modeling and Simulation. Whitepaper. United Devices, S. 1-4. Online: http://www.univaud.com/about/resources/files/cs-gsk.pdf, Stand: 15.11.2008.

Veit D, Gentzsch W (2008): Grid Economics and Business Models. Journal of Grid Computing 6(3), S. 215-217.

Vering O (2002): Methodische Softwareauswahl im Handel: Ein Referenz-Vorgehensmodell zur Auswahl standardisierter Warenwirtschaftssysteme. Logos, Berlin.

VHitG (2009): Branchenbarometer 2008: Markterhebung zur Bewertung und Verteilung von IT in den deutschen Krankenhäusern. Verband der Hersteller von IT-Lösungen für das Gesundheitswesen e.V., S. 1-12.

Vossberg M, Krefting D, Tolxdorff T (2007): Using DICOM in Medical Grids: Secure Image Communication and Integration of External DICOM Devices in Globus Grids. Proceedings of the 5th IASTED BIOMED, Innsbruck, Österreich, S. 320-325.

VPH (2009): Virtual Physiological Human Network of Excellence. Online: http://www.vph-noe.eu/, Stand: 19.01.2009.

Wächter N (2006): Kundenwert aus Kundensicht: Eine empirische Analyse des Kundennutzens aus Sicht der Privat- und Geschäftskunden in der Automobilindustrie Deutscher Universitäts-Verlag (DUV), Wiesbaden.

Warda F, Noelle G (2002): Telemedizin und eHealth in Deutschland: Materialien und Empfehlungen für eine nationale Telematikplattform. Schriftenreihe des DIMDI. Deutsches Institut für medizinische Dokumentation und Information, Köln, S. 1-257.

Watkins R (2006): IBM Grid Computing & Virtualization: Delivering Business Value with Grid Computing. Präsentation GRID@AsiaConference, Seoul, Korea, S. 1-36. Online: http://www.gridatasia.net/images/seoul/pdf/YangraeRo.pdf, Stand: 15.05.2009.

WebWire (2007): NDMA Completes $11 Million Infrastructure Upgrade. Presseartikel. WebWire. Online: http://www.webwire.com/ViewPressRel.asp?ald=38187, Stand: 05.06.2009.

Wegener D, Sengstag T, Sfakianakis S et al. (2008): GridR: An R-based Grid-enabled Tool for Data Analysis in ACGT Clinico Genomics Trials. 3rd IEEE International

Conference on E-Science and Grid Computing, Bangalore, Indien, S. 1-9. Online: http://hal.archives-ouvertes.fr/docs/00/17/90/78/PDF/e-science2007_v08.pdf.

Weiber R, McLachlan C (2000): Wettbewerbsvorteile im Electronic Business. In: Weiber R (Hrsg.): Handbuch Electronic Business. Gabler, Wiesbaden, S. 117-147.

Weibler J, Deeg J (1998): Virtuelle Unternehmen – Eine kritische Analyse aus strategischer, struktureller und kultureller Perspektive. Zeitschrift für Planung und Unternehmenssteuerung 2(1998), S. 107-124.

Weill P, Vitale MR (2001): Place to Space: Migrating to E-Business Models. Harvard Business School Press, Boston, MA, USA.

Weisbecker A (2007): Grid Computing für Medizin und Lebenswissenschaften. In: Wegweiser (Hrsg.): Jahrbuch Gesundheitswirtschaft 2007: Prozessoptimierung, eHealth und Vernetzung im deutschen Gesundheitswesen. Wegweiser, Berlin, S. 166-167.

Weishäuptl T (2004): Towards the Merger of Grid and Economy. Lecture Notes in Computer Science 3252, S. 563-570.

Weiss A (2007): Computing in the clouds. netWorker 11(4), S. 16-25.

Weltkommission für Umwelt und Entwicklung (WCED) (Hrsg.) (1987): Unsere gemeinsame Zukunft: Der Brundtland-Bericht der Weltkommission für Umwelt und Entwicklung. Eggenkamp Verlag, Greven.

WfMC (1995): The Workflow Reference Model. The Workflow Management Coalition Specification. Workflow Management Coalition – WfMC, Hampshire.

Wiehr H (2009): Die Top 10 Voraussagen für Healthcare-Business und IT. CIO.com. Online: http://www.cio.de/healthcareit/analysen/872400/index.html, Stand: 14.04.2009.

Wilde T, Hess T (2007): Forschungsmethoden der Wirtschaftsinformatik – eine empirische Untersuchung. Wirtschaftsinformatik 49(4), S. 280-287.

Willars H (1999): Business Modeller's Checklist: "Dos" and "Don'ts" in Hands-on Practice. In: Nilsson AG, Tolis C, Nellborn C (Hrsg.): Perspectives on Business Modelling. Springer-Verlag, Berlin, Heidelberg, New York, S. 305-324.

Wirtz BW (2001): Electronic business. Gabler, Wiesbaden.

Wirtz BW, Becker DR (2002): Geschäftsmodellansätze und Geschäftsmodellvarianten. WiSt-Wirtschaftsstudium 2(2002), S. 85-90.

WISDOM (2006): WISDOM: Initiative for Grid-enabled Drug Discovery Against Neglected and Emergent Diseases. Online: http://wisdom.eu-egee.fr/, Stand: 05.04.2009.

Wolski R, Brevik J, Plank JS et al. (2003): Grid Resource Allocation and Control Using Computational Economics Grid Computing: Making the Global Infrastructure a Reality. Wiley & Sons, West Sussex, S. 747-772.

Woodall T (2003): Conceptualising 'Value for the Customer': An Attributional, Structural and Dispositional Analysis. Academy of Marketing Science Review 2003(12), S. 1-42, Stand: 05.06.2008.

Woodruff RB (1997): Customer Value: The Next Source for Competitive Advantage. Journal of the Academy of Marketing Science 25(2), S. 139-153.

Woodruff RB, Gardial SF (1996): Know you Customer: New Approaches to Understand Customer Value and Satisfaction. Blackwell, Malden, Oxford.

Woodside AG, Wilson EJ (2003): Case Study Research Methods for Theory Building. Journal of Business & Industrial Marketing 18(6), S. 493-508.

Yeo CS, Buyya R (2006): A Taxonomy of Market-Based Resource Management Systems for Utiltiy-driven Cluster Computing. Software Practice and Experience 36(13), S. 1381-1419.

Yin RK (2009): Case Study Research: Design and Methods. Sage, Thousand Oaks.

Yu J, Buyya R (2006): A Taxonomy of Workflow Management Systems for Grid Computing. Journal of Grid Computing 3(3-4), S. 171-200.

Yu J, Li M, Hong F (2005): Resource Allocation Based on Pricing for Grid Computing Environments. Lecture Notes in Computer Science 3759, S. 506-513.

Zaiß A, Graubner B, Ingenerf J et al. (2005): Medizinische Dokumentation, Terminologie und Linguistik. In: Lehmann T (Hrsg.): Handbuch der Medizinischen Informatik. Carl Hanser Verlag, München, S. 89-143.

Zeiner R (2008): Strategische Erfolgsfaktoren der Neuprodukteinführung. In: Schöffski O, Fricke F-U, Guminski W (Hrsg.): Pharmabetriebslehre. Springer-Verlag, Berlin, Heidelberg, New York, S. 429-441.

Zeithaml V (1988): Consumer Perceptions of Price, Quality, and Value: A Means-End Model and Synthesis of Evidence. Journal of Marketing 52(July), S. 2-22.

Zimmermann H-D (2000): Understanding the Digital Economy: Challenges for New Business Models. In: Chung HM (Hrsg.): Proceedings of the Americas Conference on Information Systems (AMCIS). Association for Information Systems, Long Beach, USA, S. 729-732

Anhang

A1 Interviewleitfaden – Expertenexemplar (deutsch)

Der Markt für Grid Computing in der Medizin und der Biomedizin (Life Sciences)
– Experteninterview –

Ziel, Dauer und Aufbau des Interviews:

Ziel des Interviews ist es, nähere Erkenntnisse über den Markt und zu Nachhaltigkeitsfragen von Grid Computing in der Medizin und der Biomedizin (Life Sciences) zu erzielen. Das Interview wird ca. 30 Minuten in Anspruch nehmen. Die Fragen sind größtenteils offen und überwiegend getrennt für Grid Computing im Allgemeinen und für die Medizin und die Biomedizin im Besonderen zu beantworten.

Inhalte des Interviews:

A. Erfahrungshintergrund

- Erfahrungen mit Grid Computing

B. Markt für Grid Computing

- Definition Grid Computing

- Entwicklungen / Trends auf dem Markt für Grid Computing

- Etablierungszeitraum (Time-to-Market)

C. Produktspektrum, Kunden und Nutzen

- Software-Anwendungen und Kundengruppen

- Nutzen von Grid Computing

D. Kritische Erfolgsfaktoren

- Wesentliche Erfolgsfaktoren von Grid Computing

- Hürden bei der Etablierung von Grid Computing

E. Sonstige Anmerkungen

- Sonstige Bemerkungen

- Nennung weiterer Experten und Bereitstellung relevanter Dokumente

A2 Interviewleitfaden – Expertenexemplar (englisch)

The Market for Grid Computing in Medicine and Life Sciences

– Expert interview –

Objective, duration and set up of the interview:

The interview aims to answer issues about the market and the sustainablity of Grid Computing in the medicine and life science sector. It will take about 30 minutes. The questionaire concentrates mainly on open questions and focuses on both, Grid Computing in general and Grid Computing in medicine and life sciences.

Content of the interview:

A. Grid Computing experience

- Experience regarding Grid Computing

B. Grid Computing market

- Definition of Grid Computing

- Main trends and developments in the Grid Computing market

- Time to market

C. Products, customers and utility

- Core applications and customer groups

- Value added of Grid Computing

D. Key factors of success

- Success factors for Grid Computing

- Hurdles for Grid Computing

E. Additional remarks

- Additional remarks

- Relevant documents and other experts

A3 Interviewleitfaden – Intervieweexemplar (deutsch)

Der Markt für Grid Computing in der Medizin und Biomedizin (Life Sciences)

Datum: _____   Interviewnummer: ___
Interviewpartner: _____   Institution: _____

A. Erfahrungen

A1. Welche Erfahrungen haben Sie bereits mit Grid Computing als Konzept oder in der Praxis gesammelt? In welcher Funktion? (1 min)

☐ Nein ☐ Ja,   ☐ Anwender: ☐ Forschung (☐ med., ☐ biomed.), ☐ med. Versorgung, ☐ _____
                 ☐ Bereitsteller von Grid-Anwendungen (Software-Applikationen),
                   Grid-Diensten (, Middleware-, Service-Provider etc.),
                   Hardware (Server-Hosting, Rechenzentrum etc.),   Funktion: _____
                 ☐ beratender Experte (Beraterfunktion, Konzeptentwickler, etc.), Funktion: _____
                 ☐ öffentliche Verwaltung, Funktion: _____
                 ☐ Sonstige Funktion: _____

B. Der Markt für Grid Computing (9 Minuten, incl. Einleitung)

B1. Stimmen Sie mit der nachfolgenden Definition von Grid Computing überein? (3 min)

Grid Computing ist eine Technologie zur gemeinsamen und koordinierten Nutzung verteilter Ressourcen unterschiedlichen Typs unter Verwendung offener, einheitlicher Standards und Schnittstellen. Die beteiligten, rechtlich-unabhängigen Partner kooperieren dabei in einer ‚Virtuellen Organisation', die auf Absprachen und Verträgen basiert.

☐ Ja ☐ Nein, für mich bedeutet Grid Computing: _____

B2. Welches sind die drei wesentlichen Entwicklungen / Trends auf dem Markt für Grid Computing? (3 min)

a) generell   b) in der Medizin / Biomedizin
1. _____   1. _____   ☐ keine Angabe
2. _____   2. _____
3. _____   3. _____   Bemerkungen: _____

B3. Wie viele Jahre werden bis zu einem regulären und stabilen Einsatz von Grid Computing vergehen? (1 min)

a) generell   b) in der Medizin
☐ bereits erreicht ☐ 1-3 ☐ 4-6 ☐ 7-9 ☐ ≥10 Jahre   ☐ bereits erreicht ☐ 1-3 ☐ 4-6 ☐ 7-9 ☐ ≥10 Jahre
☐ wird nie erreicht   ☐ keine Angabe   ☐ wird nie erreicht   ☐ keine Angabe

C. Produkte, Kunden und Nutzen von Grid Computing (8 min)

C1. Welche drei Anwendungen (im Sinne von Software-Applikationen) des Grid Computings halten Sie für besonders erfolgversprechend? Welches ist die jeweilige Hauptkundengruppe? (4 min)

a) generell (Anw. | Kundengr.)   b) in der (Bio-)Medizin (Anw. | Kundengr.)
1. _____   1. _____   ☐ keine Angabe
2. _____   2. _____
3. _____   3. _____   Bemerkungen: _____

C2. Welchen zusätzlichen Nutzen bietet der Einsatz von Grid Computing den Anwendern der unter C1. genannten Anwendungen im Vergleich zu anderen Technologien? (4 min)

a) generell   b) in der Medizin / Biomedizin
zu C1a1. _____   zu C1b1. _____   ☐ keine Angabe
zu C1a2. _____   zu C1b2. _____
zu C1a3. _____   zu C1b3. _____   Bemerkungen: _____

D. Kritische Erfolgsfaktoren (8 min)

D1. Welche drei wesentlichen / kritischen Erfolgsfaktoren sind für einen regulären und wirtschaftlich nachhaltigen Betrieb von Grid Computing entscheidend? (4 min)

a) generell   b) in der Medizin / Life Sciences
1. _____   1. _____   ☐ keine Angabe
2. _____   2. _____
3. _____   3. _____   Bemerkungen: _____

D2. Welches sind die drei wesentlichen Hürden, die zum Scheitern von Grid Computing führen können? (4 min)

a) generell   b) in der Medizin / Life Sciences
1. _____   1. _____   ☐ keine Angabe
2. _____   2. _____
3. _____   3. _____   Bemerkungen: _____

E. Sonstige Anmerkungen (5 min)

E1. Welche sonstigen Anmerkungen zur Grid-Technologie und dem Markt für Grid-Anwendungen in der Medizin und der Biomedizin halten Sie für wichtig (2 min)? _____

E2. Welche weiteren Experten können Sie mir empfehlen, die an einer Beantwortung dieser Interviewfragen interessiert sein könnten (2 min)? _____

A4 Interviewleitfaden – Interviewerexemplar (englisch)

The Market for Grid Computing in Medicine and Life Sciences

Date: _____
Interviewee: _____

Interview no: ___
Institution of interviewee: _____

A. Experience (9 min., incl. introduction)

A1. Do you have any experiences regarding Grid Computing as a concept or in practical use? What is your role or function?

☐ No   ☐ Yes, ☐ user: ☐ research (☐ med., ☐ biomed.), ☐ medical care, ☐ _____
☐ provider of grid software applications,
grid service software (core and upper middleware),
hardware (e.g. server hosting),   function: _____
☐ expert (consultant, concept developer, etc.), function: _____
☐ public authorities, function: _____
☐ other function: _____

B. Grid Computing market (9 min., incl. introduction)

B1. Do you agree with the following definition of Grid Computing?

Grid Computing is a technology, which provides distributed resources of different nature for a shared and coordinated use applying open and common standards and interfaces. All participants are legally independent and cooperate within a 'virtual organization' based on agreements and contracts.

☐ Yes ☐ No, in my opinion, Grid Computing means: _____

B2. What are the three main trends and developments in the Grid Computing market?

a) in general   b) in medicine and life sciences
1. _____   1. _____   ☐ not specified
2. _____   2. _____
3. _____   3. _____   Comments: _____

B3. How many years will it take until Grid Computing will be used on a regular and stable basis?

a) in general   b) in medicine and life sciences
☐ already achieved ☐ 1-3 ☐ 4-7 ☐ 8-9 ☐ ≥10 years ☐ already achieved ☐ 1-3 ☐ 4-7 ☐ 8-9   ☐ ≥10 years
☐ never stable and regular use   ☐ not specified ☐ never stable and regular use ☐ not specified
                                                                                    Comments: _____

C. Applications, customers and utility of Grid Computing (8 min)

C1. What are the three most promising (software-)applications in Grid Computing and what is their main customer group?

a) in general   b) in medicine and life sciences
1. _____   1. _____   ☐ not specified
2. _____   2. _____
3. _____   3. _____   Comments: _____

C2. What is the added value of Grid Computing for the users of the applications mentioned in B1 in comparison to other possible technologies?

a) in general   b) in medicine and life science
regarding C1a1. _____   regarding C1b1. _____   ☐ not specified
regarding C1a2. _____   regarding C1b2. _____
regarding C1a3. _____   regarding C1b3. _____   Comments: _____

D. General conditions und key factors of success (8 min)

D1. Which three core conditions (success factors) are of critical importance to run Grid Computing initiatives sustainable and on a regular basis?

a) in general   b) in medicine and life sciences
1. _____   1. _____   ☐ not specified
2. _____   2. _____
3. _____   3. _____   Comments: _____

D2. What are the three main hurdles that could cause Grid Computing initiatives to fail?

a) in general   b) in medicine and life sciences
1. _____   1. _____   ☐ not specified
2. _____   2. _____
3. _____   3. _____   Comments: _____

E. Additional remarks (5 min)

E1. Do you have any additional remarks on the market for Grid Computing in medicine and life sciences? _____

E2. Could you recommend any other experts that might be interested in answering these questions? _____